당률소의역주 Ⅱ

김 택 민 주편

경인문화사

| 역주 범례 |

1. 역주의 저본

○ 중화서국에서 1983년에 초판하고 1986년에 재판한 류쥔원 점
  교 『당률소의唐律疏議』
○ 중화서국에서 1996년에 출판한 류쥔원엔 찬 『당률소의전해唐律
  疏議箋解』

2. 원문의 표점과 조항

○ 원문의 표점은 류쥔원의 『당률소의전해』에 따르되, 의문이 있
  는 경우 점교본을 참조하여 수정했다.
○ 원문의 조항 및 세목의 구분은 월러스 존슨의 'The T'ang Code'
  와 'The T'ang Code, Volume Ⅱ'에 따르되, 각률은 다이엔후이
  [戴炎輝]의 『당률각론』을 참조하였다. 단 존슨의 책과 대염휘의
  책에서는 율주律注를 하나의 항으로 구분한 경우도 있으나 본
  역주에서는 일괄해서 율문에 부기하였다.

3. 역문의 작성 원칙

○ 원문의 의미가 손상되지 않도록 직역을 원칙으로 하였다.
○ 내용의 이해와 문맥의 순조로운 연결을 위해 필요한 말은 '( )'
  에 넣어 보충하였다.
○ 한자를 밝히지 않으면 이해할 수 없는 어휘만 한자를 병기하였다.

○ 원문을 밝힐 필요가 있는 경우 '[ ]' 안에 넣어서 제시하였다.

○ 연호의 경우 '( )' 안에 서력 연도를 병기하였다.

○ 각주에서 이용한 자료 및 문헌의 서지 사항은 참고문헌에서 일괄 정리하였다.

4. 참고문헌의 작성 원칙

○ 참고문헌은 ①『당률소의』판본, ②『당률소의』역주서, ③ 율령에 관한 문헌 및 율령의 집일서, ④ 경전과 사서, ⑤ 당률 및 중국법 연구서의 순서로 나누고, 국적은 한국, 중국·대만, 일본, 구미의 순서로 정리했다. 한국, 중국·대만, 일본 저자의 이름은 한국식 독음 가나다 순서, 구미 저자의 이름은 알파벳 순서에 따랐다.

| 목차 |

당률소의 권 제7 위금률 모두 18조

제58조 위금 1. 묘·사의 문 및 산릉의 조역문에
난입한 죄(闌入廟社山陵兆域門) ……………… 3

제59조 위금 2. 궁·전의 문 및 상합에
난입한 죄(闌入宮殿門及上閣) ……………… 7

제60조 위금 3. 난입은 문지방을 넘는 것을
한계로 삼음(闌入踰閾爲限) ……………… 14

제61조 위금 4. 궁·전의 문에 문적이 없는데 이름을 사칭하고
들어간 죄(宮殿門無籍冒名入) ……………… 16

제62조 위금 5. 숙위가 이름을 사칭하여
서로 대신한 죄(宿衛冒名相代) ……………… 18

제63조 위금 6. 일로 인하여 궁에 들어가 함부로
유숙한 죄(因事入宮輒宿) ……………… 21

제64조 위금 7. 문적에 표기하기 전에 궁·전에
들어간 죄(未著籍入宮殿) ……………… 24

제65조 위금 8. 궁·전에서 작업을 마치고
나가지 않은 죄(宮殿作罷不出) ……………… 27

제66조 위금 9. 높은 곳에 올라 궁 안을
내려다 본 죄(登高臨宮中) ……………… 31

제67조 위금 10. 탄핵이 상주된 숙위인의 무기를
수거하지 않은 죄(宿衛人被奏劾不收仗) ……………… 33

제68조 위금 11. 응당 궁·전을 나가야 하는데
함부로 머문 죄(應出宮殿輒留) ……………… 34

제69조 위금 12. 황제가 있지 않은 궁·전에
난입한 죄(闌入非御在所) ……………… 35

제70조 위금 13. 이미 장위에 배치되었는데 함부로
되돌려 고친 죄(已配仗衛輒迴改) ······················ 36
제71조 위금 14. 밤에 문부를 맞춰보지 않고
궁·전의 문을 연 죄(奉勅夜開宮殿門) ············· 38
제72조 위금 15. 밤에 궁·전을 출입한 죄(夜禁宮殿出入) ············ 44
제73조 위금 16. 궁·전을 향해 활을 쏜 죄(向宮殿射) ··············· 46
제74조 위금 17. 황제의 행차 대열에 부딪힌 죄(車駕行衝隊仗) ··· 50
제75조 위금 18. 상번하는 숙위가 도착하지
않은 죄(宿衛上番不到) ····························· 52

당률소의 권 제8 위금률 모두 15조

제76조 위금 19. 숙위가 병장기를 몸에서
멀리 떼어놓은 죄(宿衛兵仗遠身) ··················· 56
제77조 위금 20. 행궁의 영문에 난입한 죄(行宮營門) ··············· 57
제78조 위금 21. 야간에 궁 내외를 순찰하면서 범법을 적발하지
못한 죄(宮內外行夜不覺犯法) ··················· 59
제79조 위금 22. 태묘·태사·금원을 범한 죄(犯廟社禁苑罪名) ······ 61
제80조 위금 23. 황성문 등에서 이름을 사칭하고
수위한 죄(冒名守衛) ······························· 63
제81조 위금 24. 주·진·수의 성이나 담을
넘은 죄(越州鎭戍城垣) ··························· 66
제82조 위금 25. 사도·월도죄(私度及越度關) ····························· 74
제83조 위금 26. 과소 발급 및 모도(冒度)에
관한 죄(不應度關而給過所) ······················· 78
제84조 위금 27. 관·진에서 이유 없이 억류한 죄(關津留難) ········ 82
제85조 위금 28. 사사로이 건넌 사람에게 다른 무거운 죄가 있는
경우의 처벌(私度有他罪) ·························· 83
제86조 위금 29. 다른 사람이 함부로 따라

건넌 죄(人兵度關妄隨度) ······················· 84

제87조 위금 30. 사유가 금지된 물품을 가지고
몰래 관을 넘은 죄(齎禁物私度關) ····················· 86

제88조 위금 31. 변경의 관·새를 넘어 건넌 죄(越度緣邊關塞) ····· 89

제89조 위금 32. 변경의 성·수에서 간인의 출입을 적발하지
못한 죄(緣邊城戍不覺姦人出入) ················· 93

제90조 위금 33. 봉후가 경계하지 않은 죄(烽候不警) ················· 95

당률소의 권 제9 직제율 모두 23조

제91조 직제 1. 정원을 초과해서 관을 임용한 죄(置官過限) ········101

제92조 직제 2. 적합하지 않은 사람을 공거한 죄(貢擧非其人) ·····104

제93조 직제 3. 자사·현령이 사사로이 경계를
벗어난 죄(刺史縣令私出界) ······························109

제94조 직제 4. 관직에 있으면서 당직을
서지 않은 죄(在官應直不直) ······················110

제95조 직제 5. 관인이 이유 없이 출근하지
않은 죄(官人無故不上) ·······························112

제96조 직제 6. 부임 기한을 어긴 죄(之官限滿不赴) ···············114

제97조 직제 7. 황제를 수행할 관인이 지체하거나
먼저 돌아온 죄(官人從駕稽違及從而先還) ··············115

제98조 직제 8. 대사의 기일을 미리 보고하지
않은 죄(大祀不預申期) ······························116

제99조 직제 9. 대사의 산재 기간에 문상·문병한
죄(大祀在散齋弔喪問疾) ·······················122

제100조 직제 10. 제·사 및 조회에서 과오를 범하거나 의식을
어긴 죄(祭祀朝會失錯違儀) ·······················124

제101조 직제 11. 종묘 제사에 상이 있는 자를 파견하여 행사를
집전하게 한 죄(廟享有喪遣充執事) ·····················125

제102조 직제 12. 황제의 약 조제에 과오를
　　　　　범한 죄(合和御藥有誤) ……………………127

제103조 직제 13. 황제의 음식 조리에 착오를
　　　　　범한 죄(造御膳有誤) ………………………130

제104조 직제 14. 황제의 선박을 견고하게 건조하지
　　　　　않은 죄(御行舟船有誤) ……………………132

제105조 직제 15. 황제의 물건을 법대로 수선·정돈하지
　　　　　않은 죄(乘輿服御物修整不如法) ……………133

제106조 직제 16. 주사가 사사로이 황제의 물건을
　　　　　빌린 죄(主司私借服御物) …………………136

제107조 직제 17. 감독관사 및 주식이 착오로 잡약을 어선소로
　　　　　가지고 간 죄(監當主食有犯) ………………137

제108조 직제 18. 외선에 식금을 범한 죄(食禁百官外膳犯食禁) ····138

제109조 직제 19. 대사를 누설한 죄(漏泄大事) ………………139

제110조 직제 20. 천문 기구를 사사로이
　　　　　소유한 죄(私有玄象器物) …………………142

제111조 직제 21. 제서·관문서를 지체한 죄(稽緩制書官文書) ·······145

제112조 직제 22. 제서를 받아 시행할 바를
　　　　　위반한 죄(被制書施行有違) …………………148

제113조 직제 23. 황제에게서 받은 명을 잊거나
　　　　　착오한 죄(受制忘誤) ………………………150

당률소의 권 제10 직제율 모두 19조

제114조 직제 24. 제서·관문서의 오류를 함부로
　　　　　고친 죄(制書官文書誤輒改定) …………………154

제115조 직제 25. 상서 및 주사에 휘를 범한 죄(上書奏事犯諱) ···156

제116조 직제 26. 상서 및 주사에 착오를 범한 죄(上書奏事誤) ···158

제117조 직제 27. 상주·보고해야 할 것을

하지 않은 죄(事應奏不奏) ················162

제118조 직제 28. 관사를 대신하여 판·서명한 죄(事直代判署) ·····164

제119조 직제 29. 제사가 돌아와 함부로 다른 일에
관여한 죄(受制出使輒干他事) ·············166

제120조 직제 30. 부모 및 남편의 상을 숨기고
거애하지 않은 죄(匿父母夫喪) ·············168

제121조 직제 31. 관인의 비윤리적인 진퇴에
관한 죄(府號官稱犯父祖名) ·············175

제122조 직제 32. 황제를 비판한 죄 및 제사에게
저항한 죄(指斥乘輿及對捍制使) ·············178

제123조 직제 33. 역사가 행정을 지체한 죄(驛使稽程) ·············180

제124조 직제 34. 역사가 문서를 타인에게 위탁하여
보낸 죄(驛使以書寄人) ·············182

제125조 직제 35. 역마로 보내야 할 문서를
보내지 않은 죄(文書應遣驛不遣) ·············184

제126조 직제 36. 역사가 표제의 설명에
따르지 않은 죄(驛使不依題署) ·············186

제127조 직제 37. 역마를 초과하여 탄 죄(增乘驛馬) ·············187

제128조 직제 38. 역마를 타고 다른 길로 간 죄(乘驛馬枉道) ······189

제129조 직제 39. 역마를 타면서 사물을 가지고
간 죄(乘驛馬齎私物) ·············191

제130조 직제 40. 장관 및 사인이 범한
죄의 추국(長官使人有犯) ·············192

제131조 직제 41. 부·절의 반납을 지체한 죄(用符節稽留不輪) ·····194

제132조 직제 42. 공적 사물의 운송을 지체한 죄(公事應行稽留) ··196

당률소의 권 第11 직제율 모두 17조

제133조 직제 43. 사인이 부송할 바를 사람을 고용하여

위탁한 죄(奉使部送雇寄人) ·····················200

제134조 직제 44. 장리가 공적비를 함부로

세운 죄(長吏輒立碑) ·····················203

제135조 직제 45. 청탁죄(有所請求) ·····················205

제136조 직제 46. 재물을 받고 대신 청탁한 죄(受人財爲請求) ·····209

제137조 직제 47. 재물로 청탁한 죄(有事以財行求) ·····················212

제138조 직제 48. 감림주사가 재물을 받고

왕법한 죄(監主受財枉法) ·····················213

제139조 직제 49. 사후에 재물을 받은 죄(事後受財) ·····················215

제140조 직제 50. 감림 대상의 재물을 받은 죄(受所監臨財物) ·····216

제141조 직제 51. 사행을 간 곳에서 재물을

받은 죄(因使受送遺) ·····················218

제142조 직제 52. 관인이 감림 구역 내에서

재물을 빌리거나 매매한 죄(貸所監臨財物) ·······219

제143조 직제 53. 감림 대상을 사사로이 사역하거나

빌린 죄(役使所監臨) ·····················225

제144조 직제 54. 감림관이 식품을 제공받은 죄(監臨受供饋) ·······230

제145조 직제 55. 감림 대상의 재물을 거두어 다른 사람에게

보낸 죄(奉斂所監臨財物) ·····················232

제146조 직제 56. 감림관의 가인이 범한 죄(監臨之官家人有犯) ·····232

제147조 직제 57. 관직을 떠나면서 걸취 등을

범한 죄(受舊官屬士庶饋與) ·····················236

제148조 직제 58. 위세로 걸색한 죄(挾勢乞索) ·····················237

제149조 직제 59. 율·영·식의 개정을 함부로

상주한 죄(律令式不便輒奏改行) ·····················238

당률소의 권 제12 호혼율 모두 14조

제150조 호혼 1. 호구를 탈·루한 죄(脫漏戶口增減年狀) ···············242

제151조 호혼 2. 이정이 호구 탈·루를 적발하지
　　　　　못한 죄(里正不覺脫漏增減) ························249

제152조 호혼 3. 주·현이 호구 탈·루를 적발하지
　　　　　못한 죄(州縣不覺脫漏增減) ·····················251

제153조 호혼 4. 이정 및 관사가 호구를
　　　　　탈·루한 죄(里正官司妄脫漏增減) ···········255

제154조 호혼 5. 사사로이 입도한 죄(私入道) ··············257

제155조 호혼 6. 자·손이 호적을 따로 하고 재산을
　　　　　달리 한 죄(子孫別籍異財) ·······················260

제156조 호혼 7. 부모 상중에 자식을 낳은 죄(居父母喪生子) ·······261

제157조 호혼 8. 양자가 양부모를 버리고 떠난 죄(養子捨去) ·······262

제158조 호혼 9. 입적 위법의 죄(立嫡違法) ···················264

제159조 호혼 10. 천인을 입양한 죄(養雜戶男爲子孫) ···········266

제160조 호혼 11. 방면한 부곡을 다시 천인으로
　　　　　삼은 죄(放奴婢部曲還壓) ·······················270

제161조 호혼 12. 거짓으로 호를 합한 죄(相冒合戶) ··············274

제162조 호혼 13. 비유가 함부로 재물을
　　　　　사용한 죄(同居卑幼私輒用財) ·················276

제163조 호혼 14. 구분전을 판 죄(賣口分田) ·····················278

당률소의 권 제13 호혼율 모두 18조

제164조 호혼 15. 전지를 한도를 초과하여
　　　　　점유한 죄(占田過限) ·······························282

제165조 호혼 16. 공·사전을 몰래 경작한 죄(盜耕種公私田) ·········284

제166조 호혼 17. 공·사전을 망인하거나 교환하거나 판 죄(妄認盜賣公
　　　　　私田) ··287

제167조 호혼 18. 관에 있으면서 사전을
　　　　　침탈한 죄(在官侵奪私田) ·······················289

제168조 호혼 19. 타인의 묘전을 몰래 경작하거나 타인의 전지·묘전
에 몰래 매장한 죄(盜耕人墓田) ·····················291

제169조 호혼 20. 관할 구역 내의 자연재해에 대한
보고부실의 죄(不言及妄言旱澇霜蟲) ·············293

제170조 호혼 21. 관할 구역 내의 전지가 황무하게 된 것에 대한 죄
(部內田疇荒蕪) ·····························295

제171조 호혼 22. 전지를 주고받는 것과 농사를 권과하는 것을 법대로
하지 않은 죄(給授田課農桑違法) ···············297

제172조 호혼 23. 과·역 면제 규정을 위반한 죄(應復除不給) ······302

제173조 호혼 24. 부역의 차과를 위법하게 한 죄(差科賦役違法) ··305

제174조 호혼 25. 관할 구역 내의 과세물품의 양을 채우지
못한 죄(輸課稅物違期) ·······················308

제175조 호혼 26. 혼약 위배의 죄(許嫁女輒悔) ·····················310

제176조 호혼 27. 사기 혼인의 죄(爲婚妄冒) ························314

제177조 호혼 28. 중혼의 죄(有妻更娶) ·····························316

제178조 호혼 29. 처·첩·객녀·비의 지위를
서로 바꾼 죄(以妻爲妾) ·······················318

제179조 호혼 30. 부모·남편 상중에
시집·장가간 죄(居父母夫喪嫁娶) ···············322

제180조 호혼 31. 조부모·부모의 구금 중에
혼인한 죄(父母被囚禁嫁娶) ···················325

제181조 호혼 32. 부모·남편 상중에 혼인을
주관한 죄(居父母喪主婚) ·····················326

당률소의 권 제14 호혼율 모두 14조

제182조 호혼 33. 동성 및 친속과 혼인한 죄(同姓爲婚) ·············330
제183조 호혼 34. 친속의 처였던 여자와
혼인한 죄(嘗爲袒免妻而嫁娶) ·················334

제184조 호혼 35. 수절하는 여자를 강제로
　　　　　　　혼인시킨 죄(夫喪守志而强嫁) ·············337
제185조 호혼 36. 도망한 부녀와 혼인한 죄(娶逃亡婦女) ··········338
제186조 호혼 37. 감림관이 감림 대상의
　　　　　　　딸을 첩으로 삼은 죄(監臨娶所監臨女) ·········340
제187조 호혼 38. 타인의 처와 혼인한 죄(和娶人妻) ·············344
제188조 호혼 39. 존장의 뜻에 따르지 않고
　　　　　　　혼인한 죄(卑幼自娶妻) ·················345
제189조 호혼 40. 칠출에 관한 죄(妻無七出而出之) ············346
제190조 호혼 41. 이혼에 관한 죄(義絶離之) ················348
제191조 호혼 42. 노에게 양인의 딸을 처로
　　　　　　　삼게 한 죄(奴娶良人爲妻) ·············351
제192조 호혼 43. 관천인이 양인과
　　　　　　　혼인한 죄(雜戶官戶與良人爲婚) ··········355
제193조 호혼 44. 율을 위반하고 혼인한 죄(違律爲婚恐喝娶) ······358
제194조 호혼 45. 은사령이 내린 경우 율을 위반한
　　　　　　　혼인의 처분 원칙(違律爲婚離正) ··········360
제195조 호혼 46. 위율 혼인죄의 수범과 종범(嫁娶違律) ········362

당률소의 권 제15 구고율 모두 28조

제196조 구고 1. 축산의 증식에 관한 죄(牧畜産死失及課不充) ·····371
제197조 구고 2. 축산의 검사를 부실하게 한 죄(驗畜産不實) ·····378
제198조 구고 3. 병약한 관의 축산을 관리하지
　　　　　　않은 죄(養療羸病畜産不如法) ·············380
제199조 구고 4. 관축을 타는데 한도 이상의 사물을
　　　　　　실은 죄(乘官畜車私馱載) ··············382
제200조 구고 5. 대사의 희생을 법대로 사육하지
　　　　　　않은 죄(養飼大祀犧牲不如法) ············385

제201조 구고 6. 관의 축산을 상해하거나 수척하게 한

　　　　　죄(乘駕官畜脊破領穿) ···387

제202조 구고 7. 타고 부릴 관마를 조련하지

　　　　　않은 죄(官馬不調習) ···389

제203조 구고 8. 고의로 관이나 사인의 말·소를

　　　　　도살한 죄(故殺官私馬牛) ·······································391

제204조 구고 9. 관·사의 축산이 관·사의 물건을 훼손하거나

　　　　　먹기 때문에 도살한 죄(官私畜毁食官私物) ········394

제205조 구고 10. 시마 이상 친속의 말이나 소를

　　　　　도살한 죄(殺親屬馬牛) ···396

제206조 구고 11. 개나 다른 가축을 풀어놓아 타인의

　　　　　축산을 살상한 죄(犬殺傷畜産) ···························398

제207조 구고 12. 축산 및 개의 관리에 관한 죄(畜産觝踣齧人) ···400

제208조 구고 13. 감림·주수가 관의 축산·노비를 사사로이

　　　　　차용한 죄(監主私借官奴畜産) ·····························403

제209조 구고 14. 관·사의 축산을 풀어 놓아 관·사의 물건을

　　　　　손상한 죄(放畜損食官私物) ·····························406

제210조 구고 15. 창·고 방위에 관한 죄(庫藏失盜) ·····················407

제211조 구고 16. 관의 물품을 빌려갔다가 반환하지

　　　　　않은 죄(假借官物不還) ···412

제212조 구고 17. 감림·주수가 관물 및 공해물을

　　　　　유용한 죄(監主貸官物) ···414

제213조 구고 18. 감림·주수가 관의 물품을 사사로이

　　　　　차용한 죄(監主借官物) ···418

제214조 구고 19. 창·고 및 적취한 재물을 적법하게 보관하지 않아

　　　　　손상한 죄(損敗倉庫積聚物) ·································418

제215조 구고 20. 재물의 귀속을 잘못한 죄(財物應入官私) ··········420

제216조 구고 21. 관물을 낭비한 죄(放散官物) ·····························420

제217조 구고 22. 과세 및 관에 수납할 물품을
　　　　　　　포탈·기망한 죄(輸官物詐匿巧僞) ·····················422

제218조 구고 23. 감림·주수가 세물을 추운한 죄(儆運租稅課物) ··423

제219조 구고 24. 관물을 출납하는 관이 지체시키고
　　　　　　　출납하지 않은 죄(給受留難) ·····························425

제220조 구고 25. 관물의 봉인을 함부로
　　　　　　　개봉한 죄(官物有印封擅開) ·····························426

제221조 구고 26. 과세물을 매입해서 수납한 죄(糴輸課物) ·········427

제222조 구고 27. 관물의 출납을 위법하게 한 죄(出納官物有違) ··428

제223조 구고 28. 관물의 범주(官物之例) ·····························430

당률소의 권 제7 위금률 모두 18조

역주 정재균

[疏] 議曰: 衛禁律者, 秦漢及魏未有此篇. 晉太宰賈充等, 酌漢魏之律, 隨事增損, 創制此篇, 名爲衛宮律. 自宋泊于後周, 此名並無所改. 至於北齊, 將關禁附之, 更名禁衛律. 隨開皇改爲衛禁律. 衛者, 言警衛之法; 禁者, 以關禁爲名. 但敬上防非, 於事尤重, 故次名例之下, 居諸篇之首.

[소] 의하여 말한다: 진秦·한 및 위(의 율)에는 위금률편이 없었다. 진晉 태재[1] 가충[2] 등이 한·위의 율을 참작하고 사정에 따라 증감하여 이 편을 처음으로 제정하고, 이름을 위궁율이라고 하였다(『진서』권30, 927쪽). (남조) 송으로부터 북주에 이르기까지 이 명칭은 전혀 고치지 않았다. 북제에 이르러 관금을 덧붙이고 금위율로 명칭을 바꾸었다. 수 개황 연간에 위금률이라 고쳤다. 위라는 것은 경계하고 호위하는 법을 말하는 것이고, 금이라는 것은 관금을 이름으로 삼은 것이다. 다만 황제를 공경하고 위법을 방지하는 것이 가장 중요한 일이므로, 차례를 명례의 다음으로 하여 모든 (각칙)편의 첫머리에 둔다.

---

1) 진(晉)의 관명으로 한의 태사(太師)에 해당한다. 서진 경제 사마사의 이름을 피휘하여 태재(太宰)로 고쳤다(『진서』권24, 직관지, 724~726쪽).

2) 가충(賈充: 217~282)은 조위의 무장이자 정치가인 가규(賈逵)의 아들이며, 자는 공려(公閭), 평양군 양릉현 사람이다. 법률문서를 다루는 재주가 뛰어나 위의 실권자였던 사마소의 신임을 받았다. 서진 무제 때 거기장군·상서복야가 되어 정충(鄭沖)·순기(荀顗)·두예(杜預) 등과 함께 태시율령의 제정에 참여하였다. 관직은 상서령·시중·사공에 이르렀으며, 태재는 증관이다. 『진서』권40에 그의 열전이 있다.

제58조 위금 1. 묘·사의 문 및 산릉의 조역문에 난입한 죄(闌入廟社山陵兆域門)

[律文1a] 諸闌入太廟門及山陵兆域門者, 徒二年; 闌, 謂不應入而入者.

[律文1a의 疏] 議曰: 太者, 大也. 廟者, 貌也. 言皇祖神主在於中, 故名「太廟」. 山陵者, 『三秦記』云: 「秦謂天子墳云山, 漢云陵, 亦通言山陵.」言高大如山如陵. 兆域門者, 『孝經』云: 「卜其宅兆.」旣得吉兆, 周兆以爲塋域. 皆置宿衛防守, 應入出者悉有名籍. 不應入而入爲「闌入」, 各得二年徒坐. 其入太廟室, 卽條無罪名, 依下文「廟減宮一等」之例, 減御在所一等, 流三千里. 若無故登山陵, 亦同太廟室之坐.

[율문1a] 무릇 태묘의 문 및 산릉의 조역문에 난입한 자는 도2년에 처하고, 난이라 함은 들어가서는 안 되는데 들어간 것을 말한다.

[율문1a의 소] 의하여 말한다: 태는 큰 것이다. 묘는 (궁실의) 형상[貌][3)]이다. 황제의 조상의 신주가 (그) 안에 있으므로 명칭을 '태묘'[4)]라고 한 것이다. 산릉[5)]이라는 것은, -『삼진기』[6)]에 "진은 천자

---

3) '廟'를 '貌'라고 한 것은, 사자의 정신은 볼 수가 없으므로 사자가 생전에 머물던 궁실이나 정전의 형상을 본떠 만든 것에서 연유한 것이다(『모시주소』권19, 1504~1505쪽).

4) 조상의 신주를 봉안하고 제사를 지내는 장소를 종묘라 한다. 종묘는 황제로부터 사대부에 이르기까지 세웠는데, 신분에 따라 묘의 수에 차이가 있다. 태묘란 협의로는 시조의 묘를 가리키지만, 통상적으로는 황제가 제사를 받드는 종묘를 의미한다. 당 고조 이연(李淵)은 무덕 원년(618) 장안의 황성 동남쪽 통의리(通義里)에 태묘를 세우고, 조부 경황제(景皇帝) 이호(李虎)를 태조로 하여 고조부 이희(李熙), 증조부 이천석(李天錫) 및 부친 이병(李昺)을 배향하였다(『구당서』권25, 941쪽; 『신당서』권1, 7쪽). 또 무측천은 낙양에 고조·태종·고종의 3묘를 세웠고, 중종 이후부터는 낙양의 태묘에도 사시의 제사를 지냈다(『구당서』권25, 944~945쪽; 『당회요』권12, 338~341쪽).

의 무덤을 산이라 하였고, 한은 능이라 하였는데, 역시 통상 산릉이라 한다."라고 하였다.- 높고 큼이 산과 같고 언덕과 같음을 말한 것이다. 조역문7)이라는 것은, 『효경』(권9, 69~70쪽)에 "그 묘지[宅兆]를 점친다."고 하였으니, 좋은 묘지를 얻으면 묘지의 주위를 묘역으로 삼은 (데서 나온) 것이다. 모두 숙위를 두어 막고 지키게 하며, 출입할 수 있는 자는 모두 명적8)이 있다. 들어가서는 안 되는데 들어가는 것을 '난입'이라고 하며, 각각 도2년의 처벌을 받는다. 단 태묘의 실에 들어간 것에 대해서는 (이) 조항에 처벌 규정[罪名]이 없는데, 아래 조문(위22.1)의 "묘는 궁에서 1등을 감한다."는 예에 의거하여, 어재소에 (난입한 죄에서) 1등을 감하여 유3000리에 처한다.9) 만약 까닭 없이 산릉에 올라갔다면 역시 태묘의 실

---

5) 산릉은 황제의 능묘를 말한다(명6.2). 당의 능묘는 고조의 헌릉(獻陵)처럼 평지에 정방형 혹은 방형의 능묘를 만들고 봉분을 쌓는 한대의 방식을 따른 일부 예외가 있지만, 대부분 태종의 소릉(昭陵)과 같이 산기슭 혹은 중턱에 묘갱을 뚫어 능묘를 조성하였다(楊寬, 『中國古代陵寢制度史硏究』, 47~51쪽).

6) 『삼진기(三秦記)』는 고대 지리서로 산일되었다. 찬자는 신씨(辛氏)로 이름은 미상이며, 편찬연대도 알 수 없다. 다만 진한시기 관중 지역의 산천·도읍 및 궁실 고사를 포함하고 있지만 위진시기의 것은 언급하지 않았고, 신씨가 한대 농서(隴西)의 대성인 점으로 보아 한대에 편찬된 것으로 추정한다. 삼진은 전국시대 진의 옛 땅으로 항우가 그 땅을 옹(雍)·새(塞)·적(翟) 3국으로 나누었던 것에서 비롯하였다.

7) 『장안지(長安志)』에 수록된 「당소릉도(唐昭陵圖)」·「당고종건릉도(唐高宗乾陵圖)」 및 「당숙종건릉도(唐肅宗建陵圖)」에 의하면 조역은 방형의 담장으로 둘러싸여 있고, 네 변의 담장 중앙에는 문이 각각 설치되어 있다. 예컨대 『장안지』에 의하면 소릉의 조역문은 동쪽의 청룡문, 서쪽의 백호문, 북쪽의 현무문, 남쪽의 주작문이 있었다(『송원방지총간(宋元方志叢刊)』1책, 212~214쪽).

8) 궁문과 전문은 문적을 두고 허가된 자 이외에는 출입을 제한한다(59, 위2). 본 조항의 '名籍' 역시 태묘 및 산릉에 출입이 허가된 자의 명부로 생각된다.

9) 어재소에 난입한 죄는 참형에 해당한다(59, 위2.4). 태실에 난입한 죄는 "묘는 궁에서 1등을 감한다(79, 위22)."는 규정에 따라 어재소에 난입한 경우의 참형에서 1등을 감하여 유3000리(56, 명56.2)로 처벌한다는 것이다.

(에 난입한 것)과 같이 처벌한다.

[律文1b] 越垣者, 徒三年.
[律文2] 太社, 各減一等.
[律文3a] 守衛不覺, 減二等; 守衛, 謂持時專當者.

  [律文1b의 疏] 議曰: 不從門爲「越」. 垣者, 牆也. 越太廟, 山陵垣者, 各徒三年.
  [律文2의 疏] 越太社垣及闌入門, 皆減太廟一等.
  [律文3a의 疏] 「守衛」, 謂軍人於太廟, 山陵, 太社防守宿衛者, 若不覺越垣及
  闌入, 各減罪人罪二等. 守衛, 謂防守衛士晝夜分時專當者, 非持時者不坐.

[율문1b] (태묘 및 산릉의) 담장을 넘은 자는 도3년에 처한다.
[율문2] 태사의 (문·담장에 대해 범했다면) 각각 1등을 감한다.
[율문3a] 수위가 적발하지 못한 때에는 2등을 감하고, 수위는 (교
대로 근무하는) 시간을 맡은 자를 말한다.

  [율문1b의 소] 의하여 말한다: 문을 거치지 않는 것을 '넘다'라고 한
  다. 원은 담장이다. 태묘와 산릉의 담장을 넘은 자는 각각 도3년에
  처한다.
  [율문2의 소] 태사[10]의 담장을 넘거나 문에 난입하였다면 모두 태
  묘를 (범한 죄에서) 1등을 감한다.
  [율문3a의 소] 수위는 군인이 태묘·산릉·태사에서 경비하며 숙위하
  는 것을 말하며, (이들이) 만약 담장을 넘은 것 및 난입한 것을 적
  발하지 못한 때에는 각각 죄인의 죄에서 2등을 감한다. 수위란 경

---

10) 社의 본래 뜻에 관해서는 여러 가지 설이 있지만, 원시 취락의 해체 과정에서
본래의 뜻은 상실되고 토지신으로서의 성격이 부여되어 예제에서 중요한 위
치를 점하였다. 당의 태사는 황성의 서남쪽 모퉁이, 곧 태묘와 대칭되는 위치
에 세우고, 2월·8월에 제사를 지냈다. 또한 주·현에서도 사를 세우고 제사를
지냈다. 민간에도 사가 있었다.

비하는 위사가 밤낮으로 시간을 나누어 맡은 자를 말하며, (교대로 근무하는) 시간을 맡은[11] 자가 아니면 처벌하지 않는다.

[律文3b] **主帥又減一等,** 主帥, 謂親監當者.

　[律文3b의 疏] 議曰:「主帥」, 謂領兵宿衛太廟、山陵、太社三所者. 但當檢校 卽坐, 不限官之高下. 又減守衛人罪一等, 唯坐親監當者.

[율문3b] **주수는 또 1등을 감한다.** 주수는 직접 감독하는 자를 말한다.

　[율문3b의 소] 의하여 말한다: "주수"[12]는 태묘・산릉・태사 세 곳에서 병사를 거느리고 숙위하는 자를 말하며, 단지 지휘감독을 맡았으면 곧 처벌하되 관의 높고 낮음을 구분하지 않는다. 또한 (죄는) 수위하는 사람의 죄에서 1등을 감하며, 오직 직접 감독하는 자만 처벌한다.

[律文3c] **故縱者, 各與同罪.** 餘條守衛及監門各準此.

　[律文3c의 疏] 議曰:「故縱者」, 謂知其不合入而聽入, 或知越垣而不禁, 並與犯法者同罪. 餘條守衛宮、殿及諸防禁之處, 皆有監門及守衛, 故縱不覺, 得罪各準此.

---

11) 밤을 5更으로 나누고 사람으로 하여금 1경씩 담당하게 하여 북을 치며 무리를 경계하도록 하였는데, 이를 '지경(持更)'이라고 한다(『자치통감』권251, 8126쪽, 호삼성의 주). '지시(持時)'란 순번에 따라 해당 시간에 경계를 맡는 것이다 (210, 구15)

12) '主帥'는 일반적으로 부대의 지휘관을 가리킨다. 주수의 범위는 교열(校閱)・대집교열(大集校閱) 등 집합 시기에 기한을 어기고 도착하지 않은 경우에 관한 처벌 규정에서는 대부(隊副) 이상 장군 이하가 포함되고(229, 천6.2의 소), 숙위에 관한 처벌 규정에서는 대부 이상 대장군 이하가 포함된다(76, 위19.1의 소).

[율문3c] (주사가) 고의로 방임한 경우 각각 (죄를 범한 자와) 더불어 죄가 같다. 다른 조항의 수위 및 감문은 각각 이에 준한다.

[율문3c의 소] 의하여 말한다: "고의로 방임하다."[13]라는 것은, 그가 들어가서는 안 된다는 것을 알면서도 들어가는 것을 허용하거나 담을 넘는 것을 알고도 막지 않은 것을 말하는데, 모두 법을 범한 자와 죄가 같다. 다른 조항의 "수위하는 궁·전 및 방비하고 (출입을) 금하는 모든 장소에 있는 감문 및 수위가 고의로 방임하거나 적발하지 못하여 죄를 받는 것"은 각각 이에 준한다.

제59조 위금 2. 궁·전의 문 및 상합에 난입한 죄(闌入宮殿門及上閤)

[律文1a] 諸闌入宮門徒二年, 闌入宮城門, 亦同. 餘條應坐者, 亦準此.

[律文1a의 疏] 議曰: 宮門皆有籍禁, 不應入而入者, 得徒二年. 嘉德等門爲宮門, 順天等門爲宮城門, 闌入得罪並同. 餘條應坐者, 亦準此宮門得罪, 謂「越垣」及「防禁違式」、「冒代」之類.

[율문1a] 무릇 궁문에 난입한 자는 도2년에 처하고, 궁성문에 난입한 것도 역시 같다. 다른 조항을 적용하여 (궁성문을 범한 자를) 처벌할 경우에도 역시 이에 준한다.

[율문1a의 소] 의하여 말한다: 궁문[14]은 모두 문적[15]으로 (출입을)

---

13) 顏師古는 "법을 범함을 알고서도 검거하지 않거나 보고하지 않는 것을 '고종(故縱)'이라고 한다."고 주석하였다(『한서』권23, 1101쪽, 안사고의 주).

14) 당의 국도 장안성은 외곽을 두른 경성과 그 내부의 북쪽 중앙에 성벽으로 둘러싸인 황성과 궁성 세 부분으로 구성되어 있으며, 각 성벽에는 여러 개의 문

금함이 있으며, 들어가서는 안 되는데 들어간 자는 도2년을 받는다. 가덕 등의 문을 궁문이라고 하고 순천 등의 문을 궁성문[16]이라고 하며, (이들 문에) 난입하면 죄를 받는 것이 모두 같다. 다른 조항을 적용하여 (궁성문을 범한 자를) 처벌할 경우에도 이처럼 궁문을 (범하여) 받는 죄에 준한다는 것은, '담장을 넘은 것'(위3) 및 '방비하고 (출입을) 금하는 (감문)식을 위반한 것'(위14)·'(이름을) 사칭하여 (숙위를) 대신한 것'(위5.1·2) 따위를 말한다.

이 나 있었다. 경성문은 경성에 난 문들을 가리키며, 明德門은 그중 남쪽의 정문이다. 황성문은 관청 건물들이 소재한 황성의 문들이며, 朱雀門은 그중 남쪽 중앙에 위치한 문이다. 궁성은 황성 북쪽에 위치하는데, 궁성문은 이 궁성을 둘러싼 성벽의 문을 가리킨다. 疏에서 예로 든 順天門은 궁성의 남쪽 중앙의 문이다. 궁성은 황제가 정무를 보며 생활하는 곳인 太極宮, 황태자가 기거한 동궁 및 황비·궁녀 등이 기거하는 掖庭宮 등 궁성 내에 소재한 궁 외에, 궁성 북쪽의 금원에 세워진 大明宮, 황성 바깥 동쪽에 세워진 興慶宮 및 나성 바깥에 세워진 華淸宮 등과 같은 이궁도 다수 존재한다. 궁문은 이와 같은 궁들에 설치된 문을 가리킨다. 嘉德門의 경우 太極殿의 정문으로 본 경우도 있지만(『당양경성방고(唐兩京城坊考)』권1, 3쪽), 본 조항의 疏와 『당육전』에 의하면 궁성문인 순천문과 전문인 태극문의 중간에 위치한 태극전을 둘러싼 태극궁의 궁문이다(59, 위2.1a의 소; 『당육전』권8, 249쪽 및 『역주당육전』중, 59쪽).

15) '門籍'은 궁·전 등의 문을 통행하도록 허가된 자의 성명을 기록한 명부이다. 문적의 제도가 언제부터 시작되었는지는 알 수 없지만, 한대에 이미 시행된 것이 확인된다(『자치통감』권23, 761쪽, 호삼성의 주). 한대의 '적'은 연령·성명·용모를 기록하여 궁문에 걸어둔 2척의 죽첩(竹牒)이었다(『한서』권9, 286쪽). 당에서도 궁·전 및 성 등의 문에 문적을 두었다. 궁·전 등의 문을 출입하기 위해 경사의 관리는 소속 관사에서 관작과 성명을 갖추어 해당 관사로 이첩하고, 유외관과 서리 및 궁내의 잡역인 등은 연령과 용모를 갖추어 기록하여 문적에 올리도록 하였다(『당육전』권25, 640쪽 및 『역주당육전』하, 224쪽).

16) 궁성문은 궁성을 둘러싼 성벽의 문을 가리키는데, 疏에 언급된 순천문 외에 그 동쪽에 長樂門, 서쪽에 永安門이 있었다. 궁성의 정문인 순천문은 당 초의 명칭으로 중종 神龍 원년(705)에 承天門으로 바뀌었다(『당육전』권7, 217쪽 및 『역주당육전』상, 646~647쪽; 『당회요』권30, 639쪽).

[律文1b] **殿門徒二年半. 持仗者, 各加二等.** 仗, 謂兵器、杵棒之屬. 餘條稱仗準此.

  [律文1b의 疏] 議曰: 太極等門爲殿門, 闌入者, 徒二年半. 持仗各加二等, 謂將兵器、杵棒等闌入宮門, 得徒三年; 闌入殿門, 得流二千里. 兵器, 謂弓箭、刀稍之類. 杵棒, 或鐵或木爲之皆是, 故云「之屬」. 餘條, 謂下文「持仗及至御在所者」, 並「持仗强盜者」, 並準此.

[율문1b] **전문(에 난입한 자)는 도2년반에 처하며, 무기를 가진 때에는 각각 2등을 더한다.** 무기는 병기·몽둥이 따위를 말한다. 다른 조항에서 무기라고 한 것은 이에 준한다.

  [율문1b의 소] 의하여 말한다: 태극 등의 문은 전문[17]이라 하며, 난입한 자는 도2년반에 처한다. 무기를 가진 때에는 각각 2등을 더한다는 것은 병기와 몽둥이 등을 가지고 궁문을 난입하면 도3년을 받고, 전문을 난입하면 유2000리를 받는다는 것을 말한다. 병기는 활과 화살·칼과 삭 따위를 말한다. 몽둥이는 쇠나 나무로 만든 것은 모두 이에 해당하므로 '따위'라고 한 것이다. 다른 조항이라 함은 아래의 '(상합 안에 난입한 자가) 무기를 가졌거나 어재소에 이른 자'(위2.2) 및 '무기를 소지하고 강도한 자'(적34.2)라고 한 조문을 말하며, 모두 이에 준한다.

---

17) 황제 및 황태자·황비·궁녀 등이 기거하는 궁 내부에는 장벽으로 둘러싸인 다수의 전과 각이 세워져 있고, 모두 각각의 문이 나 있다. 疏에서 전문의 예로 언급한 태극문은 즉위 등의 의식·삭망의 조례가 거행되는 태극궁의 정전인 태극전의 남쪽의 문이다. 태극궁의 전문으로는 태극문 외에도 兩儀殿의 양의문을 비롯하여 百福殿의 백복문, 承慶殿의 승경문, 立政殿의 입정문, 대길전(大吉殿)의 대길문 등이 있다(『당육전』권7, 217~219쪽 및 『역주당육전』상, 646~658쪽).

[律文2a] **入上閣內者絞,** 若有仗衛, 同闌入殿門法. 其宮內諸門, 不立籍禁而得
通內者, 亦準此.

  [律文2a의 疏] 議曰: 上閣之內, 謂太極殿東爲左上閣, 殿西爲右上閣, 其門
  無籍, 應入者準勅引入, 闌入者絞. 若有仗衛者, 上閣之中, 不立仗衛, 內坐
  喚仗, 始有仗入. 其有不應入而入者, 同闌入殿門, 徒二年半, 持仗者流二千
  里. 「其宮內諸門, 不立籍禁」, 謂肅章‧虔化等門, 而得通內, 而輒闌入者, 並
  得絞罪. 若有仗衛, 亦同殿門法.

[율문2a] **상합 안으로 들어간 자는 교형에 처하고,** 만약 장위가 있
으면 전문에 난입한 것과 같이 처벌한다. 단 궁내의 모든 문은 문적을
두고 금하지 않지만, 내(조)로 통하는 것은 역시 이에 준한다.

  [율문2a의 소] 의하여 말한다: 상합[18]의 안은, 태극전의 동쪽에 있
  는 좌상합과 (태극)전의 서쪽에 있는 우상합(의 안)을 말하는데,
  그 문에는 문적이 없고 들어갈 자는 응당 칙에 준하여 인도되어
  들어가야 하며, 난입한 자는 교형에 처한다. "만약 장위[19]가 있으
  면"이라는 것은, 상합 안에는 (본래) 장위를 세우지 않으며,(상합의
  주인이) 안에 앉아 있으면서 장위를 부르면 비로소 들어가 장위가
  있게 되는 것을 (가리킨다). 만약 (장위가 있는 상합 안에) 들어가

---

18) 태극전의 양쪽에는 동상합문과 서상합문이 있고, 東廊과 西廊에 左延明門과
  右延明門이 있다(『당육전』권7, 217쪽 및 『역주당육전』상, 648쪽). 또 대명궁
  선정전의 동‧서상합문(『속자치통감장편(續資治通鑑長篇)』권125, 2945쪽)과
  같이 상합이라는 이름을 가진 문들이 확인되는데, 이러한 상합문은 황제의 거
  처에 가장 가까이에 설치된 문을 가리킨다. 다만 본 조항 및 여러 조항에서
  언급되는 '상합 안'은 문이라는 건축물의 내부만을 의미하는 것이 아니라, 상
  합의 내측, 곧 내조‧내정까지를 의미하기도 한다(일본역『唐律疏議』2, 13~14
  쪽, 주1).
19) 장위란 "무기를 가지고 숙위하는 병사이다(『자치통감』권174, 5411쪽, 호삼성
  의 주)."라고 한 것처럼, 장위는 황제의 경호를 담당하는 무장한 숙위를 가리
  킨다.

서는 안 되는데 들어간 자는 전문을 난입한 자와 같이 도2년반에 처하고, 무기를 가진 때는 유2000리에 처한다. "단 궁내의 모든 문은 문적을 두고 금하지 않지만"이라는 것은 숙장·건화 등의 문처럼 내(조)로 통할 수 있는 것을 말하며,[20] 함부로 난입한 자는 모두 교형의 죄를 받는다는 것이다. 장위가 있으면 역시 전문(에 난입한 것과) 같이 처벌한다.

[律文2b] **若持仗及至御在所者, 斬.** 迷誤者, 上請.

　[律文2b의 疏] 議曰: 謂持仗入上閤及通內諸門, 並不持仗而至御在所者, 各斬. 迷誤, 謂非故闌入者, 上請聽勅.

[율문2b] **만약 (상합 안으로 난입한 자가) 무기를 가졌거나 어재소에 이른 자는 참형에 처한다.** 길을 잃거나 착오로 들어간 자는 상청한다.

　[율문2b 소] 의하여 말한다: 무기를 가지고 상합 및 내조로 통하는 여러 문에 들어가거나 무기를 가지지 않았지만 어재소[21]에 이른

---

20) 황성의 북쪽에 위치한 궁성은 대체로 外朝·中朝·內朝로 나누어진다. 외조는 궁성의 남쪽에 세워진 중앙의 승천문으로 그 동쪽에 長樂門, 서쪽에 永安門이 세워져 있다. 원정·동지에 성대하게 진설하거나, 연회의 개최, 사면령 발포, 낡은 것을 없애고 새로운 것의 포고, 만국의 조공 및 외국의 빈객 접견 등이 승천문에서 거행되었다. 중조는 승천문 북쪽에 세워진 태극문 안쪽의 태극전으로 초하루와 보름에 황제가 조회를 하는 장소이다. 내조는 태극전 북쪽의 朱明門을 지나면 나오는 양의문 안쪽의 양의전으로 매일 조회를 하고 일을 보는 장소이다. 肅章門과 虔化門은 주명문의 양측에 세워진 문이며, 각각 서쪽과 동쪽에 위치하였다(『당육전』권7, 217쪽 및 『역주당육전』상, 646~648쪽; 『당양경성방고』권1, 3~4쪽).

21) '御在所'란 황제의 거처를 의미한다. 戴炎輝에 의하면 '어재소'에는 두 가지 의미가 있다. 궁전은 태극궁 외에도 대명궁·홍경궁 등 다수의 궁이 있고, 각각의 궁에는 복수의 전이 있다. 이들 궁·전 가운데 현재 황제가 머물고 있는

자는 각각 참형에 처한다. 길을 잃거나 착오로 들어갔다는 것은 고의로 난입하지 않은 것을 말하며, 상청하여 (황제의) 칙을 기다린다.

[律文2c] 即應入上閤內, 但仗不入而持寸刀入者亦以闌入論;

[律文2c 疏] 議曰: 應入上閤內者, 謂奉勅喚仗, 隨仗引入者, 得帶刀子之屬. 若仗不在內而持寸刀入者, 即以闌入論. 若非兵器, 杵棒之屬止得絞刑, 持仗者斬.

[율문2c] 상합 안으로 들어가야 하지만, 장위가 들어가지 않았는데 작은 날붙이를 가지고 들어간 자는 역시 난입으로 논한다.

[율문2c 소] 의하여 말한다: "상합 안으로 들어가야 한다."는 것은 칙을 받들어 장위를 불러들이면 장위를 따라 들어가는 것을 말하며, 단도 따위는 찰 수 있다. 만약 장위가 안에 없는데 작은 날붙이를 가지고 들어간 자는 곧 난입으로 논한다. 만약 병기나 몽둥이 따위가 아니라면 교형을 받는데 그치지만, 무기를 가진 자는 참형에 처한다.

궁·전이 어재소이고, 이곳에 난입을 범한 경우는 이 조항에 따라 처벌한다. 그러나 현재 황제가 머물고 있지 않은 다른 궁·전에 난입한 경우는 1등을 감하여 처벌한다(69, 위12.1 및 소). 다른 하나는 황제의 居室이라는 의미이다. 여기에는 황제가 현재 머물고 있다는 의미의 어재소가 있고, 또 황제가 현재 머물고 있든 그렇지 않든 어재소인 장소가 있다. 만약 전자에 난입했다면 본래는 어재소가 아닌 곳이었다고 해도 1등을 감하지 않는다. 반면 후자의 경우 황제가 머물지 않고 있다면 어재소라도 난입한 경우 1등을 감하여 처벌한다(戴炎輝, 『唐律各論』(上), 25~26쪽). 또한 '御'라 한 경우 태황태후·황태후·황후에 대한 범죄는 동일하게 취급하므로, 삼후의 거처에 이르면 어재소에 난입한 죄와 같이 참형에 처한다. 동궁에서 숙위가 법을 위반하였을 때는 황제의 경우에서 1등을 감한다(명51.3 및 소)

[律文2d] 仗雖入, 不應帶橫刀而帶入者減二等.

[律文2d 疏] 議曰: 仗雖入上閤內, 不應帶橫刀而輒帶入者, 減罪二等, 合徒三年.

[율문2d] 장위가 비록 (상합 안으로) 들어가 있더라도 횡도를 차서는 안 되며, 차고 들어간 자는 2등을 감한다.

[율문2d의 소] 의하여 말한다: 장위가 비록 상합 안으로 들어가 있더라도 횡도22)를 차서는 안 되며, 함부로 차고 들어간 때에는 2등을 감하여 도3년에 처해야 한다.

[律文3] 卽闌入御膳所者流三千里.
[律文4] 入禁苑者徒一年.

[律文3의 疏] 議曰: 御膳所, 謂供御造食之處, 其門亦禁, 不應入而入者流三千里.

[律文4의 疏] 闌入禁苑者徒一年. 禁苑, 謂御苑, 其門有籍禁. 御膳以下闌入, 雖卽持杖及越垣, 罪亦不加.

[율문3] 어선소에 난입한 자는 유3000리에 처한다.
[율문4] 금원에 들어간 자는 도1년에 처한다.

[율문3의 소] 의하여 말한다: 어선소23)는 황제에게 바칠 음식을 조

---

22) 칼刀에는 '의도(儀刀)'·'장도(鄣刀)'·'횡도(橫刀)'·'맥도(陌刀)' 등 4가지 종류가 있다. '의도'는 대개 옛날의 반검(班劍)의 종류로 진·송 이래 어도(御刀)로 불렸다가 북위에서 장도(長刀)라 했는데, 모두 용과 봉으로 장식된 고리[環]를 장식했다. 수에 이르러 의도라 불렸는데, 금은으로 장식했으며 의장대가 지녔다. '장도'는 자신의 몸을 보호하고 적을 막는 데 사용했다. '횡도'는 패도(佩刀)이며, 병사가 지니는 것으로 그 명칭은 역시 수에서 비롯되었다. '맥도'는 긴 칼이며, 보병이 지닌 것으로 대개 고대의 단마검(斷馬劍)과 같다(『당육전』 권16, 461쪽 및 『역주당육전』중, 469~470쪽).

리하는 곳으로 그 문 역시 (출입을) 금하며, 들어가서는 안 되는데 들어간 자는 유3000리에 처한다.

[율문4의 소] 금원24)에 난입한 자는 도1년에 처한다. 금원은 황제의 정원을 말하며, 그 문은 문적을 두고 (출입을) 금한다. 어선(소) 이하의 난입은 비록 무기를 가지거나 담장을 넘었더라도 죄는 역시 더하지 않는다.

제60조 위금 3. 난입은 문지방을 넘는 것을 한계로 삼음(闌入踰閾爲限)

[律文1] 諸闌入者, 以踰閾爲限. 至閾未踰者, 宮門杖八十, 殿門以內遞加一等.

[律文1의 疏] 議曰: 閾者, 謂門限. 闌入之人, 行至門限未踰過, 若至宮門, 得杖八十. 宮內人不應入殿門, 至殿門閾未踰者, 杖九十. 殿內宿衛人至上閤閾未踰者, 杖一百.

---

23) 御膳所는 황제에게 바칠 음식을 조리하는 곳이다. 당대에 황제의 식사를 담당하는 관사는 殿中省 尙食局이었다(『당육전』권11, 323~324쪽 및 『역주당육전』중, 192~196쪽).

24) 禁苑은 당 황실의 정원으로 장안성 북쪽에 위치하였다. 동쪽으로는 산수(滻水), 북쪽으로는 위수(渭水)에 이르고, 서쪽은 한의 장안성을 포함하며, 남쪽으로는 궁성에 접하고 있었다. 동서 길이는 27리, 남북의 길이는 23리, 둘레 120리이다. 苑 내에는 다수의 이궁(離宮)·정(亭)·관(觀) 등의 건축물들이 세워져 있고, 금수를 기르고 채소를 재배하여 제사와 향연에 제공하였다(『증정당양경성방고(增訂唐兩京城坊考)』권1, 35~38쪽; 『당육전』권7, 219~220쪽 및 『역주당육전』상, 658~659쪽).

[율문1] 무릇 난입은 문지방을 넘은 것을 한계로 삼는다. 궁문의 문지방에 이르렀으나 넘지 않은 자는 장80에 처하고, 전문 안(의 문지방)은 차례로 1등씩 더한다.

 [율문1의 소] 의하여 말한다: 역閾은 문지방을 말한다. 난입하는 사람이 궁문의 문지방에 이르렀으나 아직 넘지 않았다면 장80을 받는다. 궁 안의 사람이 전문에 들어가서는 안 되는데 전문의 문지방에 이르렀으나 넘지 않은 때에는 장90에 처한다. 전 안을 숙위하는 사람이 상합의 문지방에 이르렀으나 아직 넘지 않은 때에는 장100에 처한다.

[律文2a] 其越殿垣者, 絞;

[律文2b] 宮垣, 流三千里;

[律文2c] 皇城, 減宮垣一等;

[律文2d] 京城, 又減一等.

 [律文2a의 疏] 議曰: 越過殿垣者, 無問出入, 俱至絞刑.

 [律文2b의 疏] 宮垣, 流三千里.

 [律文2c의 疏] 皇城, 謂朱雀等門之垣, 合徒三年.

 [律文2d의 疏] 京城, 謂明德等門之垣, 又減一等, 合徒二年半.

[율문2a] 단 전의 담장을 넘은 자는 교형에 처하고,

[율문2b] 궁의 담장(을 넘은 자)는 유3000리에 처하며,

[율문2c] 황성(의 담장을 넘은 자)는 宮의 담장에서 1등을 감하고,

[율문2d] 경성(의 담장을 넘은 자)는 또 1등을 감한다.

 [율문2a의 소] 의하여 말한다: 전의 담장을 넘은 자는 나오고 들어감을 막론하고 (죄가) 모두 교형에 이른다.

 [율문2b의 소] 궁의 담장(을 넘은 자)는 유3000리에 처한다.

[율문2c의 소] 황성은 주작 등 문의 담장을 말하는데,[25] (넘은 죄는) 도3년에 해당한다.

[율문2d의 소] 경성은 명덕 등 문의 담장을 말하는데,[26] (넘은 죄는) 다시 1등을 감하여 도2년반에 해당한다.[27]

제61조 위금 4. 궁·전의 문에 문적이 없는데 이름을 사칭하고 들어간 죄(宮殿門無籍冒名人)

[律文1] 諸於宮、殿門無籍及冒承人名而入者, 以闌入論.

[律文1의 疏] 議曰: 應入宮·殿, 在京諸司皆有籍. 其無籍應入者, 皆引入. 其無籍, 不得人引, 而詐言有籍及冒承人名而入者, 宮門, 徒二年; 殿門, 徒二年半; 持仗者, 各加二等.

---

25) 황성은 경성의 중앙에 있으며, 그 북쪽에는 궁성이 있었다. 황성의 남쪽 성벽에는 세 개의 문이 있었는데, 그 가운데의 문을 주작문이라고 하였다. 주작문의 정남쪽은 경성의 명덕문, 정북쪽은 궁성의 승천문과 마주했다. 주작문의 좌측에는 安上門이, 우측에는 舍光門이 있었고, 동쪽 및 서쪽의 성벽에는 각각 두 개의 문이 세워져 있었다. 동쪽 성벽의 경우 북쪽으로 延喜門이, 남쪽으로 景風門이 있었다. 서쪽 성벽에는 북쪽으로 安福門이 남쪽으로 順義門이 있었다(『당육전』권7, 216 및 『역주당육전』상, 642~643쪽).

26) 당 장안성의 외곽을 두른 경성은 동·남·서 세 방향으로 각각 세 개의 문이 있었다. 경성 남쪽 성벽의 가운데 두어진 문을 명덕문이라 하였고, 그 좌측에 啓夏門이 우측에 安化門이 있었다. 동쪽 성벽의 경우 가운데는 春明門이 있었고, 그 북쪽에는 通化門이 남쪽에는 연흥문(延興門)이 있었다. 서쪽 성벽에는 가운데에 金光門이 있고, 그 북쪽에 開遠門이 남쪽에 延平門이 있었다(『당육전』권7, 216 및 『역주당육전』상, 639~640쪽).

27) 황성문과 경성문에는 적금(籍禁)이 없기 때문에 난입죄가 성립하지 않지만, 담장을 '넘은' 죄는 성립한다.

[율문1] 무릇 궁·전문에 문적이 없는데 (들어간 자) 및 다른 사람의 이름을 사칭하고 들어간 자는 난입으로 논한다.

[율문1의 소] 의하여 말한다: 궁·전에 들어갈 (자는) 경사의 모든 관사에 모두 (문)적이 있다. 단 (문)적이 없는데 들어가야 할 자는 모두 인도받아 들어간다.[28] 만약 (문)적이 없고 인도를 받을 수도 없는데 거짓으로 (문)적이 있다고 말하거나 다른 사람의 이름을 사칭하고 궁문에 들어간 자는 도2년에 처하고, 전문(에 들어간 자)는 도2년반에 처하며, 무기를 가진 때에는 각각 2등을 더한다.[29]

[律文2] 守衛不知冒名情, 宮門杖八十, 殿門以內遞加一等.

[律文2의 疏] 議曰: 守衛, 謂持時專當親主籍者. 應入者, 唱名始過. 不知冒名情者, 不識其人, 無心私許, 宮門, 杖八十; 殿門以內, 遞加一等. 但云「不知冒情」, 不云「不知無籍詐入」者, 但冒承人名, 有所憑據, 人難識盡, 是故罪輕. 無籍而入者, 準「闌入不覺故縱」法.

[율문2] 수위가 이름을 사칭한 정황을 알지 못했으면, 궁문(의 수위)는 장80에 처하고, 전문 이내는 차례로 1등씩 더한다.

[율문2의 소] 의하여 말한다: 수위는 (교대하는 근무) 시간을 전담하여 직접 (문)적을 주관하는 자를 말한다. 들어갈 자는 이름을 불러야 비로소 통과할 수 있다. 이름을 사칭한 정황을 알지 못했다는

---

28) 태종 때 만든 司門式에는 문적이 없는 사람이 급히 상주할 일이 있으면 모두 門司와 仗家에게 인도를 받아 상주하도록 하는 규정이 있었다(『구당서』권128, 3593쪽; 『신당서』권153, 4858쪽; 『자치통감』권224, 7189쪽).

29) 율문에 "문적이 없는데 (들어간 자) 및 다른 사람의 이름을 사칭하여 들어간 자는 난입으로 논한다."고 하였으므로 문적 없이 이름을 사칭하여 들어갔다면 궁문은 도2년에 처하고, 전문은 도2년반에 처한다(59, 위2.1). 또 무기를 소지하고 들어가면 각각 2등을 더하므로(59, 위2.1), 궁문은 도3년, 전문은 유2000리에 처한다.

것은 그 사람을 식별하지 못하고 무심결에 사사로이 (들어가는 것을) 허용한 것이며, 궁문(의 수위)는 장80에 처한다. 전문 이내는 차례로 1등씩 더한다. 단지 "(이름을) 사칭한 정황을 알지 못했다."고 말하고 "문적이 없는데 사칭하고 들어가는 것을 알지 못했다."라고 말하지 않은 것은, 단지 다른 사람의 이름을 사칭하고 증빙이 있으면 사람이 그것을 모두 식별하기 어렵다는 것이며, 이런 까닭에 죄가 가볍다. (문)적이 없는데 들어간 경우 (수위는) "난입을 적발하지 못하거나 고의로 방임한 (죄에)"(위1.3c) 준해서 처벌한다.

제62조 위금 5. 숙위가 이름을 사칭하여 서로 대신한 죄(宿衛冒名相代)

[律文1a] 諸宿衛者, 以非應宿衛人冒名自代及代之者, 入宮內, 流三千里;
[律文1b] 殿內, 絞.

  [律文1a의 疏] 議曰: 宿衛者, 謂大將軍以下, 衛士以上, 以次當上, 宿衛宮、殿. 上番之日, 皆據籍書. 若「以非應宿衛人」, 謂非諸衛大將軍、軍人以外, 冒名自代及代之者, 入宮內, 並流三千里;

  [律文1b의 疏] 殿內, 並絞.

[율문1a] 무릇 숙위할 자가 숙위를 할 수 없는 사람으로 하여금 이름을 사칭하고 자신을 대신하게 한 경우 및 그를 대신한 자는, (대신할 자가) 궁 안으로 들어간 때에는 유3000리에 처하고,
[율문1b] 전 안(에 들어간 때에는) 교형에 처한다.

  [율문1a의 소] 의하여 말한다: 숙위란 대장군 이하 위사 이상이 차

례로 당번이 되어 궁·전을 숙위하는 것을 말한다. 상번하는 날은 모두 명부에 의거한다.30) 만약 '숙위를 할 수 없는 사람으로 하여금'이라 함은 각 위의 대장군·군인이 아닌 그 밖의 사람들을 말하며, (그로 하여금) 이름을 속이고 자신을 대신(하여 숙위)하게 한 경우 및 그를 대신할 자가 궁 안으로 들어간 때에는 모두 유3000리에 처한다.

[율문1b의 소] 전 안(에 들어간 때에는) 교형에 처한다.

[律文2] 若以應宿衛人 謂已下直者. 自代及代之者, 各以闌入論.

　[律文2의 疏] 議曰: 應宿衛人, 謂諸衛所管應入宮, 殿上番者. 注云「謂已下直者」, 未當上番人之色, 自代及代之者, 彼此各以闌入論. 闌入之罪, 一準上法.

[율문2] 만약 숙위를 할 수 있는 사람으로 하여금 이미 당직이 끝나 비번인 자를 말한다. 자신을 대신(하여 숙위)하게 한 자 및 그를 대신한 자는 각각 난입으로 논한다.

　[율문2의 소] 의하여 말한다: 숙위를 할 수 있는 사람은 모든 위가 관할하는 바의 궁·전에 들어가 상번할 수 있는 자를 말한다. 주에 "이미 당직이 끝나 비번인 자를 말한다."는 것은 아직 상번할 차례가 되지 않은 사람 따위를 말하는 것이며, (그들로 하여금) 자신을 대신하게 하거나 그를 대신한 자는 쌍방 모두 난입으로 논한다. 난입한 죄는 모두 위의 법(위금2·3)에 준한다.

---

30) 위사에게는 각각 명부가 있는데, 差役·征行·上番할 일이 있으면 절충부는 이 명부에 의거하여 調發하였다. 또 중앙의 각 위의 대장군 및 장군은 병부와 소속 절충부에서 매월 그 달의 숙위 상번자의 명부를 각각 받아 이들을 장위 등의 직무에 분할 배치하는데(『당육전』권5, 156쪽 및 『역주당육전』상, 500~501쪽; 『당육전』권24, 616·618쪽 및 『역주당육전』하, 178·183~184쪽; 70, 위13 및 소), 이때에도 반드시 명부를 작성하고 이에 의거해서 시행한다.

[律文3a] 主司不覺, 減二等,

[律文3b] 知而聽行, 與同罪. 主司, 謂應判遣及親監當之官. 餘條主司準此.

　[律文3a의 疏] 議曰: 主司, 謂折衝府及諸衛判兵之官. 不覺人冒名自代及代之者, 減所犯人罪二等;

　[律文3b의 疏] 若知相代之情而聽行者, 各與同罪. 若冒代之事從府而來, 即以府官所由爲首, 餘官節級爲從坐; 衛官不覺, 遞減府官一等. 如相冒之罪由衛, 即以衛官所由爲首, 餘官節級爲罪; 府司不坐. 及親監當之官者, 諸衛當上人兵, 各有本部主帥, 雖從別團配隸, 亦是監當之限. 餘條主司準此者, 謂一部律內, 但言主司, 並不覺減二等, 知而聽行與同罪.

[율문3a] 주사가 적발하지 못했다면 2등을 감하고,

[율문3b] 알고도 행하는 것을 허용했다면 더불어 같은 죄를 준다. 주사는 마땅히 판견(判遣)하는 (관) 및 직접 감독을 담당하는 관을 말한다. 다른 조항의 주사는 이에 준한다.

　[율문3a의 소] 의하여 말한다: 주사는 절충부 및 모든 위의 판병하는 관31)을 말하며, 사람이 이름을 사칭하여 자신을 대신하게 하거나 그를 대신한 것을 적발하지 못한 경우 범한 사람의 죄에서 2등을 감한다.

　[율문3b의 소] 만약 서로 대신한 정을 알면서 행하는 것을 허용한

---

31) 지방의 절충부 군인은 경사로 상번하여 각 위에 배치되어 위사가 되고, 위사는 소속된 위의 관할 지역에 배속되어 숙위를 수행하게 된다. 군인의 상번 및 위사의 배치·배속은 각각 절충부와 위에서 명부를 작성하여 각 위의 장관에게 보고한 후 승인을 거쳐 이루어진다. 군인 및 위사의 當否·順番·虛僞 및 건강 상태 등을 파악하고 기록해 명부의 작성을 담당하는 것은 각 절충부 및 위의 兵曹參軍事이고, 그 명부를 판정하여 해당 관사의 장관에게 보고하는 것은 長史이다(62, 위금5.3; 『당육전』권5, 156쪽 및 『역주당육전』상, 500~502쪽; 『당육전』권24, 617~618쪽 및 『역주당육전』하, 183~184쪽; 『당육전』권25, 645쪽 및 『역주당육전』하, 244~245쪽).

때에는 각각 (행한 자와) 같은 죄를 준다. 만약 사칭하고 대신한 일이 절충부에서 비롯되었으면 곧 절충부의 과오를 범한 관을 수범으로 하고 다른 관은 등급에 따라 종범으로 처벌한다. 위의 관이 (이를) 적발하지 못하였으면 절충부 관의 (죄에서) 차례로 1등씩 감한다. 만약 서로 속인 죄가 위에서 비롯되었으면, 곧 위의 과오를 범한 관을 수범으로 하고 다른 관은 등급에 따라 죄를 주며, 절충부의 관사는 처벌하지 않는다. 직접 감독을 담당하는 관이라는 것은 모든 위의 숙위 근무를 서는 병력을 관장하는 본부의 주수를 가리키며, 비록 다른 부대[32]에 배속되더라도 (그곳의 본부 주사는) 또한 감독을 담당하는 (관의) 범위에 포함됨을 말한다. "다른 조항의 주사는 이에 준한다."고 한 것은, 모든 율에서 단지 주사만을 말하고 (처벌 규정이 없는 경우), 적발하지 못한 때에는 (죄인의 죄에서) 2등을 감하고 알면서 행하는 것을 허용한 때에는 (죄인과) 같은 죄를 준다는 것이다.

제63조 위금 6. 일로 인하여 궁에 들어가 함부로 유숙한 죄(因事入宮輒宿)

[律文1] 諸因事得入宮、殿而輒宿及容止者, 各減闌入二等.

　[律文1의 疏] 議曰: 因事得入宮,殿者, 謂朝參、辭見、迎輸、造作之類. 不合宿者而輒宿, 及容止所宿之人, 各減闌入罪二等: 在宮內, 徒一年; 殿內, 徒一年半.

[율문1] 무릇 일로 인하여 궁·전에 들어가서 함부로 유숙한 자 및

---

32) '團'은 당의 부병 편제의 하나로 위사 300인을 1단으로 구성하며, 校尉를 長으로 두었다(『당육전』권25, 644쪽 및 『역주당육전』하, 242쪽).

머무는 것을 허용한 자는 각각 난입한 (죄에서) 2등을 감한다.

[율문1의 소] 의하여 말한다: 일로 인하여 궁·전에 들어갔다는 것은 조참·사현·영수·조작 등의 일을 말한다. 유숙해서는 안 되는 자인데 함부로 유숙하거나 머물러 유숙하는 것을 용인한 사람은 각각 난입한 죄에서 2등을 감하니, 궁 안이면 도1년에 처하고, 전 안이면 도1년반에 처한다.

[律文2a] 卽將領人入宮、殿內有所迎輸、造作，門司未受文牒而聽入，及人數有剩者，各以闌入論；至死者加役流.

[律文2a의 疏] 議曰: 將領人入宮、殿, 有所迎出, 有所輸送;「造作」, 謂宮內營造; 門司皆須得牒, 然後聽入. 若未受文牒而輒聽入, 及所入人數有剩者, 門司各以闌入論. 若入上閤內及御在所應至死者, 門司各加役流.

[율문2a] 만약 사람을 인솔하여 궁·전 안으로 들어가 영수 및 조작하는 일이 있는데, 문사가 문첩을 받지 않고 들어가는 것을 허용한 경우 및 인원수에 초과함이 있는 경우는 각각 난입으로 논하며, 사죄에 이른 때에는 가역류에 처한다.

[율문2a의 소] 의하여 말한다: 사람을 인솔하여 궁·전에 들어갔다는 것은 영출迎出하는 것이 있거나 수송하는 것이 있다는 것이다. "조작"은 궁 안에서 영조하는 것을 말한다. 문사는 모두 반드시 문첩을 받은 후에 (사람들이) 들어가는 것을 허용해야 한다.[33] 만약 아

---

33) 관인이 문적을 가지고 궁문과 전문에 들어갈 때는 모두 소속 관사에서 관작과 성명을 갖추어 문사에 이첩해야 한다. 문사가 이첩받은 문적을 감문위에 보내면, 감문의 장관은 본사의 관원들과 판정하여 관련 관사[曹]의 도장과 서명을 받아 다시 문사에게 보낸다. 문사는 그것들을 모아서 대조하여 같으면 들어가는 것을 허락한다. 유외관과 궁내의 일반 서리와 잡역인[承脚色]의 경우에는 그 나이와 용모를 문적에 갖추어야 한다(『당육전』권25, 640쪽 및 『역주당육전』

직 문첩을 받지 않았는데 함부로 들어가는 것을 허용하거나 들어
간 인원수에 초과됨이 있으면 문사는 각각 난입으로 논한다. 만약
상합 안 및 어재소에 들어가 사죄에 이를 경우(위2.2) 문사는 각각
가역류에 처한다.

[律文2b] 將領主司知者, 各減闌入罪一等. 入者知, 又減五等; 不知者, 不坐.

[律文2b 疏] 議曰: 將領主司, 謂領人迎輸, 造作, 知門司未受文牒及人數有剩
而領入者, 各減闌入罪一等: 宮內, 徒一年半; 殿內, 徒二年; 入上閣內及至御
在所, 流三千里. 「入者知, 又減五等」, 稱「又」者, 謂減將領者罪五等. 不知
情入者, 不坐.

[율문2b] 인솔하는 주사가 (문첩을 받지 않은 것을) 안 경우에는
각각 난입한 죄에서 1등을 감한다. 들어간 자가 알았다면 또 5
등을 감하고, 알지 못한 때에는 처벌하지 않는다.

[율문2b의 소] 의하여 말한다: 인솔하는 주사는 사람을 인솔하여 영
수 및 조작하는 (사람을) 말하는데, 문사가 문첩을 받지 않은 것
및 사람 수에 초과함이 있는 것을 알면서 인솔하여 들어간 때에는
각각 난입한 죄에서 1등을 감하니, 궁 안은 도1년반에 처하고, 전
안은 도2년에 처한다. 만약 상합 안으로 들어가거나 어재소에 이
른 때에는 유3000리에 처한다.[34] "들어간 자가 알았다면 다시 5등

하 224쪽; 『당육전』권28, 719쪽 및 『역주당육전』하, 361~362쪽). 또한 재물이나
기구·용품 등을 궁·전에 들이거나 낼 때는 모두 감문위가 籍傍을 근거로 판정
하고, 문사는 들이거나 내는 자의 관작·성명 및 나이와 용모 및 기물의 품명과
수량을 검사한다(『당육전』권28, 719~720쪽 및 『역주당육전』하, 362~363쪽).

34) 궁문에 난입한 죄는 도2년반, 전문은 도2년반(59, 위2.1)에 해당하므로, 1등을
감하면 각각 도1년반과 도2년반이 된다. 상합문 및 어재소의 경우 교형과 참
형(59, 위2.1)에 해당하지만, 두 가지 사죄는 하나로 감하기(명56.2) 때문에 1
등을 감하면 유3000리가 된다.

을 감한다."에서 '또'라고 한 것은 인솔자의 죄에서 5등을 감한다는
것을 말한다.35) 정황을 알지 못하고 들어간 자는 처벌하지 않는다.

[律文2b의 問] 曰:「將領主司知者, 減闌入罪一等.」不言不知. 若有不知而
領入者, 合得何罪?

[律文2b의 答] 曰: 上條冒名相代各以闌入罪論, 主司不覺減二等. 注云:「餘
條主司準此.」明將領主司不知, 得減知情二等. 上旣有例, 故不生文.

[율문2b의 문] 묻습니다: "인솔하는 주사가 안 경우에는 난입한 죄
에서 1등을 감한다."고 하고, 알지 못한 경우는 말하지 않습니다.
만약 알지 못하고 인솔하고 들어갔으면 어떤 죄를 받아야 합니까?
[율문2b의 답] 답한다: 위 조항(위5)의 "이름을 사칭하고 서로 대신
한 자는 각각 난입한 죄로 논하고, 주사가 (이를) 적발하지 못한
때에는 2등을 감한다."는 (조문의) 주에 "다른 조항의 주사는 이에
준한다."고 했으니, 인솔한 주사가 알지 못했으면 정황을 안 경우
에서 2등을 감하는 것이 분명하다. 위에 이미 예가 있기 때문에 율
문을 만들지 않은 것이다.

제64조 위금 7. 문적에 표기하기 전에
궁·전에 들어간 죄(未著籍入宮殿)

[律文1] 諸應入宮、殿, 未著門籍而入; 雖有長籍, 但當下直而輒入者: 各減

---

35) 인솔자인 主司의 죄에서 5등 감한다고 한 것은 결국 난입한 죄에서 6등을 감
    한다는 것으로, 인솔자는 궁 안인 경우 장70, 전 안인 경우 장80, 상합 안 및
    어재소의 경우 도1년을 받게 된다.

闌入五等.

[律文1의 疏] 議曰:「應入宮,殿」, 在京諸司入宮,殿者, 皆著門籍. 若未著門籍而輒入; 或「雖有長籍」, 謂宿衛長上人, 雖一日上兩日下, 皆有長籍, 當下之日未合入宮,殿, 但當下直而輒入: 各減闌入罪五等.

[율문1] 무릇 궁·전에 들어가야 하지만 아직 문적에 표기하지 않았는데 들어가거나, 비록 장적이 있지만 당직이 끝나 비번인데 함부로 들어간 자는 각각 난입(죄)에서 5등을 감한다.

[율문1의 소] 의하여 말한다: "궁·전에 들어가야 한다."는 것은 경사의 모든 관사가 궁·전에 들어가는 것을 말하며, 모두 문적에 표기해야 한다는 것이다. 만약 문적에 표기하지[36] 않았는데 함부로 들어가거나,[37] 또는 비록 장적이 있더라도 -숙위로 장상하는 사람은

---

36) 문적에 著한다는 것은 籍을 가진 자가 들어갈 때 수위가 唱名하여 본인임을 확인한 후 문적에 들어갈 자로 표기하는 입궁 수속을 의미하는 것으로 이해하는 것이 타당할 것이다. 즉 "문적에 표기하지 않았는데 함부로 들어"간 것이란 궁·전에 들어가야 할 사람이 이미 문적이 등록되어 있고 그날 들어갈 사람으로 통고되었더라도, 수위가 창명하고 본인임을 확인하여 문적에 표기하기도 전에 들어간 것을 말한다. 이 경우 원래 문적이 없이 궁전에 들이기서는 안 되는 사람이 들어간 것(61, 위4.1)과 같지 않으므로, 난입의 죄에서 5등을 감하여 궁에 들어갔다면 장80, 전에 들어갔다면 장90에 처한다.

37) 한대에는 연령 등을 기록한 2척의 竹牒을 궁문에 걸고 본인인지 살피는(『한서』권9, 286쪽) 절차를 거쳐서 들어갔는데, 당대에는 관작과 성명을 기록한 적을 확인하고 이름을 부르면 들어갔다(『당육전』권25, 488쪽). 이는 비록 간단한 절차이지만 이를 거치지 않고 함부로 들어간 것은 입궁 수속을 밟지 않고 마음대로 들어간 것이 되어 처벌을 받게 되는 것이다. 이렇게 본인임을 확인하고 문적에 표기하는 것을 著籍이라고 했던 것 같은데, 『사기』권58, 양효왕세가(2048쪽)에 "梁의 侍中·郎·謁者는 천자의 전문에서 著籍하고 출입을 인도하는 것이 한의 환관과 다르지 않았다."라고 한 것에 대해 司馬貞이 "적은 명적을 말하며, 지금 문에서 출입을 通引하는 것과 같다."고 정의한 것으로 확인할 수 있다. 참고로 '著門籍'에 대해 曹漫之의 역주(313쪽)는 '寫明門籍', 錢大群의 新注(246쪽)는 '辦理門籍', 英譯(25쪽)은 'signing the name register'라고

비록 하루를 근무하고 이틀 쉬지만38) 모두 장적이 있음을 말한
다.- 당직이 끝나 비번인 날에는 궁·전에 들어가서는 안 되는데 단
지 퇴근한 뒤에 함부로 들어간 경우 각각 난입한 죄에서 5등을 감
한다.

[律文2] 卽宿次未到而輒宿, 及籍在東門而從西門入者, 又減二等.

　[律文2의 疏] 議曰: 卽宿次未到者, 謂應供奉之官及內官當直, 各有宿次. 其
　宿次未到而輒宿; 及籍在東門而從西門入者, 依令: 「非應從正門入者, 各從
　便門著籍.」假如西門有籍而從東門入, 或側門有籍而從正門入: 各又減罪二
　等, 謂減闌入罪七等.

[율문2] 숙직할 차례[宿次]가 이르지 않았는데 함부로 숙직하거나
문적이 동문에 있는데 서문으로 들어간 자는 또 2등을 감한다.

　[율문2의 소] 의하여 말한다: 숙직할 차례가 이르지 않았다는 것은
　공봉해야 하는 관39) 및 내관의 당직은 각각 숙직할 차례가 있는데
　그 숙직할 차례가 되지 않았음을 말한다. (차례가 되지 않았는데)
　함부로 숙직하거나 문적이 동문에 있는데 서문으로 들어간 자는 -
　영(궁위령, 습유359쪽)에 의거하면 "정문으로 들어갈 수 없는 자는 각

번역했다.

38) 衛官이 長上인 경우는 하루를 출근하고 이틀을 쉰다. 諸色長上은 5일 근무하
　고 10일 쉬며, 長人長上은 매일 출근하고 의장대를 따라 퇴근한다(『당육전』권
　5, 154쪽 및 『역주당육전』상, 487쪽).

39) 供奉官은 황제를 가까이에서 모시는[近臣] 관을 말한다. 공봉관에는 문하성의
　시중·좌산기상시·황문시랑·간의대부·급사중·기거랑·좌보궐·좌습유가 있고,
　중서성에는 중서령·우산기상시·중서시랑·중서사인·기거사인·통사사인·우보
　궐·우습유가 있으며, 어사대에는 어사대부·어사중승·시어사·전중시어사 등이
　있다(『당육전』권2, 33쪽 및 『역주당육전』상, 196쪽). 중서·문하성의 5품 이상
　으로 직원령에 따라 시종해야 하는 관인은 '侍臣'이라고 불렀는데(97, 직7.2 및
　소), 공봉관과 유사한 뜻이다.

각 편문에 문적을 등록한다."고 하였으니, 가령 서문에 문적이 있는데 동문으로 들어가거나 혹은 측문에 문적이 있는데 정문으로 들어간 것이다.- 각각 또 죄를 2등 감하는데, (이는) 난입한 죄에서 7등을 감한다는 것을 말한다.

제65조 위금 8. 궁·전에서 작업을 마치고 나가지 않은 죄(宮殿作罷不出)

[律文1a] 諸在宮、殿內作罷而不出者, 宮內, 徒一年; 殿內, 徒二年; 御在 所者, 絞. 闌仗應出而不出者, 亦同.

[律文1a의 疏] 議曰: 在宮、殿內作罷者, 丁夫、雜匠之徒作了. 其有應出不出 者, 宮內, 徒一年; 殿內, 徒二年; 御在所者, 絞. 若有闌仗應出者, 並卽須 出, 有不出者, 得罪與御在所同.

[율문1a] 궁·전 안에서 작업을 마치고 나가지 않은 자는, 궁 안이면 도1년에 처하고, 전 안이면 도2년에 처하며, 어재소이면 교형에 처한다. 벽장하여 나가야 하는데도 나가지 않은 자 역시 같다.

[율문1a의 소] 의하여 말한다: 궁·전 안에서 일을 마쳤다는 것은 정부·잡장의 부류[40]가 작업을 완료했다는 것이다. 그들이 마땅히 나가야 하는데 나가지 않은 때에는, 궁 안이면 도1년에 처하고, 전 안이면 도2년에 처하며, 어재소이면 교형에 처한다. 만약 벽장[41]

---

40) '丁夫'의 '丁'은 정역에, '夫'는 잡요에 충당되는 자를 말한다(461, 포11.1의 소). '雜匠'은 소부감 및 장작감에 예속된 각종 공장을 가리킨다(『당육전』권, 222쪽 및 『역주당육전』상, 672쪽).

41) '闢'은 배제, 제거 등의 의미를 가지며(『주례정의』권14, 546쪽), '仗'은 儀仗 또

이 있으면 나가야 할 자는 모두 즉시 나가야 하며, 나가지 않은 자
가 있다면 죄를 받는 것이 어재소와 같다.

[律文1a의 問] 曰: 在宮、殿內及御在所, 作罷不出, 律有正文. 若在上閣內不
出, 律既無文, 若爲處斷?
[律文1a의 答] 曰: 上閣之內, 例與闢仗所同. 應出不出, 此條無文者, 爲上
文注云, 闢仗應出不出與御在所同, 上閣內有宮人, 同御在所, 合絞; 御不在,
又無宮人, 減二等.

[율문1a의 문] 묻습니다: 궁·전 안 및 어재소에서 작업을 마치고 나
가지 않은 것은 율에 해당하는 조문이 있습니다. 만약 상합 안에
서 나가지 않은 것은 율에 조문이 없는데 어떻게 처단합니까?
[율문1a의 답] 답한다: 상합 안은 예에 비추어 보면 벽장하는 곳과
같다. 마땅히 나가야 하는데 나가지 않은 것에 대해 이 조항에 정
문이 없는 것은 위 조문의 주에 벽장하여 나가야 하는데 나가지
않은 것은 (죄를 받는 것이) 어재소와 같다고 하였으니, 상합 안에
궁인이 있으면 어재소와 같이 교형에 해당하고, 황제가 부재하고
또한 궁인이 없으면 2등을 감한다.

[律文1b] 不覺及迷誤者, 上請.
[律文1b의 疏] 議曰: 營作之所, 院宇或別, 不覺衆出, 或迷誤失道, 錯向別
門, 非故不出, 皆得上請.

───────────────

는 仗衛를 뜻한다. 胡三省은 闢仗을 위사가 황제의 수레 앞에서 좌우를 물리
치고 사람들의 통행을 멈추게 하는 것으로 병사를 도열시켜 행인의 출입을 막
고 길을 깨끗이 한 이후에 가는 것이라고 하였다(『자치통감』권198, 6235쪽).
즉 황제의 출행 때 연도의 사람을 물리치는 것이다. 또 황제가 탄 수레가 머
무는 곳에서도 벽장을 행한다.

[율문1b] 깨닫지 못하거나 (길을) 헤매다가 착오로 들어간 자는 상청한다.

　[율문1b의 소] 의하여 말한다: 건축하는 곳이나 건물이 달라서 무리가 나가는 것을 깨닫지 못하거나 또는 헤매다가 착오하여 길을 잃고 다른 문을 향해갔으면 고의로 나가지 않은 것이 아니므로 모두 상청할 수 있다.

[律文2] **將領主司知者, 與同罪; 不知者, 各減一等.** 闌仗主司搜人不盡者, 各準此.

　[律文2의 疏] 議曰: 將領主司, 謂領人入者. 若知有人不出, 不卽言者, 與不出人同罪. 其不知有人不出者, 各減一等, 謂御所·宮·殿內各得減一等. 「闌仗主司」, 謂領人搜索闌仗者. 其闌仗內有人不出, 各準將領主司之罪, 故云「各準此」.

[율문2] 인솔하는 주사가 안 경우 (나가지 않은 자와) 같은 죄를 주며, 알지 못한 경우 각각 1등을 감한다. 벽장하는 주사가 사람의 수색을 다하지 못한 경우는 각각 이에 준한다

　[율문2의 소] 의하여 말한다: 인솔하는 주사는 사람들을 거느리고 들어간 자를 말한다. 만약 사람이 나가지 않은 것을 알고도 즉시 말하지 않은 경우는 나가지 않은 사람과 같은 죄를 준다. 단 사람이 나가지 않은 것을 알지 못한 경우는 각각 1등을 감한다는 것은, 어재소·궁·전 안에서 (나가지 않은 죄에서) 각각 1등을 감한 (죄를) 받는다는 것을 말한다. "벽장하는 주사"는 사람들을 인솔하여 수색하고 벽장하는 자를 말한다. 단 벽장 안에 나가지 않은 사람이 있으면 각각 인솔하는 주사의 죄에 준하므로, "각각 이에 준한다."고 한 것이다.

[律文3] 若於闌仗內誤遺兵仗者, 杖一百. 弓、箭相須, 乃坐.

　[律文3의 疏] 議曰: 闌仗之內, 人皆出盡, 所有兵器, 亦不合留. 或有誤遺兵
　仗者, 合杖一百. 兵仗之法, 應須堪用. 或遺弓無箭, 或遺箭無弓, 俱不得罪,
　故云「弓、箭相須, 乃坐」.

[율문3] 만약 벽장 안에 착오로 병장기를 남겨둔 자는 장100에
처한다. 활과 화살은 다 구비되어 있어야 처벌한다.

　[율문3의 소] 의하여 말한다: 벽장 안은 사람이 모두 나가야 하며
　모든 병기 역시 남겨두어서는 안 된다. 혹은 착오로 병장기를 남
　겨 둔 자는 장100에 처해야 한다. 병장기는 응당 구비되어야 사용
　할 수 있는 법이다. 활을 남겨 두었지만 화살이 없거나, 화살을 남
　겨 두었지만 활이 없으면 모두 죄를 받지 않으므로 "활과 화살은
　다 구비되어 있어야 처벌한다."라고 한 것이다.

　　[律文3의 問] 曰: 誤遺弩弓無箭, 或遺箭無弩, 或有楯而無矛, 各得何罪？
　　[律文3의 答] 曰:「弓箭相須, 乃坐.」弩箭無弓, 與常箭不別. 有弩弓無箭,
　　亦非兵仗之限. 楯則獨得無用, 亦與有弓無箭義同.

　　[율문3의 문] 묻습니다: 착오하여 쇠뇌는 남겨두었는데 화살이 없거
　　나, 혹은 화살은 남겨두었는데 쇠뇌가 없거나, 혹은 방패는 있는데
　　창이 없으면 각각 어떤 죄를 받게 됩니까?
　　[율문3의 답] 답한다: 활과 화살은 다 구비되어 있어야 처벌한다. 쇠
　　뇌의 화살도 활이 없으면 보통 화살과 다르지 않으니, 쇠뇌는 있지
　　만 화살이 없으면 또한 병장기의 범위에 들지 않으며, 방패란 홀로
　　사용될 수 없는 것이니 역시 활은 있지만 화살이 없는 것과 뜻이
　　같다.

제66조 위금 9. 높은 곳에 올라 궁 안을 내려다 본 죄(登高臨宮中)

[律文1a] 諸登高臨宮中者, 徒一年;

[律文1b] 殿中, 加二等.

　[律文1a의 疏] 議曰: 宮﹑殿之所, 皆不得登高臨視. 若視宮中, 徒一年;

　[律文1b의 疏] 視殿中, 徒二年.

[율문1a] 무릇 높은 곳에 올라가 궁 안을 내려다 본 자는 도1년에 처하고,

[율문1b] 전 안(을 내려다 본 자)는 2등을 더한다.

　[율문1a의 소] 의하여 말한다: 궁·전이 있는 곳은 모두 높은 곳에 올라가 내려다보아서는 안 된다. 만약 궁 안을 보았으면 도1년에 처하고,

　[율문1b의 소] 전 안을 보았으면 도2년에 처한다.[42]

[律文2a] 若於宮﹑殿中行御道者, 徒一年; 有橫道及門仗外越過者, 非.

　[律文2a의 疏] 議曰: 宮﹑殿中當正門爲「御道」, 人臣並不得行. 其在宮﹑殿中及宮城中而行御道者, 各徒一年. 若有橫道, 殿前即有橫階, 殿內亦有橫道; 殿門﹑宮門內外立仗之處, 仗外雖無橫道: 越過者無罪.

[율문2a] 만약 궁·전 안에서 어도를 통행한 자는 도1년에 처하고, 횡도가 있는 곳이거나 문의 장위(를 세운 곳의) 밖에서 넘어 통과한

---

42) 당대에는 궁과 전만이 아니라 인가 역시 높은 곳에서 내려다 살펴보는 것을 금했다(『당회요』권31, 671쪽; 『당회요』권59, 1220쪽). 북송대에도 이와 유사한 규정이 있었다(『천성령역주』, 510~511쪽).

자는 처벌하지 않는다.

　　[율문2a의 소] 의하여 말한다: 궁·전 안의 정문을 마주 대하는 길을 "어도"라 하는데, 신하는 모두 통행할 수 없다. 만약 궁·전 안 및 궁성 안에서 어도를 통행한 자는 각각 도1년에 처한다. 만약 횡도가 있거나, -전 앞이면 곧 횡계가 있고 전 안이면 역시 횡도가 있다.- 전문 및 궁문 안팎에 장위를 세운 곳, (그리고) 문의 장위(를 세운 곳의) 밖은 비록 횡도가 없더라도 넘어 통과한 자는 죄가 없다.

　[律文2b] 宮門外者, 笞五十. 誤者, 各減二等.

　　[律文2b의 疏] 議曰: 嘉德等門爲宮門, 順天等門爲宮城門. 準例, 宮城門有犯, 與宮門同. 今云「宮門外」者, 卽順天門外行御道者得笞五十. 「誤者, 各減二等」, 謂從殿中至宮門外, 誤行御道者, 各得減二等. 其登高臨宮·殿中有誤者, 亦減罪二等.

　[율문2b] 궁문 밖의 (어도를 통행한) 자는 태50에 처한다. 착오인 경우에는 각각 2등을 감한다.

　　[율문2b의 소] 의하여 말한다: 가덕 등의 문은 궁문이라 하고, 순천 등의 문은 궁성문이라고 한다. 예(위2.1a의 주)에 준하면 궁성문을 범한 것은 궁문을 범한 것과 같다. 지금 '궁문 밖'이라고 한 것은 곧 순천문 밖에서 어도를 통과한 것으로, 태50을 받는다. "착오인 경우에는 각각 2등을 감한다."는 것은, 전 안으로부터 궁문 밖에 이르기까지 어도를 착오로 통과한 때에는 각각 2등을 감함을 말한다. 단 높은 곳에 올라가 궁·전 안을 내려다보았으나 착오가 있었다면 역시 죄를 2등 감한다.

제67조 위금 10. 탄핵이 상주된 숙위인의 무기를 수거하지 않은 죄(宿衛人被奏劾不收仗)

[律文] 諸宿衛人被奏劾者, 本司先收其仗, 違者徒一年. 謂在宮、殿中直者.

　[律文의 疏] 議曰: 「宿衛人」, 謂衛士已上、諸衛大將軍以下. 有犯法被奏劾者, 「本司」, 謂當衛主司及主帥等, 先收其杖. 違而不收者, 得徒一年. 本司及主帥, 各以所管應收仗而不收者一人得罪. 謂在宮、殿中當上直者, 宮外宿不在此限.

[율문] 무릇 숙위하는 사람에 대한 탄핵이 상주된 경우, 본사는 먼저 그 무기를 거두어야 한다. (이를) 위반한 자는 도1년에 처한다. 궁·전 안에서 당직하는 자를 말한다.

　[율문의 소] 의하여 말한다: '숙위하는 사람'은 위사 이상 모든 위의 대장군 이하를 말한다. (이들이) 법을 범하여 탄핵이 상주된 경우 "본사"와 -해당 위의 주사[43]를 말한다.- 주수 등은 먼저 그 무기를 거둔다. (이를) 위반하고 (무기를) 거두지 않은 자는 도1년을 받는다. 본사 및 주수는 각각 관할하는 곳에서 응당 무기를 거두어야 하는데 거두지 않은 한 사람만 죄를 받는다. (한 사람은) 궁·전 안에서 당직을 맡은 자를 말하며, 궁 밖의 숙위는 이 범위에 포함되지 않는다.

---

43) 각 위의 주조참군사는 병장과 기계 및 관청 건물의 수리, 형벌에 관한 일을 관장하였다. 통상 대조회와 황제의 외출에 수행할 때 갖추어야 할 여러 병장기와 장비 따위는 위위시에서 수령하고 일을 마치면 반납하는데, 위위시에 반납하지 않아야 할 것은 주조참군사가 위의 창고에 보관한다(『당육전』권24, 618쪽 및 『역주당육전』하, 184쪽). 이 조항의 疏에 의하면 본사는 해당 위의 주사를 가리키고, 주사는 번상하는 위사를 判하거나 遣하는 관 및 직접 감독을 담당하는 관을 말한다(62, 위5.3c의 주). 이렇게 본다면 해당 위의 주사는 주조참군사를 가리키는 것으로 생각된다.

제68조 위금 11. 응당 궁·전을 나가야 하는데 함부로 머문 죄(應出宮殿輒留)

[律文] 諸應出宮、殿, 而門籍已除, 輒留不出及被告劾, 已有公文禁止, 籍雖未除, 不得輒入宮、殿, 犯者各以闌入論.

[律文의 疏] 議曰: 應出宮、殿, 謂改任、行使、假患、番下、事故等, 依令「門籍當日即除」. 門籍已除, 其人輒留不出; 雖無假患等事及被告劾, 已有文牒令禁止, 籍雖未除, 皆不得輒入宮、殿, 如有犯者: 各以闌入論.

[율문] 무릇 응당 궁·전을 나가야 하여 문적이 이미 삭제되었는데 함부로 머물러 나가지 않은 자 및 탄핵받아 이미 공문으로 금지되었으면 비록 문적이 아직 삭제되지 않았어도 궁·전에 함부로 들어갈 수 없다. (이를) 범한 자는 각각 난입으로 논한다.

[율문의 소] 의하여 말한다: 응당 궁·전을 나가야 한다는 것은 개임·행사·가환·번하·사고 등을 말하며, 영(궁위령, 습유359쪽)에 의거하면 "문적은 당일에 즉시 삭제한다."[44] 문적이 이미 삭제된 사람이 함부로 머물며 나가지 않거나, 비록 가환 등의 일이 없지만 탄핵을 받아 이미 공문으로 (출입이) 금지되었으면 비록 문적이 아직 삭제되지 않았어도 모두 궁·전에 함부로 들어갈 수 없다. 만약 (이를) 범한 자가 있으면, 각각 난입으로 논한다.

---

44) '改任'·'行使'·'假患'·'番下' 및 '事故' 등의 상황으로 궁·전을 나가야 하는 경우, 그 소속 관사는 당일에 그 문적을 삭제할 것을 문서로 요청해야 한다. 여기서 '개임'이란 다른 직무로 임지나 부서를 옮기는 것이고, '행사'는 사인[使人]이 되어 파견을 나가는 것, '가환'은 각종 휴가와 병환으로 공무 수행을 정지하는 것을 말한다. 또 '번하'는 군관과 위사 등의 상번 기간이 만료된 것이며, '사고'는 궁·전에 들어가서는 안 되는 사정이 발생한 것을 말한다(錢大群, 『唐律疏議新注』권7, 252쪽, 주4).

제69조 위금 12. 황제가 있지 않은 궁·전에 난입한 죄(闌入非御在所)

[律文1] **諸犯闌入宮、殿, 非御在所者, 各減一等; 無宮人處, 又減一等.** 入上閣內, 有宮人者, 不減.

  [律文1의 疏] 議曰: 諸條稱闌入宮、殿得罪者, 其宮、殿之所, 御若不在, 各得減闌入罪一等; 雖是宮、殿, 見無宮人, 又得減罪一等. 假若在外諸宮, 有宿衛人防守而闌入, 合徒一年之類. 若入上閤內, 有宮人, 雖非御在所亦合絞; 無宮人處, 亦減二等.

[율문1] 무릇 궁·전에 난입(한 죄)를 범했으나 황제가 있는 곳이 아니면 각각 1등을 감한다. 궁인이 없는 곳이면 다시 1등을 감한다. 상합 안으로 들어갔는데 궁인이 있을 때에는 감하지 않는다.

  [율문1의 소] 의하여 말한다: 모든 조항에서 궁·전에 난입하여 죄를 받는 것은 그 궁·전에 황제가 있지 않으면 각각 난입한 죄를 1등 감하여 받으며, 비록 궁·전이라도 당시에 궁인이 없으면 또 1등을 감하여 죄를 받는다. 가령 지방의 모든 궁에는 숙위하는 사람이 있어 방위하는데, 난입하였다면 도1년에 해당하는 것 따위이다. 만약 상합 안으로 들어갔는데 궁인이 있으면 비록 황제가 머물고 있는 곳이 아니더라도 역시 교형에 해당한다. 궁인이 없는 곳이면 역시 2등을 감한다.[45]

---

45) 비록 황제가 머물고 있지 않은 전이라도 상합 안으로 난입한 경우 궁인이 있다면 죄를 경감하지 않고 교형에 처한다(59, 위2). 그러나 황제가 머물고 있지도 않고 궁인도 없는 경우라면 2등을 감하여 도3년에 처한다.

[律文2] 卽雖非闌入, 輒私共宮人言語, 若親爲通傳書信及衣物者, 絞.

　　[律文2의 疏] 議曰: 文云「雖非闌入」, 卽是得應入宮之人, 不得私與宮人言
　　語; 其親爲通傳書信、衣物者, 謂親於宮人處領得書信、衣物將出, 及將外人書
　　信、衣物付與宮人訖者: 並得絞坐.

[율문2] 비록 난입은 아니지만, 함부로 사사로이 궁인과 대화하
거나 직접 서신 및 의복과 물품을 전달한 자는 교형에 처한다.

　　[율문2의 소] 의하여 말한다: 조문에 "비록 난입은 아니지만"이라고
　　하였는데, 곧 궁에 들어갈 수 있는 사람이라도 사사로이 궁인과 대
　　화할 수 없으며, 그가 직접 서신 및 의복과 물품을 전달하였다는
　　것은 직접 궁인의 처소에서 서신 및 의복과 물품을 받아서 나오거
　　나 외부인의 서신 및 의복과 물품을 궁인에게 건네 준 것을 말하
　　며, 모두 교형의 처벌을 받는다.

제70조 위금 13. 이미 장위에 배치되었는데 함부로 되돌려 고친 죄(已配仗衛輒廻改)

[律文1] 諸宿衛人已配仗衛, 而官司輒廻改者, 杖一百.
[律文2] 若不依職掌次第, 擅配割及別驅使者, 罪亦如之.

　　[律文1의 疏] 議曰: 依式:「衛士以上, 應當番宿衛者, 皆當衛見在長官, 割
　　配於職掌之所, 各依仗衛次第坐立.」此卽職掌已定. 若官司無故輒廻改者, 合
　　杖一百. 應須廻改者, 不坐.

　　[律文2의 疏] 若不依職掌次第而擅配隸, 乖於式文及將別處驅使者, 亦各杖
　　一百. 其有私使, 計庸重者, 從重論.

[율문1] 무릇 숙위하는 사람이 이미 장위에 배치되었는데 관사가 함부로 바꾼 때에는 장100에 처한다.

[율문2] 만약 직장의 차례에 따르지 않고 임의로 배정하거나 별도로 사역시킨 자의 죄 역시 이와 같다.

[율문1의 소] 의하여 말한다: 식46)에 의거하면, "위사 이상으로 마땅히 교대로 숙위해야 할 자는 모두 해당 위의 현재의 장관이 직무를 수행하는 곳에 배정하며, 각각 장위의 차례에 의거하여 앉거나 선다." 이는 직장이 이미 정해진 것이다. 만약 관사가 까닭 없이 함부로 바꾼 때에는 장100에 처해야 한다. 마땅히 바꿔야 할 경우는 처벌하지 않는다.

[율문2의 소] 만약 직장의 차례에 의거하지 않고 임의로 배정시켜 식의 규정에 어긋나거나 별도로 사역시킨 자 역시 각각 장100에 처한다. 단 사사로이 사역시킨 것이 있는데 (그 사역시킨) 노임을 계산하여 (죄가 장100보다) 무거운 때에는 무거운 쪽을 따라 논한다.47)

---

46) 당의 식은 33편으로, 상서성 24사와 비서성·태상시·사농시·광록시·태복시·태부시·소부시 ·감문위·숙위 및 計帳 등을 편목으로 삼았다(『당육전』권6, 185쪽 및 『역주당육전』상, 577~578쪽). 疏의 내용에 의하면 이 式은 宿衛式일 것이다.

47) 監臨官이 감림하는 바의 사람을 사사로이 사역시키면 임금[庸]을 계산해서 수소감림재물(140, 직50.1a)로 논하고, 임금은 1인당 1일에 絹 3척으로 계산한다(명34.2a). 式의 규정에 어긋나거나 별도로 사역시켰다면 장100에 처하지만, 사사로이 사역시킨 경우의 처벌은 그 임금으로 계산한 죄와 이 조항의 장100과 비교하여 무거운 쪽을 선택하여 처벌한다는 것이다(명49.2)

제71조 위금 14. 밤에 문부를 맞춰보지 않고 궁·전의 문을 연 죄(奉勅夜開宮殿門)

[律文1a] 諸奉勅以合符夜開宮、殿門, 符雖合, 不勘而開者, 徒三年;

[律文1b] 若勘符不合而爲開者, 流二千里:

[律文1c] 其不承勅而擅開閉者, 絞;

[律文1a의 疏] 議曰:「奉勅以合符夜開宮、殿門」, 依監門式:「受勅人具錄須開之門并入出人帳, 宣勅送中書, 中書宣送門下. 其宮內諸門, 城門郎與見直諸衛及監門大將軍、將軍、中郎將、郎將、折衝、果毅內各一人, 俱詣閤覆奏. 御注聽, 卽請合符門鑰. 監門官司先嚴門仗, 所開之門內外並立隊, 燃炬火, 對勘符合, 然後開之.」符雖合, 不勘而開者, 徒三年.

[律文1b의 疏] 若勘符不合, 卽合執奏. 不奏而爲開者, 流二千里.

[律文1c의 疏] 其不承勅而擅開閉者, 俱合絞罪.

[율문1a] 무릇 야간에 궁·전의 문은 칙을 받들고 합치하는 부로 여는데, 비록 합치하는 부라도 맞춰보지 않고 (문을) 연 자는 도3년에 처한다.

[율문1b] 만약 부를 맞춰보아 합치하지 않는데 연 자는 유2000리에 처한다.

[율문1c] 단 칙을 받들지 않고 함부로 열거나 닫은 자는 교형에 처한다

[율문1a의 소] 의하여 말한다: "무릇 야간에 궁·전의 문은 칙을 받들고 합치하는 부로 연다." 감문식에 의거하면, "칙을 받은 사람은 모름지기 열어야 할 문 및 들어가고 나갈 사람을 기록한 장부를 갖추어 선포된 칙을 중서성에 전달하고, 중서성은 문하성에 전달한

다. 단 궁 안의 모든 문은, 성문랑48)이 현재 당직하는 각 위 및 감
문위의 대장군·장군·중랑장·낭장·절충도위·과의도위 중 각 1인과
함께 상합에 이르러 복주하고, 황제가 '청청'이라고 서명하면 곧 합
치하는 부49)와 문의 열쇠를 청한다. 감문의 관사는 먼저 문의 장
위를 엄격하고 정연하게 하여 열어야 할 문의 안팎에 모두 대隊를
세우고,50) 횃불을 켜고 맞춰보아 부가 합치하는지 확인한 연후에
연다." 만약 비록 합치하는 부라도 맞춰보지 않고 연 자는 도3년에
처한다.

[율문1b의 소] 만약 부를 맞춰보아 합치하지 않으면 즉시 상주해야
한다. 상주하지 않고 연 자는 유2000리에 처한다.

[율문1c의 소] 단 칙을 받들지 않고 함부로 열거나 닫은 경우는 모
두 교형의 죄에 해당한다.

[律文2a] 若錯符、錯下鍵及不由鑰而開者, 杖一百;
[律文2b] 卽應閉忘誤不下鍵, 應開毀管鍵而開者, 徒一年.

[律文2a의 疏] 議曰:「若錯符」, 謂非所開閉之符.「及錯下鍵」, 謂不依常
法.「及不由鑰而開」, 謂不用鑰而得開者. 此三事, 各合杖一百.

---

48) 天一閣本『송형통』에는 '郎'으로 되어 있는 것에 근거하여 고친다. 성문랑의 직
    장은 경성·황성·궁·전 등 여러 문의 개폐를 단속하고 문의 열쇠를 받들어 출납
    하는 일을 관장하는 것이다(『당육전』권8, 249쪽 및 『역주당육전』중, 69쪽).

49) 門符의 관리는 左符의 경우 내정에 두고 尙服局의 司寶가 보관을 담당하고
    符寶郎이 出納을 담당하며, 右符의 경우 감문위에서 관장하였다(131, 직41;
    274, 적27; 364. 사3;『신당서』권24, 525쪽;『당회요』권30, 653쪽).

50) 내외의 각 문에는 칼을 차고 병기를 쥐고 도열하여 수위하는 자를 세웠는데,
    이를 立門仗이라고 한다. 또한 각 위는 담당하는 문의 안팎에서 挾門隊로서
    도열하여 수위를 담당하였다(『신당서』권23상, 482~483쪽). '문의 장위'는 입문
    장을 가리키며, '열어야 할 문의 안팎에 세운 대'는 각 위의 협문대를 가리키
    는 것으로 생각된다.

[律文2b의 疏] 卽應閉忘誤不下鍵, 及應開毀管鍵而開者, 各徒一年. 謂牝者
爲管, 牡者爲鍵.

[율문2a] 만약 틀린 부를 (주거나), 자물쇠를 잘못 채우거나, 열쇠
로 열지 않은 자는 장100에 처하고,

[율문2b] 만약 (문을) 닫아야 하는데 잊거나 착오하여 자물쇠를
채우지 않거나, 열어야 하더라도 자물쇠를 훼손하고 연 자는 도
1년에 처한다.

[율문2a의 소] 의하여 말한다: "틀린 부"라는 것은, 열고 닫는 (문)의
부가 아닌 것을 말한다. "자물쇠를 맞지 않게 채웠다." 것은, 통상
의 방식에 의거하지 않은 것을 말한다. "열쇠로 열지 않았다."는
것은, 열쇠를 사용하지 않고 연 것을 말한다. 이 세 가지 행위는
각각 장100에 해당한다.

[율문2b의 소] 만약 (문을) 닫아야 하는데 잊거나 착오하여 자물쇠
를 채우지 않거나, 열어야 하더라도 자물쇠를 훼손하고 연 자는 각
각 도1년에 처한다. (자물쇠의) 구멍[牝]은 관管이라 하고, 자물쇠
청[牡]은 건鍵이라고 한다.

[律文3a] 其皇城門, 減宮門一等.

[律文3b] 京城門, 又減一等.

[律文3a의 疏] 議曰: 皇城門, 謂朱雀等門, 從「合符夜開」以下, 得罪各減宮
門一等.

[律文3b의 疏] 其京城門, 謂明德等門, 亦從「合符夜開」以下, 得罪各減皇城
門一等.

[율문3a] 단 황성문은 궁문(의 경우)에서 1등을 감한다.

[율문3b] 경성문은 또 1등을 감한다.

[율문3a의 소] 의하여 말한다: 황성문은 주작 등의 문을 말하고, "합치하는 부로 밤에 (궁문과 전문을) 연다."(는 조문) 이하의 죄를 받는 것은 각각 궁문(의 경우)에서 1등을 감한다는 것이다.

[율문3b의 소] 경성문은 명덕 등의 문을 말하고, 역시 "합치하는 부로 (궁문과 전문을) 연다."(는 조문) 이하의 죄를 받는 것은 각각 황성문(의 경우)에서 1등을 감한다는 것이다.

[律文4a] 卽宮、殿門閉訖而進鑰違遲者, 殿門杖一百, 經宿加一等, 每經一宿, 又加一等;

[律文4b] 宮門以外, 遞減一等.

[律文4c] 其開門出鑰遲, 又各遞減進鑰一等.

[律文4a의 疏] 議曰: 依監門式: 「駕在大內, 宮城門及皇城門鑰匙, 每去夜八刻出閉門, 二更二點進入. 京城門鑰, 每去夜十三刻出閉門, 二更二點進入.」違此不進, 是名「進鑰違遲」. 殿門杖一百, 經宿加一等, 合徒一年; 每經一宿, 又加一等, 旣無罪止之文, 加至流三千里.

[律文4b의 疏] 宮門以外遞減一等者, 卽宮門及宮城門進鑰違遲, 亦合杖九十, 經宿杖一百, 每經一宿又加一等, 罪止徒三年; 皇城門杖八十, 罪止徒二年半; 京城門杖七十, 罪止徒二年.

[律文4c의 疏] 其開門出鑰遲者, 依監門式: 「宮城門及皇城門, 四更二點出鑰開門. 京城門, 四更一點出鑰開門.」違式出鑰遲者, 各遞減進鑰一等, 卽是殿門杖九十, 宮門及宮城門杖八十, 皇城門杖七十, 京城門杖六十. 駕在大明、興慶宮及東都, 進請鑰匙, 依式各有時刻, 違者並依此科罪.

[율문4a] 만약 궁·전의 문을 닫고서 열쇠를 반납하는 것을 위반하거나 지체한 자는, 전문(의 경우)에는 장100에 처하고, 밤을 경과하면 1등을 더하며, 하룻밤을 경과할 때마다 또 1등씩 더한다.

[율문4b] 궁문 이외(의 경우)에는 차례로 1등씩 감한다.

[율문4c] 단 문을 여는 열쇠의 반출을 지체하면 각각 열쇠의 반납을 (지체한 죄)에서 또 차례로 1등씩 감한다.

[율문4a의 소] 의하여 말한다: 감문식에 의거하면, "황제가 대내[51]에 있으면 궁성문 및 황성문의 열쇠는 매일 밤이 되기 전 8각[52] 전에 반출하여 문을 닫고, 2경 2점에 반납한다. 경성문의 열쇠는 매일 밤이 되기 전 13각 전에 반출하여 문을 닫고, 2경 2점에 반납한다."[53] 이를 위반하고 반납하지 않은 것을 (정)명하여 "열쇠의 반납을 위반하거나 지체하였다."라고 한다. 전문(의 경우)는 장100에 처하고, 하룻밤을 경과하면 1등을 더하여 도1년에 해당하며, 하룻밤을 경과할 때마다 또 1등씩 더하되, 원래 최고형에 관한 조문이 없으니 더하여 유3000리에 이른다.

[율문4b의 소] 궁문 이외에는 1등씩 차례로 감한다. 즉 궁문 및 궁성문의 열쇠를 반납하는 것을 위반하거나 지체하였다면 역시 장90

---

51) '大內'는 일반적으로 황궁의 범칭으로 사용되며, 당에서는 太極宮을 가리킨다. 당 장안성의 태극궁을 대내로 한 것은 예종 景雲 원년(710)부터이다(『당회요』 권30, 639쪽).

52) 刻은 시간의 단위이다. 하루는 100각으로 나뉜다(명55.1 및 소). 동지에는 낮 40각·밤 60각, 하지에는 낮 60각·밤 60각, 춘분·추분에는 낮과 밤 각각 50각으로 하여 9일마다 1각씩 더하거나 감하여 조절하였다(『당육전』권10, 305쪽).

53) 밤은 更과 點으로 구분하였는데, 밤의 시간을 5경으로 나누고 1경을 다시 5점으로 나누었다. 경마다 북을 치고 점마다 종을 쳤다(『당육전』권10, 305쪽 및 『역주당육전』중, 181쪽). 각 문의 개폐 시각에 관해서 본 조항에 인용된 監門式은 『당육전』에 기재된 내용과 차이를 보인다. 『당육전』에 의하면 궁성 및 황성문의 열쇠는 매일 일몰 5각 전에 꺼내어 문을 닫고 1경 2점에 반납하며, 5경 1점에 반출하여 문을 열고 夜漏(야간을 가리키는 물시계의 눈금)가 다하여 두 번째 북소리가 난 뒤 반납한다고 되어 있다. 또 경성문의 열쇠는 東廊 아래에 보관하고 일몰 14각 전에 꺼내어 문을 닫고 2경 1점에 넣어두며, 4경 1점에 반출하여 문을 열고 야루가 다하여 두 번째 북소리가 난 후 10각에 넣어두도록 하고 있다(권8, 250쪽 및 『역주당육전』중, 59~60쪽).

에 해당하고, 하룻밤을 경과하면 1등을 더하며, 하룻밤을 경과할 때마다 또 1등씩 더하되, 죄는 도3년에 그친다. 황성문(의 열쇠의 반납을 위반하면) 장80에 처하고, 죄는 도2년반에 그친다. 경성문(의 열쇠의 반납을 위반하면) 장70에 처하고, 죄는 도2년에 그친다. [율문4c의 소] 문을 열어야 하는데54) 열쇠의 반출을 지체하였다는 것은, 감문식에 의거하면 "궁성문 및 황성문은 4점 2점에 열쇠를 반출하여 문을 연다. 경성문은 4경 1점에 열쇠를 반출하여 문을 연다."고 하였으니, (이) 식을 위반하고 열쇠의 반출을 지체하였다는 것이다. 각각 열쇠를 반납하는 (죄)에서 차례로 1등씩 감하므로, 곧 전문(의 열쇠이면) 장90에 처하고, 궁문 및 궁성문은 장80에 처하며, 황성문은 장70에 처하고, 경성문은 장60에 처한다. 황제가 대명궁55)·흥경궁56) 및 동도57)에 있으면 열쇠를 반납하고 청하는 것은 식에 의거해서 각각 (정해진) 시각이 있으며, 위반한 자는 모두 이에 의거해서 죄를 준다.

---

54) 문을 열 때는 바깥쪽 승천문부터 안쪽의 궁·전문까지 차례대로 열고, 닫을 때는 이와 반대로 궁·전문부터 승천문의 순서로 닫는다(『당륙전』권8, 249~250쪽 및 『역주당육전』중, 59쪽).

55) 大明宮은 장안성 금원의 동남쪽, 궁성의 동북쪽에 조영된 궁으로, 본래 태종이 부친인 고조의 피서를 위해 조영했다. 병약한 고종이 태극궁이 음습한 것을 싫어하여 대명궁으로 거처를 옮겼고, 이후 역대 황제들 대부분이 이곳에 머물렀다(『당회요』권30, 644~645쪽). 西內로도 불리는 태극궁에 대해 대명궁은 東內라고 하였다.

56) 興慶宮은 본래 예종이 황성의 동남쪽에 위치한 隆慶坊에 황자들을 위해 하사한 저택이었다. 당시 황태자였던 玄宗이 그의 형제들과 함께 살았는데 황위에 오른 뒤 융경방을 興慶坊으로 고치고, 開元 2년(714)에 흥경궁으로 조영하였다(『당회요』 권30, 650쪽). 開元 14년에 永嘉坊·勝業坊 등의 절반을 합해서 朝堂을 설치하였다. 通化門을 통해 大明宮과 연결되어 있었다(『당육전』 권7, 219쪽 및 『역주당육전』상, 656쪽).

57) 당대 낙양성을 가리키며, 치폐 연혁은 『신당서』지리지에 정리되어 있다(『신당서』권38, 981~982쪽).

제72조 위금 15. 밤에 궁·전을 출입한 죄(夜禁宮殿出入)

[律文1a] 諸於宮、殿門雖有籍, 皆不得夜出入. 若夜入者, 以闌入論;

[律文1b] 無籍入者, 加二等;

[律文1c] 卽持仗入殿門者, 絞.

[律文2] 夜出者, 杖八十.

 [律文1a의 疏] 議曰: 於宮、殿門有籍之人, 唯合晝日入出, 若因夜開閉而輒入
 者, 以闌入論.

 [律文1b의 疏] 無籍夜入者, 加二等.

 [律文1c의 疏] 卽持仗入殿門者絞, 有籍、無籍等.

 [律文2의 疏] 夜出宮、殿門, 俱杖八十.

[율문1a] 무릇 궁·전문에 비록 문적이 있더라도, 밤에는 모두 출입할 수 없다. 만약 밤에 들어간 자는 난입으로 (죄를) 논하고,

[율문1b] 문적이 없는데 들어간 자는 2등을 더하며,

[율문1c] 만약 무기를 소지하고 전문을 들어간 자는 교형에 처한다.

[율문2] 밤에 (문을) 나간 자는 장80에 처한다.

 [율문1a의 소] 의하여 말한다: 궁·전문에 문적이 있는 사람은 오직 낮에만 들어오고 나갈 수 있다. 만약 밤에 (문을) 열고 닫는 것을 틈타 함부로 들어간 자는 난입(위2)으로 논한다.

 [율문1b의 소] 문적이 없는데 밤에 들어간 자는 2등을 더한다.

 [율문1c의 소] 만약 무기를 소지하고 전문을 들어간 자는 교형에 처하며, 문적이 있든 없든 같다.

 [율문2의 소] 밤에 궁문·전문을 나간 자는 모두 장80에 처한다.

[律文3a] 若得出入者剩將人出入, 各以其罪罪之;

[律文3b] 被將者知情各減一等, 不知情不坐.

　[律文3a의 疏] 議曰: 謂奉勅聽入出之人, 剩將人入出者, 各以其罪罪之: 有籍者, 以闌入論; 無籍者, 加二等; 將出者, 杖八十.

　[律文3b의 疏] 「被將者知情」, 謂被將之人, 知剩將之情, 各減前所將罪一等. 不知情者, 不坐.

[율문3a] 만약 출입할 수 있는 자가 (정원을) 초과해서 사람들을 인솔하여 출입한 경우에는 각각 그 (인솔되어 들어간 자의) 죄로써 죄를 준다.

[율문3b] 인솔되는 자가 정을 알았으면 각각 1등을 감하고, 정을 알지 못했으면 처벌하지 않는다.

　[율문3a의 소] 의하여 말한다: 칙을 받들어 출입이 허락된 사람이 (정원을) 초과해서 사람들을 인솔하여 출입한 경우에는 각각 그 (인솔되어 들어간 자의) 죄로써 죄를 준다는 것을 말한다. (인솔되는 사람이) 문적이 있는 자이면 (인솔한 사람도) 난입으로 논하고, 문적이 없는 자이면 2등을 더한다. 인솔하고 나간 자는 장80에 처한다.

　[율문3b의 소] "인솔되는 자가 정을 알았다."는 것은 인솔되는 사람이 (정원을) 초과해서 인솔하는 정을 알았다는 것을 말하며, 각각 앞의 인솔한 자의 죄에서 1등을 감한다. 정을 알지 못한 자는 처벌하지 않는다.

제73조 위금 16. 궁·전을 향해 활을 쏜 죄(向宮殿射)

[律文1a] **諸向宮、殿內射, 謂箭力所及者. 宮垣, 徒二年; 殿垣, 加一等. 箭入者, 各加一等;**

[律文1b] **即箭入上閤內者, 絞;**

[律文1c] **御在所者, 斬.**

[律文1a의 疏] 議曰: 射向宮垣, 得徒二年; 殿垣, 徒二年半. 箭入者, 宮內, 徒二年半; 殿內, 徒三年.

[律文1b의 疏] 即箭入上閤內者, 絞.

[律文1c의 疏] 「御在所者斬」, 謂御在所宮、殿. 若非御在所, 各減一等; 無宮人處, 又減一等. 皆謂箭及宮、殿垣者. 若箭力應及宮、殿而射不到者, 從「不應爲重」. 不應及者, 不坐.

[율문1a] **무릇 궁·전 안을 향하여 활을 쏜 (자는) 화살의 힘이 미칠 수 있는 경우를 말한다. 궁의 담에 (미친 경우에는) 도2년에 처하고, 전의 담에 (미친 경우에는) 1등을 더한다. 화살이 (궁·전 안으로) 들어간 경우에는 각각 1등을 더하고,**

[율문1b] **화살이 상합 안으로 들어간 경우에는 교형에 처하며,**

[율문1c] **어재소 (안으로 들어간 경우에는) 참형에 처한다.**

[율문1a의 소] 의하여 말한다: 궁의 담을 향해 활을 쏜 경우 도2년을 받고, 전의 담은 도2년반을 받으며, 궁 안에 화살이 들어간 경우 도2년반을 받고, 전 안에 (들어간 경우는) 도3년을 받는다.

[율문1b의 소] 만약 화살이 상합 안으로 들어간 경우 교형을 받는다.

[율문1c의 소] "어재소이면 참형에 처한다."고 한 것에서 (어재소는) 황제가 있는 궁·전을 말한다. 만약 황제가 있는 곳이 아니면 각각

1등을 감한다. 궁인이 없는 곳은 또 1등을 감한다. 모두 화살이 궁·전의 담에 미친 것을 말한다. 만약 화살의 힘이 궁·전에 미칠 수 있지만 쏜 것이 도달하지 못한 경우는 "해서는 안 되는데 행한 죄의 무거운 쪽"(잡62)에 따른다. 닿을 수 없는 것은 처벌하지 않는다.

[律文1의 問] 曰: 何以知是御在所宮、殿?

[律文1의 答] 曰: 向宮垣射得徒二年, 殿垣徒二年半, 準其得罪, 與「闌入」正同. 上條:「闌入宮、殿, 非御在所, 各減一等. 無宮人, 又減一等.」卽驗車駕不在, 又無宮人, 闌入上閤者合徒三年. 此條箭入上閤絞, 御在所斬, 得罪旣同「闌入」, 明爲御在宮中. 御若不在, 皆同上條減法: 箭入宮中, 徒一年半; 殿中, 徒二年; 入上閤內, 徒三年.

[율문1의 문] 묻습니다: 어떻게 (이 조항이) 황제가 있는 궁·전에 대한 것인지 알 수 있습니까?

[율문1의 답] 답한다: 궁의 담을 향해 활을 쏜 경우 도2년을 받고, 전의 담은 도2년반을 받는데, 그 죄를 받는 것에 준하면 바로 "난입"(위2.1)과 같다. 위의 조항(위12.1)에서 "궁·전에 난입한 경우 황제가 있는 곳이 아니면 각각 1등을 감한다. 궁인이 없으면 또 1등을 감한다."고 하였으니, 곧 황제58)가 있지 않고 또 궁인이 없는 상합(의 안)에 난입한 자는 도3년에 해당하는 것이 확인된다. 이 조항에서 화살이 상합(의 안)에 들어간 경우 교형에 처하고, 어재소이면 참형에 처한다고 한 것은, 죄를 받는 것이 이미 "난입"과

---

58) 車駕는 황제가 타는 수레를 지칭하며, 行幸 때의 '황제'를 대신하여 부르는 용어로 사용된다(『당육전』권4, 112쪽 및 『역주당육전』상, 406쪽; 『한서』권1하, 58쪽, 안사고의 주). 단 거가 및 乘輿·御라고 칭한 것은 태황태후·황태후·황후도 모두 같고, 制·勅이라고 칭한 경우 태황태후·황태후·황후·황태자의 영이면 1등을 감한다(명51.1·2).

같으므로 황제가 있는 궁 안에 대한 것임이 명확하다. 황제가 만약 있지 않으면 모두 위 조항(위12.1)의 감하는 법과 같이, 화살이 궁 안에 들어갔으면 도1년반에 처하고, 전 안이면 도2년에 처하며, 상합 안으로 들어갔으면 도3년에 처한다.

[律文2] 放彈及投瓦石者, 各減一等. 亦謂人力所及者.

[律文2의 疏] 議曰: 放彈及投瓦石, 比箭罪輕. 放向宮垣, 徒一年半; 向殿垣, 徒二年. 入宮內, 徒二年; 殿內, 徒二年半; 入上閣內及御在所, 流三千里. 是爲「各減一等」. 「亦謂人力所及者」, 據彈及投瓦石及宮、殿方始得罪, 如應及不到, 亦從「不應爲重」上減一等.

[율문2] 탄환을 발사하거나 기와나 돌]을 던진 경우는 각각 1등을 감한다. 역시 사람의 힘이 미칠 수 있는 경우를 말한다.

[율문2의 소] 의하여 말한다: 탄환59)을 발사하거나 기와나 돌을 던지는 것은 화살(을 쏘는 것)에 비해 죄가 가볍다. 궁의 담을 향해 발사했으면 도1년반에 처하고, 전의 담을 향했으면 도2년에 처한다. 궁 안으로 들어갔으면 도2년에 처하고, 전 안이면 도2년반에 처하며, 상합 안 및 어재소에 들어갔으면 유3000리에 처한다. 이것이 "각각 1등을 감한다."는 것이다. "역시 사람의 힘이 미칠 수 있는 경우를 말한다."는 것은, 탄환 및 던진 기와와 돌이 궁·전에 미친 것에 근거하여 비로소 죄를 받게 되는데, 만일 미칠 수 있는데 도달하지 못하였다면 또한 "해서는 안 되는데 행한 죄의 무거운 쪽"(잡62)에 따라 1등을 감한다.

---

59) 탄환을 발사했다는 것은 활처럼 시위(현)를 사람의 힘으로 당겨 돌이나 쇳덩이 등의 탄환을 날리는 것이다. 彈은 탄궁을 가리키기도 하고, 또 그 탄궁으로 발사한 탄환을 가리키기도 한다(일본역『唐律疏議』2, 55쪽, 주6).

[律文3] 殺傷人者, 以故殺傷論.

[律文3의 疏] 議曰: 射及放彈, 若投瓦石, 有殺傷人者, 以故殺傷論: 殺人者, 斬; 傷人者, 加鬪殺傷一等.

[율문3] 사람을 살상한 때에는 고의로 살상한 것으로 논한다.

[율문3의 소] 의하여 말한다: 활을 쏘고 탄환을 발사하거나 혹은 기와와 돌을 던져 사람을 살상한 때에는 고의로 살상한 것으로 논하니, 사람을 살해한 경우 참하고, 사람을 상해한 경우 투살상(죄)(투5)에 1등씩 더한다.

[律文4a] 卽宿衞人, 於御在所誤拔刀子者, 絞;
[律文4b] 左右並立人不卽執捉者, 流三千里.

[律文4a의 疏] 議曰: 宿衞人常執兵仗, 得帶刀子. 若在御所者, 非勅遣用, 不得輒拔刀子. 其有誤拔者, 絞.

[律文4b의 疏] 左右並立人, 見其誤拔, 皆須執捉. 不卽執捉者, 流三千里. 若有別勅處分令用及仗內賜食者, 不坐. 但擧宿衞人爲例者, 明餘人在御所亦不得誤拔刀子. 其有誤拔及傍人不卽執捉, 一準宿衞人罪.

[율문4a] 만약 숙위하는 사람이 어재소에서 착오로 칼을 뽑은 때에는 교형에 처하고,
[율문4b] 좌우에 나란히 선 사람이 즉시 체포하지 않은 때에는 유3000리에 처한다.

[율문4a의 소] 의하여 말한다: 숙위하는 사람은 항상 병기를 잡고 칼을 찰 수 있다. 만약 황제가 있는 곳인 경우, 칙으로 사용하도록 한 것이 아니면 함부로 단도를 뽑아서는 안 된다. 단 착오로 (칼을) 뽑은 자는 교형에 처한다

[율문4b의 소] 좌우에 나란히 선 사람은 그가 착오로 뽑은 것을 보

면 모두 즉시 체포해야 한다. 즉시 체포하지 않은 때에는 유3000
리에 처한다. 만약 별도의 칙으로 처분하여 (칼 등을) 사용할 수
있게 하거나 장위 내에 음식을 내린 때에는 (즉시 체포하지 않더
라도) 처벌하지 않는다. (이 조항에서) 단지 숙위하는 사람을 예로
든 것은 다른 사람도 황제가 있는 곳에서는 역시 착오로라도 칼을
뽑을 수 없다는 것을 명확히 한 것이다. 만약 착오로 (칼을) 뽑은
것 및 옆 사람이 (즉시) 체포하지 않은 것이 있으면 하나같이 숙위
하는 사람의 죄에 준한다.

제74조 위금 17. 황제의 행차 대열에
부딪힌 죄(車駕行衝隊仗)

[律文1a] 諸車駕行, 衝隊者, 徒一年;

[律文1b] 衝三衛仗者, 徒二年. 謂入仗、隊間者.

　[律文1a의 疏] 議曰: 車駕行幸, 皆作隊仗. 若有人衝入隊間者, 徒一年;

　[律文1b의 소] 衝入仗間, 徒二年. 其仗衛主司依上例: 故縱與同罪, 不覺減
　二等.

[율문1a] 무릇 황제가 행차하는데 (호위 의장)대에 부딪힌 자는
도1년에 처한다.

[율문1b] 삼위의 장위에 부딪힌 자는 도2년에 처한다. 장위와 의장
대 사이에 들어간 것을 말한다.

　[율문1a의 소] 의하여 말한다: 황제가 행차할 때에는 모두 의장대와
　장위(60)를 세운다. 만약 사람이 부딪혀 (호위 의장)대 사이에 들어

간 때에는 도1년에 처하고,

[율문1b의 소] 부딪혀 장위 사이에 들어간 때에는 도2년에 처한다. 만약 장위의 주사가 -위의 예(위금1.3)에 의거하여,- 고의로 방임하였다면 (부딪힌 자와) 더불어 죄가 같고, 적발하지 못했으면 2등을 감한다(위1.3).

[律文1c] 誤者, 各減二等.

    [律文1c의 疏] 議曰: 若有人誤入隊間, 得杖九十; 誤入仗間, 得徒一年.

[율문1c] 착오인 경우 각각 2등을 감한다.

    [율문1c의 소] 의하여 말한다: 만약 사람이 착오로 (호위 의장)대 사이에 들어갔다면 장90을 받고, 착오로 장위 사이에 들어갔다면 도1년을 받는다.

[律文2a] 若畜産唐突, 守衛不備, 入宮門者, 杖一百;
[律文2b] 衝仗衛者, 杖八十.

    [律文2a의 疏] 議曰:「畜産唐突」, 謂走逸入宮門. 守衛不備者, 杖一百. 入宮城門, 罪亦同. 若入殿門, 律更無文, 亦同宮門之坐.

    [律文2b의 疏] 衝仗衛者, 杖八十. 仗衛者, 在宮、殿及駕行所, 得罪並同.

[율문2a] 만약 축산이 뛰어들어 수위가 방비하지 못하고 궁문에 들어가게 한 때에는 장100에 처하고,

---

60) '三衛'는 좌우위의 親衛·勳衛·翊衛 및 左右率府의 親衛·勳衛·翊衛를 비롯하여 각 위의 익위를 통틀어 말한다(『당육전』권5, 154쪽 및 『역주당육전』상, 492쪽). 行幸 시 삼위의 대열은 황제에게 보다 가까이에 위치한다(『신당서』권23상, 492~493). 따라서 삼위의 의장 대열에 부딪힌 죄는 다른 호위 의장대보다 1등이 높다.

[율문2b] 장위에 부딪힌 때에는 장80에 처한다.

　[율문2a의 소] 의하여 말한다: "축산이 뛰어들었다."는 것은, (축산이) 달아나 궁문에 들어간 것을 말한다. 수위가 방비하지 못한 때에는 장100에 처한다. 궁성문에 들어갔다면 죄 역시 같다. 전문에 들어간 것에 대해서는 율에 다시 조문이 없는데, 역시 궁문에 대한 처벌과 같게 한다.

　[율문2b의 소] 장위에 부딪힌 때에는 장80에 처한다. 장위는 궁·전 및 황제가 행행하는 곳에 있는데, (부딪혔을 때) 죄를 받는 것은 모두 같다.

제75조 위금 18. 상번하는 숙위가 도착하지 않은 죄(宿衛上番不到)

[律文] 諸宿衛人, 應上番不到及因假而違者, 一日笞四十, 三日加一等; 過杖一百, 五日加一等, 罪止徒二年.

　[律文의 疏] 議曰: 宿衛人應上番而不到, 及因得假而違者, 一日笞四十, 三日加一等, 滿十九日合杖一百. 若過杖一百, 五日加一等, 罪止徒二年. 計三十四日, 卽當罪止.

[율문] 무릇 숙위하는 사람이 상번해야 하는데 도착하지 않거나 휴가로 인해 (상번 기일을) 위반한 경우, 1일이면 태40에 처하고, 3일마다 1등씩 더하며, 장100을 초과하면 5일마다 1등씩 더하되, 죄는 도2년에 그친다.

　[율문의 소] 의하여 말한다: 숙위하는 사람이 상번해야 하는데 도착

하지 않거나 휴가를 얻은 것으로 인해 (상번 기일을) 위반한 경우, 1일이면 태40에 처하고, 3일마다 1등씩 더하며, 19일이 차면 장100에 처해야 한다. 만약 장100을 초과하면 5일마다 1등을 더하되, 죄는 도2년에 그친다. 계산하여 34일이면 곧 최고형[罪止]에 해당한다.

[律文의 問1] 曰: 假有宿衛人, 番期五日未滿, 因一日假, 遂違不上, 爲當止得四日違罪, 唯復累至罪止而科?

[律文의 答1] 曰: 番期有限, 限內有故須請假, 日滿卽須赴番. 違假不上, 準日科斷. 其人四日之外, 卽當下直, 下日不勞請假, 豈合計日累科. 四日之外, 明知不坐.

[율문의 문1] 묻습니다: 가령 숙위하는 사람의 상번 기간이 5일 미만인데, 1일의 휴가로 인해 끝내 (기일을) 위반하고 상번하지 않았으면 4일을 위반한 죄를 받는데 그치는 것이 마땅합니까, 그렇지 않으면 다시 누계하여 최고형을 과합니까?

[율문의 답1] 답한다: 상번 기간에는 한정이 있는데, 기한 내에 사고가 있으면 휴가를 청해야만 하고, (휴가) 일수가 차면 곧 상번해야 한다. 휴가를 위반하고 상번하지 않았다면 (상번) 일수에 준하여 판단해서 죄준다. 그 사람은 4일 외에는 곧 상번이 종료된 것에 해당하므로 이후의 일수는 휴가를 청할 필요가 없는데, 어찌 일수를 누계하여 죄를 주는 것이 합당하겠는가? 4일 외에는 처벌하지 않음을 명확히 알 수 있다.

[律文의 問2] 曰: 應上不到, 因假而違者, 並罪止得徒二年. 若準三十四日罪止, 便是月番之外. 今解下番之日不坐, 恐理未盡?

[律文의 答2] 曰: 依式: 「三衛去京二千里外, 六十日上; 嶺南爲季上.」三十四日罪止, 爲包遠道生文.

[**율문의 문2**] 묻습니다: 상번해야 하는데 도착하지 않거나 휴가로 인해 위반한 경우 모두 죄는 도2년을 받는 것에 그칩니다. 만약 34일이면 죄가 그치는 점에 준한다면, 곧 1개월의 상번 기간을 벗어난 것입니다. 지금 하번한 일수는 처벌하지 않는다고 해석한 것은 이치가 미진하지 않을까요?

[**율문의 답2**] 답한다: 식에 의거하면, "삼위는 수도에서 2천리 밖에 떨어져 있으면 60일을 상번하고, 영남은 90일을 상번한다." 34일이면 최고형에 처해야 한다는 것은 멀리 떨어진 곳을 포괄하기 위하여 조문을 만든 것이다.

당률소의 권 제8 위금률 모두 15조

역주 정재균

제76조 위금 19. 숙위가 병장기를 몸에서 멀리 떼어놓은 죄(宿衛兵仗遠身)

[律文1a] 諸宿衛者, 兵仗不得遠身, 違者杖六十;

[律文1b] 若輒離職掌, 加一等;

[律文1c] 別處宿者, 又加一等.

[律文2] 主帥以上, 各加二等.

　[律文1a의 疏] 議曰: 兵仗者, 謂橫刀常帶; 其甲、矟、弓、箭之類, 有時應執著者並不得遠身, 不應執帶者常自近身. 輒遠身者, 各杖六十.

　[律文1b의 疏] 其職掌之處, 依次坐立, 輒離職掌, 加一等, 合杖七十.

　[律文1c의 疏] 卽於別處宿者, 又加一等, 合杖八十.

　[律文2의 疏] 「主帥以上, 各加二等」, 稱主帥以上, 謂隊副以上至大將軍以下, 兵仗遠身杖八十, 輒離職掌杖九十, 別處宿者杖一百, 是「各加二等」.

[율문1a] 무릇 숙위할 때에는 병장기를 몸에서 멀리 떼어놓아서는 안 된다. 어긴 자는 장60에 처한다.

[율문1b] 만약 (숙위가) 함부로 숙위 위치에서 이탈했다면 1등을 더하고,

[율문1c] 다른 곳에서 유숙한 때에는 또 1등을 더한다.

[율문2] 주수 이상은 각각 2등을 더한다.

　[율문1a의 소] 의하여 말한다: 병장기1)라 함은 (숙위가) 항상 (몸에) 차는 횡도와 그의 갑옷·창2)·활·화살 따위를 말하는데, 긴급할 때

---

1) 병장기는 북[軍鼓], 활[弓], 쇠뇌[弩], 화살[箭], 칼[刀], 창[槍], 갑옷[甲], 방패[彭排], 깃발[旗], 겉옷[袍] 등 10가지가 있다. 각각의 병장기는 쓰임에 따라 다양한 종류가 있다(『당육전』권16, 460~462쪽 및 『역주당육전』중, 463~475쪽).

쥐거나 착용해야 하는 것은 결코 몸에서 멀리 떼어놓아서는 안 되고, 쥐거나 찰 수 없는 것은 항상 몸 가까이에 두어야 한다. 함부로 (병장기를) 몸에서 멀리 떼어놓은 때에는 각각 장60에 처한다.

[율문1b의 소] 만약 숙위하는 곳에 있다면 순서에 의거해서 앉거나 서 있어야 한다. 함부로 숙위하는 위치에서 이탈했다면 1등을 더하여 장70에 처해야 한다.

[율문1c의 소] 곧 다른 곳에서 (밤을) 새운 때에는 또 1등을 더하여 장80에 처해야 한다.

[율문2의 소] "주수 이상은 각각 2등을 더한다."에서 주수 이상이라 함은 대부 이상 대장군 이하를 말한다.[3] (이들이) 병장기를 신변에서 멀리 방치한 때에는 장80에 처하고, 함부로 숙위하는 곳에서 이탈한 때에는 장90에 처하며, 다른 곳에서 숙박한 때에는 장100에 처하니, 이것이 "각각 2등을 더한다."는 것이다.

제77조 위금 20. 행궁의 영문에 난입한 죄(行宮營門)

[律文] 諸行宮, 外營門·次營門與宮門同, 內營牙帳門與殿門同, 御幕門與上閤同. 至御所, 依上條.

[律文의 疏] 議曰:「行宮」, 謂車駕行幸及所至安置之處. 外營門·次營門與宮門同, 闌入者得徒二年. 內營牙帳門與殿門同, 闌入者得徒二年半. 御幕門與

---

2) 矟은 길이가 8척이며 말 위에서 사용하는 기병용 槍의 하나이다(『당육전』권 16, 461쪽 및 『역주당육전』중, 470쪽).

3) '隊副 이상 大將軍 이하'란 숙위의 직무를 담당한 주수를 가리키며, 여기에는 위의 副隊正·隊正·旅帥·校尉·郎將·中郎將·將軍·大將軍 및 절충부의 副隊正·隊正·旅帥·校尉·果毅都尉·折衝都尉가 포함된다. 대부는 부대정이다.

上閤同, 闌入者絞. 至御在所, 依上條, 合斬. 自餘諸犯, 或以闌入論及應加減者, 並同正宮,殿之法.

[율문] **무릇 행궁의 외영문과 차영문은 궁문과 같고, 내영의 아장문은 전문과 같으며, 어막문은 상합과 같다. 어(재)소에 이르면 위의 조항에 의거한다.**

[율문의 소] 의하여 말한다: "행궁"[4]이라 함은 황제가 행차하는 (도중) 및 이른 곳에서 휴식을 취하는 장소를 말한다. (행궁의) 외영문과 차영문은 궁문과 같으므로 난입한 자는 도2년을 받는다. 내영의 아장문은 전문과 같으므로 난입한 자는 도2년반을 받는다. 어막문은 상합과 같으므로 난입한 자는 교형에 처한다.[5] 어재소에 이르면 위의 조항(위2.2)에 의거하여 참형에 처해야 한다. 이 밖에 (행궁에서) 범한 모든 것, 또는 난입으로 논할 것 및 더하거나 감해야 할 것은 모두 정식 궁·전과 같은 법을 적용한다.[6]

---

4) '行宮'이란 정식의 궁·전 이외에 제왕이 행행할 때 임시로 머무는 별궁 혹은 궁실이다. 정궁이 아니라는 점에서 '이궁'과 유사한 점도 있다. 그러나 황제가 주로 避暑·避寒 등 유락의 목적으로 비교적 장기간 거주하던 곳이었던 이궁은 경성과 마찬가지로 유락 시설과 더불어 국가의 정치·행정의 기능을 갖추어져 있었다. 이와 달리 '행궁'은 양경 간 혹은 경성과 이궁 간의 연도에 설치되었다. 즉 행궁은 휴식을 위한 경유지 혹은 숙박하기 위한 궁실이며, 그 규모는 대부분의 史書에 '一殿一池'로 묘사될 정도로 작은 편이다.

5) 貞觀 13년(639) 4월 中郞將 阿史那結社率은 그 부락인 40명을 대동하고 경성을 떠나 九成宮을 향하던 太宗을 야습하였는데, 이때 '御營(行宮) 四重幕'을 넘었다고 한다(『통전』권197, 5413쪽; 『구당서』권194상, 5161쪽; 『당회요』권73, 1557쪽; 『자치통감』권195, 6147쪽). 이를 통해 보면 당의 행궁은 황제의 거처를 중심으로 4중의 幕으로 둘러싸여 있었던 것으로 보인다. 이 조항에서 말하는 外營門과 次營門, 牙帳門, 御幕門은 이 4중의 막 각각에 설치된 문을 가리키는 것으로 보인다(일본역 『唐律疏議』2, 64쪽, 주1).

6) 정식 궁·전의 법을 행궁에 적용한다는 것은, 궁에 난입한 것을 주수가 적발하지 못하거나 고의로 방임한 죄(58, 위1), 궁의 담장을 넘은 죄(60, 위3), 이름을

제78조 위금 21. 야간에 궁 내외를 순찰하면서 범법을 적발하지 못한 죄(宮內外行夜不覺犯法)

[律文] 諸宮內外行夜, 若有犯法, 行夜主司不覺, 減守衛者罪二等.

　[律文의 疏] 議曰: 宮內外行夜, 並置鋪,持更, 卽是「守衛者」. 又有探更,行更
之人, 此「行夜者」. 若當探,行之處, 有犯法者,「行夜主司不覺, 減守衛者罪
二等」, 謂上條闌入及越垣「守衛不覺, 減二等」注云:「守衛, 謂持時專當者」,
行夜主司不覺犯法, 皆減此持時專當人罪二等.

[율문] 무릇 야간에 궁 내외를 순찰하면서 법을 범하는 (자가) 있
는데도 야간순찰 담당자가 적발하지 못했다면 수위하는 자의
죄에서 2등을 감한다.

　[율문의 소] 의하여 말한다: 야간에는 궁 내외를 순찰하는데,7) 모두
초소8)를 설치하고 교대로 지키게9) 한다. 이것이 바로 "수위하는

　　사칭하여 궁의 문을 넘어 들어간 죄(61, 위4) 및 숙위를 대신한 죄(62, 위5),
　　함부로 궁 내에서 유숙하거나 그것을 허용한 죄(63, 위6), 야간에 監門式에 의
　　하지 않고 함부로 문을 여닫는 죄(71, 위14) 및 야간에 宮의 문을 출입한 죄
　　(72, 위15) 등을 행궁에도 그대로 적용한다는 것을 말한다.

　7) '行夜'란 야간에 순찰하는 것을 말한다. 야간에는 모든 문을 닫고, 궁문 안 및
　　경성 안에서는 시간을 정하여 순찰하여 범죄를 예방하고 범법자를 체포하였
　　다. 당률에 인용된 宮衛令(406, 잡18.1a의 소)과 監門式(81, 위24.4b의 소)에서
　　보듯이 야간에는 외출이 금지되었고, 이를 위반하면 '犯夜'로 처벌되었다. 야
　　간의 순찰은 밤을 다섯으로 나눈 更, 곧 초경·2경·3경·4경·5경마다 행해졌다.
　　당의 제도에 의하면 궁중 및 경성의 순찰을 주관한 기관은 左右金吾衛였다(『
　　당육전』권25, 638쪽 및 『역주당육전』하, 216쪽;『통전』권28, 789쪽;『구당서』
　　권44, 1901쪽). 다만 庫藏의 경우 자체적으로 院內에서 병장기를 지니고 고장
　　을 지켰으며, 밤에는 딱따기를 두드려 시간을 알리고 돌아다니며 경비하였다
　　(『당육전』권20, 545쪽 및 『역주당육전』중, 661~662쪽).

　8) 鋪는 立鋪·候鋪·助鋪·街鋪라고도 하며, 대개 초소를 가리킨다. 이러한 초소

자"이다. 또 교대로 탐색하거나 순찰하는 사람이 있는데, 이것이 "야간에 순찰을 하는 자"이다. 만약 탐색과 순찰을 담당하는 곳에서 법을 범한 자가 있는데도 야간순찰 담당자가 적발하지 못했다면 수위하는 자의 죄에서 2등을 감한다는 것은, 위 조항(위1.3)의 난입 및 담장을 넘는 것을 "수위가 적발하지 못했다면 2등을 감한다."는 (조문의) 주에 이르기를 "수위는 교대근무 시간을 전담하는 자를 말한다."라고 하였으니, 야간순찰 담당자가 법을 범한 것을 적발하지 못한 경우 모두 이 교대근무 시간을 전담하는 사람의 죄에서 2등을 감한다는 것이다.

는 황성의 사면, 경성 및 금원의 각 문, 궁성의 내외에 설치되었고, 각 위는 담당한 구역에 설치된 초소에서 경비하였다(『당육전』권24, 619·621·623쪽; 『신당서』권49상, 1282~1284쪽). 그 규모에 관해서는 성문의 坊角에 武候鋪가 있고, 위사·확기(驍騎)가 나누어 지키는데, 큰 성문은 100인, 큰 초소는 30인, 작은 성문은 20인, 작은 초소는 5인이었다(『신당서』권49상, 1285~1286쪽).

9) '持更'이란 야간에 5경으로 나누어 교대로 순찰하며 북을 쳐서 중인에게 경계하게 하는 것을 말한다(『자치통감』권251, 8126쪽, 호삼성의 주). 초소에서 근무하는 자는 새벽과 밤에 행인이 있으면 반드시 신문하고, 응답하지 않으면 활시위를 당겨 소리를 내어 불응자를 겨누며, 그래도 응답하지 않으면 그 옆을 향해 쏘고, 그래도 응답하지 않으면 불응자를 향해 화살을 쏘도록 규정되어 있다. 또한 저녁과 밤에 문을 지키는 사람은 먼 곳의 소리를 듣고 경계하며 무리가 소란스러우면 주수에게 보고했다(『당육전』권25, 644~645쪽 및 『역주당육전』하, 243쪽).

제79조 위금 22. 태묘·태사·금원을 범한 죄(犯廟社禁苑罪名)

[律文1a] 諸本條無犯廟、社及禁苑罪名者, 廟減宮一等,
[律文1b] 社減廟一等,
[律文1c] 禁苑與社同.

　[律文1a의 疏] 議曰: 闌入廟、社及禁苑, 本條各有罪名. 其不立罪名之處, 謂
　「闌入至閤未踰」、「因入輒宿」之類, 各隨輕重, 廟減宮一等,
　　[律文1b의 疏] 社減廟一等,
　　[律文1c의 疏] 禁苑與社同.

[율문1a] 무릇 본조에 (태)묘·(태)사 및 금원을 범한 것에 대해 처
벌 규정이이 없는 경우 (태)묘는 궁에서 1등을 감하고,
[율문1b] (태)사는 (태)묘에서 1등을 감하며,
[율문1c] 금원은 (태)사와 같다.

　[율문1a의 소] 의하여 말한다: (태)묘·(태)사 및 금원에 난입한 것은
　본조에 각각 처벌 규정이 있다(위1·2). 단 처벌 규정을 두지 않은
　조항도 있는데, 예컨대 "문지방에 이르렀으나 넘지 않은 (죄)"(위
　3.1)나 "(일로) 인하여 들어가서 함부로 유숙한 (죄)"(위6.1) 따위를
　말하며, 각각 경중에 따라 (태)묘는 궁에서 1등을 감하고,
　　[율문1b의 소] (태)사는 (태)묘에서 1등을 감하며,
　　[율문1c의 소] 금원은 (태)사와 같다.

[律文2] 卽向廟、社、禁苑射及放彈、投瓦石殺傷人者, 各以鬪殺傷論, 至死
者加役流.

　[律文2의 疏] 議曰: 廟、社及禁苑, 非人射及放彈, 投瓦石之所. 若有輒向射及

放彈、投瓦石殺傷人者, 各依鬪殺傷人罪法: 若箭傷, 徒二年; 瞎一目, 徒三年 之類. 至死者, 唯處加役流.

[율문2] 만약 (태)묘·(태)사·금원을 향하여 활을 쏘거나 탄환을 발사하거나 기와나 돌을 던져 사람을 살상한 때에는 각각 투살 상으로 논하고, 사망에 이른 때에는 가역류에 처한다.

[율문2의 소] 의하여 말한다: (태)묘·(태)사 및 금원은 사람이 활을 쏘거나 탄환을 발사하거나 기와와 돌을 던지는 곳이 아니다. 만약 함부로 (태묘·태사 및 금원을) 향하여 활을 쏘거나 탄환을 발사하 거나 기와나 돌을 던져 사람을 살상한 것이 있을 때에는 각각 사 람을 투살상한 죄의 법에 의거한다. 예컨대 화살로 상해했다면 도 2년에 처하고(투3.2), 한쪽 눈을 멀게 했다면 도3년에 처하는(투 4.1a) 것 따위이다. 사망에 이른 때에는 다만 가역류에 처한다.

[律文3] 卽箭至隊、仗若闌仗內者, 絞.

[律文3의 疏] 議曰: 駕行皆有隊、仗, 或闌仗而行. 忽有人射箭至隊、仗所及 至闌仗內者, 各得絞罪.

[율문3] 만약 화살이 의장대·장위 또는 벽장 내에 이른 때에는 교형에 처한다.

[율문3의 소] 의하여 말한다: 황제의 행차에는 모두 의장대·장위가 있고, 혹 벽장하며 가기도 한다. 갑자기 어떤 사람이 화살을 쏘아 의장대·장위가 있는 곳에 이른 때 및 벽장 내에 이른 때에는 각각 교형의 죄를 받는다.[10]

---

10) 벽장하는 곳에서 나가야 하는데도 나가지 않은 경우는 어재소와 같이 교형에 처벌한다(65, 위8.1의 주). 곧 벽장하는 곳은 어재소와 같으므로 쏜 화살이 벽 장 내 혹은 의장대·장위가 있는 곳에 이른 것은 참형으로 처벌해야(73, 위

제80조 위금 23. 황성문 등에서 이름을 사칭하고 수위한 죄(冒名守衛)

[律文1a] 諸於宮城門外, 若皇城門守衛, 以非應守衛人冒名自代及代之者, 各徒一年;

    [律文1a의 疏] 議曰: 謂宮城門外隊仗, 及傍城助鋪所, 及朱雀等門, 所有守衛之處, 以非應守衛人冒名自代及代之者, 各得徒一年.

[율문1a] 무릇 궁성문 밖 또는 황성문에서 수위하는데, 수위할 수 없는 사람으로 하여금 이름을 사칭하고 자신을 대신하게 한 자 및 그를 대신한 자는 각각 도1년에 처하고,

    [율문1a의 소] 의하여 말한다: 궁성문 밖(을 수위하는) 무장 대오, 성부근의 초소[助鋪] 및 주작 등의 문 (따위처럼) 수위하는 모든 곳에서 수위를 할 수 없는 사람으로 하여금 이름을 사칭하여 자신을 대신하게 한 자 및 그를 대신한 자는 각각 도1년을 받는 것을 말한다.

[律文1b] 以應守衛人代者, 各杖一百.

[律文2] 京城門, 各減一等.

    [律文1b의 疏] 議曰: 謂以當色下直,非當上之人自代及代之者, 各杖一百.

    [律文2의 疏] 京城門各減一等者, 謂明德等諸門, 以非應守衛人自代, 從一年徒上減一等; 以應守衛人自代, 從一百杖上減一等.

[율문1b] 수위할 수 있는 사람으로 하여금 대신하게 한 자는 각

16,1c) 하지만, 율은 별도의 조항을 두어 단지 교형에 처한다고 규정하고 있다 (戴炎輝, 『唐律各論(上)』, 42쪽).

각 장100에 처한다.

[율문2] 경성문은 각각 1등을 감한다.

> **[율문1b의 소]** 의하여 말한다: 직무는 같지만 비번이거나 상번에 해당하지 않는 사람으로 하여금 자신을 대신하게 한 자 및 그를 대신한 자는 각각 장100에 처한다는 것을 말한다.

> **[율문2의 소]** "경성문은 각각 1등을 감한다."는 것은, 명덕(문) 등 모든 문에서 수위할 수 없는 사람으로 하여금 자신을 대신하게 한 자는 1년의 도(죄)에서 1등을 감하고, 수위할 수 있는 사람으로 자신을 대신하게 한 자는 장100에서 1등을 감하는 것을 말한다.

[律文3] 其在諸處守當者, 各又減二等.

[律文4] 餘犯應坐者, 各減宿衛罪三等.

> **[律文3의 疏]** 議曰:「其在諸處」, 謂非皇城·京城等門, 自餘內外捉道守鋪及別守當之處. 相冒代者, 各減京城二等: 以非應守衛人自代及代之者, 各杖八十; 以應守衛人自代及代之者, 各杖七十.

> **[律文4의 疏]** 「餘犯應坐者」, 謂冒代之外, 餘犯或兵仗遠身·輒離職掌及擅配割, 或別驅使之類, 本條應坐者, 各減宿衛人罪三等. 若逃走·違番, 不在減例.

[율문3] 단 (이 밖의) 모든 곳의 수위를 담당하는 자는 각각 다시 2등을 감한다.

[율문4] (이름을 사칭한 것) 외의 범행을 처벌할 경우는 각각 숙위의 죄에서 3등을 감한다.

> **[율문3의 소]** 의하여 말한다: "단 (이 밖의) 모든 곳"이라 함은, 황성·경성 등의 문이 아닌 그 밖의 내외의 도로를 지키는 초소 및 특별히 지켜야 하는 곳을 말한다. (여기서) 서로 이름을 사칭하여 대신한 자는 각각 경성(문)에서 2등을 감하니, 수위를 할 수 없는

사람으로 자신을 대신하게 한 자 및 그를 대신한 자는 각각 장80
에 처하고, 숙위를 할 수 있는 사람으로 자신을 대신하게 한 자 및
그를 대신한 자는 각각 장70에 처한다.

[율문4의 소] "(이름을 사칭한 것) 외의 범행을 처벌할 경우"는, 이
름을 사칭하여 대신한 것 외에 혹 병장기를 몸에서 멀리 떼어놓거
나(위19.1) 함부로 직무를 이탈한 것(위19.2) 및 함부로 (직장을) 배
정하거나 혹은 별도로 사역시킨 것(위13) 따위의 본조를 (적용하여)
처벌할 때에는 각각 숙위인의 죄에서 3등을 감한다는 것을 말한
다. 만약 도주하거나(포10.1) 번상하는 것을 어겼다면(위18) 감하는
예를 적용하지 않는다.

[律文4의 問] 曰: 宿衛人以非應宿衛人冒名自代及代之者, 入宮內, 流三千
里; 殿內, 絞. 若未入宮,殿內事發, 合得何罪?

[律文4의 答] 曰: 以非應宿衛人自代, 重於「闌入」之罪. 若未至職掌之處, 事
發在宮,殿內, 止依「闌入宮,殿」而科. 如未入宮門事發, 律無正條, 宜依「不
應爲重」, 杖八十. 其在宮外諸處冒代, 未至職掌處, 從「不應爲輕」, 笞四十.

[율문4의 문] 묻습니다: 숙위하는 사람이 숙위를 할 수 없는 사람으
로 하여금 이름을 사칭하여 자신을 대신하게 한 때 및 그를 대신
한 자가 궁 안으로 들어간 때에는 유3000리에 처하고, 전 안(으로
들어간 때에는) 교형에 처합니다(위5). 만약 아직 궁·전 안으로 들
어가지 않았는데 일이 발각되었으면 어떤 죄를 받아야 합니까?

[율문4의 답] 답한다: 숙위를 할 수 없는 사람으로 하여금 자신을
대신하게 한 것은 "난입"의 죄보다 무겁다. 만약 아직 숙위하는 곳
에 이르지 않았는데 일이 궁·전 안에서 발각되었다면, "궁·전에 난
입"한 것에 의거하여 죄를 주는데 그친다. 만일 아직 궁문에 들어

가지 않았는데 일이 발각된 것은 율에 해당하는 조항이 없으니 "해서는 안 되는데 행한 죄의 무거운 쪽"(잡62)에 의거해서 장80에 처하는 것이 마땅하다. 단 궁 밖의 모든 곳에서 이름을 사칭하여 대신했는데 아직 직무를 담당하는 곳에 이르지 않았다면, "해서는 안 되는데 행한 죄의 가벼운 쪽"(잡62)에 따라 태40에 처한다.

제81조 위금 24. 주·진·수의 성이나 담을 넘은 죄(越州鎮戍城垣)

[律文1a] 諸越州、鎮、戍城及武庫垣, 徒一年;
[律文1b] 縣城, 杖九十. 皆謂有門禁者.
  [律文1a의 疏] 議曰: 諸州及鎮,戍之所, 各自有城. 若越城及武庫垣者, 各合徒一年.
  [律文1b의 疏] 越縣城, 杖九十. 縱無城垣, 籬柵亦是. 注云:「皆謂有門禁者.」其州、鎮,戍在城內安置, 若不越城, 直越州、鎮垣者, 止同下文「越官府廨垣」之罪.

[율문1a] 무릇 주·진·수의 성 및 무고의 담장을 넘었다면 도1년에 처하고,
[율문1b] 현의 성을 (넘었다면) 장90에 처한다. 모두 문금이 있는 것을 말한다.
  [율문1a의 소] 의하여 말한다: 무릇 주 및 진·수의 (치)소에는 각각 성이 있다.11) 만약 성 및 무고의 담장12)을 넘은 자는 각각 도1년

---

11) 州는 당대 지방제도에서 1급 행정기구로 장관은 刺史이다. 관할 지역의 戶數

에 처해야 한다.

[율문1b의 소] 현의 성을 넘었다면 장90에 처한다. 설령 성이나 담장이 없더라도 울타리와 목책 역시 그렇다. 주에 이르기를 "모두 문금이 있는 것을 말한다."고 하였는데, 단 주·진·수(의 관부)가 성 안에 안치되어 있어 성을 넘지 않았으나, 곧장 주·진의 (관부의) 담장을 넘은 경우는 단지 아래 조문의 "관부 관아의 담을 넘은" 경우와 같은 죄를 준다.

[律文2a] 越官府廨垣及坊、市垣籬者, 杖七十.

[律文2b] 侵壞者, 亦如之. 從溝瀆內出入者, 與越罪同. 越而未過, 減一等. 餘條未過, 準此.

    [律文2a의 疏] 議曰: 官府者, 百司之稱. 所居之處, 皆有廨垣. 坊、市者, 謂京城及諸州、縣等坊、市. 其廨院或垣或籬, 輒越過者, 各杖七十.

    [律文2b의 疏] 侵, 謂侵地; 壞, 謂壞城及廨宇垣籬: 亦各同越罪, 故云「亦如之」.

에 따라 상·중·하 3등급으로 구분하였다(『당육전』권30, 745~747쪽 및 『역주당육전』하, 424~432쪽). 鎭·戍는 변경에 두어진 군사 거점으로 큰 것을 진, 작은 것을 수라고 하며, 수는 진의 관할을 받는다. 진과 수의 경우 장관은 각각 鎭將, 戍主이고, 절충부에서 파견된 위사인 防人이 防守를 담당한다(『당육전』권30, 755~756쪽 및 『역주당육전』하, 478~482쪽). 이 조항에서 주·현·진·수의 성이란 그 관할 구역 전체를 가리키는 것이 아니라 아래 조항과 같이 각 장관이 업무를 보는 관서가 있는 지역을 성벽으로 둘러싼 성, 곧 주·현·진·수의 治所가 소재한 성을 가리킨다.

12) 武庫는 병장기를 보관하는 창고이다. 중앙에서는 위위시의 통할 아래 양경에 武庫·武器署가 있었고, 영·승 이하의 관원을 두었다(『당육전』권16, 460·464쪽 및 『역주당육전』하, 461~463·481~482쪽; 『당회요』권65, 1346쪽). 지방의 도독·도호부 및 주·현·진·수에도 兵曹參軍事·司兵參軍事(현의 경우 司兵佐)의 관할 하에 병장기와 기계를 보관하는 무고가 있고, 각각의 무고는 담장으로 둘러싸여 있었던 것으로 보인다.

[율문2a] **관아의 담장 및 방·시의 담장이나 울타리를 넘은 자는 장70에 처한다.**

[율문2b] **침범하고 무너뜨린 자 역시 그와 같다.** 수로 안으로 출입한 경우 (성이나 담장을) 넘은 것과 죄가 같다. 넘으려고 했으나 아직 통과하지 못했다면 1등을 감한다. 다른 조항의 통과하지 못한 것은 이에 준한다.

[율문2a의 소] 의하여 말한다: 관부라 함은 모든 관사의 총칭이다. (그것이) 있는 곳에는 모두 관아와 담장이 있다. 방13)·시14)라 함은 경성 및 모든 주·현 등의 방·시를 말한다. 만약 관아에 담장 혹은 울타리가 있는데 함부로 넘어 통과한 자는 각각 장70에 처한다.

[율문2b의 소] 침범하다라 함은 땅을 침범한 것을 말하고, 무너뜨리다라 함은 성 및 관아의 담장과 울타리를 무너뜨리는 것을 말하는데, 또한 각각 (성과 담장을) 넘은 죄와 같으므로 "역시 그와 같다."라고 한 것이다.

[律文2의 注1] 從溝瀆內出入者, 與越罪同.

[律文2의 注2] 越而未過, 減一等. 餘條未過, 準此.

　[律文2의 注1의 疏] 議曰: 溝瀆者, 通水之渠. 從此渠而入出, 亦得越罪.

　[律文2의 注2의 疏] 「越而未過」, 或在城及垣籬上, 或在溝瀆中間, 未得過

---

13) 양경 및 주현의 성내에 대로를 따라 구획된 방형의 거주지를 坊이라 했고, 방의 사방에 높은 담이나 벽과 문이 있었다(『옹록(雍錄)』권3, 『송원방지총간』1책, 410쪽). 각 방의 문은 2개 또는 4개가 나 있었다(『장안지(長安志)』권상, 『송원방지총간』1책, 208쪽). 방 내의 거주민은 주택이나 건물의 문을 도로를 향하여 낼 수 없었고, 坊門을 통해서만 방 밖으로 출입할 수 있었다.

14) 市는 양경 및 주·현의 성내에 설치된 상업 구역, 보다 엄밀히 말하면 성내 대로를 따라 구획된 지정 상업 구역인 방을 말한다(『장안지』권상, 『송원방지총간』1책, 208쪽).

者. 從「越州城」以下, 各得減一等. 餘條未過準此者, 謂越皇城、京城、宮、殿垣
及關、津應禁之處未過者, 各得減罪一等.

[律文2의 注1] 수로 안으로 출입한 경우에는 (성이나 담장을) 넘은 것
과 죄가 같다.

[律文2의 注2] 넘으려고 했으나 아직 통과하지 못한 때에는 1등을 감
한다. 다른 조항의 통과하지 못한 것은 이에 준한다.

[율문2의 주1의 소] 의하여 말한다: 수로라 함은 물이 통하는 물길이
다. 이 물길을 따라 들어가고 나가는 것 역시 (성이나 담장을) 넘
은 죄를 받는다.

[율문2의 주2의 소] "넘으려고 했으나 아직 통과하지 못한 때"라 함
은, 혹 성 및 담장·울타리 위에 있거나 혹은 수로 중간에 있어 아
직 통과하지 못한 것이다. "주의 성을 넘은 것" 이하(의 죄)는 각각
1등을 감하여 받는다. 다른 조항의 아직 통과하지 못한 것은 이에
준한다고 한 것은, 황성·경성·궁·전의 담장(위3) 및 관·진(위25) 등
마땅히 금하는 곳을 넘으려고 했으나 아직 통과하지 못한 때에는
각각 죄를 1등 감해서 받는다는 것을 말한다.

[律文3a] 卽州、鎭、關、戍城及武庫等門, 應閉忘誤不下鍵, 若應開毀管鍵
而開者, 各杖八十;

　[律文3a의 疏] 議曰: 州、鎭、關、戍城, 武庫, 各有禁門. 應閉, 皆須下鍵. 其
　忘誤不下鍵, 若應開毀管鍵而開者, 各得杖八十.

[율문3a] 만약 주·진·관·수의 성 및 무고 등의 문을 닫아야 하는
데 잊거나 착오하여 자물쇠를 채우지 않거나 또는 열어야 하는
데 자물쇠를 훼손하고 연 자는 각각 장80에 처한다.

　[율문3a의 소] 의하여 말한다: 주·진·관·수의 성과 무고는 각각 (출

입을) 금하는 문이 있다. (문을) 닫아야 할 때에는 모두 자물쇠를 채워야만 한다. 단 잊거나 착오하여 자물쇠를 채우지 않았거나 또는 (문을) 열어야 하는데 자물쇠를 훼손하고 연 자는 각각 장80을 받는다.

[律文3b] 錯下鍵及不由鑰而開者, 杖六十.

[律文3c] 餘門, 各減二等.

[律文3b의 疏] 議曰: 「錯下鍵」, 謂管鍵不相當者. 「及不由鑰而開者」, 謂不用鑰而開. 各杖六十.

[律文3c의 疏] 「餘門」, 謂縣及坊、市之類, 官有門禁者. 若應閉忘誤不下鍵, 應開毀管鍵而開, 各杖六十; 錯下鍵及不由鑰而開, 各笞四十. 故云「餘門各減二等」.

[율문3b] 자물쇠를 잘못 채운 자 및 열쇠에 의하지 않고서 (문을) 연 자는 장60에 처한다.

[율문3c] 그 밖의 문은 각각 2등을 감한다.

[율문3b의 소] 의하여 말한다: "자물쇠를 잘못 채웠다."는 것은, 자물통과 자물쇠가 서로 맞지 않는 것을 말한다. "열쇠에 의하지 않고서 (문을) 열었다."는 것은, 열쇠를 사용하지 않고 (문을) 연 것을 말하며, 각각 장60에 처한다.

[율문3c의 소] "그 밖의 문"이라 함은 현 및 방·시 따위의 관의 문에 (출입을) 금함이 있는 것을 말한다. 만약 (문을) 닫아야 하는데 잊거나 착오하여 자물쇠를 채우지 않거나 또는 열어야 하는데 자물쇠를 훼손시키고 열었다면 각각 장60에 처한다. 자물쇠를 잘못 채운 자 및 열쇠에 의하지 않고서 연 자는 각각 태40에 처한다. 그러므로 "그 밖의 문은 각각 2등을 감한다."고 한 것이다.

[律文4a] 若擅開閉者，各加越罪二等；

[律文4b] 卽城主無故開閉者，與越罪同；

[律文4c] 未得開閉者，各減已開閉一等. 餘條未得開閉準此.

　[律文4a의 疏] 議曰: 擅, 謂非時而開閉者. 州及鎭、戍、武庫門而有非時擅開閉者, 加越罪二等, 處徒二年. 縣城以下, 擅開閉者, 並加越罪二等.

　[律文4b의 疏] 「城主無故開閉者」, 謂州、縣、鎭、戍等長官主執鑰者, 不依法式開閉, 與越罪同. 其坊正、市令非時開閉坊、市門者, 亦同城主之法. 州、鎭、戍城門各徒一年, 自縣城以下悉與越罪同. 旣云「城主無故開閉」, 卽是有故許開. 若有警急驛使及制勅事速, 非時至州、縣者, 城主驗實, 亦得依法爲開. 又依監門式:「京城每夕分街立鋪, 持更行夜. 鼓聲絕, 則禁人行; 曉鼓聲動, 卽聽行. 若公使齎文牒者, 聽. 其有婚嫁, 亦聽.」 注云:「須得縣牒. 喪、病須相告赴, 求訪醫藥, 齎本坊文牒者, 亦聽.」 其應聽行者, 並得爲開坊、市門. 若有警急及收掩, 雖州、縣亦聽非時而開.

　[律文4c의 疏] 「未得開閉者」, 謂未通人行者爲未開, 尙得人行者爲未閉, 各減已開閉一等. 「餘條」, 謂宮殿門以下有門禁之類, 未得開閉者皆準此減一等.

[율문4a] 또한 함부로 (문을) 열거나 닫은 자는 각각 넘은 죄에서 2등을 더하고,

[율문4b] 만약 성주가 이유 없이 (문을) 열거나 닫은 때에는 넘은 것과 죄가 같으며,

[율문4c] 아직 (문을) 열거나 닫지 않은 때에는 각각 이미 열거나 닫은 때에서 1등을 감한다. 다른 조항의 아직 열거나 닫지 않은 것은 이에 준한다.

　[율문4a의 소] 의하여 말한다: 함부로라 함은 때가 아닌데 열거나 닫은 것을 말한다. 주 및 진·수·무고의 문을 때가 아닌데 함부로 열거나 닫은 자는 넘은 죄에서 2등을 더하여 도2년에 처한다. 현

성 이하의 (문을) 함부로 열거나 닫는 때에는 모두 넘은 죄에 2등
을 더한다.

[율문4b의 소] "성주가 이유 없이 (문을) 열거나 닫은 때"라 함은,
주·현·진·수 등의 장관으로 열쇠의 관리책임을 주관하는 자가 법
식에 의거하지 않고 (문을) 열거나 닫은 것을 말하며, 넘은 것과
죄가 같다. 만약 방정15)·시령16)이 때가 아닌데 방·시의 문을 열거
나 닫은 때17) 또한 성주와 같은 법을 적용한다. (따라서) 주·진·수
의 성문에 대한 (죄는) 각각 도1년이고, 현성 이하(의 문)부터는 모
두 넘은 것과 죄가 같다.18) 이미 "성주가 이유 없이 (문을) 열거나
닫은 때"라 했으니, 곧 이는 까닭이 있으면 (문을) 여는 것을 허용
한다는 것이다. 예컨대 위급한 상황19)의 역사 및 일이 급박한 제

---

15) 坊에는 坊正 1인을 두었는데, 그 직무는 이 조항에서 보는 바와 같이 坊門을
   열고 닫는 것과 그 자물쇠와 열쇠의 관리를 비롯하여 방에 거주하는 사람들의
   비리와 위법행위를 독찰에 관한 일을 관장하는 것이었다(『통전』권3, 63쪽).

16) 兩京諸市署에는 각각 令 1인(종6품상), 丞 각 2인(정8품상)을 두었고, 도독부
   및 주에는 市令 1인(종9품상) 이하 丞·佐·史·帥를 두었으며, 현에는 시령 1인
   아래에 좌·사·수를 두었다. 시령은 시장의 교역에 관한 일과 비리와 위법행위
   를 금하는 일을 관장했고(『당육전』권20, 543쪽 및 『역주당육전』중, 651~654
   쪽; 『당육전』권30, 750쪽 및 『역주당육전』하, 453쪽), 이 조항에서 보듯이 市
   의 문을 열고 닫는 것과 그 자물쇠와 열쇠의 관리도 담당하였다.

17) 坊과 市의 문은 여닫는 시간이 정해져 있었다. 경성을 예로 들면 宮衛令에는
   5更 3籌(04시 12분)에 順天門에서 북을 쳐 사람의 통행을 허용하고 낮 시간이
   다 지나면 순천문에서 북을 400회 치면 문을 닫는데, 뒤에 다시 600회 치면
   坊門을 모두 닫고 사람의 통행을 금지했다(406, 잡18.1). 또 市는 정오에 북을
   300회 쳐 문을 열고 일몰 7刻(1시간 40분) 전에 징을 쳐 문을 닫도록 했다(『당
   육전』권20, 543~544쪽 및 『역주당육전』중, 654쪽).

18) 이유 없이 문을 여닫은 죄는 현성 이하의 문을 넘은 죄의 처벌과 같다는 의미
   이다. 예컨대 이유 없이 현성의 문을 열고 닫는 것은 현성을 넘은 죄와 같이
   장90(81, 위24.1)으로 단죄하고, 坊門과 市門을 열고 닫는 것은 坊과 市의 담
   장을 넘은 죄와 같이 장70(81, 위24.2)으로 처벌한다.

19) 警急이란 갑작스럽게 일어난 변고나 위급한 상황을 말하는데, 구체적으로는

칙이 있어 불시에 주·현에 이른 경우 성주는 사실을 확인하고 역시 법에 의거해서 열 수 있다. 또한 감문식에 의거하면, "경성은 도로를 나누어 초소를 세우고 매일 저녁 교대로 야간순찰을 하게 한다. 북소리가 멈추면 사람의 통행을 금지하고, 새벽에 북소리가 울리면 곧 통행을 허용한다. 또한 공사가 문첩을 가지고 있으면 (통행을) 허용한다. 만약 (행인이) 혼인하는 일이 있으면 역시 (통행을) 허용한다."고 했고, (그) 주에 이르기를 "반드시 현의 첩을 얻어야 한다. 상사와 질병은 반드시 서로 알리러 가야하고 의사나 약을 구해야하므로 거주하는 방의 문첩을 지닌 때에는 역시 (통행을) 허용한다."고 하였다. (따라서) 만약 응당 통행을 허용해야 할 경우이면 모두 방·시의 문을 열 수 있다. 또한 위급한 상황 및 (범죄인을) 엄습하여 체포할 일이 있으면, 비록 주·현(의 문)이라도 역시 때를 가리지 않고 여는 것을 허용한다.

[율문4c의 소] 아직 (문을) 열거나 닫지 않은 때에는, -아직 사람을 통행시키지 않는 때를 아직 열지 않은 때로 하고, 여전히 사람이 통행할 수 있는 때를 아직 닫지 않은 때로 한다는 것을 말한다.- 각각 이미 열거나 닫은 때에서 1등을 감한다. 다른 조항이라 함은, 궁·전의 문 이하에서 문금이 있는 것 따위를 말하며, 아직 열거나 닫지 않은 때에는 모두 이에 준하여 1등을 감한다.

---

①내외의 寇賊이 갑자기 내침하여 攻襲하려 하거나(其寇賊卒來, 欲有攻襲),
②城屯이 반란을 일으키려 하거나(卽城屯反叛), ③賊이 內應하려는 자가 있어(若賊有內應) 등이 그것이다(224, 천3).

제82조 위금 25. 사도·월도죄(私度及越度關)

[律文1a] **諸私度關者, 徒一年.**

[律文1b] **越度者, 加一等;** 不由門爲越.

   [律文1a의 疏] 議曰: 水陸等關, 兩處各有門禁, 行人來往皆有公文, 謂驛使驗符券, 傳送據遞牒, 軍防·丁夫有總曆, 自餘各請過所而度. 若無公文, 私從關門過, 合徒一年.

   [律文1b의 疏] 「越度者」, 謂關不由門, 津不由濟而度者, 徒一年半.

[율문1a] **무릇 몰래 관을 건넌 자는 도1년에 처한다.**

[율문1b] **넘어서 건넌 자는 1등을 더하고,** 문으로 건너지 않았다면 넘은 것이 된다.

   [율문1a의 소] 의하여 말한다: 수로·육로 등의 관20) 양쪽에는 각각 문금이 있는데, 행인이 왕래함에는 모두 공문이 있어야 한다. 역사는 전부나 지권을 확인하되 전송하는 것은 체첩遞牒에 의거하며,21) 군방·정부는 명부가 있어야 하고,22) 그 밖에는 각각 과소23)

---

20) 關은 경성의 사방 및 군사·교통상의 요지에 설치되었는데, 그 목적은 중외를 한정 짓고 화이를 격리하며 험한 곳에 견고하게 요새를 설치하여 옳지 못한 행위[邪行]를 방지하고 포악 혹은 금령을 바로잡는 것이다(『당육전』권6, 196쪽 및 『역주당육전』상, 629쪽). 이를 위해 관에서는 왕래하는 사람의 過所를 검사해서 통과 여부를 판정한다(명43.3의 소). 관은 모두 26개소가 설치되었고, 上·中·下의 차등이 있다(『당육전』권6, 195~196쪽 및 『역주당육전』상, 628~629쪽).

21) '傳符'는 사신을 파견할 때 필요한 역마의 지급을 위한 신표이다(『당육전』권8, 243·253쪽 및 『역주당육전』중, 28·74쪽). 전부가 없는 곳에서는 '紙券'을 사용하며, 일의 완급을 헤아려 역마의 수를 전부 또는 지권에 주기했다(123, 직33.1). 역마는 관작 1품은 말 8마리, 嗣王·郡王 및 2품 이상은 말 6마리, 3품 이하는 각각 등급에 따라 말을 지급하도록 규정되어 있다(408, 잡20.1의 소). 또 직사관 5품 이상, 산관 2품 이상, 작이 국공 이상인 경우 私行이라도 숙박

를 신청해서 건너야 한다는 것을 말한다. 만약 공문 없이 몰래 관
문을 통과했다면 도1년에 처해야 한다.

[율문1b의 소] "넘어서 건넌 자"라 함은, 관은 문을 거치지 않고 진
은 나루터를 거치지 않고 건넌 자를 말하며, 도1년반에 처한다.

[律文1c] 已至越所而未度者, 減五等. 謂已到官司應禁約之處. 餘條未度準此.

  [律文1c의 疏] 議曰: 水陸關棧, 兩岸皆有防禁. 越度之人已至官司防禁之所,
未得度者, 減越度五等, 合杖七十. 餘條未度準此者, 謂城及垣籬, 緣邊關塞有
禁約之處, 已至越所而未度者, 皆減已越罪五等. 若越度未過者, 準上條「減
一等」之例.

[율문1c] 이미 넘으려는 곳에 이르렀으나 아직 건너지 않은 때에
는 5등을 감한다. 관사가 (통행을) 금하고 단속하는 곳에 이미 이르렀
음을 말한다. 다른 조항의 "아직 건너지 않았다."는 것은 이에 준한다.

  [율문1c의 소] 의하여 말한다: 수로·육로의 관·책문24) 양쪽에는 모
두 방비하고 (출입을) 금함이 있다. 넘어서 건너려는 사람이 이미
관사가 방비하고 (출입을) 금하는 곳에 이르렀으나 아직 건너지

  하고자 한다면 허용하고, 邊境·遠地 및 村店이 없는 곳에서 직사관 9품 이상,
  훈관 5품 이상 및 작을 보유한 자이면 屯驛에서 숙박하는 것이 허용된다(409,
  잡21.1의 소).

22) '丁'은 정역, '夫'는 잡요이다(461, 포11). '總曆'은 번상하는 軍防·丁夫 등이 기
    록된 명부를 가리키는 것으로 보인다.

23) 關·津을 넘을 자는 모두 관사에서 발급한 過所를 소지해야 했다(『왜명류취초
    (倭名類聚抄)』권10, 거처부·도로류). 과소는 본부·본사에 신청하는데, 경사에
    서는 상서성에서 발급하고 경사밖에서는 주에서 발급하였다. 또 本州의 本
    縣의 사람이 아니더라도 來文을 소지한 자는 체류하는 당지에서 발급하였
    다(『당육전』권7, 196쪽 및 『역주당육전』상, 630쪽).

24) 원문의 '棧'이란 참호를 파고 목책을 설치한 곳[塹柵之所]을 가리킨다(명43.3
    의 소).

않은 때에는 넘어서 건넌 때에서 5등을 감하여 장70에 처해야 한
다. 다른 조항에서 "아직 건너지 않았다."고 한 경우 이에 준한다
는 것은, 성(위1·3) 및 담장과 울타리(위24)와 변경의 관과 새(위31)
등 (통행을) 금하고 단속하는 곳에서 넘으려는 곳에 이미 이르렀
으나 아직 건너지 않은 때에는 모두 이미 넘은 죄에서 5등을 감함
을 말한다. 만약 넘어서 건너려 했으나 아직 통과하지 못한 때에
는 위 조항의 "1등을 감한다."(위24.1)는 예에 준한다.

[律文2a] 卽被枉徒罪以上抑屈不申, 及使人覆訖不與理者, 聽於近關州、
縣具狀申訴, 所在官司卽準狀申尙書省, 仍遞送至京. 若無徒以上罪而妄
陳者, 卽以其罪罪之.

[律文2b] 官司抑而不送者, 減所訴之罪二等.

[律文2a의 疏] 議曰: 關外有人, 被官司枉斷徒罪以上, 其除、免之罪, 本坐雖
不合徒, 亦同徒罪之法.「抑屈不申及使人覆訖, 不與理者」, 文稱「及」者, 使
人未覆, 亦聽於近關州、縣具狀申訴.「所在官司」, 謂近關州、縣, 卽準狀申尙
書省, 仍遞送至京. 若勘無徒以上罪而妄訴者, 妄訴徒、流, 還得徒、流; 妄訴
死罪, 還得死罪; 妄訴除、免, 皆準比徒之法: 謂元無本罪而妄訴者. 若實有犯,
斷有出入, 而訴不平者, 不當此坐. 其應禁及散送, 並依所訴之罪, 準令遞之.

[律文2b의 疏]「若官司抑而不送者, 減所訴之罪二等」, 謂枉得死罪, 官司不
送, 合徒三年之類.

[율문2a] 만약 억울하게 도죄 이상을 받았는데 억압되어 상신하
지 못한 때 및 사인의 재심이 끝났는데 (재심에서 억울함이) 수
리되지 않은 때에는 관에서 가까운 주·현에 (불복)장을 갖추어
소를 상신하는 것을 허용하며, 그 지역의 관사는 곧 문서에 준
하여 상서성에 보고하고 그대로 (소송인을) 체송하여 경사에 이

르게 한다. 만약 도형 이상을 죄가 없다고 거짓으로 진정한 자는 그 죄로 죄준다.

[율문2b] 관사가 억류하고 보내지 않은 때에는 소하는 바의 죄에서 2등을 감한다.

[율문2a의 소] 의하여 말한다: 관 밖의 사람이 관사에 의해 잘못된 판결로 도죄 이상을 받고 -단 제명·면관에 해당하는 죄는 본래 처벌이 비록 도죄에 해당하지 않더라도 역시 도죄의 법과 같다.[25]- 억압되어 상신[26]하지 못한 때 및 사인[27]의 재심이 끝났는데 (재심에서 억울함이) 수리되지 않은 때에는, -조문에서 "및"이라고 한 것은 사인이 재심하지 않은 것 역시 (같다는 것이다.)- 관에서 가까운 주·현에 문서를 갖추어 소를 상신하는 것을 허용한다. "그 지역의 관사"라 함은 관에서 가까운 주·현을 말하며, 곧 문서에 준하여 상서성에 보고하고 (소송인을) 체송하여 경사에 이르게 해야 한다.

---

25) 장죄 이하의 가벼운 죄로 관인을 무고하거나 관인의 가벼운 죄를 잘못 판결했는데, 그 죄가 제명·면관·면소거관에 해당하면, 이를 도죄에 견주어 반좌한다. 단 각각의 처분에는 차등이 있으므로 除名에 해당하는 죄는 도3년, 免官이 경우는 도2년, 免所居官의 경우는 도1년에 견주어 반좌한다(명23.1a 및 소).

26) 재판(獄)이 종결되면 도죄 이상은 각각 죄수와 그 가속을 불러 (판결된) 죄명을 상세히 알리고 이어서 죄수의 승복하는 진술을 받는다. 만약 죄수가 불복하는 경우에는 그 스스로 訴하는 것을 허용한다(490, 단22 및 소). 소하는 죄수는 먼저 현에서 주의 관사로 재심을 신청하고, 주의 판결에 불복하면 상서성으로 상신하며, 다시 불복한 경우 三司(형부·대리사·어사대)에 陳訴하고, 재차 불복하면 황제에게 表를 올릴 수 있다.(『당육전』권6, 189·192쪽 및 『역주당육전』상, 596~597·615~616쪽).

27) 州에서 판결한 사안에 대해 복심하는 使人은 매년 정월 이부와 형부가 함께 선발하여 중서문하를 거쳐 확정한 뒤 上奏하며, 道를 나누어 巡行한다(『당육전』권6, 191쪽 및 『역주당육전』상, 613~614쪽). 각 도에 파견된 사인들은 각 주현에서 판결된 사안을 재심하는데, 이들을 覆囚使라고 했다(『당회요』권78, 1700쪽).

만약 확인해 보니 도형 이상을 (잘못 판결한) 죄가 없는데 거짓으로 소한 자는, 거짓으로 도죄·유죄를 소했다면 도죄·유죄를 되돌려 받고, 거짓으로 사죄를 소했다면 사죄를 되돌려 받으며, 거짓으로 제명·면관에 (해당하는 잘못 판결한 죄를) 소했다면 모두 도죄에 견주는 법(명23)에 준한다. (모두) 원래 (혐의를 받고 있는) 본죄가 없다고 거짓으로 소한 것을 말한다. 만약 실제로 범함이 있는데 판결된 (죄)가 부당하다고 공평하지 않음을 소한 때에는 이 처벌에 해당하지 않는다. 그 (소송인을) 형구를 채우거나 채우지 않는 것28)은 모두 소한 바의 죄에 의거하며, 영(옥관령, 습유781쪽)에 준하여 그를 체송한다.

[율문2b의 소] "관사가 억류하고 보내지 않은 때에는 소한 바의 죄에서 2등을 감한다."는 것은, 잘못된 판결로 사죄를 받았는데 관사가 보내지 않은 때에는 도3년에 처해야 한다는 것 따위를 말한다.

제83조 위금 26. 과소 발급 및 모도(冒度)에 관한 죄(不應度關而給過所)

[律文1a] 諸不應度關而給過所, 取而度者, 亦同.

[律文1b] 若冒名請過所而度者, 各徒一年.

　[律文1a의 疏] 議曰: 不應度關者, 謂有征役番期及罪譴之類, 皆不合輒給過所, 而官司輒給; 及身不合度關, 而取過所度者;

　[律文1b의 疏] 若冒他人名, 請過所而度者: 各徒一年.

---

28) 원문의 '禁'은 형구를 채워 구금하는 것이고, '散(禁)'은 형구를 채우지 않고 구금하는 것을 말한다(469, 단1.1).

[율문1a] 무릇 관을 건널 수 없는 (자인데) 과소를 발급하거나, 취하여 건넌 자도 역시 같다.

[율문1b] 또는 이름을 사칭하고 과소를 신청하여 건넌 자는 각각 도1년에 처한다.

[율문1a의 소] 의하여 말한다: "관을 건널 수 없는 (자)"라는 것은, 출정·복역 중이거나 상번 기간 중인 (자) 및 죄로 견책된 (자) 따위를 말한다. 모두 함부로 과소를 발급해서는 안 되는 (자인데) 관사가 함부로 발급한 때 및 관을 건너서는 안 되는 사람이 과소를 취하여 건넌 때,

[율문1b의 소] 또는 다른 사람의 이름을 사칭하고 과소를 신청하여 건넌 자는 각각 도1년에 처한다.

[律文1c] 卽以過所與人及受而度者, 亦準此.

[律文1c의 疏] 議曰: 以所請得過所而轉與人, 及受他人過所而承度者, 亦徒一年. 但律文皆云「度者得徒一年」, 明知未度者不合徒坐. 若關司未判過所以前, 準「越關未度, 各減五等」之例; 若已判過所, 未出關門, 同未過, 各減一等. 其與過所人旣因度成罪, 前人未度, 亦同減科. 不應給過所而給者, 不在減例.

[율문1c] 만약 과소를 타인에게 준 자 및 받아서 건넌 자 역시 이에 준한다.

[율문1c의 소] 의하여 말한다: 신청하여 얻은 과소를 타인에게 준 자 및 다른 사람의 과소를 받아서 건넌 자 역시 도1년에 처한다. 단 율문은 모두 "건넌 자는 도1년에 처한다."고 했으므로, 아직 건너지 않은 자는 도형으로 처벌해서는 안 된다는 것을 분명히 알 수 있다. 만약 관의 관사가 아직 과소를 (조사하여) 판정하기 전이

면 "관을 넘으려 했으나 아직 건너지 않은 때에는 각각 5등을 감한다."(위25)는 예에 준한다. 만약 과소를 이미 판정했는데 아직 관문을 나가지 않았다면 아직 통과하지 않은 것과 같이 각각 1등을 감한다(위24). 단 과소를 준 사람은 원래 (받은 사람이) 건넌 것으로 인해 죄가 성립하므로 그 사람이 아직 건너지 않았다면 또한 같이 감하여 죄준다. 과소를 발급받아서는 안 되는데 발급받은 자는 감하는 예를 적용하지 않는다.

[律文1d] 若家人相冒, 杖八十.

[律文2] 主司及關司知情, 各與同罪; 不知情者, 不坐.

[律文3a] 卽將馬越度、冒度及私度者, 各減人二等;

[律文3b] 餘畜, 又減二等. 家畜相冒者, 不坐.

[律文1d의 疏] 議曰: 家人不限良賤, 但一家之人, 相冒而度者, 杖八十. 既無「各」字, 被冒名者無罪. 若冒度、私度、越度, 事由家長處分, 家長雖不行, 亦獨坐家長, 此是「家人共犯, 止坐尊長」之例.

[律文2의 疏] 「主司」, 謂給過所曹司及關司, 知冒度之情, 各同度人之罪. 不知冒情, 主司及關司俱不坐.

[律文3a의 疏] 將馬越度、冒度、私度各減人二等者, 越度杖一百, 冒度、私度杖九十.

[律文3b의 疏] 餘畜又減二等者, 除馬之外, 應請過所者, 並爲「餘畜」, 越度杖八十, 私度、冒度杖七十. 其家畜相冒者, 謂毛色、齒葳不同, 相冒並不得罪也.

[율문1d] 만약 집안 사람이 서로 사칭한 때에는 장80에 처한다.
[율문2] 주사 및 관의 관사가 정을 알았다면 각각 더불어 같은 죄를 주고, 정을 알지 못한 때에는 처벌하지 않는다.
[율문3a] 만약 말을 몰고 넘어서 건너거나 사칭하고 건너거나 사

사로이 건넌 때에는 각각 사람(이 건넌 죄)에서 각각 2등을 감하고,

[율문3b] 다른 가축은 또 2등을 감한다. 단 가축을 속인 때에는 처벌하지 않는다.

[율문1c의 소] 의하여 말한다: 집안 사람은 양인과 천인을 구분하지 않으며, 단지 한 집안의 사람이 서로 (이름을) 사칭하고 건넌 때에는 장80에 처한다. 원래 "각"자가 없으므로 이름을 사칭당한 자는 죄가 없다. 만약 사칭하고 건너거나 사사로이 건너거나 넘어서 건넌 일이 가장의 처분으로 말미암았다면, 가장은 비록 가지 않았더라도 또한 오직 가장만을 처벌하는데, 이것이 "집안 사람이 함께 범하면 존장을 처벌하는데 그친다."(명42)는 예이다.

[율문2의 소] "주사"란 과소를 발급하는 부서의 (관)사 및 관의 관사를 말하며, (이름을) 사칭하고 건너는 정을 알았다면 각각 건넌 사람의 죄와 같다. 사칭한 정을 알지 못했다면, 주사 및 관사는 모두 처벌하지 않는다.

[율문3a의 소] 말을 몰고 넘어서 건너거나 사칭하고 건너거나 사사로이 건넌 경우 각각 사람(이 건넌 죄)에서 각각 2등을 감한다는 것은, 넘어서 건넜다면 장100에 처하고, 사칭하고 건넜거나 사사로이 건넜다면 장90에 처한다는 것이다.

[율문3b의 소] 다른 가축은 다시 2등을 감한다는 것은, 말을 제외하고 마땅히 과소를 신청해야 할 것은 모두 "다른 가축"이 되는데, 넘어서 건넌 때에는 장80에 처하고, 사사로이 건너거나 사칭하고 건넌 때에는 장70에 처한다. 단 가축을 속였다는 것은, 털의 색깔과 나이가 같지 않음을 말하며, 속인 때에는 모두 죄를 받지 않는다.

제84조 위금 27. 관·진에서 이유 없이 억류한 죄(關津留難)

[律文] 諸關、津度人, 無故留難者, 一日主司笞四十, 一日加一等, 罪止杖一百.

[律文의 疏] 議曰: 關, 謂判過所之處. 津, 直度人, 不判過所者. 依令:「各依先後而度.」無故留難不度者, 一日主司笞四十.「主司」, 謂關、津之司. 一日加一等, 七日罪止杖一百. 此謂非公使之人. 若軍務急速而留難不度, 致稽廢者, 自從所稽廢重論.

[율문] 무릇 관·진을 건너는 사람을 이유 없이 억류한 경우 주사는 1일이면 태40에 처하고, 1일마다 1등씩 더하되, 죄는 장100에 그친다.

[율문의 소] 의하여 말한다: 관이란 과소를 판정하는 곳이다. 진은 단지 사람을 건너게 하고 과소를 심사하지는 않는 곳이다. 영(관시령, 습유714쪽)에 의거하면 "각각 (사람이 도착한) 선후에 따라 건넌다."라고 했으니, 이유 없이 억류하여 건너지 못하게 한 경우 1일이면 주사는 태40에 처한다. "주사"라 함은 관·진의 관사이다. 1일마다 1등씩 더하되, 7일이면 최고형인 장100에 처한다. 이는 공적 사인이 아닌 사람에 대한 것을 말한다. 만약 군사업무가 긴급하고 신속함을 요하는데도 억류하여 건너지 못하게 하여 (일이) 지체되거나 그르치게 된 때에는 당연히 지체되거나 그르치게 된 바의 무거운 것에 따라 논한다(명49).[29]

---

29) 신속함이 요구되는 군사업무 및 병사의 추가 징발과 관련된 보고는 전담 사인 [專使]을 보내어 역마를 타고 문서를 가지고 가도록 규정되어 있다(124, 직34).

제85조 위금 28. 사사로이 건넌 사람에게 다른 무거운 죄가 있는 경우의 처벌(私度有他罪)

[律文] **諸私度有他罪重者, 主司知情, 以重者論; 不知情者, 依常律.**

　[律文의 疏] 議曰: 私度者, 謂無過所, 從關門私度, 止徒一年. 或有避死罪逃亡, 別犯徒以上罪, 是名「有他罪重」. 關司知情者, 以「故縱」罪論, 各得所度人重罪. 「不知情者依常律」, 謂不知罪人別犯之情者, 依常律「不覺故縱」之法.

[율문] **무릇 몰래 건넌 (자에게) 다른 무거운 죄가 있는 경우, 주사는 정을 알았다면 무거운 것으로 논하고, 정을 알지 못한 때에는 통상적인 율에 의거한다.**

　[율문의 소] 의하여 말한다: 몰래 건넜다는 것은, 과소 없이 관문을 몰래 건넌 것을 말하며, (죄는) 도1년에 그친다(위25). 혹 사죄를 피해 도망하거나 별도로 도형 이상의 죄를 범한 것이 있는 것, 이것이 (정)명하여 "다른 무거운 죄가 있다."는 것이다. 관의 관사가 정을 안 때에는 "고의로 방임한" 죄(위1.3)로 논하여, 각각 건넌 사람의 무거운 죄를 받는다. "정을 알지 못한 때에는 통상적인 율에 따른다."는 것은, 죄인이 별도로 (죄를) 범한 정을 알지 못한 것을 말하며, 통상적인 율의 "적발하지 못하거나 고의로 방임한"(위1) (죄의 처벌)법에 의거한다.

　신속함이 요구되는 군사업무는 정벌·습격·변경 밖의 소식 및 적을 보고하는 일 등을 가리키는데, 이러한 임무를 담당한 역사는 일정을 1일 지체하면 도1년, 11일이면 유2000리에 처한다. 이는 일반문서의 전달을 지체한 죄에서 3등을 더한 것이다. 또 지체하여 경략·습격·보고 등의 일을 그르치게 하였을 때는 1일을 어긴 것으로 가역류에 처하고, 이 때문에 戶口·軍人·衛士·募人·防人 1인 이상 및 여러 성·수가 함몰되거나 패퇴하게 되었다면 교형에 처한다 (123, 직33).

제86조 위금 29. 다른 사람이 함부로 따라 건넌 죄(人兵度關妄隨度)

[律文1a] 諸領人、兵度關, 而別人妄隨度者, 將領主司以關司論,

[律文1b] 關司不覺減將領者罪一等;

[律文1c] 知情者, 各依故縱法.

[律文2a] 有過所者, 關司自依常律;

[律文2b] 將領主司知情減關司故縱罪一等, 不知情者不坐.

> [律文1a의 疏] 議曰: 準令: 「兵馬出關者, 依本司連寫勅符勘度. 入關者, 據部領兵將文帳檢入.」而別有人妄隨度者, 罪在領兵官司, 故云「將領主司以關司論」: 知情與同罪, 不覺減二等. 若知別有重罪, 亦依重罪科之.
>
> [律文1b의 疏] 關司不覺者, 謂關司承將領者文簿, 不覺別人隨度者, 減將領者罪一等, 謂減度者罪三等.
>
> [律文1c의 疏] 「知情者各依故縱法」, 稱「各」者, 將領主司及關司俱得度人之罪.
>
> [律文2a의 疏] 有過所者, 關司判度, 自依常律, 不減將領主司之罪.
>
> [律文2b의 疏] 若將領主司知情, 減關司故縱罪一等; 不知情者, 不坐.

[율문1a] 사람과 군대를 인솔하여 관을 건너는데 다른 사람이 함부로 따라 건넌 경우 인솔한 주사는 관의 관사(의 죄)로 논하고,

[율문1b] 관의 관사가 적발하지 못한 때에는 인솔자의 죄에서 1등을 감하며,

[율문1c] 정을 안 때에는 각각 고의로 방임한 법에 따른다.

[율문2a] (따라 건넌 사람이) 과소를 가졌다면 관사는 당연히 통상적인 율에 따른다.

[율문2b] 인솔한 주사는 (다른 사람이 함부로 따라서 건넌) 정을 안 때에는 관사가 고의로 방임한 죄에서 1등을 감하고, 정을 알지 못한 때에는 처벌하지 않는다.

[율문1a의 소] 의하여 말한다: 영에 준하면, "군대와 말이 관을 나갈 때는 본사가 이어서 베껴 쓴 칙부[30]에 의거하여 대조하고 건너게 한다. 관을 들어올 때는 관할 지역의 군대를 통령하는 장수의 명부[31]에 근거하여 검사하여 들인다."고 했으니, 다른 사람이 함부로 따라서 건넌 때의 죄는 군대를 인솔한 관사에게 있으므로 "인솔한 주사는 관의 관사(의 죄)로 논한다."고 한 것이다. (다른 사람이 함부로 따라서 건넌) 정을 안 때에는 (따라서 건넌 자와) 같은 죄를 주고, 적발하지 못한 때에는 2등을 감한다. 만약 별도로 무거운 죄가 있음을 안 때에는 역시 다른 무거운 죄에 의거해서 죄를 준다.

[율문1b의 소] 관사가 적발하지 못한 때라는 것은 관사가 인솔자의 명부를 받고도 다른 사람이 따라서 건넌 것을 적발하지 못한 것을 말하고, 인솔자의 죄에서 1등을 감한다는 것은 (관을) 건넌 자의 죄에서 3등을 감하는 것을 말한다.

[율문1c의 소] "정을 안 때에는 각각 고의로 방임한 법(위1.3)에 의거한다."에서 '각각'이라 한 것은, 인솔한 주사 및 관의 관사 모두 건넌 사람의 죄를 받는다는 것이다.

[율문2a의 소] 과소를 가졌다면 관의 관사는 판정하여 건너게 하므

---

30) 황제의 제·칙은 상서도성에서 그 원본을 베낀 문서를 각 관사로 내려보내 시행하게 하는데, 이 문서를 符라고 한다. 곧 이 조항에서 勅符란 황제의 칙을 상서성이 베껴 하달한 부를 가리킨다(『당육전』권1, 10~11쪽 및 『역주당육전』상, 138쪽; 111, 직21).

31) '文帳'이란 명부의 일종인 것으로 보이는데, 다른 조항의 '總曆'(82, 위25.1a의 소) 및 '文簿'(86, 위29.1b의 소; 152, 호3.2의 주·소; 273, 적26.1b의 소)에 상당하는 것으로 생각된다.

로, 당연히 통상적인 율에 의거하고 인솔한 주사의 죄에서 감하지 않는다.

[율문2b의 소] 만약 인솔한 주사가 정을 알았다면 관사가 고의로 방임한 죄에서 1등을 감하고, 정을 알지 못한 때에는 처벌하지 않는다.

제87조 위금 30. 사유가 금지된 물품을 가지고 몰래 관을 넘은 죄(齎禁物私度關)

[律文1a] 諸齎禁物私度關者, 坐贓論;

[律文1b] 贓輕者, 從私造、私有法.

    [律文1a의 疏] 議曰: 禁物者, 謂禁兵器及諸禁物, 並私家不應有者, 私將度關, 各計贓數, 從「坐贓」科罪: 十疋徒一年, 十疋加一等, 罪止徒三年.

    [律文1b의 疏] 準贓輕者, 從私造、私有法. 擅興律: 「私有甲一領, 弩三張, 流二千里. 稍一張, 徒一年半. 私造者, 各加一等.」 假令私將稍度關, 平贓直絹三十疋, 即從坐贓, 科徒二年, 不計稍爲罪. 將甲一領度關, 從私有法, 流二千里, 即不計贓而斷.

[율문1a] 무릇 (사유가) 금지된 물품을 가지고 몰래 관을 건넌 자는 좌장으로 논하고,

[율문1b] (좌)장(죄)가 (사사로이 만들거나 소유한 죄보다) 가벼운 때에는 사사로이 만들거나 소유한 경우의 법에 따른다.

    [율문1a의 소] 의하여 말한다: 금지된 물품이라 함은 금병기 및 모든 금물들로 모두 사가에서 소유할 수 없는 것을 말하며,[32] 사사

로이 가지고 관을 건넌 자는 각각 장물의 (액)수를 계산하여 "좌장"(잡1)에 따라 죄를 주니, 10필이면 도1년, 10필마다 1등씩 더하되 죄는 도3년에 그친다.

[율문1b의 소] 장물에 준한 (좌장죄가 사사로이 만들거나 소유한 죄보다) 가벼운 때에는 사사로이 만들거나 소유한 경우의 법에 따른다. (즉) 천흥률에 "사사로이 갑옷 한 벌, 또는 쇠뇌 3기를 소유하면 유2000리에 처한다. 삭 한 자루를 (소유하면) 도1년반에 처한다. 사사로이 만든 때에는 각각 1등을 더한다."(천20)고 하였다. (따라서) 가령 사사로이 삭을 가지고 관을 건넌 경우 장물을 평가한 값이 견 30필이면 곧 좌장에 따라 도2년으로 죄를 주고, (사사로이 가지고 건너 간) 삭을 (소유한) 죄로 계산하지 않는다. (그러나) 갑옷 한 벌을 가지고 관을 건넌 때에는 사사로이 소유한 법에 따라 유2000리를 주고, 곧 장물을 계산하여 단죄하지 않는다.[33]

[律文2] 若私家之物, 禁約不合度關而私度者, 減三等.

[律文2의 疏] 議曰: 依關市令: 「錦、綾、羅、縠、紬、綿、絹、絲、布、犛牛尾、眞珠、金、銀、鐵, 並不得度西邊、北邊諸關及至緣邊諸州興易.」 從錦、綾以下, 並是私

---

32) 私家에서 소유할 수 없는 물품은 甲, 弩, 矛, 矟, 馬甲을 비롯한 旌旗, 幡幟, 儀仗 등 관에서 관리하는 병장기(243, 천20) 및 천문관측 기구(玄象器物)와 天文, 圖書, 讖書, 兵書, 七曜曆, 太一式, 雷公式 등의 서적(110, 직20.1), 황제와 황후 등의 인장인 寶와 관청의 印(명32.2) 등이다. 다만 弓·箭·刀·楯·短矛 및 五經의 緯書와 『尙書中候』[緯候], 그리고 『論語讖』 등은 금지의 대상에 포함되지 않고 사가에서 소유할 수 있다.

33) 矟 1자루를 사사로이 소유했다면 도1년반에 처하고, 사사로이 만들었다면 1등을 더하여 도2년에 처한다(243, 천20.2). 만약 矟을 가지고 사사로이 關을 건넜다면, 그 장물의 값이 견 30필이므로 좌장죄는 도2년이다(389, 잡1). 이 경우 矟을 소유한 죄보다 좌장죄가 더 무거우므로 도2년으로 처벌한다. 반대로 갑옷 1벌을 가지고 관을 넘은 때는 私有法에 따르면 유2000리(243, 천20.2)이고, 이 경우 坐贓의 최고형인 도3년보다 무거우므로 사유법으로 처벌한다(명49.2)

家應有. 若將度西邊、北邊諸關, 計贓減坐贓罪三等. 其私家不應有, 雖未度
關, 亦沒官. 私家應有之物, 禁約不合度關, 已下過所, 關司捉獲者, 其物沒
官; 若已度關及越度被人糾獲, 三分其物, 二分賞捉人, 一分入官.

[율문2] 또한 (가지고) 관을 건너는 것이 금지된 사가의 물품을 몰래 (가지고) 건넌 때에는 3등을 감한다.

[율문2의 소] 의하여 말한다: 관시령에 의거하면, "금·릉·나·곡·주·
면·견·사·포·이우의 꼬리[34]·진주·금·은·철은 모두 서쪽 및 북쪽
변경의 모든 관을 건너거나 연변의 모든 주에 이르러 교역할 수
없다."[35] 금·릉 이하는 모두 사가에서 소유할 수 있는 것들이다.
만약 (이것들을) 가지고 서쪽 및 북쪽 변경의 관들을 건넌 때에는
장물을 계산하여 좌장죄에서 3등을 감한다. 단 사가에서 소유할
수 없는 것은 비록 관을 건너지 않았더라도 역시 몰수하여 관으로
들인다. 사가가 소유할 수 있는 물품으로 관을 건널 수 없도록 금
지된 것은 이미 과소가 발급되었더라도 관의 관사가 붙잡아 취득
한 경우 그 물품을 몰수하여 관으로 들인다. 만약 이미 관을 건넜
거나 (관문을 통하지 않고) 넘어서 건넜다가 다른 사람에게 적발
되어 붙잡혔다면 그 물품을 3분하여 2분은 붙잡은 사람에게 상으
로 주고, 1분은 관으로 들인다.

---

34) 犛牛는 氂牛, 旄牛라고도 한다. 검은색의 꼬리와 털이 긴 소의 일종으로 지금
의 야크를 가리킨다. 당대에 각 道에서 바치는 貢賦 가운데 隴右道에서는 이
우의 꼬리, 劍南道에서는 이우의 뿔과 꼬리가 포함되어 있었다(『당육전』권3,
69·71쪽 및 『역주당육전』상, 291·300쪽).

35) 開元 2년(714) 閏3月 玄宗이 내린 勅에 의하면, 이 조항의 疏에서 언급한 물
품들을 가지고 蕃과 교역하거나 들어갈 수 없고, 금·철로 제조된 물품 역시
가지고 서쪽과 북쪽의 모든 관을 건널 수 없다(『당회요』권86, 1874쪽).

제88조 위금 31. 변경의 관·새를 넘어 건넌 죄(越度緣邊關塞)

[律文1] 諸越度緣邊關塞者, 徒二年.

[律文2] 共化外人私相交易, 若取與者, 一尺徒二年半, 三疋加一等, 十五疋加役流;

  [律文1의 疏] 議曰: 緣邊關塞, 以隔華、夷. 其有越度此關塞者, 得徒二年. 以馬越度, 準上條「減人二等」, 合徒一年. 餘畜又減二等, 杖九十. 但以緣邊關塞, 越罪故重. 若從關門私度人、畜, 各與餘關罪同.

  [律文2의 疏] 若共化外蕃人私相交易, 謂市買博易, 或取蕃人之物及將物與蕃人, 計贓一尺徒二年半, 三疋加一等, 十五疋加役流.

[율문1] 무릇 변경의 관·새를 넘어 건넌 자는 도2년에 처한다.

[율문2] 외국인과 함께 사사로이 서로 교역하여 만약 주고받은 것이 1척이면 도2년반에 처하고, 3필마다 1등씩 더하되, 15필이면 가역류에 처한다.

  [율문1의 소] 의하여 말한다: 변경의 관·새는 화·이를 격리하기 위한 것이다. 그런데도 이 관·새를 넘어 건넌 자는 도2년을 받는다. 말을 넘겨 보냈다면, 위 조항의 "사람(이 건넌 때)에서 2등을 감한다."(위26)(는 규정)에 준해서 도1년에 처해야 한다. 다른 축산은 또 2등을 감하여 장90에 처한다. 다만 변경의 관·새를 넘은 죄는 본래 무겁다. 만약 사람과 축산이 관문으로 사사로이 건넌 것은 각각 다른 관의 죄와 같다.[36]

---

36) 여기서 "다른 關"이란 변경이 아닌 內地에 설치된 관을 말한다. 즉 변경의 관과 새를 사람과 축산이 사사로이 넘은 것은 내지의 관을 사사로이 넘은 것과

[율문2의 소] 만약 외국인[37]과 함께 사사로이 서로 교역했다는 것은 매매하거나 교역하여 혹 외국인의 물품을 얻거나 물품을 외국인에게 준 것을 말하는데, 장물을 계산하여 1척이면 2년반에 처하고, 3필마다 1등씩 더하되, 15필이면 가역류에 처한다.[38]

[律文3a] 私與禁兵器者, 絞;

[律文3b] 共爲婚姻者, 流二千里.

[律文3c] 未入、未成者, 各減三等.

[律文4] 卽因使私有交易者, 準盜論.

[律文3a의 疏] 議曰: 越度緣邊關塞, 將禁兵器私與化外人者, 絞.

[律文3b의 疏] 共爲婚姻者, 流二千里. 其化外人越度入境, 與化內交易, 得罪並與化內人越度、交易同, 仍奏聽勅. 出入國境, 非公使者不合, 故但云「越度」, 不言「私度」. 若私度交易, 得罪皆同.

[律文3c의 疏] 未入者, 謂禁兵器未入, 減死三等, 得徒二年半. 未成者, 謂婚姻未成, 減流三等, 得徒二年.

[律文4의 疏] 因使者, 謂因公使入蕃, 蕃人因使入國. 私有交易者, 謂市買博易, 各計贓準盜論, 罪止流三千里. 若私與禁兵器及爲婚姻, 律無別文, 得罪

같이 도1년에 처함을 말한 것이다(82, 위25.1; 83, 위26.3).

37) '化外'란 당의 政令과 敎化가 미치지 못하는 지역을 가리킨다. 즉 '化外人'은 곧 외국인을 말한다. 명례에서는 "化外人이라 함은, 蕃夷의 국가로서 별도로 君長을 세운 것을 말하며, 각각 (고유의) 풍속이 있고 제도와 법률이 다르다." (명48.1의 소)고 해석하였다.

38) 關市令에 의하면, 내지인과 외국인은 관부가 시간과 지역을 지정하여 개설한 互市에서 주관 관사의 감독 하에 교역할 수 있다(『백씨육첩사류집(白氏六帖事類集)』권24, 92쪽). 만약 내지인이 외국인과 사사로이 교역하였다면 장물을 계산하여 1척이면 도2년반으로 처벌하고, 3필마다 1등씩 더하여 3필 1척이면 도3년에 처한다. 또 6필 1척이면 유2000, 9필 1척이면 유2500리, 12필 1척이면 유3000리에 처한다. 15필이 차면 가역류로 처벌하는데, 이것이 최고형이다.

並同越度私與禁兵器,共爲婚姻之罪. 又, 準別格:「諸蕃人所娶得漢婦女爲妻
妾, 並不得將還蕃內.」又準主客式:「蕃客入朝, 於在路不得與客交雜, 亦不
得令客與人言語. 州、縣官人若無事, 亦不得與客相見.」卽是國內官人、百姓,
不得與客交關、私作婚姻, 同上法. 如是蕃人入朝聽住之者, 得娶妻妾, 若將還
蕃內, 以違勅科之.

[율문3a] 사사로이 금병기를 준 자는 교형에 처하고,

[율문3b] (외국인과) 함께 혼인한 자는 유2000리하며,

[율문3c] (금병기가 외국인의 손에) 아직 들어가지 않거나 (혼인이) 아직 성립하지 않은 때에는 각각 3등을 감한다.

[율문4] 만약 사(행)으로 말미암아 사사로이 교역한 때에는 절도에 준하여 논한다.

[율문3a의 소] 의하여 말한다: 변경의 관·새를 넘어 건너서 금병기를 사사로이 외국인에게 준 자는 교형에 처한다

[율문3b의 소] (외국인과) 함께 혼인한 자는 유2000리에 처한다. 단 외국인이 (관을) 넘어 건너서 국경으로 들어와 내국인과 교역하여 얻은 죄는 모두 내국인이 (관을) 넘어 건너서 교역한 것과 같다. (단) 그대로 상주하여 칙을 기다린다. 국경을 출입하는 것은 공무를 맡은 사신이 아니면 할 수 없으므로 단지 "넘어 건너다."라고 하고 "사사로이 건너다."라고 말하지 않은 것이다. 만약 사사로이 건너서 교역했다면 얻은 죄는 모두 같다.

[율문3c의 소] 아직 들어가지 않았다는 것은 금병기가 아직 (외국인의 손에) 들어가지 않았음을 말하며, 사죄에서 3등을 감하여 도2년 반을 받는다. 아직 성립하지 않았다는 것은 (외국인과의) 혼인이 아직 성립하지 않았음을 말하며, 유죄에서 3등을 감하여 도2년을 받는다.

[율문4의 소] 사(행)으로 말미암았다는 것은 공적인 사(행)으로 말미암아 외국[蕃]에 들어가거나 외국인이 사(행)으로 중국에 들어온 것을 말한다. 사사로이 교역했다는 것은 매매하거나 교역한 것을 말하며, 각각 장물을 계산하여 절도에 준하여 논하되 죄는 유3000리에 그친다(명53). 만약 (사신으로 가서) 사사로이 금병기를 주거나 (그들과) 혼인했다면, 율에 다른 조문이 없으니, 죄를 받는 것은 모두 넘어 건너서 사사로이 금병기를 주거나 함께 혼인한 죄와 같다. 또한 별도의 격에 준하면, "무릇 외국인이 한인 부녀에게 장가들어 취한 처첩은 결코 데리고 본국으로 귀환할 수 없다." 또 주객식에 준하면, "외국의 객이 입조할 때는, 길에서 (중국 사람들이) 객과 섞이게 해서는 안 되고, 또한 객으로 하여금 (중국) 사람과 대화하게 해서는 안 된다. 주·현의 관인은 만약 일이 없으면 역시 객과 서로 만나서는 안 된다." 그러하므로 국내의 관인·백성은 객과 친교를 맺거나 사사로이 혼인을 맺을 수 없는 것은 위의 법과 같다.39) 만일 외국인이 입조하여 머무는 것이 허용된 때에는 처첩을 얻을 수 있지만, 만약 본국으로 데리고 귀환하면 칙을 어긴 것으로 죄준다.40)

---

39) 이 식은 글자의 이동이 있지만 貞觀 2년(628) 6월 16일 태종이 내린 칙에 동일한 내용이 보인다.(『당회요』권100, 2134쪽). 그런데 문종 開成 연간(836~840) 중국인과 외국인의 혼인 금지를 청한 嶺南節度使·廣州刺史 盧鈞의 상주문에 당시 '夷人'과 '華人'이 잡거하여 서로 혼인하는 일이 오래되었다(『책부원구(冊府元龜)』권689, 7941쪽)고 한 것을 보면, 당조의 중국인과 외국인의 혼인 금지 규정은 그다지 잘 지켜지지 않은 것으로 보인다.

40) 당률에는 칙을 위반한 죄에 대한 규정이 없다. 다만 슈을 어긴 자에게 태50, 別式은 1등을 감한다(449, 잡61)는 규정만 있다.

제89조 위금 32. 변경의 성·수에서 간인의 출입을 적발하지 못한 죄(緣邊城戍不覺姦人出入)

[律文1a] 諸緣邊城、戍，有外姦內入，謂非衆成師、旅者. 內姦外出，而候望者不覺，徒一年半；

[律文1b] 主司，徒一年. 謂內外姦人出入之路，關於候望者

　　[律文1a의 疏] 議曰：國境緣邊，皆有城戍，式遏寇盜，預備不虞. 其「有外姦內入」，謂蕃人爲姦，或行間諜之類. 注云：「謂非衆成師、旅者.」依周禮：「五百人爲旅，二千五百人爲師.」此謂小小姦寇抄掠者. 若成師、旅，自依擅興律：「連接寇賊，被遣斥候，不覺賊來，徒三年.」有內姦外出者，謂國內人爲姦，出向化外，或荒海之畔、幽險之中. 候望之人，不覺有姦入出，合徒一年半.

　　[律文1b의 疏] 雖非候望者，但是城戍主司不覺，得徒一年.「謂內外姦人出入之路關於候望者」，目所堪見爲關，謂在候望之內也.

[율문1a] 무릇 변경의 성·수 안으로 외국의 간인이 들어오거나 무리가 사·여를 이루지 않은 것을 말한다. 국내의 간인이 밖으로 나갔는데 망보는 자가 적발하지 못한 때에는 도1년반에 처하고,

[율문1b] 주사는 도1년에 처한다. 내외의 간인이 출입하는 길이 망보는 범위 안에 들어있는[關] 경우를 말한다.

　　[율문1a의 소] 의하여 말한다: 국경 연변에는 모두 성·수를 설치하여 외적을 막고 뜻하지 않은 변고에 대비한다. 만약 외국의 간인이 국내로 들어왔다는 것은, 외국인이 간악한 짓을 하거나 간첩 행위를 행하는 것 따위를 말한다.[41] 주에 이르기를, "무리가 사·여를

---

41) 『당률석문』(권8, 위금)은, "외국인이 중국의 사정을 몰래 살펴보는[密探] 것을 '外姦'이라고 하고, 중국인이 외국의 사정을 몰래 살펴보는 것을 '內姦'이라

이루지 않은 것을 말한다."고 했는데, 『주례』에 의거하면 "500인을 여라 하고, 2,500인을 사라 한다."고 하니,"⁴²⁾ 이것은 적은 수의 간악한 외적이 초략하는 것을 말한다. 만약 사와 여를 이루었다면, 당연히 천흥률의 "외적과 인접하여 척후로 파견되었는데 적을 적발하지 못한 때에는 도3년에 처한다."(천10)(는 규정)에 의거한다. 국내의 간인이 외국으로 나갔다는 것은, 국내의 사람이 간악한 짓을 하고 외국이나 혹은 황량한 해변이나 깊고 험준한 곳을 향해 간 것을 말한다. 망보는 사람이 간악한 자가 들어가고 나가는 것이 있는데 적발하지 못했다면 도1년반에 처해야 한다.

[율문1b의 소] 비록 망보는 자가 아니지만 성·수의 주사가 적발하지 못한 때에는 도1년을 받는다. "내외의 간인이 출입하는 길이 망보는 범위 안에 들어있는 것을 말한다."는 것은, 눈으로 볼 수 있는 바를 관으로 삼으며, 망보는 범위 안에 있음을 말한다.

[律文2] 其有姦人入出, 力所不敵者, 傳告比近城戍. 若不速告及告而稽留, 不卽共捕, 致失姦寇者, 罪亦如之.

[律文2의 疏] 議曰: 其有姦人入出, 所經城戍皆卽捕之. 若力所不敵者, 卽須傳告比近城戍, 令共捕逐. 若不速告及告而稽留, 不卽共捕, 致失姦寇者, 並

고 하니, 지금의 細作이다."라고 해석하였다. 『대명회전(大明會典)』(권167, 關津, 47쪽)에서는, 국경 안의 姦細는 도망하여 외국인에게 소식을 전하는 것이고 국경 밖의 간세는 국경 안으로 들어와 사정을 탐문하는 것이라고 하였다. 이 조항 疏에 의하면, '姦'의 뜻에는 간첩 이외에도 약탈이나 죄로 인하여 도망하는 등의 행위도 포함되어 있다. 천흥률의 소에 의하면, '間'은 왕래하는 것이고 '諜'은 정찰하는 것이며, '間諜'이란 국가의 소식을 敵徒에게 전하여 알리는 것이다(232, 천9의 소).

42) 『주례』(권11, 325쪽)에는, "5인이 伍가 되고, 5오가 兩이 되며, 4량이 卒이 되고, 5졸이 旅가 되며, 5여가 師가 되고, 5사가 軍이 된다."는 기사가 있다. 따라서 여는 500인, 사는 2500인이다.

徒一年.

[율문2] 단 간인이 들어오고 나감이 있는데 (망보는 자의) 역량으로 대적할 수 없을 때에는 가까운 성·수에 전하여 보고해야 한다. 만약 신속하게 보고하지 않거나, 보고했는데 지체하여 즉시 함께 체포하지 못해서 간악한 외적을 놓친 때의 죄 또한 그와 같다.

[율문2의 소] 의하여 말한다: 단 간인이 들어오고 나감이 있으면 (그들이) 지나는 바의 성·수는 모두 즉시 그를 체포해야 한다. 만약 (망보는 자의) 역량으로 대적할 수 없을 때에는 반드시 가까운 성·수에 전하여 보고해서 함께 추적하여 체포해야 한다. 만약 신속하게 보고하지 않거나 보고했는데 지체하여 즉시 함께 체포하지 못해서 간악한 외적을 놓친 때에는 모두 도1년에 처한다.

제90조 위금 33. 봉후가 경계하지 않은 죄(烽候不警)

[律文1a] 諸烽候不警, 令寇賊犯邊; 及應擧烽燧而不擧, 應放多烽而放少烽者: 各徒三年.

[律文1a의 疏] 議曰:「烽候」, 謂從緣邊置烽, 連於京邑, 烽燧相應, 以備非常. 放烽多少, 具在別式. 候望不擧, 是名「不警」, 若令蕃寇犯塞, 外賊入邊; 及應擧烽燧而不擧, 應放多烽而放少烽者: 各徒三年.

[율문1a] 무릇 봉후가 경계하지 않아 외적이 변경을 침범하게 되거나 봉수를 올려야 하는데도 올리지 않거나, 봉수를 많이 피워야 하는데도 봉수를 적게 피운 때에는 각각 도3년에 처하고,

[율문1a의 소] 의하여 말한다: "봉후"라 함은, 변경에서부터 경사까지봉수대를 이어 설치하고,[43] 봉수[44]를 서로 호응시켜 비상시에 대비하는 것을 말한다. 봉수를 피우는 것의 많고 적음은 별도의 식[45]에 갖추어져 있다. 망을 보는 자가 (봉수를) 올리지 않은 것, 이것이 (정)명하여 "경계하지 않았다."는 것이며, 만약 (이로 인하여) 외국의 군대가 새塞를 침범하거나 외적이 변경에 침입하거나, 봉수를 올려야 하는데 올리지 않거나 봉수를 많이 피워야 하는데 봉수를 적게 피운 자는 각각 도3년에 처한다.

---

43) '烽候'는 대개 외적의 침입 등의 군사 정황을 비롯한 긴급한 소식을 알리기 위해 설치한 시설이자 군사조직이며, 烽堠·烽堡·烽臺라고도 한다. 봉후의 설치는 대개 30리를 간격으로 하지만 지형에 따라 융통성을 두었고, 변경의 경우 성을 축조하고 봉후를 설치했다(『당육전』권5, 162쪽 『역주당육전』상, 531쪽). 兵部烽式에 따르면 각 봉후에는 烽帥 1인, 烽副 1인, 烽子 6인을 두었다. 봉수와 봉부는 봉자를 지휘·감독을 담당했고, 올려야 할 연기·불의 수에 대해 지시하였다. 봉자 가운데 5인은 시간을 나누어 망을 보며 경계를 했고, 1인은 符牒의 전달을 담당했다(『무경총요전집(武經總要前集)』권5, 297쪽).

44) '烽燧'는 봉수(燧燧)·후표(候表)라고도 한다. 일반적으로 주간에 연기를 올리는 것을 수(燧), 야간에 불을 피우는 것을 봉(烽)이라고 한다(『후한서』권1하, 60쪽, 李顯 注引 『전서음의(前書音義)』). 또 주간에 연기를 올리는 것을 봉, 야간에 불을 피우는 것을 화·수라고 하는 설도 있다(『묵자교주(墨子校注)』권15, 904쪽, 필원(畢沅)의 주; 『전송사(全宋詞)』4책, 2532쪽).

45) 봉수를 피울 때를 1炬·2炬·3炬·4炬로 나누어 놓고, 적의 다소에 따라 차이를 둔다(『당육전』권5, 162쪽 및 『역주당육전』상, 531~532쪽). 兵部烽式에는 외적[寇賊]이 국경에 들어왔을 때 기병과 보병이 50인 이상 500인 미만이면 봉수 1거를 피운다. 또 국경에 병란이 발생하여 남쪽으로 들어오려는 것을 알게 되거나 그 밖의 다른 도적의 무리가 500인 이상 3000인 미만이면 봉수 2거를 피어 올리고, 외적의 기병 500기 이상 1000기 미만이 남쪽으로 들어온 것이 확실하거나 그 밖의 다른 도적의 무리가 3,000기 이상이면 봉수 3거를 피운다. 만약 외적이 1,000인 이상으로 머릿수를 알지 못하거나 남은 외적이 1만인 이상이면 봉수 4거를 피우도록 하였다(『무경총요전집』권5, 298쪽).

[律文1b] 若放烽已訖而前烽不擧, 不卽往告者, 罪亦如之.

[律文2] 以故陷敗戶口、軍人、城戍者, 絞.

[律文1b의 疏] 議曰: 依職方式:「放烽訖而前烽不擧者, 卽差脚力往告之.」
不卽告者, 亦徒三年. 故云「亦如之」.

[律文2의 疏] 「以故陷敗」, 謂從「烽候不警」及「應擧烽燧而不擧, 或應放多
烽而放少烽」, 或「放烽訖而前烽不擧, 不卽往告」等, 以故陷敗戶口, 或是軍
人及城戍者, 各得絞罪.

[율문1b] 만약 봉수를 피우기를 마쳤는데도 다음 봉수가 오르지
않는데도 즉시 알리지 않은 때의 죄 또한 그와 같다.

[율문2] 이 때문에 호구·군인·성수가 함락되거나 패퇴한 때에는
교형에 처한다.

[율문1b의 소] 의하여 말한다: 직방식에 의거하면, "봉수를 피우는
것을 마쳤는데도 다음 봉수가 오르지 않을 때에는 즉시 각력46)을
차출해서 보내 알려야 한다." 즉시 알리지 않은 자는 역시 도3년에
처한다. 그러므로 "또한 그것과 같다."고 한 것이다.

[율무2의 소] "이 때문에 함락되거나 패퇴했다."는 것은, 봉후가 경
계하지 않거나, 봉수를 올려야 하는데도 올리지 않거나, 봉수를 많
이 피워야 하는데도 봉수를 적게 피우거나, 봉수를 피우는 것을 마
쳤는데도 다음 봉수가 오르지 않는데 즉시 (각력을) 보내 알리지
않은 것 등으로 인하여 호구 혹은 군인 및 성·수가 함락되거나 패
퇴한 것을 말하며, 각각 교형의 죄를 받는다.

---

46) 兵部烽式에 따르면, 낮에 구름이나 안개가 끼어 연기를 관찰하기 어려운 경
우, 즉시 각력인을 보내 신속하게 가까운 봉후에 알린다(『무경총요전집』권5,
298쪽). 또 『통전』에 인용된 衛公 李靖의 병법에 만일 다음 봉후가 알아차리
지 못했다면 불을 올린 봉후는 즉시 사람을 보내어 신속하게 달려 보고하도록
했다(『통전』권157, 4030쪽).

[律文3] 卽不應擧烽燧而擧，若應放少烽而放多烽，及遠烽二里內輒放煙火者，各徒一年.

[律文3의 疏] 議曰: 依式:「望見煙塵，卽擧烽燧.」若無事故，是「不應擧」;若應放少烽，而放多烽; 及遠烽二里內，皆不得有煙火，謂晝放煙，夜放火者: 自「不應擧烽燧而擧」以下三事，各徒一年. 放烽多少，具在式文，其事隱祕，不可具引. 如有犯者，臨時據式科斷.

[율문3] 만약 봉수를 올려서는 안 되는데 올리거나, 또는 봉수를 적게 피워야 하는데 봉수를 많이 피우거나, 봉수대 주위 2리 안에서 함부로 연기나 불을 피운 자는 각각 도1년에 처한다.

[율문3의 소] 의하여 말한다: 식에 의거하면, "연기나 먼지를 보게 되면 즉시 봉수를 올려야 한다."47) 만약 뜻밖의 변고[事故]가 없으면 (봉수를) 올리지 않아야 한다. 또한 봉수를 적게 피워야 하면 봉수를 많이 피워서는 (안 되며), 봉수대 주위 2리 안에서는 모두 연기나 불을 피워서는 안 된다. 낮에 연기를 피우거나 밤에 불을 피우는 것을 말한다. "봉수를 올려서는 안 되는데 올린 것" 이하의 세 가지 사항은 각각 도1년에 처한다. 봉수를 피우는 것의 많고 적음은 식의 조문에 갖추어져 있는데, 그 일은 은밀하고 비밀스러운 것이어서 상세히 인용할 수 없다. 만일 범한 것이 있을 때에는 그때마다 식에 근거하여 판결한다.48)

---

47) 『무경총요』에 인용된 兵部烽式에는 이에 해당하는 내용이나 부분을 찾을 수 없다.

48) 이는 봉수를 올리는 것의 많고 적음에 관한 式의 규정이 제대로 지켜졌는가를 조사하여 어긴 것이 있으면 도3년 혹은 도1년으로 처하고, 식의 규정을 어긴 것으로 인해 호구·군인·성수가 함락되거나 패퇴했다면 교형에 처한다는 뜻이다.

당률소의 권 제9 직제율 모두 23조

역주 정재균

[疏] 議曰: 職制律者, 起自於晉, 名爲違制律. 爰至高齊, 此名不改. 隋開皇
改爲職制律. 言職司法制, 備在此篇. 宮衛事了, 設官爲次, 故在衛禁之下.

[소] 의하여 말한다: 직제율은 진에서 나왔는데, 명칭은 위제율이라
하였다.[1] 북제에 이르기까지 이 명칭은 바뀌지 않았다.[2] 수 개황
연간에 직제율이라 고쳤는데,[3] (이는) 직사에 관한 법령과 제도는
이 편에 갖추어져 있다는 것을 말하는 것이다. 궁정의 호위에 관
한 일이 완료되면 관직의 설치가 다음이 되므로, 위금률의 다음에
둔 것이다.

---

1) 西晉 무제는 泰始 연간(265~274) 賈充 등에게 명하여 율 20편을 제정하였고,
그 중 '違制律'은 제19편이다(『당육전』권6, 181쪽 및 『역주당육전』상, 557쪽).
당의 職制律은 관인의 각종 직무상 범죄에 관한 규정을 주요 내용으로 하는
데, 이와 같은 규정은 이전 시대에도 당연히 존재하였다. 예컨대 秦에서는 司
空律 등의 각 편에 관인의 직무상 범죄에 관한 규정들이 포함되어 있고(『수
호지진간(睡虎地秦簡)』, 1990), 漢律은 편목에 얼마간의 변화가 있으나 대체
로 秦律을 답습하여 각 편에 관인의 해당 범죄 관련 처벌 조항이 규정되어
있다(『장가산한한묘죽간(張家山漢墓竹簡)·이년율령석문주석(二年律令釋文注
釋)』, 2001). 曹魏에서는 관인의 직무상 범죄에 관한 조항들을 유사한 종류별
로 모아 편목으로 하였다(『진서』권30, 924쪽). 서진 이전의 율에서도 관인의
직무상 범죄에 관한 조항이 확인된다. 그런데 疏에서 직제율의 연원을 이라
서진 위제율이라 한 것은 직사에 관한 법령과 제도가 분산되어 있었던 전대
의 율을 하나의 편으로 만들었기 때문으로 보인다.
2) 서진 이후 宋·齊는 진율의 편목 및 형의 등급을 그대로 따랐고, 梁은 율 20편
중 마지막에 違制律을 두었다. 陳은 그 편목을 알 수 없지만, 양의 법제를 대
체로 답습했다고 한다. 北魏의 율에서도 위제율의 존재가 확인되고, 北齊는
율 12편 중 제5편에, 北周는 율 25편 중 제15편에 위제율을 두었다(『위서』권
108之4, 2796쪽; 『수서』권25, 698쪽; 『당육전』권5, 181~183쪽 및 『역주당육전』
상, 559~565쪽).
3) 隋 문제 開皇 연간(581~600) 초에 새로 정한 율 12편 중 제3편이 職制律이다.
그러나 양제 大業 3년(607)에 반포한 율에서는 다시 違制律이라 하였다(『수서』
권25, 712·716쪽; 『당육전』권6, 183쪽 및 『역주당육전』상, 567·568쪽).

제91조 직제 1. 정원을 초과해서 관을 임용한 죄(置官過限)

[律文1] **諸官有員數者, 而署置過限及不應置而置, 謂非奏授者. 一人杖一百, 三人加一等, 十人徒二年;**

    [律文1의 疏] 議曰:「官有員數」, 謂內外百司雜任以上, 在令各有員數.「而署置過限及不應置而置」, 謂格·令無員, 妄相署置. 注云「謂非奏授者」, 卽是視六品以下及流外雜任等. 所司判補一人杖一百, 三人加一等, 十人徒二年. 若是應奏授詐而不實者, 從「詐假」法. 如不合置官而故剩奏授者, 從「上書詐不實」論.

[율문1] 무릇 관에 (정)원의 수가 있는데 한도를 초과해서 임용하거나 임용해서는 안 되는데 임용하였다면, 주수가 아닌 것을 말한다. 1인에 장100에 처하고, 3인마다 1등씩 더하되, 10인이면 도2년에 처한다.

    [율문1의 소] 의하여 말한다: "관에 (정)원의 수가 있다."는 것은, 내외의 모든 관사의 잡임 이상은 영에 각각 (정)원의 수가 (규정되어) 있음을 말한다.[4] "한도를 초과해서 임용하거나 임용해서는 안 되는데 임용하였다."는 것은, 격·영에 (규정된) 원(액)이 없는데 망령되이 임용했다는 것을 말한다. 주에 이르기를 "주수가 아닌 것을 말한다."[5]라고 했으니, 곧 시6품 이하 및 유외·잡임[6] 등을 담당

---

4) 관사의 定員은 당령 중 三師三公臺省職員令·寺監職員令·衛府職員令·東宮王府職員令·州縣鎮戍嶽瀆關津職員令 및 內外命婦職員令에 규정되어 있는데 (습유124~158쪽), 이는 『당육전』 각 권의 표목에 전제되어 있다.

5) 당에서 官爵의 除授는 (1) 册授(제왕 및 직사 3품 이상, 문무 2품 이상 및 도독, 도호, 上州의 자사로 경사에 있는 자), (2) 制授(5품 이상), (3) 勅授(6품 이하 상참관, 守5품 이상 및 視5품 이상), (4) 旨授(6품 이하) (5) 判補(시6품 이

관사가 (함부로) 판보한 것이 1인이면 장100에 처하고, 3인마다 1
등씩 더하며, 10인이면 도2년에 처한다. 만약 주수해야 하는 (관
을) 속이고 사실대로 하지 않은 때에는 "(관을) 거짓"한 법(사9.1)에
따른다. 또한 임용해서는 안 되는 관을 고의로 (정원을) 초과하여
상주해서 수여한 때에는 "상서를 속이고 사실대로 하지 않은 것"
(사7.1)에 따라 논한다.

[律文2] 後人知而聽者, 減前人署置一等.
[律文3a] 規求者爲從坐,
[律文3b] 被徵須者勿論.
[律文4] 卽軍務要速, 量事權置者, 不用此律.

[律文2의 疏] 議曰: 前人署置過限及不應置而置, 後人知其剩員而聽任者, 減
初置人罪一等, 謂一人杖九十, 四人以上杖一百, 七人以上徒一年, 十人徒一
年半.

[律文3a의 疏] 「規求者爲從坐」, 謂人自規求而任者, 爲初置官從坐, 合杖九十.

[律文3b의 疏] 「被徵須者」, 謂被徵召而補者, 勿論.

하, 유외관, 잡임) 등이 있다(『통전』권15, 359쪽;『당육전』권2, 27쪽 및 『역주
당육전』상, 158~159쪽). 이 중 책수·제수 및 칙수는 중서문하에서 관장하였
다. 지수는 상서도성에서 관장하는데, 문관은 이부 銓選을, 무관은 병부 전선
을 거쳐 황제에게 奏請하여 재가를 청하므로 '奏授'라고도 한다. '주수'는 곧
'지수'를 가리킨다. 따라서 注에서 "주수가 아니다."라고 한 것은, 지수 이상이
아니라 각 관사에서 判補하여 임용하는 시6품 이하 및 유외관과 잡임 등을
가리킨다.

6) '流外(官)'은 유외의 告身을 가진 자이고, '雜任'은 유외의 품이 없이 관에서 일
을 담당하는 자를 가리킨다(143, 직53.2의 소). 唐令으로 추정되는 宋의 天聖
令 〈雜令〉의 舊條에는, "州縣의 錄事, 州縣의 市令·市丞·市史·倉督·倉史·府
事·史·佐·計史·里正, 折衝府의 錄事·府·史 및 양경의 坊正 등 尙書省에서
보임하지 않는 자들을 잡임이라 총칭한다."고, '잡임'의 범주가 규정되어 있다
(『천성령역주』, 718~721쪽).

[律文4의 疏]「卽軍務要速, 量事權置者」, 謂行軍之所, 須置權官, 不當署置之罪, 故云「不用此律」.

[율문2] 후임자가 (정원이 초과된 것을) 알면서도 (임용을) 용인한 때에는 전임자가 임용한 죄에서 1등을 감한다.

[율문3a] (관이 되고자) 청탁한 자는 종범으로 처벌하되,

[율문3b] 부름을 받은 자는 논하지 않는다.

[율문4] 만약 군사 업무가 긴급하여 사무를 헤아려 임시로 임용한 때에는 이 율을 적용하지 않는다.

[율문2의 소] 의하여 말한다: 전임자가 한도를 초과해서 (관을) 임용하거나 임용해서는 안 되는데 임용했는데, 후임자가 그것이 정원을 초과한 임용임을 알면서도 임용을 (그대로) 허용한 때에는 처음에 임명한 사람의 죄에서 1등을 감한다. 예컨대 1인이면 장90에 처하고, 4인 이상이면 장100에 처하며, 7인 이상이면 도1년에 처하고, 10인이면 도1년반에 처한다.

[율문3a의 소] "(官이 되고자) 꾀하여 청탁한 종범으로 처벌한다."는 것은, 사람이 스스로 청탁해서 임용된 자는 앞서 관을 임용한 (사람의) 종범(명42)이 되므로 장90에 처해야 한다는 것을 말한다.

[율문3b의 소] "부름을 받은 자"라 함은 징소되어 보임된 자를 말하며, (죄를) 논하지 않는다.

[율문4의 소] "만약 군사 업무가 긴급하여 사무를 헤아려 임시로 (관을) 임명하였다."는 것은, 전쟁터에서는 으레 임시로 관을 임용한다는 것을 말하며, (이는 정원 외의 관을) 임용한 죄에 해당하지 않기 때문에 "이 율을 적용하지 않는다."고 한 것이다.

제92조 직제 2. 적합하지 않은 사람을 공거한 죄(貢擧非其人)

[律文1] 諸貢擧非其人及應貢擧而不貢擧者, 一人徒一年, 二人加一等, 罪止徒三年.

[律文1의 注] 非其人, 謂德行乖僻, 不如擧狀者. 若試不及第, 減二等. 率五分得三分及第者, 不坐.

[律文1의 疏] 議曰: 依令諸州歲別貢人, 若別勅令擧及國子諸館年常送省者爲擧人, 皆取方正淸循, 名行相副. 若德行無聞妄相推薦, 或才堪利用蔽而不擧者, 一人徒一年, 二人加一等, 罪止徒三年.

[律文1의 注의 疏] 注云「非其人, 謂德行乖僻, 不如擧狀者」, 若使名實乖違, 卽是不如擧狀, 縱使試得及第, 亦退而獲罪. 如其德行無虧, 唯試策不及第, 減乖僻者罪二等. 「率五分得三分及第者, 不坐」, 謂試五得三, 試十得六之類, 所貢官人, 皆得免罪. 若貢五得二, 科三人之罪; 貢十得三, 科七人之罪. 但有一人德行乖僻, 不如擧狀, 卽以「乖僻」科之. 縱有得第者多, 並不合共相準折.

[율문1] 무릇 적합하지 않은 사람을 공거하거나 공거해야 할 (사람을) 공거하지 않은 자는, 1인이면 도1년에 처하고, 2인마다 1등씩 더하되, 죄는 도3년에 그친다.

[율문1의 주] 적합하지 않은 사람이라 함은 덕과 행이 어긋나고 편벽하여 천거장과 같지 않은 경우를 말한다. 만약 (공거한 사람이) 시험에 급제하지 못한 때에는 2등을 감한다. 5분의 3이 급제한 때에는 처벌하지 않는다.

[율문1의 소] 의하여 말한다: 영(선거령, 습유295쪽)에 의거하면, 모든 주에서 매년 공(거)하는 사람과7) 별도의 칙으로 천거를 명한 자8)

---

7) 州에서 매년 추천하는 인재는 秀才, 明經, 進士, 明法, 明書, 明筭 등 6종류이

및 국자감과 모든 관에서 매년 상서성으로 보내는 자9)를 거인으로 삼는데, 모두 행동과 품성이 어질고 반듯하며, 청렴하고 법을 준수하며, 명성과 행실이 서로 부합하는 자를 취한다고 하였다. 만약 덕과 행실이 알려진 바가 없는데 망령되이 천거하거나 혹은 재능이 충분히 이롭게 쓸 만한데도 덮어서 감추고 천거하지 않은 때에는, 1인이면 도1년에 처하고, 2인마다 1등씩 더하되, 죄는 도3년에 그친다.

[율문1의 주의 소] 주에 이르기를 "적합하지 않은 사람이라 함은 덕과 행실이 어긋나고 편벽하여 천거장과 같지 않은 것을 말한다."라고 했으니, 만약 명목과 실제가 서로 어긋나게 했으면 곧 천거장과 부합하지 않는 것이니, 설령 시험에 급제했더라도 역시 퇴출하며, (천거한 관사는) 죄를 받는다. 만일 그가 덕과 행이 흠결이 없는데 오직 책문 시험에 급제하지 못한 때에는 (덕과 행이) 어긋나고 편벽한 자를 (천거한) 죄에서 2등을 감한다. "5분의 3이 급제하면 처벌하지 않는다."는 것은, 5인을 시험하여 3인이 합격하거나 10인을 시험하여 6인이 합격한 경우 등은 천거한 바의 관인이 모두 죄를 면제받을 수 있다는 것을 말한다. 만약 5인을 천거하여 2인이 합격했다면 3인(을 잘못 천거한) 죄를 준다. 10인을 천거하여 3인이 합격한 경우 7인(을 잘못 천거한) 죄를 준다. 단 (천거한 자 가운

다(『당육전』권2, 44쪽 및 『역주당육전』상, 256쪽).

8) 당의 관인 선발제도에는 선거령과 이부 혹은 예부의 격·식으로 규정된 常擧 이외에, 황제가 직접 詔를 내려 유능한 인재를 발탁한 制擧 혹은 制科가 있었다(『신당서』권44, 1159쪽; 『봉씨문건기교주(封氏聞見記校注)』권3, 18쪽). 疏에서 "별도의 칙으로 천거된 자"란 제거로 천거된 자를 말한다.

9) 국자감에는 國子學·太學·四門學·律學·書學·算學의 6학이 두어졌다. 모든 館이란 문하성의 弘文館, 동궁의 崇文館 등을 말한다. 이 밖에 州·縣學이 있었다. 각 학·관의 生徒는 시험에 합격해야 추천을 받아 상서성에서 실시하는 常擧에 참가할 수 있었다(『신당서』권44, 1159~1160쪽).

데) 1인이라도 덕과 행이 어긋나고 편벽하여 천거장과 부합하지 않는 때에는 곧 "어긋나고 편벽한 (자를 천거한)" 것으로 죄를 준다. 설령 급제한 자가 많더라도 결코 (잘못 천거한) 죄를 감면해서는 안 된다.

[律文2] 若考校、課試而不以實及選官乖於擧狀, 以故不稱職者, 減一等.

[律文2의 注] 負殿應附而不附及不應附而附, 致考有陞降者, 罪亦同.

[律文2의 疏] 議曰:「考校」, 謂內外文武官寮年終應考校功過者. 其「課試」, 謂貢擧之人藝業伎能, 依令課試有數. 若其官司考、試不以實及選官乖於所擧本狀, 以故不稱職者, 謂不習典憲, 任以法官; 明練經史, 授之武職之類: 各減「貢擧非其人」罪一等.

[律文2의 注의 疏] 負殿應附不附者, 依令:「私坐每一斤爲一負, 公罪二斤爲一負, 各十負爲一殿.」校考之日, 負殿皆悉附狀, 若故違不附; 及不應附而附者, 謂蒙別勅放免, 或經恩降, 公私負殿並不在附限, 若犯免官以上及贓賄入己, 恩前獄成, 仍附景迹, 除此等罪, 並不合附而故附: 致使考校有陞降者, 得罪亦同. 謂與考校、課試不實罪同, 亦減「貢擧非其人」罪一等.

[율문2] 만약 (관인의) 근무평정과 (거인의) 시험을 사실대로 하지 않거나 관인의 선발을 천거장과 어긋나게 한 것으로 인해 직무를 잘 수행할 수 없는 (자를 선발하게 된) 때에는 1등을 감한다.

[율문2의 주] 부·전을 첨부해야 하는데 첨부하지 않거나 첨부해서는 안 되는데 첨부하여 근무평평에 오르고 내림이 있게 한 때에도 역시 죄가 같다.

[율문2의 소] 의하여 말한다: "근무평정"은, 내외의 문무 관료에 대해 연말에 공적과 과실을 평가하는 것을 말한다. "시험"은, 영(고과령, 습유353~356쪽)에 의거하여 공거된 사람의 학업과 기능을 시험하

여 등급을 매기는 것을 말한다. 만약 담당 관사가 근무평정과 시험함을 사실대로 하지 않거나 관인을 선발함에 천거한 본래의 천거장과 어긋나게 함으로써 직무를 잘 수행할 수 없는 (자를 선발하게 된) 때에는, -제도와 법령을 익히지 않았는데 법관으로 임용한 것, 경서와 사서에 정통한데 무직을 수여한 것 등을 말한다.- 각각 "적합하지 않은 사람을 공거한" 죄에서 1등을 감한다.

[율문2의 주의 소] 부·전을 첨부해야 하는데 첨부하지 않은 때라 함은, 영(고과령, 습유343쪽)에 의거하면 "사죄는 (속동) 1근을 1부로, 공죄는 2근을 1부로 하고, 각각 10부를 1전으로 하며,[10] 근무평정을 하는 날에 부·전을 모두 문서에 첨부해야 하는데," 고의로 어기고 첨부하지 않은 것을 말한다. 첨부해서는 안 되는데 첨부한 때라 함은, 별도의 칙을 받아 방면되거나 혹은 은강령이 내리면 공죄·사죄의 부전은 모두 첨부해야하는 범위에 포함되지 않으니, 예컨대 면관 이상(의 죄를) 범한 것 및 장물과 뇌물을 자기에게 들인 것은 은강령(이 내리기) 전에 옥이 성립되었으면 그대로 행적에 (부·전을) 첨부하지만, 이러한 죄를 제외하고는 (은강령이 내리면) 모두 첨부해서는 안 되는데 고의로 첨부한 것을 말한다. (이로 인하여) 근무평정에 오르고 내림이 있게 한 것도 죄를 얻는 것이 역시 같다는 것은, 근무평정과 시험을 사실대로 하지 않은 죄와 같음을 말하며, 역시 "적합하지 않은 사람을 공거한" 죄에서 1등을 감한다.

---

10) 負·殿은 관인의 범죄를 고과에 반영하기 위한 계량 단위로, 私罪는 贖銅 1근을 1부로 하고, 公罪는 2근을 1부로 계산하며, 10부를 1전으로 한다. 上上의 고과평정을 받은 자는 비록 전이 있더라도 공죄로 받은 것이면 고과 등급을 내리지 않고, 고과평정이 上中 이하이면 대체로 1전에 1등씩 내리는 것이 원칙이다(『당육전』권2, 43쪽 및 『역주당육전』상, 251쪽).

[律文3a] **失者，各減三等．** 餘條失者準此．

[律文3b] **承言不覺，又減一等；**

[律文3c] **知而聽行，與同罪．**

　[律文3a의 疏] 議曰：「失者，各減三等」，謂意在堪貢，心不涉私，不審德行有虧，得減故罪三等．自「試不及第」以下，「應附不附」以上，失者又各減三等．「餘條失者準此」，謂一部律內，公事錯失，本條無失減之文者，並準此減三等．

　[律文3b의 疏] 承言不覺，亦從貢擧以下，承校試人言，不覺差失，從失減三等上更減一等，故云「又減一等」．

　[律文3c의 疏] 知而聽行，亦從貢擧以下，知非其人，或試不及第，考校，課試知其不實，或選官乖狀，「各與同罪」，謂各與初試者同罪．

[율문3a] 과실로 범한 경우 각각 3등을 감하고, 다른 조항에서 과실은 이에 준한다.

[율문3b] (과실로 범한 사람의) 말을 받아 (시행하면서) 적발하지 못했다면 다시 1등을 감하며,

[율문3c] 알면서도 임용을 허용했다면 같은 죄를 준다.

　[율문3a의 소] 의하여 말한다: "과실(로 범한 것)은 각각 3등을 감한다."는 것은, 공거할 만하다고 여겼고 마음에는 사사로움이 없었으나 덕행에 흠결이 있음을 살피지 못했다면, 고의로 (범한) 죄에서 3등을 감할 수 있음을 말한다. "시험하여 급제하지 못한다면" 이하부터 "첨부해야 하는데 첨부하지 않은 것" 이상까지 과실인 경우 또 각각 3등을 감한다. "다른 조항에서 과실은 이에 준한다."는 것은, 전체 율 안에서 공사의 실착에 대해 본조에 "과실은 감한다."는 율문이 없는 경우 모두 이에 준하여 3등을 감한다는 것을 말한다.

　[율문3b의 소] (과실로 범한 사람의) 말을 받아 (시행하면서) 적발

하지 못했다는 것은, 역시 공거 이하에서 근무평정과 시험한 사람의 말을 받아 (시행하면서) 잘못됨을 적발하지 못했다면 과실로 (범한 것은) 3등을 감하는 (원칙에서) 다시 1등을 감하기 때문에 "다시 1등을 감한다."고 한 것이다.

[율문3c의 소] 알면서도 임용을 허용했다는 것은, 역시 공거 이하에서, 적합한 사람이 아니거나 시험에 급제하지 못했거나 근무평정·시험이 부실했거나 혹은 선발하는 관사가 (천)거장과 어긋나게 한 것을 알면서도 (임용을 허용했다면) "각각 같은 죄를 준다."는 것이며, (이는) 각각 처음 시험한 자와 죄가 같음을 말한다.

제93조 직제 3. 자사·현령이 사사로이 경계를 벗어난 죄(刺史縣令私出界)

[律文] 諸刺史、縣令、折衝、果毅私自出界者, 杖一百. 經宿乃坐.

　　[律文의 疏] 議曰: 州、縣有境界, 折衝府有地團. 不因公事私自出境界者, 杖一百. 注云「經宿乃坐」, 旣不云「經日」, 卽非百刻之限. 但是經宿, 卽合此坐.

[율문] 무릇 자사·현령·절충(도위)·과의(도위)가 사적으로 경계를 벗어난 때에는 장100에 처한다. 밤이 지나야 처벌한다.

　　[율문의 소] 의하여 말한다: 주·현은 경계가 있고, 절충부는 구역[11] 이 있다. 공사로 인한 것이 아니라 사적으로 경계를 벗어난 때에

---

11) 절충부의 조직은 10인을 1火로 삼고 火長을 두며, 5화를 1隊로 하고 隊正과 隊副를 둔다. 또 2대를 1旅로 삼고 여수를 두며 2여를 1團으로 삼고 校尉를 둔다. 각각의 절충부는 교위 5인 또는 3·4인을 관할하는데(228. 천5,3c의 소), 그 관할 범위가 구역[地團]이 된다(劉俊文, 『唐律疏議箋解』, 709~710쪽, 箋釋2).

는 장100에 처한다. 주에 "밤이 지나야 처벌한다."고 하고 "1일이 경과되었으면"이라고 하지 않았으니, 곧 (하루) 100각(명례55.1)이 기한이 아니다. 단지 밤이 지나야 이 처벌에 해당한다.

제94조 직제 4. 관직에 있으면서 당직을 서지 않은 죄(在官應直不直)

[律文1] 諸在官應直不直, 應宿不宿, 各笞二十; 通晝夜者, 笞三十.

[律文1의 疏] 議曰: 依令:「內外官應分番宿直.」 若應直不直, 應宿不宿, 晝夜不相須, 各笞二十. 通晝夜不直者, 笞三十.

[율문1] 무릇 관직에 있으면서 일직해야 하는데 하지 않거나 숙직해야 하는데 하지 않은 자는 각각 태20에 처하며, 주야를 이어서 (당직해야 하는) 경우에는 태30에 처한다.

[율문1의 소] 의하여 말한다: 영(공식령, 습유595쪽)에 의거하면, "내외의 관인은 마땅히 교대로 숙직하거나 일직해야 한다." 만약 일직해야 하는데 하지 않거나 숙직해야 하는데 하지 않았다면 낮과 밤에 관계없이 각각 태20에 처한다. 주야를 이어서 (당직해야 하는데) 당직하지 않은 자는 태30에 처한다.

[律文2] 若點不到者, 一點笞十. 一日之點, 限取二點爲坐.

[律文2의 疏] 議曰: 內外官司應點檢者, 或數度頻點, 點即不到者, 一點笞十. 注云「一日之點, 限取二點爲坐」, 謂一日之內, 點檢雖多, 止據二點得罪, 限笞二十. 若全不來上, 計日以無故不上科之.

[율문2] **만약 점호(할 때)에 도착하지 않은 자은 한 번 점호에 태10에 처한다.** 1일의 점호는 두 번의 점호로 한정하여 처벌한다.

[율문2의 소] 의하여 말한다: 내외의 관사가 점검에 응해야 하는 경우, 혹은 여러 번에 걸쳐 점호하는데 점호(할 때)에 도착하지 않은 자는 한 번 점호에 태10에 처한다. 주에 이르기를 "1일의 점호는 두 번의 점호로 한정하여 처벌한다."고 한 것은, 1일 동안 점검하는 것이 비록 많더라도 단지 두 번의 점호에 의거하여 죄를 받는 것은 태20으로 한정한다는 것을 말한다. 만약 아예 상번하지 않은 때에는 (상번하지 않은) 날을 헤아려 이유 없이 상번하지 않은 것 (직5.1)으로 죄를 준다.

[律文2의 問] 曰: 二日以上, 日別常向曹司, 曹司點檢, 每點不到. 若科無故不上, 卽是日別常來; 若以累點科之, 罪又重於不上. 假有十日之內, 日別皆來, 每點不到, 欲科何罪?

[律文2의 答] 曰: 八品以下, 頻點不到, 便是已發更犯, 合重其事, 累點科之. 如非流內之人, 自須當日決放. 初雖累點罪重, 點多不至徒刑; 計日不上初輕, 日多卽至徒坐. 所以日別上者據點, 全不來者計日. 以此處斷, 實允刑名.

[율문2의 문] 묻습니다: 2일 이상 매일 항상 (근무하는) 부서로 갔는데 부서의 점검에는 점호 때마다 이르지 않았습니다. 만약 이유 없이 상번하지 않은 죄를 주자니 곧 매일 항상 상번했고, 점호를 누계하여 죄를 주자니 죄가 또한 상번하지 않은 죄보다 무거워집니다. 가령 10일 동안 매일 모두 (부서에) 왔는데 점호 때마다 이르지 않았다면 어떤 죄를 주어야 합니까?

[율문2의 답] 답한다: 8품 이하(의 관인)이 여러 번 점호에 이르지 않았다면, 곧 이것은 이미 (죄가) 발각된 후에 다시 범한 것이므로 그 사안을 거듭 처벌해야 하니(명29.1) (빠진) 점호를 누계하여 죄

를 주어야 한다. 만약 유내의 관인이 아니라면 당연히 당일에 (형을) 집행하고 석방하니(단30.2), 처음에는 비록 점호를 누계한 죄가 무겁지만 (빠진) 점호가 많더라도 도형에 이르지는 않는다. (상번하지 않은) 날을 헤아리면 상번하지 않은 (죄는) 처음에는 가볍지만 일수가 많아지면 곧 도형으로 처벌되기에 이른다. 이 때문에 일별로 상번하는 경우 점호에 의거하되 아예 오지 않은 경우 날을 헤아려 (죄를 주는데), 이 같이 처단하면 참으로 형의 등급[刑名]이 적절하게 된다.

제95조 직제 5. 관인이 이유 없이 출근하지 않은 죄(官人無故不上)

[律文1] 諸官人無故不上及當番不到, 雖無官品, 但分番上下亦同. 下條準此.

　[律文1의 疏] 議曰: 官人者, 謂內外官人. 無故不上, 「當番不到」, 謂分番之人, 應上不到. 注云「雖無官品」, 謂但在官分番者, 得罪亦同官人之法. 下條準此者, 謂「之官限滿不赴」及「官人從駕稽違及從而先還」, 雖無官品, 亦同官人之法.

[율문1] 무릇 관인이 이유 없이 출근하지 않거나 당번인데, 도착하지 않거나 비록 관품은 없더라도 단지 교대로 근무하는 (자) 역시 같다. 아래 조항은 이에 준한다.

　[율문1의 소] 의하여 말한다: 관인이란 중앙과 지방의 관인을 말한다. (관인이) 이유 없이 출근하지 않거나, 당번(인 관인이) 도착하지 않았다면, -번을 나누어 (교대로 근무하는) 사람이 도착하지 않

은 것을 말한다.- (아래의 처벌을 받는다). 주에 이르기를 "비록 관품이 없더라도"라고 한 것은, 다만 관사에서 교대로 (근무하는) 자이면 죄를 얻는 것은 역시 관인의 법과 같음을 말한다. 아래 조항은 이에 준한다는 것은, "부임 기한을 어긴 죄"(직6) 및 "황제를 수행할 관인이 지체하거나 먼저 돌아온 죄"(직7)에서 비록 관품이 없더라도 역시 관인의 법과 같음을 말한다.

[律文2] 若因假而違者, 一日笞二十, 三日加一等; 過杖一百, 十日加一等, 罪止徒一年半.

[律文3] 邊要之官, 加一等.

 [律文2의 疏] 議曰: 官人以下, 雜任以上, 因給假而故違, 並一日笞二十, 三日加一等, 二十五日合杖一百, 三十五日徒一年, 四十五日徒一年半.

 [律文3의 疏] 「邊要之官」, 謂在緣邊要重之所, 無故不上以下各加罪一等.

[율문2] 또는 휴가로 인하여 (출근하지) 않은 것이 1일이면 태20에 처하고, 3일마다 1등씩 더하며, 장100을 넘기면 10일마다 1등씩 더하되, 죄는 도1년반에 그친다.

[율문3] 변경 요충지의 관인은 1등을 더한다.

 [율문2의 소] 의하여 말한다: 관인 이하 잡임 이상이 휴가를 받은 뒤 고의로 (출근하지) 않은 것이, 1일이면 태20에 처하고, 3일마다 1등씩 더하며, 25일이면 장100에 처해야 하고, 35일이면 도1년에 처하며, 45일이면 도1년반에 처한다.

 [율문3의 소] "변경 요충지의 관인"이라 함은 변경의 중요한 곳에서 (근무하는 관인을) 말한다. (이들이) 이유 없이 출근하지 않은 것 이하는 각각 죄를 1등씩 더한다.

제96조 직제 6. 부임 기한을 어긴 죄(之官限滿不赴)

[律文1] 諸之官限滿不赴者, 一日笞十, 十日加一等, 罪止徒一年.
[律文2] 卽代到不還, 減二等.

[律文1의 疏] 議曰: 依令, 之官各有裝束程限. 限滿不赴, 一日笞十, 十日加
一等, 罪止徒一年.

[律文2의 疏] 其替人已到, 淹留不還, 準不赴任之程減罪二等. 其有田苗者,
依令「聽待收田訖發遣」. 無田苗者, 依限須還.

[율문1] 무릇 관(직)에 부임할 기한이 찼는데 부임하지 않은 자는
1일이면 태10에 처하고, 10일마다 1등씩 더하되, 죄는 도1년에
그친다.
[율문2] 만약 대신할 자가 도착했는데 귀환하지 않은 자는 2등을
감한다.

[율문1의 소] 의하여 말한다: 영(가녕령, 습유749쪽)에 의거하면, 관
(직)에 부임하는 데에는 각각 여장 준비를 위한 기한이 있다.[12] 기
한이 찼는데도 부임하지 않은 것이 1일이면 태10에 처하고, 10일
이면 1등씩 더하되, 죄는 도1년에 그친다.
[율문2의 소] 만약 (근무를) 대신할 사람이 이미 도착했는데 머물며
귀환하지 않으면 부임하지 않은 일수[程]에 준하되 죄를 2등 감한
다. 단 밭에 재배하는 작물이 있을 경우는, 영(가녕령, 습유750쪽)에
의거하면, "수확이 끝나기를 기다려 떠나는 것을 허용한다."[13] 밭

---

12) 지방관으로 제수되면 짐을 꾸릴 휴가를 주는데, 부임지의 거리에 따라 1천리
내는 40일, 2천리 내는 50일, 3천리 내는 60일, 4천리 내는 70일, 4천리를 넘으
면 80일이다. 이를 裝束假라고 하는데, 부임하러 가는 여정은 포함되지 않는
다(P.2504, 〈천보영식표(天寶令式表)·가녕령; 『천성령역주』, 410~411쪽).

에 재배하는 작물이 없을 때는 기한에 의거해서 반드시 귀환해야
한다.

제97조 직제 7. 황제를 수행할 관인이 지체하거나
먼저 돌아온 죄(官人從駕稽違及從而先還)

[律文1] 諸官人從駕稽違及從而先還者笞四十, 三日加一等; 過杖一百, 十
日加一等, 罪止徒二年.

[律文2] 侍臣, 加一等.

　[律文1의 疏] 議曰:「官人」, 謂百官應從駕者. 流外以下應從人, 亦同官人之
　罪. 其書吏·書僮之類差逐官人者, 不在此限. 其有稽違不到及從而先還者, 雖
　不滿日, 笞四十, 三日加一等; 過杖一百, 十日加一等, 罪止徒二年.

　[律文2의 疏] 「侍臣」, 謂中書·門下省五品以上, 依令應侍從者, 加罪一等.

[율문1] 무릇 관인이 황제를 수행하는데 지체하여 (도착할) 기한
을 어기거나 수행하다가 먼저 돌아온 때에는 태40에 처하고, 3
일마다 1등씩 더한다. 장100이 넘으면 10일마다 1등씩 더하되,
죄는 도2년에 그친다.

[율문2] 시신은 1등을 더한다.

　[율문1의 소] 의하여 말한다: "관인"은 백관 가운데 마땅히 황제를
　수행해야 하는 자를 말한다. 유외 이하로 마땅히 수행해야 하는

---

13) 지방관은 임지에서 관품에 따라 일정한 면적의 직분전을 받을 수 있는데, 재
　임 중에 파종한 것이 있으면 수확이 끝난 후 출발할 수 있다(『천성령역주』,
　410~411쪽).

사람도 역시 관인과 죄가 같다. 단 서리·서동 따위가 차출되어 관인을 따를 때는 이 범위에 포함되지 않는다. 그들이 지체하여 기한을 어기고 도착하지 않거나 수행하다가 먼저 돌아온 때에는 비록 하루가 차지 않더라도 태40에 처하고, 3일마다 1등씩 더한다. 장100이 넘으면 10일마다 1등씩 더하되, 죄는 도2년에 그친다.

[율문2의 소] "시신"은 중서·문하성의 5품 이상으로 영(삼사삼공대성직원령, 습유134~136쪽)에 의거하여 마땅히 시종해야 하는 자를 말하며,[14] 죄를 1등 더한다.

제98조 직제 8. 대사의 기일을 미리 보고하지 않은 죄(大祀不預申期)

[律文1a] 諸大祀不預申期及不頒所司者, 杖六十;

[律文1b] 以故廢事者, 徒二年.

[律文1a의 疏] 議曰: 依令, 大祀, 謂天地, 宗廟, 神州等爲大祀. 或車駕自行, 或三公行事. 齋官皆散齋之日, 平明集省, 受誓誡. 二十日以前, 所司預申祠部, 祠部頒告諸司. 其不預申期及不頒下所司者, 杖六十. 卽雖申及頒下, 事不周悉, 所坐亦同.

[律文1b의 疏] 以故廢祠祀事者, 所由官司, 徒二年. 應連坐者, 各依公坐法, 節級得罪.

---

14) 중서성 5품 이상의 관인은 중서령(정3품), 중서시랑(정4품상), 중서사인(정5품상) 및 우산기상시(종3품)를 말하고, 문하성 5품 이상의 관인은 시중(정3품), 황문시랑(정4품상), 급사중(정5품상) 및 좌산기상시(종3품), 간의대부(정5품상)를 가리킨다(『통전』권21, 549~555쪽 및 562~564쪽).

[율문1a] 무릇 대사의 기(일)을 미리 보고하지 않거나 담당 관사에 통고하지 않은 자는 장60에 처하며,

[율문1b] 그 때문에 일을 그르치게 된 때에는 도2년에 처한다.

[율문1a의 소] 의하여 말한다: 영(사령, 습유159쪽)에 의거하면, 대사의 -천지·종묘·신주 등(에 제사를 지내는 것)을 대사로 삼으며, 혹 황제가 직접 거행하거나 혹은 삼공이 (대신해서) 일을 거행한다.[15]- 재관은 모두 산재[16]의 날 동틀 무렵 상서성에 모여 서계를 받는다(사령, 습유204쪽).[17] 20일 이전에 담당 관사[18]는 미리 사부[19]에 신고하고, 사부는 (관련된) 모든 관사에 통고한다(사령, 습유208쪽). 만약 기(일)을 미리 보고하지 않거나 담당하는 곳에 통고하지

---

15) 대제사는 황제가 거행하거나 有司가 攝事한다. 황제가 친히 제사할 경우 太尉가 亞獻이 되고, 光祿卿이 終獻이 된다. 만약 유사가 대행하여 제사할 경우 태위가 初獻이 되고 太常卿이 아헌이 되며 광록경이 종헌이 된다(『당육전』권4, 124쪽 및 『역주당육전』상, 444쪽).

16) '齋'는 제사 전에 일정기간 신체를 깨끗하게 하고 부정한 것을 피하며, 먹고 마시는 것 및 행동을 조심하고, 심신을 바르게 한다는 '齋戒'의 의미이다. 散齋 기간 동안 낮에는 평상시대로 근무하고 밤에는 자택의 선조를 제사 지내는 방인 正寢에서 취침한다. 致齋 기간에는 본사와 제사 지내는 곳에서 머물면서 오로지 재계를 행한다. 그 기간은 疏에서 인용한 祠令 규정에 보이는 바와 같이 大·中·小祀에 따라 각각 길고 짧음이 있다.

17) 大祀의 경우 齋官은 모두 7일 전에 상서성에 모여서 太尉가 "某月 某日 圓丘에서 某某神에게 제사를 지내니[祀], 각각 그 직분을 다하시오. 그 일을 받들지 않는 것에는 나라의 常刑이 있소."라고 하는 誓戒를 읽는다(『통전』권108, 2807쪽).

18) 나라의 대사나 大祀 등 제사의 날짜는 太廟의 남문 밖에서 점을 쳐서 정하는데, 이를 주관하는 담당 관사는 太常寺의 太卜署이다. 中祀 이상이면 太常卿이, 小祀이거나 大事가 아닌 경우 太卜令이 점을 친다(『당육전』권14, 395·413쪽 및 『역주당육전』중, 345·417쪽).

19) 상서성 예부 소속으로 제사에 관한 정령을 관장하는 관사이다(『당육전』권4, 120쪽 및 『역주당육전』상, 431쪽).

않은 자는 장60에 처한다. 곧 비록 보고하고 통고했더라도 일을
자세하게 알리지 않았다면 처벌하는 것은 역시 같다.

[율문1b의 소] 그 때문에 제사의 일을 그르치게 된 경우 담당한 관
사는 도2년에 처한다. 마땅히 연좌될 자는 각각 공좌법에 의해 등
급에 따라 죄를 받는다(명40.1).

[律文2a] 牲牢、玉帛之屬不如法，杖七十；

[律文2b] 闕數者，杖一百；

[律文2c] 全闕者，徒一年. 全闕，謂一坐.

　　[律文2a의 疏] 議曰: 牲，謂牛、羊、豕. 牢者，牲之體. 玉，謂蒼璧祀天，璜琮
　　祭地，五方上帝各依方色. 帛，謂幣帛. 稱「之屬」者，謂黍、稷以下. 不依禮、
　　令之法，一事有違，合杖七十；

　　[律文2b의 疏] 一事闕少，合杖一百；

　　[律文2c의 疏] 一坐全闕，合徒一年. 其本是中、小祀，雖從大祀受祭，若有少
　　闕，各依中、小祀遞減之法. 闕坐更多，罪不過此. 餘祀闕坐，皆準此.

[율문2a] 생뢰·옥백 따위를 법대로 하지 않은 자는 장70에 처하고,

[율문2b] 수량을 빠뜨린 자는 장100에 처하며,

[율문2c] 전부 빠뜨린 자는 도1년에 처한다. 전부 빠뜨렸다는 것은
제물 한 벌이 (빠졌다는 것을) 말한다.

　　[율문2a의 소] 의하여 말한다: 생[20]은 소·양·돼지를 말한다. 뢰[21]는

---

20) 제사에 제공되는 가축을 말한다.

21) 당의 제도에는 大·中·小祀 3祀 각각에 쓰이는 희생의 종류와 수가 규정되어
　　있다(『당육전』권14, 414쪽 및 『역주당육전』중, 421쪽). 제사에 제공되는 소·
　　양·돼지 등의 가축들은 모두 純色인 것을 택하여 숙이라 하고, 숙을 牲이라
　　한다. 제사에 소용될 생은, 예컨대 대사라면 滌官에게 3개월 동안 기르게 한
　　연후에 비로소 제사에 올리는데, 이를 '牢'라고 한다(『당률석문』권9, 632쪽).

생의 몸체이다. 옥은, 하늘에 제사 지내는 푸른색의 옥벽과 땅에
제사지내 황색의 종과 오방의 상제 각각에게 (제사지내는) 방색의
(옥을) 말한다.22) 백은 (신에게 바치는) 비단을 말한다. "따위"라고
한 것은 기장·수수 이하를 말한다. 예(『대당개원례』권1, 서례상)와 영
(사령, 습유202쪽)에 정한 법에 의거하지 않아 하나의 제물(事)에 어
김이 있으면 장70에 처해야 하고,

[율문2b의 소] 하나의 제물에 수량이 모자라면 장100에 처해야 하며,

[율문2c의 소] 제물 한 벌을 전부 빠뜨렸다면 도1년에 처해야 한다.
단 본래 중사·소사이면 비록 대사(의 법)에 따라 제사를 지내더라
도, 만약 모자라거나 빠뜨린 것이 있다면 각각 중사·소사는 차례
로 감한다는 법에 의거한다. (제물을) 빠뜨린 것이 더 많더라도 처
벌은 이를 넘을 수 없다. 다른 제사에서 제물을 빠뜨린 (것에 대
한) 처벌은 모두 이에 준한다.

[律文3a] 即入散齋，不宿正寢者，一宿笞五十；

[律文3b] 致齋，不宿本司者，一宿杖九十；

[律文3c] 一宿各加一等.

[律文4] 中、小祀遞減二等. 凡言祀者，祭、享同. 餘條中、小祀準此.

[律文3a의 疏] 議曰：依令：「大祀，散齋四日，致齋三日. 中祀，散齋三日，

---

22) '蒼璧'은 바깥 둘레가 원형이고 안쪽의 구멍이 방형인 푸른색의 玉璧으로 하
늘의 형상을 본뜬 것이며, 昊天上帝[天帝]의 제사에 올리는 데 사용한다. '璜
琮'은 '黃琮'이라고도 하며 바깥 둘레가 방형이고 안쪽의 구멍이 원형인 황색
의 옥기로 땅을 형상화한 것으로, 皇地祇의 제사에 바치는 데 사용한다. '五方
의 上帝'란 동방의 靑帝, 남방의 赤帝, 서방의 白帝, 북방의 黑帝, 중앙의 黃
帝를 말한다. 제사 때 각각의 方色에 따라 靑帝에게는 푸른색의 圭[靑圭]를,
赤帝에게는 붉은색의 璋[赤璋]을, 白帝에게는 白虎 형상의 琥[白琥]를, 黑帝에
게는 검은색의 璜[黑璜], 黃帝에게는 황색의 琮[黃琮]을 바친다(『역주당육전』
하, 80~82쪽 및 注97·103·106·107·108·109 참조).

致齋二日. 小祀, 散齋二日, 致齋一日. 散齋之日, 齋官晝理事如故, 夜宿於家正寢.」不宿正寢者, 一宿笞五十, 一宿加一等. 其無正寢者, 於當家之內餘齋房內宿者, 亦無罪. 皆不得豫穢惡之事. 故禮云:「三日齋, 一日用之, 猶恐不敬.」

[律文3b의 疏] 致齋者, 兩宿宿本司, 一宿宿祀所. 無本司及本司在皇城外者, 皆於郊社、太廟宿齋. 若不宿者, 一宿杖九十,

[律文3c의 疏] 一宿加一等. 通上散齋, 故云「各加一等」.

[律文4의 疏] 中、小祀者, 謂社稷、日月、星辰、岳鎮、海瀆、帝社等爲中祀, 司中、司命、風師、雨師、諸星、山林、川澤之屬爲小祀. 從大祀以下犯者, 中祀減大祀二等, 小祀減中祀二等, 故云「各遞減二等」.

[율문3a] 산재 중에 정침에서 숙박하지 않은 자는 1박에 태50에 처하고,

[율문3b] 치재 (중에) 본사에서 숙박하지 않은 자는 1박에 장90에 처하며,

[율문3c] 1박에 1등씩 더한다.

[율문4] 중사·소사는 차례로 2등씩 감한다. 무릇 사라고 말한 것은 제·향도 같다. 다른 조항에서 중사·소사는 이에 준한다.

[율문3a의 소] 의하여 말한다: 영(사령, 습유206쪽)에 의거하면, "대사는 산재가 4일, 치재가 3일이다. 중사는 산재가 3일, 치재가 2일이다. 소사는 산재가 2일, 치재가 1일이다. 산재의 날에는 재관은 낮에는 평소와 같이 사무를 처리하고 밤에는 자기 집의 정침에서 숙박한다." 정침에서 숙박하지 않은 자는 1박에 태50에 처하고, 1박마다 1등씩 더한다. 단 정침이 없는 자가 자기 집안의 다른 정결한 방에서 숙박한 때에는 역시 죄가 없다. 모두 불결하고 추악한 일에 관여해서는[23] 안 된다. 그러므로 『예기』(권25, 915~916쪽)에 이

르기를, "3일 동안 재계해서 하루(의 제사)에 쓰고도 오히려 공경
스럽지 못할까 두려워한다."라고 한 것이다.

[율문3b의 소] 치재 기간에는 이틀 밤을 본사에서 숙박하고, 하룻밤
을 제사를 지내는 곳에서 숙박한다. 본사가 없거나 본사가 황성
밖에 있는 경우는 모두 교사나 태묘에서 숙박하면서 재계한다. 만
약 (본사 또는 교사·태묘서에서) 숙박하지 않은 자는 1박에 장90
에 처한다.

[율문3c의 소] 1박마다 1등씩 더하는 것은 위의 산재의 경우도 통용
되므로, "각각 1등을 더한다."라고 한 것이다.

[율문4의 소] 중사·소사란, 사직·일월·성신·악진·해독·제사 등을
중사로 삼고, 사중·사명·풍사·우사·제성·산림·천택의 종류는 소
사로 삼는 것을 말한다.[24] 대사(의 기일을 상신하지 않은 것) 이하
의 범한 것이, 중사이면 대사(를 범한 죄)에서 2등을 감하고 소사
이면 중사(를 범한 죄)에서 2등을 감하므로, "각각 2등을 차례로
감한다."라고 한 것이다.

[律文의 注] 凡言祀者, 祭·享同. 餘條中·小祀準此.

[律文의 注의 疏] 議曰: 依祠令: 「在天稱祀, 在地爲祭, 宗廟名享.」 今直擧
祀爲例, 故曰「凡言祀者, 祭·享同」.「餘條中·小祀準此」, 但在中祀有犯, 皆減
大祀二等; 小祀有犯, 皆減中祀二等. 謂下條大祀在散齋弔喪問疾, 賊盜律盜
大祀神御物之類, 本條無中·小祀罪名者, 準此遞減.

---

23) 원문의 '習'字는 至正本, 文化本, 岱本 및 『대당개원례(大唐開元禮)』(권3)에
'預'字로 되어 있다. 이는 당 代宗의 휘를 피하여 '預'字를 '習'字로 고친 것으
로 보인다. 여기에서는 '預'의 의미로 풀었다.

24) 中祀에는 疏에서 언급한 대상 외에도 先蠶·孔宣父·齊太公·諸太子廟 등이 있
고, 小祀에는 五龍祠와 州縣의 社稷·釋奠이 있다(『당육전』권4, 120쪽 및 『역
주당육전』상, 431쪽).

[율문의 주] 무릇 사라고 말한 것은 제·향도 같다. 다른 조항의 중사·소사는 이에 준한다.

[율문의 주의 소] 의하여 말한다: 사령(습유159쪽)에 의거하면, "하늘에 대한 제사는 사라 하고, 땅에 대한 제사는 제라 하며, 종묘(의 제사)는 이름을 향이라 한다."25) 지금 단지 사를 예로 들었기 때문에 "무릇 사라고 말한 것은 제·향도 같다."고 한 것이다. "다른 조항의 중사·소사는 이에 준한다."는 것은, 일단 중사에 범한 것이 있으면 모두 대사에서 2등을 감하고, 소사에 범한 것이 있으면 모두 중사에서 2등을 감한다는 것이다. 아래 조항(직9.1)의 대사의 산재 중에 상가를 조문하거나 병자를 위문하는 것, 적도율(적23.1)의 '대사의 신어물을 절도한 죄' 따위와 같이 본 조항에 중사·소사에 대한 죄명이 없는 것은 이에 준하여 차례로 감한다는 것을 말한다.

제99조 직제 9. 대사의 산재 기간에
문상·문병한 죄(大祀在散齋弔喪問疾)

[律文1a] 諸大祀在散齋而弔喪、問疾、判署刑殺文書及決罰者，笞五十；

[律文1b] 奏聞者，杖六十.

[律文2] 致齋者，各加一等.

　[律文1a의 疏] 議曰: 大祀散齋四日，並不得弔喪，亦不得問疾. 刑謂定罪，殺謂殺戮罪人，此等文書不得判署，及不得決罰杖、笞. 違者，笞五十.

---

25) 제사는 네 가지가 있다. 天神에 대한 제사를 '祀'라 하고, 地祇에 대한 제사를 '祭'라 하며, 人鬼에 대한 제사를 '享'이라 하고, 先聖·先師에 대해 예를 올리는 것을 '釋奠'이라 한다(『당육전』권4, 120쪽 및 『역주당육전』상, 431쪽).

[律文1b의 疏] 若以此刑殺,決罰事奏聞者, 杖六十.

[律文2의 疏] 若在致齋內犯者, 各加一等. 中、小祀犯者, 各遞減二等.

[율문1a] 무릇 대사의 산재 (기간)에 상가를 조문한 자, 병자를 위문한 자, 형·살의 문서를 판정하고 서명한 자 및 (태·장)형을 집행한 자는 태50에 처하며,

[율문1b] (이를) 황제에게 아뢴 자는 장60에 처한다.

[율문2] 치재 (기간)이면 각각 1등을 더한다.

[율문1a의 소] 의하여 말한다: 대사의 산재 (기간) 4일 동안에는 결코 상가를 조문해서는 안 되고, 역시 병자를 위문해서도 안 된다. 형은 죄를 정하는 것을 말하고 살은 죄인을 살육하는 것을 말하는데, 이러한 문서들은 판정하거나 서명해서는 안 되고, 장·태형을 집행해서도 안 된다.26) 어긴 자는 태50에 처한다.

[율문1b의 소] 만약 이러한 형·살이나 (태·장)형을 집행하는 일을 황제에게 아뢴 자는 장60에 처한다.

[율문2의 소] 만약 치재 (기간) 내에 (이를) 범한 때에는 각각 1등을 더한다. 중사·소사에 (이를) 범한 때에는 각각 차례로 2등씩 감한다.

---

26) 散齋 기간 동안 지켜야 할 금기사항으로 이 조항에 언급된 것 외에 樂의 연주하거나 불결하고 추악한 일에 참여하는 것을 금하는 것 등이 있다(『통전』권 108, 2807쪽; 『당회요』권9하, 198쪽; 98, 직8.3a의 소).

제100조 직제 10. 제·사 및 조회에서 과오를 범하거나 의식을 어긴 죄(祭祀朝會失錯違儀)

[律文1] 諸祭、祀及有事於園陵, 若朝會、侍衛, 行事失錯及違失儀式者, 笞四十. 謂言辭誼囂, 坐立怠慢乖衆者, 乃坐.

[律文1의 疏] 議曰: 稱祭、祀者, 享亦同;「及有事於園陵」, 謂謁陵等事;「若朝會」, 謂百官朝參, 集會; 及侍衛祭祀之事: 行事失錯及違失儀式者, 笞四十. 注云「謂言辭誼囂, 坐立怠慢」, 謂聲高誼鬧, 坐立不正, 不依儀式, 與衆乖者, 乃坐.

[율문1] 무릇 제·사를 지내거나 원능에서 행사할 때, 또는 조회·시위할 때 과오를 범하거나 의식을 어긴 자는 태40에 처한다. 말하는 소리가 크고 시끄럽거나 앉고 일어서는 것을 태만하게 하여 사람들과 어긋나게 한 자는 곧 처벌한다는 것을 말한다.

[율물1의 소] 의하여 말한다: 제·사라 한 것은 향도 역시 같다(직8의 주). "원릉에서 행사할 때"라 함은 능에 배알하는 등의 일을 말한다. 혹은 조회 -(조회란) 백관이 조(정에 나아가 황제에게) 참(배)하고 집회하는 것을 말한다.- 및 시위·제사의 행사에서 과오를 범하거나 의식을 어긴 자는 태40에 처한다. 주에 이르기를 "말하는 소리가 크고 시끄럽거나 앉고 일어서는 것이 태만하다."라고 한 것은, 목소리가 커서 시끄럽고 앉고 일어서는 것이 바르지 않으며, 의식을 따르지 않고 사람들과 어긋나게 한 자는 처벌한다는 것을 말한다.

[律文2] 應集而主司不告, 及告而不至者, 各笞五十.

[律文2의 疏] 議曰:「應集」, 謂「祭、祀」以下及餘事合集之人. 而主司不頒告令集, 罪在主司; 告而不至, 獨坐不至者. 故云「各笞五十」.

[율문2] 마땅히 모여야 할 (사람인데) 주사가 알리지 않거나, 알렸는데도 이르지 않은 자는 각각 태50에 처한다.

[율문2의 소] 의하여 말한다: "마땅히 모여야 할 (사람)"이라는 것은, "제·사" 이하 및 그 밖의 행사에 모여야 하는 사람을 말한다. 그런데 주사가 모이도록 통고하지 않았다면 죄는 주사에게 있고, 통고했는데도 이르지 않았다면 오직 이르지 않은 자만을 처벌한다. 그러므로 "각각 태50에 처한다."고 한 것이다.

제101조 직제 11. 종묘 제사에 상이 있는 자를 파견하여 행사를 집전하게 한 죄(廟享有喪遣充執事)

[律文1a] 諸廟享, 知有緦麻以上喪遣充執事者, 笞五十; 陪從者, 笞三十.
[律文1b] 主司不知, 勿論.
[律文2] 有喪不自言者, 罪亦如之.
[律文3] 其祭天地社稷則不禁.

[律文1a의 疏] 議曰: 廟享爲吉事, 左傳曰:「吉禘於莊公.」其有緦麻以上慘, 不得預其事. 若知有緦麻以上喪, 遣充執事者, 主司笞五十. 雖不執事, 遣陪從者, 主司笞三十.

[律文1b의 疏] 若主司不知前人有喪者, 勿論.

[律文2의 疏] 即有喪不自言, 而冒充執事及陪從者, 亦如之.

[律文3의 疏] 其祭天地社稷不禁者, 禮云「唯祭天地社稷, 爲越紼而行事」,

不避有慘, 故云「則不禁」.

[율문1a] 무릇 종묘의 제사에 시마 이상 (친속) 상이 있는 (자)임을 알고도 파견하여 행사를 집전하게 한 자는 태50에 처하고, 배종하게 한 자는 태30에 처하되,
[율문1b] 주사가 알지 못했다면 (죄를) 논하지 않는다.
[율문2] (시마 이상 친속) 상이 있는데도 스스로 말하지 않은 자의 죄 역시 이와 같다.
[율문3] 단 천지·사직에 대한 제사이면 금하지 않는다.

    [율문1a의 소] 의하여 말한다: 종묘 제사는 좋은 일이다. 『좌전』(권11, 351쪽)에 "장공에게 길체를 지냈다."라고 하였다. 단 시마 이상 (친속의) 상이 있으면 그 행사에 참예할 수 없다. 만약 시마 이상 (친속) 상이 있는 (자)임을 알고도 일을 집전하게 한 주사는 태50에 처한다. 비록 일을 집전하게 한 것이 아니라 배종하게 한 때라도 주사는 태30에 처한다.
    [율문1b의 소] 만약 주사가 그 사람에게 상이 있음을 알지 못한 경우는 (죄를) 논하지 않는다.
    [율문2의 소] 만약 상이 있는데도 스스로 말하지 않고 (상이 있음을) 무릅쓰고 일의 집전 및 배종을 맡은 자 역시 이와 같다.
    [율문3의 소] 단 천지·사직에 대한 제사이면 금하지 않는다고 한 것은, 『예기』(권12, 441쪽)에 이르기를 "오직 천지·사직에 대한 제사는 불을 넘어 일을 행한다."[27]고 하였느니 상이 있어도 피하지 않는

---

27) '紼'은 상여를 끄는 줄이다. 鄭玄은 감히 낮은 일 때문에 높은 일을 폐할 수 없다고 주 하였다. 이에 대해 孔穎達은 私家의 喪은 낮은 것이고 天地·社稷의 제사는 높은 것이기 때문이며, 만약 사가에서 상을 당하더라도 殯을 마친 이후이면 천지·사직의 제사에 나아가야 하는 것이라 하였다. 단 장사 지내기

것이며, 그러므로 "곧 금하지 않는다."고 한 것이다.

제102조 직제 12. 황제의 약 조제에 과오를 범한 죄(合和御藥有誤)

[律文1] 諸合和御藥, 誤不如本方及封題誤者, 醫絞.

　[律文1의 疏] 議曰: 合和御藥, 須先處方, 依方合和, 不得差誤. 若有錯誤, 「不如本方」, 謂分兩多少不如本方法之類. 合成仍題封其上, 注藥遲駛冷熱之類, 并寫本方俱進. 若有誤不如本方及封題有誤等, 但一事有誤, 醫卽合絞. 醫, 謂當合和藥者, 名例「大不敬」條內已具解訖.

[율문1] 무릇 황제의 약을 조제하는데, 착오로 본방과 같지 않게 하거나 봉제에 오류가 있는 경우 의(官)은 교형에 처한다.

　[율문1의 소] 의하여 말한다: 황제의 약을 조제할 때는, 반드시 먼저 처방하고 나서 그 약방에 따라 조제하며, 틀림이 있어서는 안 된다. 만약 착오로 본방과 같지 않게 했다는 것은, 분량의 많고 적음이 본방의 법과 같지 않은 것 따위를 말한다. 조제를 마치면 그대로 설명(題)을 써서 그 위에 싸는데, 약을 (달이는 시간의) 느림과 빠름, (복용 시 온도의) 차가움과 뜨거움 따위를 주기하고, 아울러 본방을 베껴서 함께 올린다. 만약 오류가 있어 본방과 같지 않거나 봉제에 오류가 있는 것 따위는 단지 하나라도 틀림이 있다면

전이라면 상여에 '불'을 매어 화재에 대비하는데, 천지·사직에 제사를 지낸다면 반드시 '불'을 넘어서 제사에 나아가야 하므로 '越絓'이라 하였다(『예기정의』 권12, 442쪽). 곧 '불을 넘는다[越絓]'란 사가의 상이 있더라도 국가의 제사에 참여한다는 것을 의미한다.

의(관)²⁸⁾은 곧 교형에 처해야 한다. 의(관)은 약의 조제를 담당하는 자를 말하는데, 이미 명례율 (십악의) "대불경"(명6.6) 조항 내에서 자세히 해석하였다.

[律文2] 料理簡擇不精者, 徒一年.
[律文3a] 未進御者, 各減一等.
[律文3b] 監當官司, 各減醫一等. 餘條未進御及監當官司, 並準此.

[律文2의 疏] 議曰:「料理」, 謂應熬削洗漬之類.「簡擇」, 謂去惡留善, 皆須精細之類. 有不精者, 徒一年.

[律文3a의 疏] 其藥未進御者,「各減一等」, 謂應絞者從絞上減, 應徒者從徒上減, 是名「各減一等」.

[律文3b의 疏] 「監當官司」, 依令:「合和御藥, 在內諸省, 省別長官一人, 幷當上大將軍, 將軍衛別一人, 與尙藥奉御等監視. 藥成, 醫以上先嘗.」除醫以外, 皆是監當官司, 並於已進, 未進上, 各減醫罪一等. 注云「餘條未進御者」, 謂下條「造御膳」、「御幸舟船」、「乘輿服御物」, 但應供奉之物未進御者, 各隨輕重減一等, 監當官司又各減一等, 故云「並準此」.

[율문2] 요리·간택이 정밀하지 않은 때에는 도1년에 처한다.
[율문3a] 아직 황제에게 올리지 않은 때에는 각각 1등을 감한다.
[율문3b] 감독하는 관사는 각각 의(관의 죄)에서 1등을 감한다.

---

28) 殿中省 尙藥局 소속의 醫官을 가리킨다. 상약국의 장관인 尙藥奉御(정5품하)는 御藥의 조제 및 병환의 관찰과 진단을 관장하고, 어약을 조제할 때는 전중감과 함께 감시를 담당하고 本方에 서명한다. 또 侍御醫(종6품상)는 병환의 관찰과 진단 및 어약의 조제를, 司醫(정8품하)와 醫佐(정9품하)는 여러 병을 나누어 치료하는 일을 담당하고, 의좌 이상은 약이 완성되면 먼저 맛을 본 후 봉인을 하며 본방을 쓴다(『당육전』 권11, 전중성, 325쪽 및 『역주당육전』중, 198~202쪽).

다른 조항에서 아직 황제에게 올리지 않은 때 및 감독하는 관사는 모두 이에 준한다.

[율문2의 소] 의하여 말한다: "요리"라 함은 끓이고 깎고 씻고 절여야 하는 것 따위를 말한다. "간택"이라 함은 나쁜 것을 없애고 좋은 것만을 남기는 것을 말하는데, 모두 반드시 정밀하고 세세하게 해야 할 것들이다. 정밀하지 못한 때에는 도1년에 처한다.

[율문3a의 소] 단 약을 아직 황제에게 올리지 않은 때에는 "각각 1 등을 감한다."는 것은, (올린 때의 죄가) 교(형에 해당할) 경우 교형에서 (1등을) 감하고, 도(형에 해당할) 경우 도(형)에서 (1등을) 감한다는 것을 말하는데, 이것이 (정)명하여 "각각 1등을 감한다." 는 것이다.

[율문3b의 소] "감독하는 관사"는, 영(의질령, 습유722쪽)에 의거하면 "어약을 조제할 때는, (궁성) 내에 있는 모든 성의 성마다 장관 1인과 아울러 위마다 당직하는 대장군·장군 1인이 상약봉어 등과 함께 감시한다. 약이 완성되면 의(관) 이상이 먼저 맛을 본다."고 하는데, 의(관)을 제외한 (이들) 모두가 감독 관사이며, 모두 이미 올린 때와 아직 올리지 않은 때 각각 의(관)의 죄에서 1등을 감한다. 주에 이르기를 "다른 조항에서 아직 황제에게 올리지 않은 때"라고 한 것은, 아래의 "황제에게 올릴 음식을 요리하는 것"(직13), "황제가 타는 선박을 제작하는 것"(직14), "황제가 사용하는 물건"(직15) 조항을 말하며, 단 마땅히 바쳐야 할 물건을 아직 황제에게 올리지 않은 때에는 각각 가볍고 무거움에 따라 1등을 감하고, 당직하는 감독 관사 또한 각각 1등을 감하기 때문에 "모두 이에 준한다."고 한 것이다.

제103조 직제 13. 황제의 음식 조리에 착오를 범한 죄(造御膳有誤)

[律文1] 諸造御膳, 誤犯食禁者, 主食絞.

[律文2] 若穢惡之物在食飮中, 徒二年;

[律文3] 簡擇不精及進御不時, 減二等.

[律文4] 不品嘗者, 杖一百.

[律文1의 疏] 議曰: 造御膳者, 皆依『食經』, 『經』有禁忌, 不得輒造, 若乾脯不得入黍米中, 莧菜不得和鼈肉之類. 有所犯者, 主食合絞.

[律文2의 疏] 「若穢惡之物」, 謂物是不絜之類, 在食飮中, 徒二年.

[律文3의 疏] 若簡擇不精者, 謂簡米擇菜之類, 有不精好; 及進御不時者, 依禮, 飯齊視春宜溫, 羹齊視夏宜熱之類, 或朝夕日中進奉, 失度及冷熱不時者: 減罪二等, 謂從徒二年減二等.

[律文4의 疏] 「不品嘗者, 杖一百」, 謂酸鹹苦辛之味不品及應嘗不嘗, 俱得杖一百之罪.

[율문1] 황제의 음식을 조리하는데 착오로 식금을 범한 경우 주식은 교형에 처한다.

[율문2] 만약 불결하고 혐오스런 물건이 음식 안에 들어 있으면 도2년에 처한다.

[율문3] 고르고 가린 (음식 재료가) 순정하지 않거나 황제에게 올린 음식이 때에 맞지 않다면 2등을 감한다.

[율문4] 음식의 맛이 알맞지 않거나 맛보지 않은 때에는 장100에 처한다.

[율문1의 소] 의하여 말한다: 황제의 음식을 조리하는 것은 모두 『식

경』에 의거하며, 『(식)경』에 금기가 있으면 함부로 조리해서는 안 되니, 가령 말린 포는 기장밥 안에 넣어서는 안 되고, 비름나물은 자라고기와 (함께) 조리해서는 안 되는 것 따위이다.[29] (금기를) 범한 바가 있는 경우 주식[30]은 교형에 해당한다.

[율문2의 소] "불결하고 추악한 물건"이라 함은 물건이 깨끗하지 않은 것 따위를 말하며, (이런 것이) 음식 안에 들어 있으면 도2년에 처한다.

[율문3의 소] 만약 고르고 가린 것이 순정하지 않다는 것은, 쌀을 고르고 채소를 가린 것 등이 순정·양호하지 않다는 것이다. 황제에게 올린 음식이 때에 맞지 않다는 것은, -예(『예기』권27, 982쪽; 『주례』권5, 129쪽)에 의거하면, "밥은 봄과 같이 알맞게 따뜻하여야 하고, 국은 여름과 같이 알맞게 뜨거워야 하며, (장은 가을과 같이 시원해야 하고, 마실 것은 겨울과 같이 차야 한다)."고 하였다.- 혹 아침·저녁·정오에 (음식을) 올리는데 법도를 어기거나 차가움과 뜨거움이 때맞지 않다는 것을 말하며, 죄 2등을 감한다는 것은 도2년에서 2등을 감한다는 것을 말한다.

[율문4의 소] "음식의 맛이 알맞지 않거나 먼저 맛보지 않은 때에는 장100에 처한다."는 것은, 신맛·짠맛·쓴맛·매운맛이 알맞지 않거나 먼저 맛보아야 하는데 맛보지 않았다면 모두 장100의 죄를 받는다는 것을 말한다.[31]

---

29) 『구당서』와 『신당서』에는 『사시어식경』 1권 및 『태관식방』 19권 등 식경류 서적이 각각 13종, 15종이 기록되어 있다(『구당서』권47, 2048~2049쪽; 『신당서』권59, 1569~1573쪽).

30) 主食은 殿中省 尙食局 소속으로 16인이 있고, 품질은 유외3품이다(『통전』권40, 1104쪽). 『당육전』에는 주식이 主膳을 통솔하여 직무를 수행하는 것을 관장한다고 하였는데(『당육전』권11, 324쪽 및 『역주당육전』중, 196쪽), 『구당서』에는 食醫(정9품하)가 주식과 주선을 통솔하여 그 직무를 수행하는 것으로 되어 있다(『구당서』권44, 1864쪽).

제104조 직제 14. 황제의 선박을 견고하게 건조하지 않은 죄(御行舟船有誤)

[律文1] **諸御幸舟船, 誤不牢固者, 工匠絞.** 工匠各以所由爲首.

　[律文1의 疏] 議曰: 御幸舟船者, 皇帝所幸舟船, 謂造作莊嚴. 不甚牢固, 可以敗壞者, 工匠合絞. 注云「各以所由爲首」, 明造作之人, 皆以當時所由人爲首.

[율문1] **무릇 황제가 타는 선박을 착오로 견고하게 (건조)하지 않은 경우 공장은 교형에 처한다.** 공장은 각각 시공한 자를 수범으로 한다.

　[율문1의 소] 의하여 말한다: 황제가 타는 선박이라 함은 황제가 타는 바의 선박으로, 제작하는 것이 장엄해야 함을 말한다. 견고하지 않아 파손될 가능성이 있는 경우 공장은 교형에 해당한다. 주에 "각각 시공한 자를 수범으로 한다."고 한 것은 제작하는 사람은 모두 (제작) 당시에 시공한 자를 수범으로 한다는 것을 밝힌 것이다.[32]

[律文2] **若不整飾及闕少者, 徒二年.**

　[律文2의 疏] 議曰: 其舟船若不整頓修飾, 及在船篙、棹之屬, 所須者有所闕少, 得徒二年. 此亦以所由爲首, 監當官司各減一等.

---

31) 殿中省 尙食局의 장관인 尙食奉御(정5품하)는 황제의 일상 음식을 관장한다. 황제의 일상 음식은 四時의 금기를 따르고 요리의 종류에 따른 적당한 온도를 유지하며 五味를 적절하게 맞추어야 하므로, 상식봉어는 황제에게 음식을 올릴 때 반드시 먼저 맛을 보아야 한다(『당육전』권11, 324쪽 및 『역주당육전』 중, 194~195쪽).

32) 十惡 중 大不敬에 해당한다(명6.6).

[율문2] 만약 정돈·장식되지 않거나 빠뜨리거나 부족하게 한 때에는 도2년에 처한다.

[율문2의 소] 의하여 말한다: 그 선박이 만약 정돈·장식되지 않거나 선박에 상앗대·노와 같이 반드시 필요한 것을 빠뜨리거나 부족하게 한 바가 있으면 도2년을 얻는다. 이 역시 시공한 자를 수범으로 하고, 감독하는 관사는 각각 1등을 감한다.

제105조 직제 15. 황제의 물건을 법대로 수선·정돈하지 않은 죄(乘輿服御物修整不如法)

[律文1] 諸乘輿服御物, 持護修整不如法者, 杖八十;

[律文2] 若進御乖失者, 杖一百.

[律文3] 其車馬之屬不調習, 駕馭之具不完牢, 徒二年;

[律文4] 未進御, 減三等

[律文1의 疏] 議曰: 乘輿所服用之物, 皆有所司執持修整, 自有常法. 不如法者, 杖八十.

[律文2의 疏] 「若進御乖失者」, 依『禮』「授立不跪, 授坐不立」之類, 各依禮法. 如有乖失違法者, 合杖一百.

[律文3의 疏] 其車馬之屬不調習, 駕馭之具不完牢者, 車謂輅車, 馬謂御馬. 其「之屬」, 謂羊車及輦等. 升車則馬動, 馬動則鑾鳴之類, 是爲「調習」. 若不如此, 或御馬驚駭, 車·輿及鞍, 轡之屬有損壞, 各徒二年. 雖不如法

[律文4의 疏] 未將進御者, 減三等.

[율문1] 무릇 황제가 입고 쓰는 물품의 보관·간수·수선·정돈을

법대로 하지 않은 자는 장80에 처하고,

[율문2] 만약 황제에게 올리는 것이 (예법에) 어긋난 때에는 장100에 처한다.

[율문3] 단 (황제가 탈) 수레를 끄는 말 따위가 조련되지 않거나 (수레·말을) 모는 도구가 견고하지 않은 때에는 도2년에 처한다.

[율문4] 아직 황제에게 올리지 않은 때에는 3등을 감한다.

[율문1의 소] 의하여 말한다: 황제가 입고 쓰는 물품은 모두 담당 관사가 있어 보관·간수·수선·정돈하는데, 당연히 통상의 법이 있다. 법대로 하지 않은 자는 장80에 처한다.

[율문2의 소] "만약 황제에게 올리는 것이 (예법에) 어긋났다."는 것은, 『예기』(권2, 47쪽)의 "서있는 사람에게 줄 때에는 무릎을 꿇지 않고, 앉아있는 사람에게 줄 때에는 서지 않는다."는 것 따위에 의거하여, 각각 예법을 따른다는 것이다. 만약 (예법에) 어긋나서 법을 위반한 것이 있을 때에는 장100에 해당한다.

[율문3의 소] 단 (황제가 탈) 수레를 끄는 말 따위가 조련되지 않거나 (수레·말을) 모는 도구가 견고하지 않은 경우에서 수레는 노거33)를 말하고, 말은 어마를 말한다. 그 "따위"란 양거34) 및 연35)

---

33) 輅車는 황제가 타는 수레로 5종류가 있다. 첫째는 푸른 바탕에 옥으로 끝부분을 장식한 玉輅이며, 제사를 지내거나 황후를 맞이할 때 탄다. 둘째는 붉은 바탕에 금으로 끝부분을 장식한 金輅이며, 鄕射를 행하거나 제사를 지내고 돌아올 때 및 개선한 후 종묘에서 술을 마시는 예[飮至]를 행할 때 탄다. 셋째는 황색 바탕에 황색으로 끝부분을 장식한 象輅이며, 길을 갈 때 탄다. 넷째는 흰색 바탕에 가죽으로 끄는 革輅이며, 순행을 나설 때 및 군대를 맞이할 때 탄다. 다섯째는 검은색 바탕에 옻칠한 木輅이며, 사냥할 때 탄다(『당육전』권17 480~481쪽 및 『역주당육전』중, 510~511쪽).

34) 羊車는 황제가 타는 작은 수레로 노거의 副車 중 하나이다. 輦車라고도 하며, 그 외형은 엎드린 토끼 모양의 상자에다 수레 멍에에 칠로 그림을 그렸다고 한다(『당육전』권17, 482쪽 및 『역주당육전』중, 523쪽). 과하마가 끄는 작은 수

등을 말한다. (황제가) 수레에 오르면 말이 움직이고, 말이 움직이면 방울[鑾]이 울리는 것 따위를 조련된 것으로 삼는다. 만약 이와 같지 않거나 혹 황제가 탄 말이 놀라서 수레·가마 및 안장·고삐 따위가 파손되었다면 각각 도2년에 처한다.

[율문4의 소] 비록 법대로 하지 않았지만 황제에게 아직 올리지 않은 때에는 3등을 감한다.

[律文5] 應供奉之物闕乏者, 徒一年;

[律文6] 其雜供有闕, 笞五十.

　[律文5의 疏] 議曰:「應供奉之物」, 謂衣服·飮食之類. 但是應供奉者皆須預備, 有闕乏者即徒一年.

　[律文6의 疏] 雜供有闕者, 謂非尋常應供奉之物, 可供而闕者, 笞五十.

[율문5] (황제에게) 바쳐야 할 물품을 빠뜨리거나 모자라게 한 때에는 도1년에 처하고,

[율문6] 단 잡다한 물건을 빠뜨린 것이 있으면 태50에 처한다.

　[율문5의 소] 의하여 말한다: "(황제에게) 바쳐야 할 물품"이라 함은, 의복·음식과 같은 것을 말한다. 일단 바쳐야 할 것은 모두 반드시 미리 갖추어두어야 하는데, 빠뜨리거나 모자라게 한 것이 있을 때는 곧 도1년에 처한다.

　[율문6의 소] 바칠 잡다한 물건을 빠뜨린 것이 있다는 것은, 평상시 바치는 물품은 아니지만 바칠 수도 있는 것을 빠뜨렸다는 것을 말하며 태50에 처한다.

　레이며 羊車小史 14인이 몬다(『신당서』권23상, 494쪽).

35) 輦은 사람이 끄는 황제가 타는 수레이다. 그 종류에는 大鳳輦·大芳輦·仙遊輦·小輕輦·芳亭輦·大玉輦·小玉輦 등 7가지가 있다(『당육전』권11, 332쪽 및 『역주당육전』중, 230쪽).

제106조 직제 16. 주사가 사사로이 황제의 물건을 빌린 죄(主司私借服御物)

[律文1] 諸主司私借乘輿服御物若借人及借之者, 徒三年.

[律文2] 非服而御之物, 徒一年.

[律文3] 在司服用者, 各減一等. 非服而御, 謂帷帳·几杖之屬.

　[律文1의 疏] 議曰: 乘輿服御物, 主司持護修整, 常須如法, 若有私借, 或將借人及借之者, 各徒三年.

　[律文2의 疏] 「非服而御之物」, 謂除服御物之外, 應供御所用者, 得徒一年.

　[律文3의 疏] 雖非自借及借人, 在司服用者, 各減罪一等: 服御物, 徒三年上減; 非服而御, 徒一年上減. 是爲「各減一等」.

[율문1] 무릇 주사가 황제가 입고 쓰는 물품을 사사로이 빌리거나 또는 다른 사람에게 빌려준 때 및 그것을 빌려 쓴 자는 도3년에 처한다.

[율문2] 입고 쓰는 것이 아닌 물품이면 도1년에 처한다.

[율문3] 관사에서 입거나 쓴 때에는 각각 1등을 감한다. 입고 쓰는 것이 아니라 함은 유장·궤장 따위를 말한다.

　[율문1의 소] 의하여 말한다: 황제가 입고 쓰는 물품은 주사가 보관·간수·수선·정돈하는 것을 항상 법대로 해야 하는데, 만약 사사로이 빌리거나 혹 다른 사람에게 빌려준 때 및 그것을 빌려 쓴 자는 각각 도3년에 처한다.

　[율문2의 소] "입고 쓰는 것이 아닌 물품"이라 함은, 입고 쓰는 것을 제외하고 황제가 쓸 것으로 바쳐야 하는 것을 말하며, 도1년을 받는다.

[율문3의 소] 비록 자신이 빌려 쓰거나 다른 사람에게 빌려 준 것이 아니라 관사에서 입거나 썼더라도 각각 죄 1등을 감하니, 입고 쓰는 물건이면 도3년에서 감하고, 입고 쓰는 것이 아니면 도1년에서 감한다. 이것이 "각각 1등을 감한다."는 것이다.

[律文의 注] 非服而御, 謂帷帳几杖之屬.

　[律文의 注의 疏] 議曰: 帷帳几杖之屬者, 謂筆硯·書史·器玩等, 是應供御所須, 非服用之物. 色類旣多, 故云「之屬」.

[율문의 주] 입고 쓰는 것이 아니라 함은 유장·궤장 따위를 말한다.

　[율문의 주의 소] 의하여 말한다: 유장·궤장 따위라 함은 문구·서적·노리개 등을 말하는데, 이것들은 황제가 필요할 때 바쳐야 하는 것으로 입고 쓰는 물품은 아니다. 종류가 원래 많으므로 "따위"라고 한 것이다.

제107조 직제 17. 감독관사 및 주식이 착오로 잡약을 어선소로 가지고 간 죄(監當主食有犯)

[律文] 諸監當官司及主食之人誤將雜藥至御膳所者, 絞. 所, 謂監當之人應到之處.

　[律文의 疏] 議曰: 御廚造膳, 從造至進皆有監當官司. 依令: 「主食升階進食.」 但是雜藥, 誤將至御膳所者, 絞. 「雜藥」, 謂合和爲藥, 堪服餌者. 若有毒性, 雖不合和, 亦爲「雜藥」.

[율문] 무릇 감독하는 관사 및 주식이 착오로 잡약을 가지고 어

선소에 이른 때에는 교형에 처한다. (어선)소란 감독하는 사람이 이를 수 있는 곳을 말한다.

[율문의 소] 의하여 말한다: 수라간에서 음식을 조리할 때 조리부터 (황제에게) 올리기까지 모두 감독하는 관사가 있다. 영(삼사삼공대성직원령, 습유·138쪽)에 의거하면, "주식은 계단에 올라가서 음식을 바친다." 단 잡약이면 착오로 가지고 어선소에 이른 때에도 교형에 처한다. "잡약"이란 조제하여 약으로 만들어서 복용할 수 있는 것을 말한다. 만약 독성이 있으면 비록 조제하지 않았더라도 역시 "잡약"으로 간주한다.

제108조 직제 18. 외선에 식금을 범한 죄(食禁百官外膳犯食禁)

[律文1] 諸外膳 謂供百官. 犯食禁者, 供膳杖七十.

[律文2] 若穢惡之物在食飲中及簡擇不淨者, 笞五十.

[律文3] 誤者, 各減二等.

[律文1의 疏] 議曰: 百官常食以上, 皆官厨所營, 名爲「外膳」, 故注云「謂供百官」. 「犯食禁者」, 食禁已上解訖, 若有犯者, 所由供膳杖七十.

[律文2의 疏] 「穢惡之物」, 謂不淨物之類在食飲中及簡擇有不淨, 其所由者得笞五十.

[律文3의 疏] 若有誤失者, 各減二等: 誤犯食禁者, 笞五十; 誤簡不淨, 笞三十.

[율문1] 무릇 외선에 백관에게 제공하는 것을 말한다. 식금을 범한 경우 공선은 장70에 처한다.

[율문2] 만약 불결하고 혐오스러운 물건이 음식 안에 들어가 있거나 고르거나 가린 것이 정갈하지 않은 때에는 태50에 처한다.

[율문3] 착오이면 각각 2등을 감한다.

[율문1의 소] 의하여 말한다: 모든 관인이 일상적으로 먹는 음식 등은 모두 관의 주방에서 마련하며 "외선"이라 부르기 때문에 주에 이르기를 "모든 관인에게 제공하는 것을 말한다."고 한 것이다. "식금을 범하는 경우"에서 식금은 이미 위 (조항)에서 해석했는데(직 13.1의 소), 만약 범한 것이 있는 경우 그렇게 음식을 만든 공선[36]은 장70에 처한다.

[율문2의 소] "불결하고 혐오스러운 물건"이라 함은 깨끗하지 못한 물건 따위가 음식 안에 들어가 있거나 고르거나 가린 것이 정갈하지 못한 것을 말하며, 그렇게 고르거나 가린 자는 태50을 받는다.

[율문3의 소] 만약 착오나 실수인 때에는 각각 2등을 감하니, 착오로 식금을 범한 때에는 태50에 처하고, 착오로 고른 것이 정갈하지 못했다면 태30에 처한다.

제109조 직제 19. 대사를 누설한 죄(漏泄大事)

[律文1a] 諸漏泄大事應密者, 絞. 大事, 謂潛謀討襲及收捕謀叛之類.

[律文1a의 疏] 議曰: 依鬪訟律: 「知謀反及大逆者, 密告隨近官司.」 其知謀反、大逆、謀叛, 皆合密告, 或掩襲寇賊, 此等是「大事應密」, 不合人知. 輒漏

---

36) 供膳은 光祿寺 太官署에 2,400인이(『당육전』권15, 441·444쪽 및 『역주당육전』 중, 426·435쪽), 太子家令寺 食官署에 400인이 소속해 있다(『당육전』권27, 694쪽 및 『역주당육전』하, 314쪽).

泄者, 絞. 注云「大事, 謂潛謀討襲」者, 討謂命將誓師, 潛謀征討; 襲謂不聲
鍾鼓, 掩其不備者. 旣有潛謀討襲之事及收捕反·逆之徒, 故云「謀叛之類」.

[율문1a] 기밀로 해야 할 대사를 누설한 자는 교형에 처한다. 대
사란 은밀히 도모하여 토벌·습격하거나 모반한 (자) 따위를 체포하는 것
을 말한다.

> **[율문1a의 소]** 의하여 말한다: 투송률(투39.1a)에 의거하면, "모반 및
> 대역을 알게 된 때에는 가까운 곳의 관사에 은밀히 고발해야 한
> 다." 단 알게 된 모반·대역·모반은 모두 반드시 밀고해야 하고, 혹
> 은 외적·도적은 엄습하는데, 이러한 것들이 바로 기밀로 해야 할
> 대사이며, 함부로 누설해서는 안 된다. 함부로 누설한 자는 교형에
> 처한다.[37] 주에 이르기를 "대사란 은밀히 도모하여 정벌·습격하는
> 것을 말한다."고 한 것은, 토벌은 장령에게 명하고 군사들에게 선
> 언한 뒤 은밀하게 도모하여 정토한다는 것을 말하고, 습격은 종과
> 북을 울리지 않고 그 (외적·도적들이) 대비하지 못한 때에 엄습한
> 다는 것을 말한다. 원래 은밀히 도모하여 토벌·습격하는 일 및 모
> 반·대역의 무리를 체포하는 일이 있는 것이기 때문에 "모반한 (자)
> 따위"라 한 것이다.

[律文1b] 非大事應密者, 徒一年半;
[律文2] 漏泄於蕃國使者, 加一等.
[律文3] 仍以初傳者爲首, 傳至者爲從.
[律文4a] 卽轉傳大事者, 杖八十.

---

37) 기밀로 해야 할 국가의 중대한 일을 무심코 누설한 죄에 대한 처벌은 교형이
다. 그러나 征討할 시기를 정하여 기밀로 했는데도 의도적으로 적에게 소식을
알려 방비하도록 하였다면, 소식을 전한 자는 참형에 처하고, 그 처와 자는 유
2000리에 처한다(232, 천9.1).

[律文4b] 非大事, 勿論.

  [律文1b의 疏] 議曰:「非大事應密」, 謂依令「仰觀見風雲氣色有異, 密封奏聞」之類. 有漏泄者, 是非大事應密, 合徒一年半.

  [律文2의 疏] 國家之事, 不欲蕃國聞知, 若漏泄於蕃國使者, 加一等, 合徒二年. 其大事, 縱漏泄於蕃國使, 亦不加至斬.

  [律文3의 疏] 漏泄之事,「以初傳者爲首」, 首謂初漏泄者.「傳至者爲從」, 謂傳至罪人及蕃使者.

  [律文4a의 疏] 其間展轉相傳大事者, 杖八十.

  [律文4b의 疏]「非大事者, 勿論」, 非大事, 雖應密, 而轉傳之人並不坐.

[율문1b] 대사가 아니지만 기밀로 해야 할 것이면 도1년반하고,

[율문2] 외국의 사인에게 누설한 때에는 1등을 더한다.

[율문3] 그대로 처음 전한 자를 수범으로 하고, 전하여 이르게 한 자를 종범으로 한다.

[율문4a] 만약 대사를 전파한 자는 장80에 처하되,

[율문4b] 대사가 아니면 논하지 않는다.

  [율문1b의 소] 의하여 말한다: "대사가 아니지만 기밀로 해야 한다." 는 것은, 영(잡령, 습유847쪽)에 의거하면 "고개를 들어 관찰하여 바람·구름·기상·천색이 이상을 보이면 밀봉하여 아뢴다."[38]는 것 따위를 말한다. 누설한 것이 대사는 아니지만 기밀로 해야 할 것이면 도1년반에 해당한다.

---

38) 이 규정은 祕書省 太史局의 업무와 관계된 것이다. 태사국 장관 太史令은 천문을 관측하고 역수를 정하는 것을 관장하는데, 해와 달, 별의 운행에 변화가 있거나 바람·구름·기상·천색이 이상을 보일 때 속관들을 거느리고 점을 친다. 또 계절마다 관측한 재이와 서상의 현상을 문하성과 중서성으로 보고하고, 관측한 징험과 서상 및 재앙과 이변은 밀봉하여 상주하며, 이를 누설한 경우 처벌을 받는다(『당육전』권10, 303쪽 및 『역주당육전』중, 171쪽).

[율문2의 소] 국가의 일은 외국이 알지 못하게 하려는 것이니, 만약 외국의 사인에게 누설한 때에는 1등을 더하여 도2년에 해당한다. 단 대사가 설령 외국의 사인에게 누설되었더라도 역시 더하여 참형에 이르지는 않는다(명56.3).

[율문3의 소] 누설한 사안은 "처음 전한 자를 수범으로 하는데," 수범은 처음으로 누설한 자를 말한다. "전하여 이르게 한 자를 종범으로 한다."는 것은, 죄인 및 외국의 사인에게 전한 자를 말한다.

[율문4a의 소] 단 대사를 전파한 자는 장80에 처한다.

[율문4b의 소] "대사가 아니면 논하지 않는다."는 것은, 대사가 아니면 비록 기밀로 해야 할지라도 전파한 사람은 모두 처벌하지 않는다는 것이다.

제110조 직제 20. 천문 기구를 사사로이 소유한 죄(私有玄象器物)

[律文1] 諸玄象器物, 天文, 圖書, 讖書, 兵書,『七曜曆』,『太一』、『雷公式』, 私家不得有, 違者徒二年.

[律文1의 注] 私習天文者亦同

[律文2] 其緯、候及論語讖, 不在禁限.

[律文1의 疏] 議曰: 玄象者, 玄, 天也, 謂象天爲器具, 以經星之文及日月所行之道, 轉之以觀時變. 『易』曰:「玄象著明, 莫大於日月. 故天垂象, 聖人則之.」『尙書』云:「在璇璣玉衡, 以齊七政.」 天文者, 『史記』天官書云天文, 日月、五星、二十八宿等, 故『易』曰:「仰則觀於天文.」 圖書者,「河出圖, 洛出書」是也. 讖書者, 先代聖賢所記未來徵祥之書. 兵書, 謂太公『六韜』、黃

石公『三略』之類. 『七曜曆』, 謂日、月、五星之曆. 『太一』、『雷公式』者, 並是
式名, 以占吉凶者. 私家皆不得有, 違者, 徒二年. 若將傳用, 言涉不順者, 自
從「造祆言」之法.

[律文1의 注의 疏]「私習天文者」, 謂非自有書, 轉相習學者, 亦得二年徒坐.

[律文2의 疏] 緯、候及讖者, 五經緯、『尙書中候』、『論語讖』, 並不在禁限.

[율문1] 천문기구, 천문, 도서, 참서, 병서, 『칠요력』, 『태일(식)』,
『뇌공식』은 사가에서 보유해서는 안 되며, 어긴 자는 도2년에
처한다.

[율문1의 주] 사사로이 천문을 학습하는 자도 역시 같다.

[율문2] 단 위서·후서 및 논어참은 금하는 범위에 두지 않는다.

[율문1의 소] 의하여 말한다: 현상의 현은 하늘이며, 하늘을 본떠 기
구를 만들어 별자리 및 해와 달이 운행하는 길을 측량하고, 이를
전용하여 시운의 변화를 관측하는 것을 말한다.[39] 『역경』(『주역』권
7, 340~341쪽)에 이르기를 "현상 가운데 뚜렷하게 밝은 것은 해와 달
보다 큰 것이 없다. 그러므로 하늘이 징조를 드리우면 성인이 그
깃을 법칙으로 삼았다."고 하였다. 『상서』(권3, 64쪽)에 이르기를
"선기옥형으로 살펴 칠정[40]을 가지런히 배열하였다."고 하였다. 천
문이란, 『사기』 천관서에 이르기를 "천문은 일월·오성·이십팔숙
등이다."라고 했으며, 때문에 『역경』(『주역』권8, 350쪽)에 말하기를
"고개를 들어 천문을 관찰한다."고 한 것이다. 도서라 함은 "황하에
서 도가 나왔고, 낙수에서 서가 나왔다."(『주역』권7, 341쪽)라고 한

---

39) '玄象器物'이란 천문을 관측하는 기구로 渾天儀 따위를 가리킨다. 疏에 인용
된 『상서』의 '璇璣玉衡'은 아름다운 玉으로 장식한 천문관측 기구이다.

40) '七政'은 日·月 및 五星(金·木·水·火·土星)을 가리킨다(『사기』권1, 29쪽, 정
현의 주; 『상서정의』권3, 64쪽, 공안국의 전).

것이 그것이다.[41] 참서[42]라 함은 선대의 성현이 미래의 길흉을 징
험해서 기록한 책이다. 병서[43]란 (강)태공의 『육도』와 황석공의 『삼
략』 따위를 말한다. 『칠요력』[44]이란 일월·오성의 (운행에 관한)
역서를 말한다. 『태일(식)』·『뇌공식』[45]이라 함은 모두 식의 명칭
이며, 길흉을 점치는 것이다. 모두 사가에서 보유해서는 안 되며,

---

41) 鄭玄은 『春秋緯』에서 "黃河는 乾으로 통하여 天苞(河圖)를 내어놓고, 洛水는
坤으로 흘러 地符(洛書)를 드러내었다. 황하의 용은 그림[圖]으로 내보였고,
낙수의 거북이는 문자[書]로 감응하였다. 『河圖』는 9편이고, 『洛書』는 6편이
다."라고 했고, 또 孔安國은 『하도』는 八卦이고 『낙서』는 (洪範)九疇라고 했
다(『주역정의』권7, 341쪽). 당에서는 『하도』 9편을 미래의 징조[讖緯]를 적은
圖緯類 서적으로 분류하고 있는데(『당육전』권10, 299쪽 및 『역주당육전』중,
157쪽), 『낙서』 6편도 이에 포함되었을 것으로 보인다.

42) '讖書'는 서상·재이의 징후를 근거로 국가의 장단, 왕조의 교체 등의 길흉을
예언한 서적이다. 劉宋 孝武帝 大明 연간(457~464)부터 圖讖을 처음으로 금
지시킨 이후 역대 왕조에서 금지하였다. 隋 文帝는 私家에서 위서·후서 및
도참의 소유를 금지시켰고, 煬帝는 전국의 참서류 서적을 몰수하여 불태웠다
(『수서』권2, 38쪽; 『수서』권32, 941쪽). 이 조항은 이러한 금령이 율의 조문으
로 규정된 것이다.

43) 疏에서 언급한 『육도』·『삼략』 외에도 『손자병법』·『오자병법』·『사마법』·『위
료자』 및 『이위공문대』 등이 있다. 『구당서』(권47, 2039~2041쪽)에는 이들 武
經七書를 포함하여 병서 45부 289권이, 『신당서』(권59, 1549~1552쪽)에는 병
서 23가 60부 319권이 전한다.

44) 七曜는 日·月 및 金·木·水·火·土 5星을 가리킨다. 魏·梁·陳·隋代의 다양한
칠요력이 있다(『수서』권34, 1023~1024쪽). 돈황에서 당의 『七曜曆日』 殘卷이
발견되었는데, 그 내용은 칠요일을 항목으로 하고 그 아래에 길흉화복이 연결
되어 있다. 즉 칠요력은 별점을 치는 서적이고, 일반적인 역서가 아니기 때문
에 율에서 사가의 소유를 금하게 한 것으로 보인다.

45) 국가의 중요한 일에 관하여 점을 치는 式占은 『뇌공식』, 『태일식』 및 『六壬
式』 세 종류가 있다. 이 중 『뇌공식』과 『태일식』은 私家에서 소지하는 것을
금지하고, 『육임식』만 허용했다(『당육전』권14, 413쪽 및 『역주당육전』중, 415
쪽). 『육임식』의 경우 私家의 행사 때 길흉을 점칠 뿐이므로 사가에서 소유가
허용되었지만, 『뇌공식』과 『태일식』은 국가의 길흉을 언급하고 있으므로 사
가의 소유를 금지한 것으로 보인다.

어긴 자는 도2년에 처한다. 만약 이를 전해가며 쓰는데, 말이 불순에 저촉될 경우에는 당연히 "요언을 만든" (죄의 처벌)법(적21)에 따른다.

[율문1의 주의 소] "사사로이 천문을 학습하는 자"46)라 함은, 자신이 책을 소유한 것은 아니지만 여기저기 돌아다니며 익히고 배우는 자 역시 2년의 도형으로 처벌을 받는 것을 말한다.

[율문2의 소] 위서·후서 및 참서라 함은 오경의 위서47)와 『상서중후』·『논어참』으로 모두 금지하는 범위에 두지 않는다.

제111조 직제 21. 제서·관문서를 지체한 죄(稽緩制書官文書)

[律文1] 諸稽緩制書者, 一日笞五十, 謄制、勅, 符、移之類皆是. 一日加一等, 十日徒一年.

[律文1의 疏] 議曰: 制書, 在令無有程限, 成案皆云「卽日行下」. 稱卽日者, 謂百刻內也. 寫程:「通計符、移、關、牒, 滿二百紙以下, 給二日程; 過此以外, 每二百紙以下, 加一日程. 所加多者, 總不得過五日. 其赦書, 計紙雖多, 不得過三日. 軍務急速, 皆當日並了.」成案及計紙程外仍停者, 是爲「稽緩」, 一

---

46) 천문 관측기구는 천문학을 학습할 수 있는 자 및 그 직무를 맡은 자, 곧 비서성 태사국의 관인만이 열람 또는 사용할 수 있었다(『당육전』권10, 303쪽 및 『역주당육전』중, 171쪽).

47) 緯書는 유가의 경서에 가탁하여 미래를 예언한 서적으로, 『易緯』·『(尙)書緯』·『詩緯』·『禮緯』·『樂緯』·『孝緯』·『春秋緯』 및 『論語緯』가 유통되었다(『구당서』권46, 1982쪽; 『신당서』권57, 1444~1445쪽). 이 조항의 疏에서 언급한 5경의 緯라는 것은 『역위』·『상서위』·『시위』·『예위』 및 『춘추위』를 가리킨다.

日笞五十. 注云「膳制、勅, 符、移之類」, 謂奉正制、勅, 更膳已出符、移、關、解、刺、牒皆是, 故言「之類」. 一日加一等, 計六日杖一百, 十日徒一年, 卽是罪止.

[율문1] 무릇 제서를 지체한 자는 1일이면 태50에 처하고, 제·칙을 베낀 부·이 따위는 모두 그렇다. 1일마다 1등씩 더하며, 10일이면 도1년에 처한다.

[율문1의 소] 의하여 말한다: 제서[48]는 영(공식령)에 처리 기한이 없고, 문안이 이루어지면 모두 "당일에 내려 보낸다."는 것이 (원칙)이다. 당일이라 한 것은 (하루) 100각 이내를 말한다(명55.1). (문안을) 베끼는 기한은 "부·이·관·첩 각각 계산해 200장 이하는 2일의 기한을 주고, 이를 넘는 것은 200장 이하마다 기한을 1일씩 더한다. 더할 바가 많은 경우도 모두 5일을 넘겨서는 안 된다. 단 사서[赦書]는 지면이 비록 많더라도 3일을 넘겨서는 안 된다. 군사 업무가 긴급한 때에는 모두 당일에 마쳐야 한다."(공식령, 습유598쪽) 문안이 이루어졌는데 (당일에 보내지 않거나) 지면을 헤아려 (주는) 기한이 넘었는데 여전히 머물러 있는 것, 이것이 "지체하였다."는 것이며, 1일이면 태50에 처한다. 주에 이르기를 "제·칙을 베낀 부·이 따위"라고 한 것은, 제·칙의 원본을 받들어 다시 베껴서 반출한 부·이·관·해·자·첩[49]은 모두 그렇다는 것을 말하며, 그러므로 "따

---

48) 진시황이 중국을 통일한 후 '命'을 '制', '令'을 '詔'로 바꾸어 부르게 한 이후 역대 왕조에서 계속 사용되었지만, 엄격하게 구분되지 않고 혼용하여 사용되었다. 魏晉 이래로 冊書·詔書·勅書는 모두 '詔'라고 불렸는데, 天授 원년(690) 측천무후의 이름 '曌(照)'를 피휘하여 '詔'를 '制'로 고치면서 '制書'로 통일되었다(『당육전』권9, 274쪽 및 『역주당육전』중, 98~99쪽). 따라서 당 高祖·太宗·高宗 시기까지 '詔書'로 불린 王言이 있지만, 측천무후의 개정 조치로 인해 '조서'는 사라지고 '제서'만 남게 되었다.

49) 당대에 행용된 공문서의 종류는 대개 다음과 같다. ①하행문서로 '制'·'勅'·'冊'·'令'·'敎'·'符'가 있다. 이 가운데 황제가 내리는 '제'·'칙'·'책'은 冊書·制書·

위"라고 말한 것이다. 1일이면 1등을 더하고, 헤아려 6일이면 장 100, 10일이면 도1년으로 곧 최고형이다.

[律文2] **其官文書稽程者, 一日笞十, 三日加一等, 罪止杖八十.**

[律文2의 疏] 議曰:「官文書」, 謂在曹常行, 非制、勅、奏抄者. 依令:「小事五日程, 中事十日程, 大事二十日程, 徒以上獄案辯定須斷者三十日程. 其通判及勾經三人以下者, 給一日程; 經四人以上, 給二日程; 大事各加一日程. 若有機速, 不在此例.」機速, 謂軍機急速, 不必要準案程. 應了不了, 亦準稽程法. 除此之外, 皆準事. 稽程者, 一日笞十, 三日加一等, 罪止杖八十.

[율문2] 단 관문서의 기한을 지체한 자는 1일이면 태10에 처하고, 3일마다 1등씩 더하며, 죄는 장80에 그친다.

[율문2의 소] 의하여 말한다: "관문서"란 부서에서 일상적으로 운용하는 (문서 가운데) 제·칙·주초가 아닌 것을 말한다. 영(공식령, 습유595쪽)에 의거하면 "소사는 5일을 처리기한으로, 중사는 10일을 처리기한으로, 대사는 20일을 처리기한으로 하는데, 도(죄) 이상의 옥안으로 진술서가 확정되어 반드시 단죄해야 할 것은 30일을 기한으로 한다. 단 통판(관) 및 구(검관)[50]을 (포함해서) 3인 이하를

慰勞制書·發日勅·勅旨·論事勅旨·勅牒으로 나뉜다. ②상행문서로 '表'·'狀'·'牋'·'啓'·'牒'·'辭'가 있다. 이 외에 신하가 황제에게 올리는 '奏抄'·'奏彈'·'露布'·'議'가 있으며, 하급 관사에서 상급 관사로 발출하는 '解'가 있다. ③동격의 관사 간에 발송하는 평행문서로 '關'·'刺'·'移'가 있다(『당육전』권1, 10~11쪽 및 『역주당육전』상, 138~139쪽; 『당육전』권9, 273~274쪽 및 『역주당육전』중, 21~24쪽). 『당육전』에 평행문서로 규정된 '刺'는 일본의 『영집해』(권32, 809쪽)에 인용된 당령에 의하면 "상서성 내의 모든 司가 都省에 올리는 문서이다."라고 되어 있다. '牒'은 관사 및 관인이 발송하는 상·하행 및 평행문서로 사용된 것이 확인된다(〈당개원공식령잔권(唐開元公式令殘卷)〉(P.2819), 『法國國家圖書館藏敦煌西域文獻』18册, 363쪽).

50) 이 조항의 疏에서 말한 통판은 4등관 중 通判官을 가리키며(명40.1 및 소), 대

거치는 경우는 1일의 처리기한을 주고, 4인 이상을 거치는 경우는
2일의 처리기한을 주며, 대사는 각각 1일의 처리기한을 더한다. 만
약 신속을 요하는 기밀은 이 예를 적용하지 않는다."고 하였다. 신
속을 요하는 기밀이란 군사 기밀이 긴급하여 문안의 크기에 의거
하여 정한 기한을 기다릴 수 없는 것을 말하며, (이 경우) 마쳐야
하는데 마치지 못했다면 역시 기한을 지체한 법에 준한다. 이 외
에는 모두 사안에 준한다. 기한을 지체한 자는 1일이면 태10에 처
하고, 3일마다 1등씩 더하며, 죄는 장80에 그친다.

제112조 직제 22. 제서를 받아 시행할 바를 위반한 죄(被制書施行有違)

[律文1] 諸被制書有所施行而違者, 徒二年.
[律文2] 失錯者, 杖一百. 失錯, 謂失其旨.
　[律文1의 疏] 議曰:「被制書」, 謂奉制. 有所施行而違者, 徒二年.
　[律文2의 疏] 若非故違而失錯旨意者, 杖一百.

[율문1] 무릇 제서를 받아 시행할 바가 있는데 위반한 자는 도2
년에 처한다.
[율문2] 과실로 어긋나게 한 때에는 장100에 처한다. 과실로 어긋

개 각 관사의 차관이 담당하였다. '檢'은 문서를 받아 개봉한 날짜를 기록하고
일의 지체·과실을 살피는 것으로 모든 관서의 錄事 등이 담당한다. '勾'는 문
서에 서명하고 일일이 확인하는 것으로 錄事參軍 등이 담당한다. 검·구관이
連坐되면 모두 최하등 종범의 죄를 받는다(명40.4 및 소).

나게 했다는 것은 그 뜻을 잃은 것을 말한다.

[율문1의 소] 의하여 말한다: "제서를 받다."는 것은 제를 받드는 것을 말한다. 시행할 바[51]가 있는데 어긴 자는 도2년에 처한다.

[율문2의 소] 만약 고의로 위반한 것은 아니고 과실로 (황제의) 뜻과 어긋나게 한 때에는 장100에 처한다.

[律文2의 問] 曰: 條云「被制書施行而違者徒二年」, 未知勅及奏抄得罪同否?

[律文2의 答] 曰: 上條「稽緩制書」, 注云: 「謄制,勅,符,移之類皆是.」 即明制,勅之義, 輕重不殊. 其奏抄御親畫「聞」, 制則承旨宣用, 御畫不輕承旨, 理與制書義同.

[율문2의 문] 묻습니다: (이) 조항에서 이르기를 "제서를 받아 시행할 바가 있는데 위반한 자는 도2년에 처한다."라고 했는데, 칙 및 주초(의 경우에)도 죄를 받는 것이 같습니까?

[율문2의 답] 답한다: 앞의 조항 "제서를 지체하였다.(직21)"는 (율문)의 주에 이르기를 "제·칙을 베낀 부·이 따위는 모두 그러하다."라고 했으니, 곧 제와 칙의 뜻은 경중이 다르지 않음이 분명하다. 단 수조는 황제가 진히 '문閒'이라고 서명하는 것이고 제란 황제의 뜻을 받들어 선포하여 시행하는 것으로, 황제가 서명하는 것이 황제의 뜻을 받는 것보다 가볍지 않으니 이치상 제서와 뜻이 같다.[52]

---

51) '施行'이란 중서성에서 覆奏했거나 담당 관사에 이미 들어간 것을 말한다. 또한 담당 관사를 거치지 않았다고 하더라도 制書 등이 소재지 관사로 가서 그곳의 관인이 접수한 것도 '시행'한 것의 범위 안에 포함된다(367, 사6.1b의 주).

52) '奏抄'는 신하가 황제에게 올리는 6가지 문서 형식 중 하나로 제사 및 국가의 재정지출, 6품 이하 관직의 수여, 유형 이상 죄의 판결, 제명·면관·관당해야 하는 데에 사용되었다. 주초는 문하성에서 심의·서명하여 복주하면 황제가 문안에 직접 "聞"이라고 서명하는데, 원본은 문하성에 두고 사본을 작성하여 상서성에 보내, 시행하게 했다(『당육전』권8, 241~242쪽 및 『역주당육전』중,

제113조 직제 23. 황제에게서 받은 명을 잊거나 착오한 죄(受制忘誤)

[律文1a] 諸受制忘誤及寫制書誤者, 事若未失, 笞五十;

[律文1b] 已失, 杖七十.

[律文2] 轉受者, 減一等.

[律文1a의 疏] 議曰: 謂承制之人, 忘誤其事及寫制書脫剩文字, 並文字錯失. 事若未失者, 謂未失制書之意, 合笞五十.

[律文1b의 疏] 「已失」, 謂已失事意而施行, 合杖七十.

[律文2의 疏] 「轉受者減一等」, 若宣制忘誤及寫制失錯, 轉受者雖自錯誤, 爲非親承制勑, 故減一等: 未失其事, 合笞四十; 事若已失, 合杖六十. 故云「轉受者減一等」.

[율문1a] 무릇 황제의 명을 받는데 잊거나 잘못 받거나 제서를 잘못 베낀 자는, 만약 일(의 뜻)을 잃지 않았다면 태50에 처하고,

[율문1b] 이미 잃었다면 장70에 처한다.

[율문2] 전해 받은 자는 1등을 감한다.

[율문1a의 소] 의하여 말한다: 황제의 명을 받는 사람이 그 말씀을 잊거나 착오하거나 제서를 베끼는데 문자를 빠뜨리거나 더한 것을 말하는데, 모두 문자를 틀리거나 놓친 것이다. 만약 말씀(의 뜻)을 잃지 않았다는 것은 제서의 뜻을 아직 잃지 않은 것을 말하며, 태50에 해당한다.

[율문1b의 소] "이미 잃었다."는 것은, 이미 말씀의 (본)뜻을 잃고 시

21~22쪽; 〈당개원공식령잔권(唐開元公式令殘卷)〉(P.2819), 『法國國家圖書館 藏敦煌西域文獻』18冊, 365쪽).

행한 것을 말하며, 장70에 해당한다.

[율문2의 소] "전해 받은 자는 1등을 감한다."는 것은, 만약 황제의 명을 선포하는데 잊거나 착오하거나 제(서)를 베끼는데 착오한 경우 전해 받은 자가 비록 스스로 착오했더라도 직접 제·칙을 받든 것이 아니기 때문에 1등을 감한다는 것이다. 그 일(의 뜻)을 아직 잃지 않았다면 태40에 해당하고, 만약 말씀(의 뜻)을 이미 잃었다면 장60에 해당한다. 그러므로 "전해 받은 자는 1등을 감한다."고 한 것이다.

당률소의 권 제10 직제율 모두 19조

역주 정재균

제114조 직제 24. 제서·관문서의 오류를 함부로 고친 죄(制書官文書誤輒改定)

[律文1] **諸制書有誤, 不卽奏聞輒改定者, 杖八十;**

[律文2] **官文書誤, 不請官司而改定者, 笞四十.**

[律文3] **知誤不奏請而行者, 亦如之.**

[律文4] **輒飾文者, 各加二等.**

[律文1의 疏] 議曰:「制書有誤」, 謂旨意參差或脫剩文字, 於理有失者, 皆合覆奏, 然後改正,施行. 不卽奏聞, 輒自改定者, 杖八十.

[律文2의 疏] 「官文書」, 謂常行文書, 有誤於事, 改動者皆須請當司長官, 然後改正. 若有不請自改定者, 笞四十.

[律文3의 疏] 知制書誤不奏, 知官文書誤不請, 依錯施行,「亦如之」: 制書誤, 得杖八十; 官文書誤, 得笞四十. 依公式令:「下制、勅宣行, 文字脫誤, 於事理無改動者, 勘檢本案, 分明可知, 卽改從正, 不須覆奏. 其官文書脫誤者, 諮長官改正.」

[律文4의 疏] 輒飾文字者,「各加二等」, 謂非動事, 修飾其文, 制書合杖一百, 官文書合杖六十. 若動事, 自從「詐增減」法.

[율문1] 무릇 제서에 오(류)가 있는데 즉시 아뢰지 않고 함부로 고친 자는 장80에 처하고,

[율문2] 관문서에 오(류)가 있는데 관사에 요청하지 않고 고친 자는 태40에 처한다.

[율문3] 오(류)를 알고도 (고칠 것을) 주청하지 않고 (시)행한 자도 역시 같다.

[율문4] 함부로 문(장)을 꾸민 자는 각각 2등을 더한다.

[율문1의 소] 의하여 말한다: "제서에 오(류)가 있다."는 것은 (황제의) 뜻이 어그러져 있거나 혹은 문자가 빠지거나 더해져 이치가 맞지 않는 것을 말하며, 모두 복주한 후에 고쳐 바로 잡아서 시행해야 한다. 즉시 아뢰지 않고 함부로 직접 고친 자는 장80에 처한다.

[율문2의 소] "관문서"라 함은 통상적으로 (시)행하는 문서를 말하며, 사안에 오(류)가 있어 (그로 인해 내용이) 바뀐 때에는 모두 반드시 해당 관사의 장관에게 청한 후에 고쳐 바로잡아야 한다. 만약 청하지 않고 스스로 고친 자는 태40에 처한다.

[율문3의 소] 제서에 오(류)가 있음을 알고도 상주하지 않거나 관문서에 오(류)가 있음을 알고도 청하지 않고 잘못된 채로 시행한 자는 "역시 같다."는 것은, 제서의 오(류)이면 장80을 받고, 관문서의 오(류)이면 태40을 받는다는 것이다. 공식령(습유602쪽)에 의거하면, "제·칙을 내려 선포·시행하는데, 탈자·오자가 있더라도 사안의 이치에 바뀜이 없을 경우 원본1)을 대조·검토하여 분명하게 알 수 있으면 곧 고쳐 바른 것에 따르며, 반드시 복주할 필요는 없다. 단 관문서에 탈자·오자가 있을 때는 장관에게 물어 바르게 고친다."

[율문4의 소] 함부로 문(장)을 꾸민 자는 "각각 2등을 더한다."는 것은, 일의 (내용을) 바꾸지 않고 그 문(장)을 꾸민 것을 말하는데, 제서는 장100에 해당하고, 관문서는 장60에 해당한다. 만약 일의

---

1) 制書의 작성 과정은 다음과 같다. 어전회의에서 발의된 안건에 대해 황제가 내린 최종결정에 따라 중서성에서 기초하고, 중서성은 황제의 재가를 거쳐 원안을 보관하며 사본을 만들어 문하성으로 이첩한다. 문하성은 황제의 재가를 받은 원안의 사본을 받아 심의하여 覆奏한다. 복주한 ②본안에 황제가 서명하면 이를 문하성에서 보관하고, 사본을 만들어 상서성으로 보내어 사안을 집행하게 한다(『당육전』권8, 242쪽 및 『역주당육전』중, 24쪽; 『영집해』권31, 773~782쪽). 관문서의 작성 과정의 경우도 발신 관부는 원본을 보관하고 사본을 만들어 수신 관부로 보내는데, 소에서 언급한 公式令에서 "本案"은 발신 관부에서 보관하는 원본을 가리킨다.

(내용을) 바꾸었다면 당연히 "거짓으로 증감한"(사6·8) 법에 따른다.

제115조 직제 25. 상서 및 주사에 휘를 범한 죄(上書奏事犯諱)

[律文1a] 諸上書若奏事誤犯宗廟諱者, 杖八十;

[律文1b] 口誤及餘文書誤犯者, 笞五十.

　[律文1a의 疏] 議曰: 上書若奏事皆須避宗廟諱, 有誤犯者杖八十.

　[律文1b의 疏] 若奏事口誤及餘文書誤犯者, 各笞五十.

[율문1a] 무릇 상서 또는 일을 아뢰는 문서에 착오로 종묘 (신주) 의 휘를 범한 자는 장80에 처하고,

[율문1b] 구두 및 다른 문서에 착오로 (종묘의 신주의 휘를) 범한 자는 태50에 처한다.

　[율문1a의 소] 의하여 말한다: 상서 또는 일을 아뢰는 문서2)에는 모두 종묘의 휘3)를 반드시 피해야 하며, 착오로 범한 것이 있을 때

---

2) 황제에게 아뢰는[上奏] 형식은 문서로 아뢰는 것[書奏]과 구두로 아뢰는 것[口奏] 두 형식이 있다. '上書'는 문서로 아뢰는 것[書奏]으로 특별히 황제에게 이르는 것이고, '奏事'는 문서를 작성하고 이에 의거해서 황제 앞에서 진언하는 것[口奏]이다(116, 직26.1a의 소; 『당회요』권25, 556~558쪽). 이에 따르면 '주사'는 황제에게 구두로 일을 아뢰나 반드시 문서에 의거해야 하는 점에서 '일을 아뢰는 문서'의 뜻이 된다. 이는 이 조항에서 구두로 아뢰면서 착오로 종묘 신주의 휘를 범한 때에는 태50에 처하여 주사, 곧 아뢰는 문서에 착오를 범한 때의 장80보다 가볍고, 또 아래 조항(116, 직26.1a)에서도 아뢰는 문서에 착오가 있으면 장60이나 구두로 아뢰면서 오·탈이 있으면 2등을 감하여 태40에 처하는 점에서 알 수 있다.

는 장80에 처한다.

[율문1b의 소] 만약 일을 아뢰는 것을 구두로 하면서 착오한 자 및 다른 문서에서 착오로 범한 자는 각각 태50에 처한다.

[律文2] **卽爲名字觸犯者, 徒三年.**

[律文3] **若嫌名及二名偏犯者, 不坐.** 嫌名, 謂若禹與雨, 丘與區. 二名, 謂言徵
不言在, 言在不言徵之類.

　[律文2의 疏] 議曰: 普天率土, 莫匪王臣. 制字立名輒犯宗廟諱者, 合徒三年.

　[律文3의 疏] 若嫌名者, 則禮云禹與雨, 謂聲嫌而字殊; 丘與區, 意嫌而理別.
「及二名偏犯者」, 謂複名而單犯並不坐, 謂孔子母名徵在, 孔子云「季孫之憂,
不在顓臾」, 卽不言徵; 又云「杞不足徵」, 卽不言在. 此色旣多, 故云「之類」.

[율문2] 곧 이름이나 자를 짓는데 (종묘의 휘를) 범한 자는 도3년
에 처한다.

[율문3] 만약 음이 비슷한 이름[嫌名] 및 두 글자의 이름에서 한 글
자를 범한 자는 처벌하지 않는다. 음이 비슷하여 혼동하기 쉬운 이
름이라 함은 우禹와 우雨, 구丘와 구區 같은 것을 말한다. 두 글자의 이
름이라 함은 징徵은 말하지만 재在는 말하지 않거나 재는 말하지만 징은
말하지 않는 것 따위를 말한다.

　[율문2의 소] 의하여 말한다: 넓고 넓은 하늘 아래 왕의 신하가 아
　닌 자가 없다(『시경』권13.1, 931쪽; 『좌전』권44, 1424쪽). 자를 짓고 이

---

3) "종묘 (신주)의 휘를 피한다."는 것은, 太廟에 奉祀된 先皇帝의 이름 글자를
피하여 사용하지 않는 것을 가리킨다. 황제에게 구두로 아뢰거나 문서를 올릴
때 혹은 공문서를 작성할 때 현 황제 및 역대 황제의 이름 글자를 피해야 하
는데, 이름 글자를 뜻이나 음이 같은 다른 글자로 대치하는 것 및 획의 일부
나 완전히 생략하는 것 등의 방식이 있다(『당육전』권4, 113쪽 및 『역주당육전』
상, 408쪽).

름을 정하는데 함부로 종묘의 휘를 범한 자는 도3년에 해당한다.

[율문3의 쇼] 만약 음이 비슷한 이름이라는 것에 대해 『예기』(권3, 100~101쪽)에서 우禹와 우雨라고 한 것은 음은 비슷하지만 글자는 다른 것이고, 구丘와 구區라고 한 것은 뜻은 의심스럽지만 이치가 구별되는 것을 말한다. "두 글자의 이름에서 한 글자를 범한 자"라 함은, 두 글자로 된 이름인데 한 글자가 (휘를) 범한 것을 말하며, 모두 처벌하지 않는다. 말하자면 공자의 어머니 이름은 징재徵在인데, 공자는 "계손씨의 근심은 전유에 있지[在] 않다."(『논어』권16, 36쪽)라고 하여 곧 (재在는 말하였지만) 징徵을 말하지 않았고, 또 "기는 충분히 증험할[徵] 수 없다."(『논어』권3, 251쪽)라고 하여 (징은 말하였지만) 재는 말하지 않았던 것이다. 이러한 종류는 원래 많기 때문에 "따위"라고 한 것이다.

제116조 직제 26. 상서 및 주사에 착오를 범한 죄(上書奏事誤)

[律文1a] 諸上書若奏事而誤, 杖六十; 口誤, 減二等.

[律文1a의 注] 口誤不失事者, 勿論.

　[律文1a의 疏] 議曰:「上書」, 謂書奏特達.「奏事」, 謂面陳. 有誤者, 杖六十. 若口誤, 減二等, 合笞四十.

　[律文1a의 注의 疏] 若口奏雖誤, 事意無失者, 不坐.

[율문1a] 무릇 상서 또는 주사에 오류가 있으면 장60에 처하고, 구두로 (아룀에) 오류가 있으면 2등을 감한다.

[율문1a의 주] 구두로 (아룀에) 오류가 있으나 일의 (뜻을) 잃지 않은 때에는 논하지 않는다.

  [율문1a의 소] 의하여 말한다: "상서"라 함은 문서로 아뢰는 것이 특별히 (황제에게) 이르는 것을 말하고, "주사"라 함은 (황제) 앞에서 (문서를 가지고) 진언하는 것을 말한다. 오류가 있을 때는 장60에 처한다. 만약 구두로 (아뢰면서) 착오했으면 2등을 감하여 태40에 해당한다.

  [율문1a의 주의 소] 만약 구두로 아뢸 때는 비록 오류가 있더라도 일의 뜻을 잃지 않은 때에는 처벌하지 않는다.

[律文1b] 上尙書省而誤, 笞四十.

[律文1c] 餘文書誤, 笞三十. 誤, 謂脫剩文字及錯失者.

  [律文1b의 疏] 議曰: 上尙書省而誤者, 謂內外百司應申尙書省而有文字脫剩及錯失者, 合笞四十.

  [律文1c의 疏] 餘文書誤者, 謂非上尙書省, 凡是官文書誤者, 合笞三十.

[율문1b] 상서성에 올리는 (문서에) 오류가 있으면 태40에 처하고,

[율문1c] 다른 문서에 오류가 있으면 태30에 처한다. 오류란 문자를 빠트리거나 더한 것 및 (글자나 내용이) 틀린 것을 말한다.

  [율문1b의 소] 의하여 말한다: 상서성에 올리는 (문서에) 착오가 있다는 것은, 내외의 모든 관사가 상서성에 보고하는 (문서에) 문자가 빠지거나 더한 것 및 틀린 것이 있음을 말하며, 태40에 해당한다.

  [율문1c의 소] 다른 문서에 오류가 있다는 것은, 상서성에 올리는 것이 아닌 일반적인 관문서에 오류가 있다는 것을 말하며, 태30에 해당한다.

[律文2] **卽誤有害者, 各加三等.**

[律文2의 注] 有害, 謂當言勿原而言原之, 當言千疋而言十疋之類.

[律文2의 疏] 議曰: 上書、奏事誤有害者, 合杖九十. 上尙書省誤有害者, 合杖七十. 餘文書誤有害者, 合杖六十. 是名「各加三等」.

[律文2의 注의 疏] 注云「有害, 謂當言勿原而言原之, 當言千疋而言十疋之類」, 稱「之類」者, 自須以類求之, 類例旣多, 事非一端. 假有犯罪, 當言原之而言勿原, 當言勿原而言原之, 承誤已行決及原放訖者, 此卽「當條雖有罪名所爲重者」, 自從「失出入」論, 不可直從「有害」加三等.

[율문2] **만약 오류로 (내용이) 손상된 때에는 각각 3등을 더한다.**

[율문2의 주] (내용이) 손상되었다는 것은, 마땅히 용서하지 말라고 해야 하는데 용서하라고 했거나, 마땅히 '천千'필이라고 해야 하는데 '십十'필이라고 한 것 따위를 말한다.

[율문2의 소] 의하여 말한다: 상서·주사가 오류로 (내용이) 손상된 때에는 장90에 해당한다. 상서성에 올리는 (문서가) 오류로 (내용이) 손상된 때에는 장70에 해당한다. 다른 문서가 오류로 (내용이) 손상된 때에는 장60에 해당한다. 이것이 (정)명하여 "각각 3등을 더한다."는 것이다.

[율문2의 주의 소] 주에 이르기를 "(내용이) 손상되었다는 것은 마땅히 용서하지 말라고 해야 하는데 용서하라고 했거나 마땅히 '천'필이라고 해야 하는데 '십'필이라고 한 것 따위를 말한다."고 하여 "따위"라 칭한 것은, 유사한 것을 찾아보면 유례가 원래 많아 사안이 한 가지가 아니기 때문이다. 가령 어떤 범죄에 대해 마땅히 용서하라고 해야 하는데 용서하지 말라고 하거나 마땅히 용서하지 말라고 해야 하는데 용서하라고 하고, 오류가 있는 것을 승인해서 이미 (형을) 집행했거나 용서하여 방면했다면, 이것은 곧 "해당 조항에 비록 죄명이 있더라도 행위가 무거운 때에는 (무거운 것을

따른다.)"(명49)는 것에 해당하니, 당연히 "과실로 (사람의 죄를) 덜 거나 더한"(단19) 것으로 논하고, 곧바로 "(오류로 내용이) 손상된 때에는 3등을 더한다."는 (규정에) 따라서는 안 된다.

[律文3] 若誤可行, 非上書·奏事者, 勿論.

[律文3의 注] 可行, 謂案省可知, 不容有異議, 當言甲申而言甲由之類.

[律文3의 疏] 議曰:「上尙書省」以下雖誤, 案驗可行者皆不坐.

[律文3의 注의 疏] 可行者, 謂案驗其狀, 省察是非, 不容更有別議. 當言甲申之日, 而言甲由之日, 如此之類, 是案省可知, 雖誤皆不合罪.

[율문3] 만약 오류가 있더라도 시행할 수 있으면, 상서·주사가 아닌 경우에는 논하지 않는다.

[율문3의 주] 시행할 수 있다는 것은 자세히 살펴보면 알 수 있어 이의의 여지가 없는 것으로, 마땅히 갑신이라고 해야 하는데 갑유라고 한 것 따위를 말한다.

[율문3의 소] 의하여 말한다: "상서성에 올리는 (문서)" 이하는, 비록 오류가 있더라도 조사·확인하여 시행할 수 있는 때에는 모두 처벌하지 않는다.

[율문3의 주의 소] 시행할 수 있다는 것은 그 (정)상을 조사·확인하여 옳고 그름을 자세히 살펴보면 이의의 여지가 없는 것을 말한다. (예컨대) 마땅히 갑신일이라 해야 하는데 갑유일이라 한 것, 이 같은 따위는 자세히 살펴보면 알 수 있는 것이니, 비록 오류가 있더라도 모두 죄에 해당하지 않는다.

제117조 직제 27. 상주·보고해야 할 것을
하지 않은 죄(事應奏不奏)

[律文1] 諸事應奏而不奏, 不應奏而奏者, 杖八十.

[律文2] 應言上而不言上, 雖奏上, 不待報而行, 亦同. 不應言上而言上及不由所管而越言上, 應行下而不行下及不應行下而行下者, 各杖六十.

[律文1의 疏] 議曰: 應奏而不奏者, 謂依律、令及式, 事應合奏而不奏; 或格、令、式無合奏之文及事理不須聞奏者, 是「不應奏而奏」: 並合杖八十.

[律文2의 疏] 應言上者, 謂合申上而不言上. 注云「雖奏上, 不待報而行, 亦同」, 謂事合奏及已申上, 應合待報者皆須待報而行, 若不待報而輒行者, 亦同不奏、不申之罪. 若據文且奏且行, 或申奏知不須待報者, 不當此坐. 不應言上者, 依律、令及格、式, 不遣言上而輒言上; 及不由所管而越言上者, 假謂州管縣, 都督管州, 州、縣事須上省皆須先申所管州、府, 不申而越言上者; 並「事應行下而不行下, 不應行下而行下者」, 謂應出符、移、關、牒、剌而不出行下, 不應出符、移、關、牒、剌而出行下者: 各杖六十.

[율문1] 무릇 일이 상주해야 하는 것인데 상주하지 않거나 상주하지 않아야 하는 것인데 상주한 자는 장80에 처한다.

[율문2] 상부에 보고해야 하는 것인데 보고하지 않거나, 비록 상주하거나 상부에 (보고했더라도) 회답을 기다리지 않고 시행하였다면 역시 같다. 상부에 보고해서는 안 되는 것인데 보고하거나 관할하는 바를 거치지 않고 뛰어넘어 보고하거나, 하부로 보내야 하는 것인데 보내지 않거나 하부로 보내지 않아야 하는데 보낸 자는 각각 장60에 처한다.

[율문1의 소] 의하여 말한다: 상주해야 하는 것인데 상주하지 않았

다는 것은, 율·영 및 식에 의거하여 일이 당연히 상주해야 하는 것인데도 하지 않은 것을 말한다. 혹은 격·영·식에 상주해야 한다는 율문이 없거나 일이 이치상 황제에게 아뢰어서는 안 되는 것인 경우에 상주해서는 안 되는데 상주한 (죄가 성립한다). 모두 장80에 해당한다.

[율문2의 소] 상부에 보고해야 한다는 것은, 상부에 보고해야 하는데 보고하지 않은 것을 말한다. 주에 이르기를 "비록 상주하거나 상부에 (보고했더라도) 회답을 기다리지 않고 시행하였다면 역시 같다."는 것은, 일이 상주해야 하는 것 및 상부에 보고하고 반드시 회답을 기다려야 하는 것은 모두 반드시 회답을 기다려 행해야 하는데, 만약 회답을 기다리지 않고 함부로 행했다면 역시 상주하지 않거나 보고하지 않은 죄와 같음을 말한다. 만약 (율)문에 의거하여 상주하고 곧바로 시행하거나 혹은 보고·상주하여 알리고 회답을 기다릴 필요가 없는 것은 이 처벌에 해당하지 않는다. 상부에 보고해서는 안 된다는 것은, 율·영 및 격·식에 의거하여 상부에 보고하지 않아야 하는데 함부로 보고한 것이다. 관할하는 바를 거치지 않고 뛰어넘어 보고했다는 것은, 가령 주는 현을 관할하고 도독4)은 주를 관할하므로, 주·현의 일이 반드시 상서성에 올려야 하는 것이면 모두 반드시 먼저 관할하는 바의 주·부에 보고해야 하는데 보고하지 않고 뛰어넘어 상부에 보고한 것을 말한다. 아울러 "일이 내려보내야 하는 것인데 내려보내지 않거나 내려보내서는 안 되는 것인데 내려보낸 자"라 함은, 부·이·관·첩·자를 내려보내

---

4) 都督은 都督府의 장관이다. 도독부는 여러 주의 軍政을 지휘·관할하며, 州 및 戶의 수에 따라 大·中·下로 구분하였다. 내지의 경우 일반적으로 2만 호 이상은 중도독부, 그 이하는 하도독부라 하였다. 변경지방의 경우는 주 및 호의 수에 따르지 않고 군사적 필요에 따라 등급을 정하였다. 현종 때 부병제가 붕괴함과 동시에 도독부도 점차 폐지되고, 節度使가 이를 대신하였다.

야 하는데 내려보내지 않거나 부·이·관·첩·자를 내려보내서는 안
되는데 내려보낸 것을 말하며, 각각 장60에 처한다.

제118조 직제 28. 관사를 대신하여 판·서명한 죄(事直代判署)

[律文1a] 諸公文有本案, 事直而代官司署者, 杖八十;

[律文1b] 代判者, 徒一年.

[律文2] 亡失案而代者, 各加一等.

[律文1a의 疏] 議曰:「公文」, 謂在官文書. 有本案, 事直, 唯須依行. 或奏、狀及符、移、關、解、刺、牒等, 其有非應判、署之人, 代官司署案及署應行文書者, 杖八十.

[律文1b의 疏] 若代判者, 徒一年.

[律文2의 疏] 其「亡失案而代者, 各加一等」: 代署者杖九十, 代判者徒一年半. 此皆謂事直而代者. 若有增減、出入罪重者, 卽從重科. 依令, 授五品以上畫「可」, 六品以下畫「聞」. 代畫者, 卽同增減制書. 其有「制可」字, 侍中所注, 止當代判之罪.

[율문1a] 무릇 공문에 본안이 있고 사안이 바른데, 관사를 대신하여 서명한 자는 장80에 처하고,

[율문1b] 대신하여 판한 자는 도1년에 처한다.

[율문2] (문안을) 망실하여 (다시 만든 문서에) 대신 (서명·판한) 자는 각각 1등을 더한다.

[율문1a의 소] 의하여 말한다: "공문"은 관에 있는 문서를 말한다. 원본이 있고 사안이 바르면 오로지 (그것에) 의거하여 시행해야

한다. 혹 주·장 및 부·이·관·해·자·첩 등에 판하거나 서명해서는 안 되는 사람이 관사를 대신하여 문안에 서명하거나 시행할 문서에 서명한 때에는 장80에 처한다.

[율문1b의 소] 만약 대신하여 판한 자는 도1년에 처한다.

[율문2의 소] 단 "문안을 망실하여 대신 (판하거나 서명한) 자는 각각 1등을 더한다."고 했으므로, 대신 서명한 자는 장90에 처하고, 대신 판한 자는 도1년반에 처한다. 이것들은 모두 사안이 바르지만 (판이나 서명을) 대신한 것을 말한다. 만약 (문안의 내용을) 더하거나 감한 것 및 죄를 더하거나 감한 것이 무거운 때에는 곧 무거운 것에 따라 죄를 준다.5) 영(공식령, 습유559~568쪽)에 의거하면, 5품 이상 (관)을 수여할 때에는 "가可"라고 서명하고, 6품 이하는 "문聞"이라고 서명한다. 대신하여 서명한 것은 곧 제서를 더하거나 감한 것(사6.1)과 같다. 단 "제가制可"라는 글자가 있는 것은 시중이 주기한 것이므로, (대신 제가라고 서명했더라도) 단지 대신하여 판한 죄에 해당한다.6)

---

5) 문서의 내용이 바르다는 것을 전제로 할 때, 만약 문서의 내용에 증감·출입이 있는 경우 본 조항과 "거짓 관문서를 만든 죄"(369, 사8.1a)를 비교하여 무거운 쪽에 따라 죄를 부과한다.

6) 5품 이상 혹은 6품 이하 官爵의 除授는 奏聞한 것을 황제가 재가하여 서명함으로써 이루어진다. 그런데 制書의 경우 황제가 '可'라고 서명한 本案은 原本으로 삼아 문하성에 보관하고, 사본 한 통을 베껴 문하성의 장관인 侍中이 '制可'라고 주기한 뒤 봉인을 찍고 서명하여 상서성에 보내 시행하도록 한다(『당육전』권8, 242쪽 및 『역주당육전』중, 24쪽). 그러므로 시중이 '制可'를 주기하는 것은 황제가 '可'라고 서명한 원본이 아닌 상서성에 보낼 사본에 행하는 것이기 때문에, 시중을 대신하여 서명하는 것은 다른 사람이 대신하여 判한 죄를 받는 것이지 "거짓 제서를 만든 죄"(367, 사6.1a)를 받게 되는 것이 아니다.

제119조 직제 29. 제사가 돌아와 함부로 다른 일에 관여한 죄(受制出使輒干他事)

[律文1a] 諸受制出使, 不返制命, 輒干他事者, 徒一年半;

[律文1b] 以故有所廢闕者, 徒三年.

[律文2a] 餘使妄干他事者, 杖九十;

[律文2b] 以故有所廢闕者, 徒一年.

[律文3] 越司侵職者, 杖七十.

[律文1a의 疏] 議曰: 受制·勑出使, 事訖皆須返命奏聞. 若不返命, 更干預他事者, 徒一年半;

[律文1b의 疏] 以故有所廢闕者, 徒三年.

[律文2a의 疏] 「餘使」謂非制使. 妄干他事者杖九十,

[律文2b의 疏] 以故有所廢闕者徒一年.

[律文3의 疏] 「越司侵職者」, 謂設官分職, 各有司存, 越其本局, 侵人職掌, 杖七十. 其受三后及皇太子令, 出使不返命, 得罪依減制·勑一等.

[율문1a] 무릇 황제의 명을 받고 나간 사인이 돌아와 황제의 명(에 대한 결과)를 보고하지 않고 함부로 (머물며) 다른 일에 간여한 때에는 도1년반에 처하고,

[율문1b] 그 때문에 폐하거나 그르친 바가 있을 때는 도3년에 처한다.

[율문2a] 다른 사인이 망령되이 다른 일에 간여한 때에는 장90에 처하고,

[율문2b] 이 때문에 폐하거나 그르친 바가 있을 때는 도1년에 처한다.

[율문3] **맡은 직책을 넘어 (타인의) 직무를 침범한 자는 장70에 처한다.**

[율문1a의 소] 의하여 말한다: 황제의 명을 받고 사인으로 나갔다가 일을 마치면 모두 반드시 돌아와서 황제의 명에 대해 아뢰어야 한다. 만약 돌아와서 황제의 명에 대해 아뢰지 않고 (머물며) 다시 다른 일에 간여한 자는 도1년반에 처하고,

[율문1b의 소] 이 때문에 폐하거나 그르친 바가 있으면 도3년에 처한다.

[율문2a의 소] "다른 사인"이라 함은, 황제의 명을 받든 사인이 아님을 말하며,7) 망령되이 다른 일에 간여한 때에는 장90에 처하고,

[율문2b의 소] 이 때문에 폐하거나 그르친 바가 있을 때에는 도1년에 처한다.

[율문3의 소] "맡은 직책을 넘어 (타인의) 직무를 침범한 때"라 함은, 관서를 설치하고 직책을 나눔에는 각각 맡은 직책이 있는 것인데, 자기의 해당 부서를 넘어 다른 사람의 직장을 침범한 것을 말하며, 장70에 처한다. 단 삼후 및 황태자의 영을 받아 사인으로 나갔다가 보고하지 않은 때에는, 황제의 명의 경우에서 1등을 감한다(명 51.2)는 (규정에) 의거하여 죄를 받는다.

---

7) 황제의 명령은 制와 勅으로 使人에게 발출되는데, 制使란 이러한 황제의 명령을 받든 특정 명칭의 사인 및 담당 관사에서 선발되어 사인으로 파견한 자를 말한다(명6.6의 주⑦의 소). 제사에는 巡察使·按察使·廉察使·採訪使(『당육전』 권6, 192쪽 및 『역주당육전』상, 615쪽) 및 校考使·監考使·知考使·判考使(『신당서』권46, 1192쪽) 등이 있다.

제120조 직제 30. 부모 및 남편의 상을 숨기고 거애하지 않은 죄(匿父母夫喪)

[律文1a] 諸聞父母若夫之喪匿不擧哀者, 流二千里;

[律文1b] 喪制未終釋服從吉, 若忘哀作樂, 自作·遣人等. 徒三年,

[律文1c] 雜戲, 徒一年;

[律文1d] 卽遇樂而聽及參預吉席者, 各杖一百.

　[律文1a의 疏] 議曰: 父母之恩, 昊天莫報, 荼毒之極, 豈若聞喪. 婦人以夫爲天, 哀類父母. 聞喪卽須哭泣, 豈得擇日待時. 若匿而不卽擧哀者, 流二千里. 其嫡孫承祖者, 與父母同.

　[律文1b의 疏] 「喪制未終」, 謂父母及夫喪二十七月內, 釋服從吉, 若忘哀作樂, 注云「自作·遣人等」, 徒三年. 其父卒母嫁, 及爲祖後者祖在爲祖母, 若出妻之子, 並居心喪之內, 未合從吉, 若忘哀作樂, 自作·遣人等, 亦徒三年.

　[律文1c의 疏] 雜戲, 徒一年. 樂, 謂金石·絲竹·笙歌·鼓舞之類. 雜戲, 謂樗蒲·雙陸·彈碁·象博之屬.

　[律文1d의 疏] 「卽遇樂而聽」, 謂因逢奏樂而遂聽者; 「參預吉席」, 謂遇逢禮宴之席參預其中者: 各杖一百.

[율문1a] 무릇 부모 또는 남편의 상을 듣고도 숨기고 거애하지 않은 자는 유2000리에 처하고,

[율문1b] 상제가 아직 끝나지 않았는데 상복을 벗고 평복으로 갈아입거나 또는 애통함을 잊고 악을 감상했다면 스스로 연주하든 다른 사람을 시키든 같다. 도3년에 처하며,

[율문1c] 잡희(를 감상한 때에)는 도1년에 처한다.

[율문1d] 만약 우연히 악을 듣고 귀를 기울이거나 경사스러운 자

리에 참석한 자는 각각 장100에 처한다.

[율문1a의 소] 의하여 말한다: 부모의 은혜는 넓은 하늘 같아서 다 보답할 수 없으니(『예기』권13, 909~910쪽), 아무리 심한 고통8)이라도 어찌 (부모의) 상을 듣는 것과 같겠는가. 부인은 남편을 하늘로 삼으니 (남편의 상을 들은) 애통함은 부모(의 경우)와 같다. 상을 들으면 곧 곡하고 읍해야 하는데, 어찌 날짜를 가리고 때를 기다릴 수 있겠는가. 만약 (상을 듣고도) 숨기고 곧바로 거애9)하지 않은 자는 유2000리에 처한다. 단 적손으로 조부를 계승한 때에도 부모(의 경우)와 같다(명52.3).

[율문1b의 소] "상제가 아직 끝나지 않았다."는 것은, 부모 및 남편의 복상기간인 27개월 이내를 말하며, 상복을 벗고 평복으로 갈아입거나 또는 애통함을 잊고 악을 연주했다면, -주에 이르기를 "스스로 행하든 다른 사람을 시키든 같다."고 하였다.- 도3년에 처한다. 단 부가 사망하고 개가한 모가 (사망한) 경우 및 승계한 조부가 생존해 있는데 (사망한) 조모를 위한 경우 또는 내쫓긴 아내의 아들이 (사망한 모를 위한) 경우는 모두 심상10) 기간 내에 평복으

---

8) '茶'는 맛이 쓴 채소로 씀바귀이다(『이아주소』권8, 260쪽; 『모시정의』권2지2, 173). 茶毒은 심한 해독 혹은 고통을 비유하며, 여기에서는 부모 喪을 당한 비통함을 가리킨다(『상서정의』권8, 238쪽).

9) '擧哀'란 부모의 喪을 들으면 그 자리에서 곡함으로 애통함을 표하고 또 소식을 전한 자에게 그 연유를 묻고 곡하여 애통함을 표하는 것으로(『예기정의』권56, 1775쪽), 곧 喪禮의 시작이다.

10) '心喪'은 經書에 의하면 원래 사망한 스승에 대한 복상제도가 없기 때문에 마음속으로 服喪하며 애도를 표시하는 禮에서 유래하였다. 당의 제도에는 아버지가 사망한 후 개가하거나 쫓겨난 어머니 및 할아버지가 살아계실 때 할머니가 사망한 경우는 齊衰杖周[期]에 해당하지만, 모두 服을 입지 않고 심상을 하도록 규정하고 있다(『대당개원례(大唐開元禮)』권132, 622쪽). 또 당률에는 "첩의 아들 및 내쫓긴 아내의 아들의 경우 그 喪服의 등급을 내려서 모두 25개월 동안 심상한다."(121, 직31.1의 소)고 하였다. 이 조항에서 언급한 심상 기간

로 갈아입어서는 안 되며, 또는 애통함을 잊고 악을 연주했다면, 스스로 연주했든 다른 사람에게 시켰든 다 같이 역시 도3년에 처한다.

[율문1c의 소] 잡희(를 즐긴 때에)는 도1년에 처한다. 악이란 금석·사죽11)·생가·고무 따위를 말한다. 잡희는 저포·쌍육·탄기·상박 따위를 말한다.

[율문1d의 소] "만약 악을 우연히 듣고 귀를 기울였다."는 것은, 우연히 악을 연주하는 것을 마주쳤는데 마침내 귀를 기울이게 된 것을 말하고, "경사스러운 자리에 참석하였다."는 것은, 우연히 연회[禮宴]의 자리를 만나 그 속에 참여한 것을 말하며, 각각 장100에 처한다.

[律文2a] 聞期親尊長喪匿不擧哀者, 徒一年;

[律文2b] 喪制未終釋服從吉, 杖一百.

[律文3] 大功以下尊長, 各遞減二等.

[律文4] 卑幼, 各減一等.

[律文2a의 疏] 議曰:「期親尊長」, 謂祖父母, 曾·高父母亦同, 伯叔父母, 姑, 兄姉, 夫之父母, 妾爲女君. 此等聞喪卽須擧發, 若匿不擧哀者徒一年.

[律文2b의 疏] 「喪制未終」, 謂未踰期月, 釋服從吉者杖一百.

[律文3의 疏] 大功尊長: 匿不擧哀杖九十; 未踰九月釋服從吉杖八十. 小功尊長: 匿不擧哀杖七十; 未踰五月釋服從吉杖六十. 緦麻尊長: 匿不擧哀笞五十;

동안의 금기는 五服 내의 심상 대상에 한정된 것이다. 단『개원례』에는 개가한 어머니의 경우 사망한 아버지의 후사를 이은 아들의 경우 상복을 입지 않는 것만 말하고 있을 뿐이고(『대당개원례』권132, 622쪽), 율과 달리 심상 여부에 대해서는 언급이 없다.

11) "金石"은 종·경쇠와 같은 타악기를, "絲"는 거문고·비파와 같은 현악기를, "竹"은 피리와 통소와 같은 관악기를 의미한다(『주례주소』권23, 715쪽, 정현의 주).

未踰三月釋服從吉笞四十.

[律文4의 疏] 其於卑幼, 匿不擧哀及釋服從吉, 各減當色尊長一等. 「出降」者, 謂姑‧姊妹本服期, 出嫁九月. 若於九月內釋服從吉者, 罪同期親尊長科之, 其服數止準大功之月. 餘親出降, 準此. 若有殤降爲七月之類, 亦準所降之月爲服數之限, 罪依本服科之. 其妻旣非尊長, 又殊卑幼, 在禮及詩比爲兄弟, 卽是妻同於幼.

[율문2a] 기친존장의 상을 듣고도 숨기고 거애하지 않은 자는 도1년에 처하고,

[율문2b] 상제가 아직 끝나지 않았는데도 상복을 벗고 평복으로 갈아입은 자는 장100에 처한다.

[율문3] 대공친 이하 존장의 (상이면) 각각 등급에 따라 2등씩 감하고,

[율문4] 비유의 (상이면) 각각 (또) 1등씩 감한다.

[율문2a의 소] 의하여 말한다: "기친존장"이란 조부모, -증‧고조부모도 역시 같다(명52.1).- 백숙부모, 고모, 형과 누나, 남편의 부모를 말하며, 첩에게는 정처가 (기친존장이) 된다. 이들의 상을 들으면 곧 거애하며 (애통함을) 드러내야 하는데, 만약 숨기고 거애하지 않은 자는 도1년에 처한다.

[율문2b의 소] "상제가 아직 끝나지 않았다."는 것은, 아직 1주년이 차지 않았는데 상복을 벗고 평복으로 갈아입은 것을 말하며, 장100에 처한다.

[율문3의 소] 대공친존장(의 상)이면 숨기고 거애하지 않은 자는 장90에 처하고, 아직 9개월의 (복상기간이) 지나지 않았는데 상복을 벗고 평복으로 갈아입은 자는 장80에 처한다. 소공친존장(의 상)이면 거애하지 않은 자는 장70에 처하고, 아직 5개월이 지나지 않

았는데 상복을 벗고 평복으로 갈아입은 자는 장60에 처한다. 시마친존장(의 상)이면 숨기고 거애하지 않은 자는 태50에 처하고, 아직 3개월이 지나지 않았는데 상복을 벗고 평복으로 갈아입은 자는 태40에 처한다.

[율문4의 소] 단 비유(의 상)에 대해서 숨기고 거애하지 않은 자 및 상복을 벗고 평복을 갈아입은 자는 같은 친등 존장(의 경우)에서 각각 1등을 감한다. "출강"이란 고모·자매의 본복은 기년이지만 출가한 때에는 9개월인 것을 말한다. 만약 9개월 안에 상복을 벗고 평복으로 갈아입은 경우 죄는 기친존장과 같이 주되 단 복상하는 기간은 대공친의 (복상) 월수에 준한다. 다른 친속이 출강한 경우(의 상)이면 이에 준한다. 만약 상강12)으로 (복상 기간이) 7개월이 되는 것 따위는 역시 내린 월수에 준하여 복상 기한으로 삼지만, 죄는 본복에 따라서 준다. 단 처는 원래 존장이 아니지만 비유와도 다른데, 『예기』 및 『시경』에서 형제에 견주고 있으므로, 곧 처는 유와 같다.13)

---

12) '殤'은 성년이 되기 전에 사망한 것을 말한다. 16세에서 19세 사이에 사망한 것을 長殤, 12세에서 15세까지를 中殤, 8세에서 11세까지를 下殤이라고 하며, 8세 미만은 無服의 殤이라고 한다(『의례주소』권31, 692쪽). 성년이 되기 전에 사망한 경우는 本服에서 降服하는데, 곧 적자 이외의 자식에 대해서는 본복은 期(1년)이나 차례로 내려서 장상은 9개월, 중상은 7개월, 하상은 5개월이 된다.

13) 율에서 夫에 대한 妻의 지위는 세 가지로 구분된다. 첫째 夫를 妻의 '天'으로 간주한 경우가 있는데(명6, 不睦의 소; 명6, 不義의 소; 120, 직30.1의 소; 179, 호30.1·2의 소), 이는 妻에 대해 夫를 존장과 같이 두고자 함이다. 둘째 夫와 婦를 대등한 관계로 간주하는 경우가 있다(명6, 不睦의 소; 178, 호29의 소; 325, 투24의 소). 이는 부부의 正道를 유지하기 위함과 家事를 전하고 祭祀를 잇는 妻의 역할을 중시한 것이다. 셋째 妻는 夫에 대해 본래 비유가 아니나 부부를 형제에 견주어 幼와 같다고 해석한 경우가 있다(120, 직30.2의 소; 325, 투24.1의 소; 347, 투46.1의 문답). 부부를 형제에 견준 것을 형제의 義와 道가 있기 때문이라고 한 孔穎達의 해석(『예기정의』권18, 679쪽; 『모시정의』권2지2, 173쪽)을 고려해 보면, 이 경우 妻를 夫에 대해 의리상 기친비유와 같이 간

[律文4의 問1] 曰: 聞喪不卽擧哀, 於後擇日擧訖, 事發合得何罪?

[律文4의 答1] 曰: 依禮: 「斬衰之哭, 往而不返. 齊衰之哭, 若往而返. 大功之哭, 三曲而偯. 小功·緦麻, 哀容可也.」 準斯禮制, 輕重有殊, 聞喪雖同, 情有降殺. 期親以上, 不卽擧哀, 後雖擧訖, 不可無罪, 期以上從「不應得爲重」, 大功從「不應得爲輕」. 小功以下, 哀容可也, 不合科罪. 若未擧事發者, 各從「不擧」之坐.

[율문4의 문1] 묻습니다: 상을 듣고 곧 거애하지 않고 후에 날짜를 가려 거애를 마쳤는데, 일이 발각되었다면 어떤 죄를 받습니까?

[율문4의 답1] 답한다: 『예기』(권57, 1807쪽)에 의거하면, "참최의 곡은 갔다가 돌아오지 못하는 듯하며, 자최의 곡은 갔다가 돌아오는 듯하고, 대공복의 곡은 세 번 꺾이며 흐느끼듯이 한다. 소공복·시마복(의 곡)은 슬픈 모습만이어도 된다." 이 예제에 준하면 가벼움과 무거움이 같지 않으므로 상을 듣는 것은 비록 같아도 정은 (등급에 따라) 줄어든다. 기친 이상은 곧 거애하지 않았다면 뒤에 비록 거애했더라도 무죄일 수 없으며, 기복 이상인 경우는 "해서는 안 되는데 행한 (죄)의 무거운 것"에 따르고, 대공복인 경우는 "해서는 안 되는데 행한 (죄)의 가벼운 것"(집62)에 따른다. 소공복 이하는 (단지) 슬픈 모습만이어도 되므로 죄를 주어서는 안 된다. 만약 아직 거애하지 않았는데 일이 발각된 때에는 각각 "거애하지 않은 것"에 따라 처벌한다.

[律文4의 問2] 曰: 居期喪作樂及遣人作, 律條無文, 合得何罪?

[律文4의 答2] 曰: 禮云: 「大功將至, 辟琴瑟.」 鄭注云: 「亦所以助哀.」 又云: 「小功至, 不絕樂.」 喪服云, 古者有死於宮中者, 卽三月爲之不擧樂. 況

주한 것으로 이해된다.

乎身服期功, 心忘寧戚, 或遣人作樂, 或自奏管絃, 旣玷大猷, 須加懲誡, 律雖無文, 不合無罪, 從「不應爲」之坐: 期喪從重杖八十, 大功以下從輕笞四十. 緦麻卑幼, 不可重於「釋服」之罪.

[율문4의 문2] 묻습니다: 기친의 상중에 악을 연주하거나 다른 사람에게 연주시킨 것은 율의 조항에 규정이 없는데 어떤 죄를 받습니까?
[율문4의 답2] 답한다: 『예기』(권43, 1415쪽)에 "대공(복을 입은 사람)이 이르면 거문고와 비파를 물리친다."고 하였는데, 정현의 주에 "역시 슬픔을 돕는 까닭이다."라고 하였고, 또 "소공(복을 입은 사람)이 이르면 악을 멈추지 않는다."고 하였다. 상복편(『의례』권33, 725쪽)에 이르기를, 옛날에는 궁중에 죽음이 있을 경우 곧 3개월 동안 악을 연주하지 않았다고 하였다. 하물며 자신이 기복과 (대·소)공복을 입고 있는데, 마음에 슬픔을 잊고 혹 다른 사람에게 악을 연주하게 하거나 스스로 관현악기를 연주하였다면 이미 대도를 더럽힌 것으로 반드시 징계해야 하며, 율에 비록 규정이 없더라도 무죄에 해당하지 않으므로 "해서는 안 되는데 행한 죄"(잡62)의 처벌에 따라야 하는데, 기복의 상은 무거운 것에 따라 장80에 처하고, 대공복 이하의 상은 가벼운 것에 따라 태40에 처한다. 시마친비유(의 상)이면 "상복을 벗은" 죄보다 무겁게 할 수 없다.[14]

---

14) 기친존장의 상중에 상복을 벗고 평복으로 갈아입은 경우 장100에 처하고, 대공친 이하의 존장의 상중이라면 차례로 2등씩 감하여 시마친존장이라면 태40에 처한다. 또 비유의 경우는 존장에서 1등씩 감하여 시마친비유는 태30에 처한다(120. 직30.2·3). 또 상중에 악을 연주하였다면 대공복 이하는 "不應得爲"(450. 잡62)의 가벼운 것에 따라 태40에 처하지만, 시마친비유는 釋服從吉의 태30보다 무겁게 할 수 없다고 하였으므로 태30에 그친다.

제121조 직제 31. 관인의 비윤리적인 진퇴에
관한 죄(府號官稱犯父祖名)

[律文1] 諸府號、官稱犯父祖名而冒榮居之，祖父母、父母老疾無侍委親之官，即妄增年狀以求入侍及冒哀求仕者: 徒一年. 謂父母喪禫制未除，及在心喪內者.

  [律文1의 疏] 議曰: 府有正號, 官有名稱. 府號者, 假若父名衛, 不得於諸衛任官; 或祖名安, 不得任長安縣職之類. 官稱者, 或父名軍, 不得作將軍; 或祖名卿, 不得居卿任之類. 皆須自言, 不得輒受. 其有貪榮昧進, 冒居此官; 祖父母、父母老疾委親之官, 謂年八十以上或篤疾, 依法合侍, 見無人侍, 乃委置其親而之任所; 妄增年狀以求入侍者, 或未年八十及本非篤疾, 乃妄增年八十及篤疾之狀; 「及冒哀求仕者」, 謂父母之喪, 二十五月大祥後, 未滿二十七月而預選求仕: 從「府號、官稱」以下, 各合處徒一年. 注云「謂父母喪, 禫制未除」, 但父母之喪法合二十七月, 二十五月內是正喪, 若釋服求仕, 即當「不孝」, 合徒三年; 其二十五月外, 二十七月內, 是「禫制未除」, 此中求仕名爲「冒哀」, 合徒一年. 若釋去禫服而求仕, 自從「釋服從吉」之法. 「及在心喪內者」, 謂妾子及出妻之子, 合降其服, 皆二十五月內爲心喪.

[율문1] 무릇 관부의 칭호나 관의 칭호가 부·조의 이름을 범하는데도 영예를 탐하여 관직에 취임하거나, 조부모·부모가 노·질이고 시양할 사람이 없는데도 조부모·부모를 방치하고 관에 나아가거나, 만약 거짓으로 (조부모·부모의) 나이나 (질병의) 상태를 더하여 시양 자격을 얻고자 하거나, 애통함을 속이고 관직을 구한 자는 도1년에 처한다. 부모상의 담제가 아직 끝나지 않은 때 및 심상 기간 내에 있는 자를 말한다.

[율문1의 소] 의하여 말한다: (관)부에는 정호가 있고, 관직에는 명칭이 있다. 관부의 칭호15)(를 범했다)는 것은, 가령 부의 이름이 '위衛'이면 모든 위의 관에 취임해서는 안 되고, 혹 조부의 이름이 '안安'이면 장안현의 직에 취임해서는 안 된다는 것 따위이다. 관의 칭호16)(를 범했다)는 것은, 혹 부의 이름이 '군軍'이면 장군이 되어서는 안 되고, 혹 조부의 이름이 '경卿'이면 경의 직임을 맡아서는 안 된다는 것 따위이다. 모두 반드시 스스로 말해야 하며, 함부로 (관직을) 받아서는 안 된다. 만약 영예를 탐하고 승진을 탐하여 속이고 이 관(직)에 취임하면 (도1년에 처한다). 조부모·부모가 노·질인데 조부모·부모를 방치하고 관에 나아갔다는 것은, 80세 이상 혹은 독질은 법에 의하여 시양해야 하는데17) 현재 시양할 사람이

---

15) '府號'는 관부의 호칭으로 省·臺·府·寺 따위를 가리킨다(명20.1의 소). '省'은 尙書·門下·中書 및 祕書·殿中·內侍 등 6성을, '臺'는 御史臺를, '府'는 16衛의 각 中郞將府 및 折衝都尉府, 太子左右率府, 都護府 및 河南·太原府 등을, '寺'는 太常·光祿·衛尉·宗正·太僕·大理·鴻臚·司農·太府 등 9시를 말한다. 이 밖에도 지방의 주현 등 관부의 호칭이 있다. 이상과 같은 관부의 호칭이 조·부의 이름을 범하면 그 관에 속한 직에 취임해서는 안 된다.

16) 官稱은 관직의 명칭으로 尙書·將軍·卿·監 따위를 가리킨다(명20.1의 소). '尙書'는 吏部·戶部·禮部·兵部·刑部·工部 등 상서성 6부의 장관을 말하고, '將軍'은 16衛의 장·차관인 대장군·장군을 가리키며, '卿'은 9寺의 장·차관인 경·소경을 말한다. '監'은 각 府·寺의 등급에 상당하는 國子監·少府監·將作監·軍器監·都水監의 장·차관인 감·소감 등을 가리키며, 또 그 아래에 속한 여러 監, 예컨대 소부감 아래의 각종 冶監, 장작감 아래의 百工監 및 군기감 아래의 鑄錢監 등도 포함될 것이다. 이 밖에 지방의 주자사·현령 등 문무 관직이 다수 존재하는데, 이와 같은 관직의 명칭이 조·부의 이름을 범하면 그 직에 취임해서는 안 된다.

17) 侍養 및 侍丁 자격은 영에 규정되어 있다(명26.1의 소). 지급하는 시정의 수는 시봉을 받아야 할 서인의 나이가 80세 이상이거나 篤疾인 경우는 1인, 90세 이상인 경우는 2인, 100세 이상인 경우는 3인이다. 시정은 먼저 자손에게서 취하고, 다음으로 근친에서 취하며, 그 다음으로 색역이 가벼운 정남을 취한다(『당육전』권3, 79쪽 및 『역주당육전』상, 343쪽).

없는데도 조부모·부모를 방치하고 임지로 간 것을 말한다. 거짓으로 나이와 (질병의) 상태를 더하여 시양 자격을 얻고자 하였다는 것은, 아직 80세가 되지 않거나 본래 독질이 아닌데 망령되게 80세 및 독질의 상태로 더한 것이다. "애통함을 속이고 관직을 구한 자"라 함은, 부모의 상에 25개월에 되어 대상大祥을 지낸 후라도 아직 27개월이 되지 않았는데[18] 전선에 참석하여 관직을 구한 것을 말한다. "관부의 칭호나 관의 칭호"(가 부·조의 이름을 범한 것) 이하는 각각 도1년에 처해야 한다. 주에 이르기를 "부모상의 담제가 아직 끝나지 않은 때"라고 하였는데, 단 부모의 상은 법에 따라 (복상 기간이) 27개월이지만, 25개월 안은 정상正喪으로 만약 (이 기간 내에) 상복을 벗고 관직을 구하였다면 곧 (십악의) "불효"에 해당하고(명6.7), (형은) 도3년에 해당한다(직30.2b). 단 25개월부터 27개월 안은 "담제가 아직 끝나지 않은 때"이고, 이 사이에 관직을 구하는 것은 "애통함을 속이고"라는 죄명이 되어 도1년에 해당한다. 만약 담복을 벗고 관직을 구하였다면 당연히 "상복을 벗고 평복으로 갈아입은 때"(직30)의 (처벌)법에 따른다. "심상 기간 내"라는 것은, 첩의 아들 및 내쫓긴 아내의 아들의 경우 그 상복(의 등급)을 내려서 모두 25개월 동안 심상하게 함을 말한다.

[律文2] 若祖父母、父母及夫犯死罪被囚禁，而作樂者，徒一年半.

[律文2의 疏] 議曰: 祖父母、父母及夫犯死罪被囚禁，而子孫及妻妾作樂者，以其不孝不義，虧斁特深，故各徒一年半.

---

18) '祥'은 喪祭의 명칭으로 첫 번째와 두 번째 忌晨에 드리는 제사인 小祥과 大祥을 가리킨다. 부모의 상을 당하면 1주년이 지난 달(13월)에 소상제를 거행하고, 2주년이 지난 달(25월)에 대상제를 지낸다. 대상제를 지낸 뒤 1개월의 간격을 두고(27월) 禫祭를 치르고, 그 다음 달에 상복을 벗는다(『통전』권134, 3437~3438쪽).

[율문2] 만약 조부모·부모 및 남편이 사죄를 범하여 구금되어 있는데 악을 감상한 자는 도1년반에 처한다.

[율문2의 소] 의하여 말한다: 조부모·부모 및 남편이 사죄를 범하여 구금되어 있는데, 자·손 및 처첩이 악을 연주한 것은 바로 불효·불의로 예교를 무너뜨리는 것이 매우 심하기 때문에 각각 도1년반에 처한다.

제122조 직제 32. 황제를 비판한 죄 및 제사에게 저항한 죄(指斥乘輿及對捍制使)

[律文1a] 諸指斥乘輿, 情理切害者, 斬; 言議政事乖失而涉乘輿者, 上請.
[律文1b] 非切害者, 徒二年.

[律文1a의 疏] 議曰: 指斥, 謂言議乘輿, 原情及理, 俱有切害者, 斬. 注云「言議政事乖失而涉乘輿者, 上請.」, 謂論國家法式, 言議是非, 而因涉乘輿者, 與「指斥乘輿」情理稍異, 故律不定刑名, 臨時上請.

[律文1b의 疏] 「非切害者, 徒二年」, 謂語雖指斥乘輿, 而情理非切害者, 處徒二年.

[율문1a] 무릇 황제를 비판하는데 정·리가 매우 위해한 자는 참형에 처하고, 정사의 그릇됨을 의론하다가 황제를 언급하게 된 때에는 황제의 재가를 청한다.

[율문1b] 그다지 위해하지는 않은 자는 도2년에 처한다.

[율문1a의 소] 의하여 말한다: 비판이라 함은 말로 황제를 의론한 것을 말하는데, 정과 리를 따져서 모두 매우 위해한 자는 참형에

처한다. 주에 이르기를 "정사의 그릇됨을 의론하다가 황제를 언급하게 된 때에는 황제의 재가를 청한다."는 것은, 국가의 법식을 논의하면서 말로 시비를 의론하다가 이로 인하여 황제를 언급하게 된 경우는 "황제를 비판하는 것"과는 정·리와 조금 다르기 때문에 율에서 형의 등급을 정하지 않고 때에 따라 황제의 재가를 청한다는 것을 말한다.

[율문1b의 소] "그다지 위해하지 않은 자는 도2년에 처한다."는 것은, 비록 말로 황제를 비난하더라도 정·리가 그다지 위해하지 않은 자는 도2년에 처한다는 것을 말한다.

[律文2] 對捍制使, 而無人臣之禮者, 絞. 因私事鬪競者, 非.

[律文2의 疏] 議曰: 謂奉制勅使人, 有所宣告, 對使拒捍, 不依人臣之禮, 旣不承制命, 又出拒捍之言者, 合絞. 注云「因私事鬪競者, 非」, 謂不涉制勅, 別因他事, 私自鬪競; 或雖因公事論競, 不干預制勅者: 並從「毆詈」本法.

[율문2] 황제의 명을 받든 사인에게 저항하여 신하의 예를 갖추지 않은 자는 교형에 처한다. 사사로운 일로 다툰 때에는 그렇지 않다.

[율문2의 소] 의하여 말한다: 황제의 명을 받든 사인이 선포하여 알리는 것이 있는데 사인에게 맞서 신하의 예를 따르지 않음을 말하며, 이미 황제의 명을 받지 않고 게다가 항거하는 말을 한 자는 교형에 처해야 한다. 주에 이르기를 "사사로운 일로 다툰 때에는 그렇지 않다."고 한 것은, 황제의 명과는 관계없이 별도의 다른 일로 인하여 사사로이 다투거나 혹은 비록 공적인 일로 인하여 논쟁했더라도 황제의 명에 간여되지 않은 것을 말하며, 모두 "구타·욕설"의 본법(투11.1)에 따른다.

제123조 직제 33. 역사가 행정을 지체한 죄(驛使稽程)

[律文1] 諸驛使稽程, 一日杖八十, 二日加一等, 罪止徒二年.

　[律文1의 疏] 議曰: 依令: 「給驛者給銅龍傳符, 無傳符處爲紙券. 量事緩急, 注驛數於符契上.」 據此驛數以爲行程. 稽此程者, 一日杖八十, 二日加一等, 罪止徒二年.

[율문1] 무릇 역마를 타는 사인이 행정을 지체한 때에는 1일이면 장80에 처하고, 2일마다 1등씩 더하되, 죄는 도2년에 그친다.

　[율문1의 소] 의하여 말한다: 영(공식령, 습유579쪽)에 의거하면, "역마를 지급할 때는 동룡전부19)를 지급하고, 전부가 없는 곳은 지권으로 한다. 일의 완급을 헤아려 부·계 위에 역의 수를 주기한다." 이 역의 수에 근거하여 행정으로 삼는다.20) 이 행정을 지체한 자는 1일

---

19) 傳符는 使人이 역마를 징발할 수 있는 신표로 '傳信符', '銅龍傳符'라고도 한다. 전부는 太子監國, 兩京 및 北都 留守, 諸州, 行軍所에 모두 지급되었는데, 지급대상에 따라 雙龍符(太子監國), 麟符(양경 및 북도 유수) 및 靑龍符(동방의 州), 騶虞符 혹은 白虎符(서방의 州), 朱雀符(남방의 州), 玄武符(북방의 州)로 구분된다. 모두 左符와 右符가 있다. 일반적으로 좌부는 중앙에 두고 우부는 지방의 부를 지녀야 할 관인에게 교부하며, 파견되는 사인에게 좌부를 지급하여 목적지의 우부와 맞춰보도록 하였다. 다만 양경 유수의 麟符는 좌부·우부 모두 조정에 두고, 황제가 순행할 때 좌부를 가지고 유수하는 자에게 우부를 지급하였다(274, 적27.1a의 소; 『당육전』권8, 253~254쪽 및 『역주당육전』중, 78~79쪽).

20) 주현에 설치된 馬坊에서 관리하는 傳馬는 주로 장거리이거나 긴급하지 않은 상황에서 일반적인 공문서의 체송이나 사신 및 관료와 그 가족, 하물의 이동 수단으로 제공되었다. 하루에 4역(120리) 이하를 행정으로 하고, 역마다 말을 교체하지 않는다. 반면 병부 관할의 驛館에서 관리되는 역마는 주로 국가의 긴급한 공무와 군사적 정보의 체송에 제공되었다. 하루에 6역(180리) 이상을 행정으로 하며, 역마다 말을 교체한다(『당회요』권61, 1248쪽; 『자치통감』권283, 6438쪽).

이면 장80에 처하고, 2일마다 1등씩 더하되, 죄는 도2년에 그친다.

[律文2a] **若軍務要速, 加三等;**

[律文2b] **有所廢闕者, 違一日, 加役流;**

[律文2c] **以故陷敗戶口、軍人、城戍者, 絞.**

[律文2a의 疏] 議曰:「軍務要速」, 謂是征討、掩襲、報告外境消息及告賊之類, 稽一日徒一年, 十一日流二千里, 是爲「加三等」.

[律文2b의 疏] 「有所廢闕者」, 謂稽遲廢闕經略、掩襲、告報之類. 「違一日加役流」, 稱日者, 須滿百刻.

[律文2c의 疏] 爲由驛使稽遲, 遂陷敗戶口、軍人、衛士、募人、防人一人以上及諸城戍者, 絞. 若臨軍對寇, 告報稽期者, 自從「乏軍興」之法.

[율문2a] 만약 군사 업무가 긴급한 때에는 3등을 더하고,

[율문2b] 폐하거나 그르친 바가 있을 때에는 1일을 어겼으면 가역류에 처하며,

[율문2c] 이 때문에 호구·군인·성·수를 잃거나 패배한 때에는 교형에 처한다.

[율문2a의 소] 의하여 말한다: "군사 업무가 긴급한 때"라 함은 정토·엄습, 변경 밖의 소식을 보고하는 것 및 (도)적을 고하는 것 따위를 말하며, 1일을 지체하면 도1년에 처하고, 11일을 지체하면 유2000리에 처하는데, 이것이 "3등을 더한다."는 것이다.

[율문2b의 소] "폐하거나 그르친 바가 있다."는 것은, 지체하여 경략·엄습·보고 따위를 폐하거나 그르치게 된 것 따위를 말한다. "1일을 어기면 가역류에 처한다."에서 '일'이라고 한 것은 반드시 100각을 채워야 한다(명55.1)는 것이다.

[율문2c의 소] 역사의 지체로 말미암아 마침내 호구·군인·위사·모

인·방인 1인 이상 및 여러 성·수를 결국 잃거나 패배하게 된 때에는 교형에 처한다. 만약 군대가 외적[寇]과 대치하고 있는데 보고의 기한을 지체한 때에는 당연히 "핍군흥"(천7.1)의 법에 따른다.21)

제124조 직제 34. 역사가 문서를 타인에게 위탁하여 보낸 죄(驛使以書寄人)

[律文1a] 諸驛使無故以書寄人行之及受寄者, 徒一年.

[律文1b] 若致稽程, 以行者爲首, 驛使爲從;

[律文1c] 卽爲軍事警急而稽留者, 以驛使爲首, 行者爲從. 有所廢闕者, 從前條.

[律文2] 其非專使之書而便寄者, 勿論.

[律文1a의 疏] 議曰: 有軍務要速, 或追徵報告, 如此之類, 遣專使乘驛, 齎送文書. 「無故」, 謂非身患及父母喪者, 以所齎文書, 別寄他人送之及受寄文書者, 各徒一年.

[律文1b의 疏] 「若致稽程」, 謂行不充驛數, 計程重於徒一年者, 卽以受書行者爲首, 驛使爲從. 此謂常行驛使而立罪名.

[律文1c의 疏] 卽爲軍事警急, 報告征討·掩襲·救援及境外消息之類而稽留,

---

21) 군대를 일으켜 征討하는 것은 국가의 대사이므로, 兵馬나 군대에 반드시 필요한 기계 혹은 전투 기구 등은 각각 규정된 기일에 따라 징발하고 정해진 날짜에 모두 완비되어야 한다. 만약 그 가운데 지체하거나 갖추지 못하여 빠진 것이 있다면, 이를 지체하여 군사동원의 준비를 갖추지 못한 것을 乏軍興이라 한다. 그 사안이 중대하므로 과실이라 하더라도 죄를 감하지 않고, 고의로 범한 경우와 같이 참형에 처한다. 軍令을 전달해야 하는 使人이 보고의 기한을 어겨 일이 폐하거나 그르쳤다면 역시 '乏軍興'의 죄로 처벌한다.

罪在驛使, 故以驛使爲首, 行者爲從. 注云「有所廢闕者, 從前條」, 謂違一日,
加役流; 以故陷敗戶口, 軍人, 城戍者, 絞.

[律文2의 疏]「其非專使之書」, 謂非故遣專使所齎之書, 因而附之, 其使人
及受寄人並勿論.

[율문1a] 무릇 역마를 타는 사인이 이유 없이 문서를 타인에게
부탁하여 보낸 때 및 부탁을 받은 자는 도1년에 처한다.

[율문1b] 만약 (그로 인해) 행정이 지체되었다면 간 자를 수범으
로 하고 역사는 종범으로 하며,

[율문1c] 만약 군대의 일이 경급한데 지체된 때에는 역사를 수범
으로 하고 간 자를 종범으로 한다. 폐하거나 그르친 바가 있으면 앞
의 조항에 따른다.

[율문2] 단 전담 사인의 문서가 아니어서 편의로 부탁한 때에는
논하지 않는다.

[율문1a의 소] 의하여 말한다: 군사 업무가 긴급하거나 혹 추징·보
고하는 일, 이와 같은 것 따위는 전담 사인을 파견하여 역마를 타
고 문서를 가지고 전달하게 한다. "이유 없이"라 함은 자신의 병환
및 부모의 상이 아닌 것을 말하고, 가져가야 하는 문서를 별도로
다른 사람에게 부탁하여 보낸 자 및 문서를 (가져가도록) 부탁받
은 자는 각각 도1년에 처한다.

[율문1b의 소] "만약 (그로 인해) 행정이 지체되었다."는 것은, 가는
데 역의 수를 채우지 못한 것을 말하며, 행정을 계산하여 도1년보
다 무거운 때22)에는 곧 문서를 받아 간 자를 수범으로 하고, 역사

---

22) 驛使가 행정을 지체한 것이 1일이면 장80에 처하고 2일마다 1등씩 더하므로
(123, 직33.1), 3일을 지체하면 장90, 5일이면 장100에 처하며, 7일이면 도1년
으로 처벌한다. 따라서 행정을 지체한 것이 7일을 넘겼다면 문서를 받아 간

를 종범으로 한다. 이는 통상적으로 가는 역사에 대한 죄명으로
정한 것을 말한다.

[율문1c의 소] 만약 군의 일이 경급하여 정토·엄습·구원 및 변경 밖
의 소식 따위를 보고하는데 지체되었다면 죄는 역사에게 있으므
로, 역사를 수범으로 하고 간 자를 종범으로 한다. 주에 이르기를
"폐하거나 그르친 바가 있으면 앞의 조항에 따른다."는 것은, 1일
을 어기면 가역류에 처한다고, 이 때문에 호구·군인·성수를 잃거
나 패배하게 된 때에는 교형에 처한다(직33.2)는 것을 말한다.

[율문2의 소] "단 전담 사인의 문서가 아니다."라는 것은, 일부러 전
담 사인을 파견하여 가져가야 할 문서가 아님을 말하며, 그 때문에
이를 맡겼다면 그 사인 및 부탁을 받은 사람은 모두 논하지 않는다.

제125조 직제 35. 역마로 보내야 할 문서를 보내지 않은 죄(文書應遣驛不遣)

[律文1] 諸文書應遣驛而不遣驛, 及不應遣驛而遣驛者, 杖一百.

[律文2] 若依式應須遣使詣闕而不遣者, 罪亦如之.

[律文1의 疏] 議曰: 依公式令: 「在京諸司有事須乘驛, 及諸州有急速大事,
皆合遣驛.」 而所司乃不遣驛; 非應遣驛而所司乃遣驛, 若違者: 各杖一百.

[律文2의 疏] 又, 依儀制令: 「皇帝踐祚及加元服, 皇太后加號, 皇后·皇太子
立及赦元日, 刺史若京官五品以上在外者, 並奉表疏賀, 州遣使, 餘附表.」 此
卽應遣使詣闕, 而不遣者, 亦合杖一百, 故云「罪亦如之」.

자는 首犯이 되어 '역사가 행정을 지체한 죄'(123, 직33.1)에 따라 처벌하고, 역
사는 從犯으로 하여 1등을 감하여 처벌한다.

[율문1] 무릇 마땅히 역마로 보내야 하는 문서인데 역마로 보내지 않은 자 및 역마로 보내어서는 안 되는 문서인데 역마로 보낸 자는 장100에 처한다.

[율문2] 만약 식에 의거하여 반드시 사인을 보내서 대궐에 참예하게 해야 하는데 보내지 않은 자의 죄 역시 이와 같다.

[율문1의 소] 의하여 말한다: 공식령(습유588~589쪽)에 의거하면, 수도[京]의 각 관사에 일이 있어 (사인을 파견하는데) 반드시 역마를 타야 하거나 각 주에 긴급한 대사가 있으면 모두 역(마)로 파견해야 하는데, 담당자23)가 역(마)로 파견하지 않거나 역(마)로 파견해서는 안 되는데 담당자가 역(마)로 파견한 것과 같이 위반한 자는 각각 장100에 처한다.

[율문2의 소] 또한 의제령(습유478쪽)에 의거하면, "황제의 즉위 및 성년식,24) 황태후의 존호 수여, 황후·황태자의 책립 및 정월 초하루에 사면할 때, 자사 또는 경관 5품 이상으로 지방에 있는 자는 모두 표·소를 바쳐 하례하는데, 주는 사인을 보내고 나머지는 (주의) 표에 부쳐 보낸다." 이것이 곧 마땅히 사인을 보내 대궐에 참예하게 한다는 것이며, 보내지 않은 자는 역시 장100에 해당하므로 "죄 역시 이와 같다."고 한 것이다.

---

23) 驛馬를 이용하기 위한 傳符를 발급하는 담당자는 京師의 경우 門下省의 給事中이고(『당육전』권8, 244쪽 및 『역주당육전』중, 36쪽), 지방의 경우는 留守 및 각지 軍·州의 兵曹·士兵參軍事이다(『당육전』권30, 749쪽 및 『역주당육전』하, 450쪽).

24) 元服은 남자가 성년이 되었을 때 衣冠을 착용하는 의식으로 元은 머리[首], 服은 착용한다는 의미로 머리에 冠을 쓴다는 의미이다(『한서』권7, 229쪽, 안사고의 주).

제126조 직제 36. 역사가 표제의 설명에 따르지 않은 죄(驛使不依題署)

[律文1] 諸驛使受書, 不依題署誤詣他所者, 隨所稽留以行書稽程論減二等.
[律文2] 若由題署者誤, 坐其題署者.

　[律文1의 疏] 議曰: 文書行下, 各有所詣, 應封題署者, 具注所詣州府. 使人乃不依題署, 誤詣他所, 因此稽程者, 隨所稽留, 準上條行書稽留之程減二等, 謂違一日杖六十, 二日加一等, 罪止徒一年. 若有軍務要速者, 加三等. 有所廢闕者, 從加役流上減二等, 徒二年半. 以故有所陷敗, 亦從絞上減二等, 徒三年.

　[律文2의 疏]「若由題署者誤」, 謂元題署者錯誤, 卽罪其題署之人, 驛使不坐.

[율문1] 무릇 역마를 타는 사인이 문서를 받아 (전달하는데) 표제의 설명에 의거하지 않고 착오로 다른 곳으로 간 경우에는 지체된 바에 따라 문서 (전달)의 행정을 지체한 것으로 논하되 2등을 감한다.

[율문2] 만약 표제의 설명을 기록한 자가 착오했기 때문에 (다른 곳으로 갔다면) 그 표제의 설명을 기록한 자를 처벌한다.

　[율문1의 소] 의하여 말한다: 하달하는 문서는 각각 도착할 곳이 있으므로 마땅히 (문서를) 봉하고 표제의 설명을 기록하는25) 자는 각각 갈 바의 주·부를 갖추어 기록해야 한다. 사인이 표제의 설명에

---

25) '題署'는 봉함의 겉면에 발신관사와 수신관사 및 경유하는 驛을 기록한 것이다. 驛使는 반드시 이 題署에 따라 문서를 규정된 소재지로 보내야 하는데, 그 목적은 문서 배송의 정확성·신속성을 보증하여 공무의 지연을 방지하기 위함이다.

따르지 않고 착오로 다른 곳으로 갔고 이로 인해 행정이 지체된 때
에는 지체된 바에 따라 위 조항(직33.1)의 문서 시행의 지체된 행정
에 준하되 2등을 감하니, 1일을 어긴 자는 장60에 처하고, 2일마다
1등을 더하되, 죄는 도1년에 그친다는 것을 말한다. 만약 군사 업
무가 긴급한 때에는 3등을 더한다. 폐하거나 그르친 바가 있으면
가역류에서 2등을 감하여 도2년반에 처한다. 이 때문에 잃거나 패
배한 바가 있으면 역시 교형에서 2등을 감하여 도3년에 처한다.26)
[율문2의 소] "만약 표제의 설명을 기록한 자의 착오 때문에 (다른
곳으로 갔다면)"이라 함은, 원래 표제의 설명을 기록한 자가 착오
한 것을 말하며, 곧 그 표제의 설명을 기록한 사람을 죄주고 역사
는 처벌하지 않는다.

제127조 직제 37. 역마를 초과하여 탄 죄(增乘驛馬)

[律文1] **諸增乘驛馬者, 一疋徒一年, 一疋加一等.**

[律文1의 注] 應乘驛驢而乘馬者減一等

[律文2] **主司知情與同罪, 不知情者勿論.** 餘條驛司準此.

[律文1의 疏] 議曰: 依公式令: 「給驛: 職事三品以上若王, 四疋; 四品及國
公以上, 三疋; 五品及爵三品以上, 二疋; 散官·前官各遞減職事官一疋; 餘官
爵及無品人, 各一疋. 皆數外別給驛子. 此外須將典吏者, 臨時量給.」 此是
令文本數. 數外剩取, 是曰「增乘」, 一疋徒一年, 一疋加一等.

---

26) 교형과 참형 두 가지 死罪와 2000·2500·3000리 세 가지 流罪는 각각 같이 하
나로 해서 감하는데, 加役流에서 감할 경우는 세 가지 유죄와 같이 감한다(명
56.2b 및 소). 따라서 가역류는 3流와 같이 감하여 2등을 감하면 도2년반이 되
고, 교형에서 2등을 감하면 도3년이 된다.

[律文1의 疏의 注] 「應乘驛驢而乘驛馬者」, 又準駕部式: 「六品以下前官, 散官, 衛官, 省司差使急速者, 給馬. 使迴及餘使, 並給驢.」 卽是應乘驢之人, 而乘馬, 各減增乘馬罪一等.

[律文2의 疏] 主司知情與同罪者, 謂驛馬主司知增乘驛馬, 及知應乘驢而乘馬等情者, 皆與乘者同罪. 不知情者, 勿論. 餘條驛司準此者, 謂「枉道」及「越過」·「齎私物」之類.

[율문1] 무릇 역마를 초과하여 탄 자는, 1필이면 도1년에 처하고, 1필마다 1등씩 더한다.

[율문1의 주] 역려를 타야 하는데 역마를 탄 때에는 1등을 감한다.

[율문2] 주사가 정을 알았으면 같은 죄를 주고, 정을 알지 못하였으면 논하지 않는다. 다른 조항에서 역(마)의 (주)사는 이에 준한다.

[율문1의 소] 의하여 말한다: 공식령(습유579쪽)에 의거하면, "역마의 지급은 직사 3품 이상 및 왕은 4필, 4품 및 국공 이상은 3필, 5품 및 작 3품 이상은 2필이며, 산관·전관前官은 각각 직사관에서 1마리씩 차례로 감하며, 그 밖의 관·작 및 관품이 없는 사람은 각각 1마리이다. 모두 (역마의) 수 외에 별도로 역자27)를 지급한다. 이외에 반드시 전리를 거느려야 하는 경우는 그 때마다 지급한다." 이것이 영문에 규정된 본래의 수이다. (이) 수 이외에 더 취한 것을 "초과하여 탔다."고 하는데, 1필이면 도1년에 처하고, 1필마다 1등씩 더한다.

[율문1의 주의 소] "역려를 타야 하는데 역마를 탔다."는 것은, 또 가부식에 준하면 "6품 이하의 전관·산관·위관을 상서성의 각 사에서

---

27) 일본령에 인용된 당령에 의하면 驛子는 驛馬를 이용하는 使人의 안내와 같은 雜用과 遞送을 주요 직책으로 하며 일정한 복무기한이 정해져 있지 않은 雜徭에 해당한다(『영집해』권34, 854~855쪽).

사인으로 파견하는데, 긴급한 경우는 말을 지급하고, 사인이 돌아
올 때 및 그 밖의 사인은 모두 나귀를 지급한다."고 하였으니, 곧
마땅히 역려를 타야 하는 사람이 역마를 탔다면 각각 말을 초과하
여 탄 죄에서 1등을 감한다는 것이다.

[율문2의 소] 주사가 정을 알았다면 같은 죄를 준다는 것은, 역마의
주사가 역마를 초과하여 탄 것을 알았거나 마땅히 나귀를 타야하
는데 말을 탄 것 등의 정을 안 것을 말하며, 모두 탄 자와 죄가 같
다. 정을 알지 못한 때에는 논하지 않는다. 다른 조항의 역(마)의
(주)사는 이에 준한다는 것은, "길을 벗어난 것"(직38.1) 및 "(목적지
를) 넘어 지나간 것"(직38.2)·"사물을 가지고 간 것"(직39.1) 따위를
(역마의 주사가 알았다면 같은 죄를 준다는 것을) 말한다.

제128조 직제 38. 역마를 타고 다른 길로 간 죄(乘驛馬枉道)

[律文1] 諸乘驛馬輒枉道者, 一里杖一百, 五里加一等, 罪止徒二年.

[律文2] 越至他所者, 各加一等. 謂越過所詣之處.

[律文3] 經驛不換馬者, 杖八十.

[律文3의 注] 無馬者, 不坐.

  [律文1의 疏] 議曰: 乘驛馬者, 皆依驛路而向前驛. 若不依驛路別行, 是爲
「枉道」.

  [律文2의 疏] 「越至他所者」, 注云「謂越過所詣之處」, 假如從京使向洛州,
無故輒過洛州以東, 卽計里加「枉道」一等.

  [律文3의 疏] 「經驛不換馬」, 至所經之驛, 若不換馬者, 杖八十. 因而致死,
依廐牧令: 「乘官畜産, 非理致死者, 備償.」

[律文3의 注의 疏] 「無馬者不坐」, 謂在驛無馬, 越過者無罪, 因而致死者 不償.

[율문1] 무릇 역마를 타고 함부로 길을 벗어난 것이, 1리이면 장 100에 처하고, 5리마다 1등씩 더하되, 죄는 도2년에 그친다.

[율문2] 넘어서 다른 곳에 이른 때에는 각각 1등을 더한다. 목적 지를 넘어 지나간 것을 말한다.

[율문3] 역을 지나면서 말을 바꾸지 않은 자는 장80에 처한다.

[율문3의 주] 말이 없는 경우는 처벌하지 않는다.

[율문1의 소] 의하여 말한다: 역마를 타는 자는 모두 역로28)를 따라 다음 역으로 향한다. 만약 역로를 따르지 않고 다른 길로 갔다면 이것이 "길을 벗어난 것"이다.

[율문2의 소] "넘어서 다른 곳에 이른 때"의 주에 이르기를 "목적지 를 넘어 지나간 것을 말한다."고 하였는데, 가령 수도의 사인이 낙 주29)로 가야 하는데 이유 없이 함부로 낙주를 지나 동으로 향했다 면, 곧 (더 간) 거리를 계산하여 길을 벗어난 (죄)에 1등을 더한다.

[율문3의 소] "역을 지나면서 말을 바꾸지 않았다."는 것은, 경유하 는 역에 이르러서 말을 바꾸지 않은 것을 말하며, 장80에 처한다. 이로 인해 (역마가) 죽었다면, 구목령(습유711쪽)의 "관의 축산을 타 다가 합당한 사유 없이 도살한 자는 배상하게 한다."는 (규정)에

---

28) 驛路는 장안과 낙양을 중심으로 한 전국의 교통망에 館驛과 郵驛이 설치된 官路를 가리킨다. 당은 전국의 주요 교통로를 따라 兵部 駕部郎中의 관할 하에 약 30里마다 1639개소의 역(육역 1297개소, 수역 260개소, 수륙 겸용 86개 소)을 설치하였다(『당육전』권5, 163쪽 및 『역주당육전』상, 535~536쪽). 이러한 역로는 공문서의 송달, 공무로 인한 관리의 이동 및 조세의 운송 등에 이용되 었다.

29) 洛州는 洛陽을 가리킨다(『원화군현도지(元和郡縣圖志)』권5, 129~130쪽).

의거한다.

[율문3의 주의 소] "말이 없는 경우는 처벌하지 않는다."는 것은, 역에 말이 없어 넘어 지나간 자는 죄가 없다는 것을 말하며, 이로 인해 (말이) 죽은 때에는 배상하게 하지 않는다.

[律文3의 問] 曰: 假有使人乘驛馬枉道五里, 經過反覆, 往來便經十里, 如此犯者, 從何科斷?

[律文3의 答] 曰: 律云「枉道」, 本慮馬勞, 又恐行遲, 於事稽廢. 旣有往來之理, 亦計十里科論.

[율문3의 문] 묻습니다: 가령 사인이 역마를 타고 길을 벗어난 것이 5리이고 지나갔다가 되돌아와 왕복한 것이 10리가 되었는데, 이와 같이 범한 때에는 어떻게 죄주어야 합니까?

[율문3의 답] 답한다: 율에 "길을 벗어났다."고 한 것은, 본래 말의 피로를 걱정하고 또 행정이 지연되어 일이 지체되고 폐하는 것을 염려한 것이다. 이미 왕복한 사실이 있으므로 역시 10리(를 벗어난 것으)로 계산하여 (죄를) 논한다.

제129조 직제 39. 역마를 타면서 사물을 가지고 간 죄(乘驛馬齎私物)

[律文1] 諸乘驛馬齎私物, 謂非隨身衣·仗者. 一斤杖六十, 十斤加一等, 罪止徒一年.

[律文2] 驛驢減二等. 餘條驛驢準此.

[律文1의 疏] 議曰: 乘驛馬者, 唯得齎隨身所須衣·仗. 衣謂衣被之屬, 仗謂

弓刀之類. 除此之外, 輒齎行者, 一斤杖六十, 十斤加一等, 罪止徒一年.

[律文2의 疏] 「驛驢減二等」, 謂一斤笞四十, 罪止杖九十. 餘條驛驢準此者, 謂「稽程」、「枉道」之類, 諸條驛驢得罪, 皆準馬減二等.

[율문1] **무릇 역마를 타면서 사물을 휴대한 것이**, 몸에 딸린 의류·병기가 아닌 것을 말한다. **1근이면 장60에 처하고, 10근마다 1등을 더하되, 죄는 도1년에 그친다.**

[율문2] **역려는 2등을 감한다.** 다른 조항의 역의 나귀는 이에 준한다.

[율문1의 소] 의하여 말한다: 역마를 타는 자는 오직 몸에 딸린 것으로 꼭 필요한 의(류)·병장기만 가져갈 수 있다. 의(류)라 함은 옷과 이불 등을 말하고, 병장기라 함은 활·칼 따위를 말한다. 이러한 것을 제외하고 함부로 (다른 것을) 가지고 간 때에는, 1근이면 장60에 처하고, 10근마다 1등을 더하되 죄는 도1년에 그친다.

[율문2의 소] "역려는 2등을 감한다."는 것은, 1근이면 태40에 처하고, 죄는 장90에 그친다는 것을 말한다. 다른 조항의 역려는 이에 준한다는 것은, "행정을 지체한 것"(직33.1)·"길을 벗어난 것"(직38.1) 따위의 여러 조항에서 역려로 죄를 얻는 것은 모두 역마(로 얻는 죄)에서 2등을 감한다는 것을 말한다.

제130조 직제 40. 장관 및 사인이 범한 죄의 추국(長官使人有犯)

[律文] **諸在外長官及使人於使處有犯者, 所部屬官等不得即推, 皆須申上聽裁. 若犯當死罪, 留身待報. 違者, 各減所犯罪四等.**

[律文의 疏] 議曰:「在外長官」, 謂都督、刺史、折衝、果毅、鎭將、縣令、關監等.

長官及諸使人於使處有犯者, 所部次官以下及使人所詣之司官屬, 並不得輒卽推鞫. 若無長官, 次官執魚·印者, 亦同長官. 皆須先申上司聽裁. 「若犯當死罪」, 謂據糾告之狀合死者, 散留其身, 待上報下. 違者, 各減所犯罪四等. 留身者, 印及管鑰付知事次官, 其銅魚仍留擬勘. 勅符雖復留身, 未合追納.

[율문] 무릇 지방에 있는 장관(이 범함이 있거나) 사인이 사행 간 곳에서 범함이 있을 때에는 관할하는 바의 속관 등이 곧 추국할 수 없고, 모두 반드시 상부에 보고하여 재가를 받아야 한다. 만약 범한 것이 사죄에 해당하면 몸을 억류하고 답을 기다린다. 위반한 자는 장관 및 사인이 범한 죄에서 4등을 감한다.

[율문의 소] 의하여 말한다: "지방에 있는 장관"이라 함은, 도독·자사·절충도위·과의도위·진장·현령·관감 등을 말한다. 장관(이 범함이 있거나) 모든 사인이 사행한 곳에서 범함이 있는 때에는 관할하는 바의 차관 이하 및 사인이 이른 바의 관사의 관속이 함부로 추국해서는 안 된다. 만약 장관이 없고 차관이 어(부)·(관)인을 관장하는 경우는 역시 장관과 같다.30) 모두 반드시 먼저 상부의 관사에 보고하고 재가를 얻어야 한다. "만약 범한 것이 사죄에 해당하면"이라 함은, 적발하여 고한 문서에 근거하여 사죄에 해당하는 것을 말하며, 그 몸을 억류하고31) 상부의 답을 기다린다. 위반한 자는 각각 범한 바의 죄에서 4등을 감한다. (장관의) 몸을 억류할 때는 관인 및 자물쇠·열쇠를 (임시로) 사무를 관장하는 차관에

---

30) '魚'는 지방 관부에서 보관하고 있는 魚符의 右符를 가리키며, '印'은 해당 관부의 官印(銅印)을 가리킨다. 公式令에 의하면 어부 및 傳符는 장관이 관장하고, 장관이 없는 경우에는 차관이 관장한다(226, 천3.1a①의 소).

31) '散留'란 죄인에게 칼[枷]과 수갑[杻] 따위의 형구를 채우지 않고, 獄이 아닌 일정한 장소에 구금하는 것을 말한다. 獄官令에 의하면 死罪囚는 칼과 수갑을 채우고, 婦人이나 流罪 이하의 죄수는 수갑을 채우지 않으며, 杖罪囚는 형구를 채우지 않고 구금한다(469, 단1.1a의 소).

게 넘겨주되, 단 동어(부)는 그대로 가지고 있으면서 감(합)에 대비하게 한다. (사인이 지닌) 칙·부는 비록 몸을 억류하더라도 회수해서는 안 된다.

제131조 직제 41. 부·절의 반납을 지체한 죄(用符節稽留不輸)

[律文] 諸用符節事訖應輸納而稽留者, 一日笞五十, 二日加一等, 十日徒一年.

[律文의 疏] 議曰: 依令:「用符節, 並由門下省. 其符, 以銅爲之, 左符進內, 右符在外應執符人. 有事行勘, 皆奏出左符, 以合右符. 所在承用事訖, 使人將左符還. 其使若向他處, 五日內無使次者, 所在差專使送門下省輸納. 其節, 大使出卽執之, 使還, 亦卽送納.」應輸納而稽留者, 一日笞五十, 二日加一等, 十日徒一年. 雖更違日, 罪亦不加. 其傳符, 通用紙作, 乘驛使人所至之處, 事雖未訖, 且納所司, 事了欲還, 然後更請, 至門下送輸. 旣無限日, 行至卽納. 違日者, 旣非銅魚之符, 不可依此科斷, 自依紙券, 加官文書稽罪一等. 其禁苑門符及交巡魚符若木契等, 於餘條得減罪二等, 輸納稽遲者準例亦減二等. 若木契應發兵者, 同上符節之罪.

[율문] 무릇 부·절을 사용하는 일을 마치면 마땅히 반납해야 한다. 지체한 자는 1일이면 태50에 처하고, 2일마다 1등씩 더하며, 10일이면 도1년에 처한다.

[율문의 소] 의하여 말한다: 영(공식령, 습유584쪽)에 의거하면, "부·절의 사용은 모두 문하성을 통한다. 부는 동으로 만들며, 좌부는 대

내[32])에 두고 우부는 지방의 부를 관장하는 사람에게 맡긴다. 감
(합)을 행할 사안이 있으면 모두 아뢰어 좌부를 내어주고, 이로써
우부와 맞추어 보게 한다. (우부가) 있는 곳에서 (좌부를) 받아 사
용하는 일을 마치면 사인은 좌부를 가지고 돌아온다. 단 사인이
만약 다른 곳으로 향하고 5일 안에 (보내기로) 예정된 사인이 없을
경우 해당 지역에서 전담 사인을 뽑아 문하성에 보내 반납한다.
단 절은 대사가 나가면 곧 그것을 소지하고, (대)사가 돌아오면 역
시 곧 반납한다." 마땅히 반납해야 하는데 지체한 자는 1일이면 태
50에 처하고, 2일마다 1등씩 더하며, 10일이면 도1년에 처한다. 비
록 기일을 더 어기더라도 죄를 더하지 않는다. 단 전부는 종이로
만든 것을 두루 쓰는데, 역마를 타는 사인은 도착한 곳에서 일이
끝나지 않았으면 잠깐 담당자에게 맡겼다가, 일이 끝나 돌아오고
자 할 때에 다시 청해서 문하성에 이르러 반납한다. 원래 기한(에
관한 규정)이 없으므로 도착하면 곧 반납한다. 기일을 어긴 경우
원래 동어부가 아니므로 이 조항에 의거해서 죄주어서는 안 되고,
지권이므로 당연히 관문서를 지체한 죄(적26.2)에 의거하되 1등을
더한다. 단 금원의 문부 및 교어부·순어부 혹은 목계 등은, 다른
조항의 (그 밖의 부는 죄를) 2등을 감한다(천3.2)(는 규정)에 따라,
반납을 지체한 자는 예에 준하여 역시 2등을 감한다. 만약 목계로
군대를 징발하는 경우는 위 부·절의 죄와 같다.

---

32) 神寶·受命寶·銅魚符·木契 및 四方傳符는 궁관에 속하는 尙服局에 안치되어
   있었다. 外司, 곧 문하성의 符寶郞이 符·節의 사용할 것을 청하면 상복국의
   속관인 司寶가 문서로 상주한 다음 외사에서 온 담당 관인과 함께 점검한 뒤
   에 내어주었다. 이때 사보는 부·절의 출납 사항을 모두 문안으로 기록해 두는
   데, 반환 시에는 붉은 글씨로 그것을 기록하였다(『당육전』권8, 251쪽 및 『역
   주당육전』중, 67쪽;『당육전』권12, 352쪽 및 『역주당육전』중, 262~263쪽).

제132조 직제 42. 공적 사물의 운송을
지체한 죄(公事應行稽留)

[律文1] 諸公事應行而稽留, 及事有期會而違者, 一日笞三十, 三日加一
等; 過杖一百, 十日加一等, 罪止徒一年半.

[律文1의 疏] 議曰: 凡公事應行者, 謂有所部送, 不限有品、無品, 而輒稽留;
「及事有期會」, 謂若朝集使及計帳使之類, 依令各有期會, 而違不到者: 一日
笞三十, 三日加一等, 過杖一百, 十日加一等, 罪止徒一年半. 但事有期限者,
以違限日爲坐; 無限者以付文書及部領物後計行程爲罪.

[율문1] 무릇 공적 사물을 보내는 것을 지체하거나 공적 사물의
집합 기일을 위반한 자는 1일이면 태30에 처하고, 3일마다 1등
씩 더하며, 장100을 넘으면 10일마다 1등씩 더하되, 죄는 도1년
반에 그친다.

[율문1의 소] 의하여 말한다: 무릇 공적인 사물을 보낸다는 것은 부
송33)할 바가 있음을 말하고, 관품이 있고 없음을 구분하지 않고
함부로 지체한 자, "공적인 사물의 집합 기일이 있다."는 것은, 조
집사 및 계장사 따위는 영(고과령, 습유327쪽; 호령, 습유239쪽)에 의거
해서 각각 집합하는 기일이 있다는 것을 말하며,34) 위반하고 도착

---

33) '部送'은 官物 및 죄수와 축산 등을 대오를 편성하여 호송하는 것을 말한다
(133, 직43.1a의 소).

34) 朝集使는 매년 10월 25일 이전에 수도에 도착하도록 규정되어 있다(『당육전』
권3, 79쪽 및 『역주당육전』상, 345쪽). 計帳使가 수도에 도착해야 하는 기한은
현재 令文에 남아 있지 않으나, 조집사가 계장사를 겸하기도 하였다. 계장은
각 현에서 1년에 한 번 手實을 바탕으로 만들고, 주는 이를 수합하여 상서성
으로 보낸다. 戶部 度支司에서 이를 근거로 이듬해의 일을 분배하고 10월 30
일 이전에 上奏한다(『당육전』권1, 13쪽 및 『역주당육전』상, 142쪽; 『당육전』

하지 않은 자는 1일이면 태30에 처하고, 3일마다 1등씩 더하며, 장 100을 넘으면 10일마다 1등씩 더하되, 죄는 도1년반에 그친다. 단 공적인 일에 집합 기한이 있을 때는 기한을 어긴 일(수)로 처벌하고, 기한이 없을 때는 문서를 주거나 물품을 수령한 뒤로부터 행정을 계산하여 죄를 준다.[35]

[律文2a] 卽公事有限, 主司符下乖期者, 罪亦如之.
[律文2b] 若誤不依題署及題署誤, 以致稽程者, 各減二等.

　[律文2a의 疏] 議曰:「公事有限」, 與上文「事有期會」義同. 上文謂在下有違, 此文謂「主司符下乖期者, 罪亦如之」, 並同違期會之罪.
　[律文2b의 疏] 若使人不依題署錯詣他所, 及由曹司題署有誤, 而致稽程者, 「各減二等」, 謂違一日笞三十, 減二等, 笞十; 罪止徒一年半, 減二等, 各合杖一百.

[율문2a] 곧 공적 사물에 기한이 있는데, 주사가 부를 하달하는 기일을 어긴 때에는 죄가 역시 같다.
[율문2b] 만약 착오로 표제의 설명를 의거하지 않거나 표제의 설명이 잘못되어 행정이 지체되기에 이른 때에는 각각 2등을 감한다.

　[율문2a의 소] 의하여 말한다: "공적인 일에 기한이 있다."는 것은, 위 율문의 "공적인 일에 집합 기일이 있다."는 것과 뜻이 같다. 위

권3, 74쪽 및 『역주당육전』상, 313~314쪽;『통전』권6, 108쪽).

35) 육로의 행정은 말은 하루에 70里, 도보와 나귀는 50리, 수레는 30리이다. 수로의 행정은 重船의 경우 거슬러 올라갈 때 황하에서는 30리, 장강에서는 40리, 그 밖의 강에서는 45리이며, 빈 선박은 황하 40리, 장강 50리, 그 밖의 하천은 60리 등이다(『당육전』권3, 80쪽 및 『역주당육전』상, 347~348쪽; P.2504,〈天寶令式表〉).

의 율문은 아래에서에서 어긴 것이 있다고 말하고, 이 율문에서는 "주사가 부를 하달하는 기일을 어긴 때에는 죄가 역시 같다."고 하였는데, 모두 같이 집합하는 기일을 어긴 죄와 같다.

[율문2b의 소] 만약 사인이 표제의 설명에 의거하지 않고 착오로 다른 곳에 이르거나 담당관사의 표제의 설명에 착오가 있어서 행정을 지체하게 되었다면 "각각 2등을 감한다."고 한 것은, 1일을 어기면 태30에서 2등을 감하여 태10에 처하고, 최고형은 도1년반에서 2등을 감하여 각각 장100에 해당한다는 것이다.

당률소의 권 第11 직제율 모두 17조

역주 정재균

제133조 직제 43. 사인이 부송할 바를 사람을 고용하여 위탁한 죄(奉使部送雇寄人)

[律文1a] 諸奉使有所部送而雇人寄人者，杖一百；

[律文1b] 闕事者，徒一年.

[律文1c] 受寄雇者，減一等.

   [律文1a의 疏] 議曰：「奉使有所部送」，謂差爲綱、典，部送官物及囚徒、畜産之屬. 而使者不行，乃雇人、寄人而領送者，使人合杖一百.

   [律文1b의 疏] 「闕事者」，謂於前事有所廢闕，合徒一年.

   [律文1c의 疏] 其受寄及受雇者，不闕事杖九十，闕事杖一百，故云「減一等」.

[율문1a] 무릇 사명을 받들어 부송하는 바가 있는데 다른 사람을 고용하거나 다른 사람에게 위탁한 자는 장100에 처하고,

[율문1b] (그로 인하여) 일을 그르친 때에는 도1년에 처한다.

[율문1c] 위탁받거나 고용된 자는 1등을 감한다.

   [율문1a의 소] 의하여 말한다: "사명을 받들어 부송하는 바가 있다." 는 것은, 강 및 전으로 차출되어 관물 및 죄수·축산 따위를 부송하는 것을 말한다.[1] 그런데 사인이 가지 않고 다른 사람을 고용하거나 다른 사람에게 위탁하여 통솔·송달하게 한 경우 사인은 장100에 처해야 한다.

---

1) '部送'은 사람을 차출하여 대오를 이끌고 遞送하는 것을 말한다(407, 잡19.3의 소). 당은 대량의 관물을 운송하기 위해 1,000斛을 적재할 수 있는 선박 10척을 '綱'으로 조직하고, 매 강마다 300명의 인력과 50명의 篙工을 배치하였다. 이러한 운송대의 책임자는 주의 判司나 주현의 관인을 선발하여 담당하게 하였고, 현승 이하의 관인을 차출하여 부책임자로 삼았다(『신당서』 권53, 1368·1371쪽; 『천성령역주』, 140~141쪽). 곧 '綱'은 관물 및 죄수·축산 따위를 부송하는 조직이자 그 책임자를 말하고, '典'은 부책임자이다.

[율문1b의 소] "일을 그르쳤다."는 것은, 부송에 그르친 바가 있다는 것을 말하며 도1년에 해당한다.

[율문1c의 소] 단 위탁을 받거나 고용된 자는 일을 그르치지 않았다면 장90에 처하고 일을 그르쳤다면 장100에 처하므로, "1등을 감한다."고 한 것이다.

[律文2a] 即綱﹑典自相放代者, 笞五十;

[律文2b] 取財者, 坐贓論;

[律文2c] 闕事者, 依寄雇闕事法.

[律文2d] 仍以綱爲首, 典爲從.

[律文2a의 疏] 議曰: 或綱獨部送而放典不行, 或典自領行而留綱不去, 此爲「自相放代」, 笞五十.

[律文2b의 疏] 受財者, 坐贓論.

[律文2c·d의 疏] 其闕事及不闕事, 並受財輸財者, 皆以綱爲首, 典爲從. 假有兩綱﹑兩典, 一綱﹑一典取財代行, 一綱﹑一典與財得住, 與財者坐贓論減五等, 縱典發意, 亦以綱爲首, 典爲從; 取財者坐贓論. 其贓既是「彼此俱罪」, 仍合沒官. 其受雇者, 已減使罪一等, 不合計贓科罪, 其贓不徵. 若監臨官司將所部典行放取物者, 並同監臨受財之法, 不同綱﹑典之罪. 即雖監臨, 元止一典, 放住代行者, 亦同綱﹑典之例.

[율문2a] 만약 강·전이 스스로 서로 (임무를) 면하게 하고 대행한 때에는 태50에 처하고,

[율문2b] (그로 인해) 재물을 받은 때에는 좌장으로 논하되,

[율문2c] 일을 그르친 때에는 (다른 사람에게) 위탁하거나 고용하여 일을 그르친 법에 의거한다.

[율문2d] 그대로 강을 수범으로 하고, 전을 종범으로 한다.

[율문2a의 소] 의하여 말한다: 혹 강이 홀로 부송하고 전을 방면하여 가지 않게 하거나 혹 전이 스스로 통솔하여 가고 강을 머물러 가지 않게 한 경우, 이것이 "스스로 서로 (임무를) 방면하고 대행하였다."는 것이며, 태50에 처한다.

[율문2b의 소] (그로 인해) 재물을 받은 때에는 좌장(잡1)으로 논한다.

[율문2c·d의 소] 단 일을 그르친 때 및 그르치지 않은 때와 아울러 재물을 받고 준 때에는 모두 강을 수범으로 삼고 전을 종범으로 삼는다(명42.3). 가령 두 강과 두 전이 있는데, (그 중) 한 강과 한 전은 재물을 받고 대행하여 가고, (다른) 한 강과 한 전은 재물을 주고 남아 있었다면 재물을 준 자는 좌장으로 논하되 5등을 감하고(잡1.2),²⁾ 설령 전이 발의했더라도 역시 강을 수범으로 하고 전을 종범으로 하며, 재물을 받은 자는 좌장으로 논한다. 그 장물은 원래 "(주고받은) 피차 모두 죄가 되는 것"이므로, 그대로 관에 몰수한다(명32.1). 단 고용된 자는 이미 사인의 죄에서 1등을 감하고, (또한) 장물을 계산하여 죄를 주는 것에 해당하지 않으므로, 그 장물을 추징하지 않는다. 만약 감림관사가 관할하는 바의 전을 거느리고 가는데 방면하고 재물을 받은 때에는 모두 감림관이 (관할 범위 내에서) 재물을 받은 법(직50)과 같게 하고 강·전의 죄와 같게 하지 않는다. 만약 비록 감림관이라도 단지 한 명의 전만을 방면하여 머물게 하고 대신 간 때에는 역시 강·전의 예와 같(이 처벌한)다.

---

2) 坐贓罪(389, 잡1)는 본래 장물의 가치가 絹 1척 이상 1필 미만이면 태20에 처하고, 1필 1척 이상은 태30에 처하며, 1필마다 1등씩 더하여 10필이면 도1년에 처한다. 또 10필 이상부터는 10필마다 1등씩 더하여 죄의 최고형은 도3년이다. 疏에서 좌장으로 논하되 5등을 감한다고 하였으니, 장물이 견 4필 1척이 되어야 비로소 태10에 해당하고, 그 이하는 처벌하지 않으며, 10필이면 장60에 처하고, 죄의 최고형은 장100이 된다.

제134조 직제 44. 장리가 공적비를 함부로
세운 죄(長吏輒立碑)

[律文1a] 諸在官長吏, 實無政跡, 輒立碑者, 徒一年.

[律文1b] 若遣人妄稱己善, 申請於上者, 杖一百;

[律文1c] 有贓重者, 坐贓論.

[律文2] 受遣者, 各減一等. 雖有政跡, 而自遣者, 亦同.

[律文1a의 疏] 議曰:「在官長吏」, 謂內外百司長官以下, 臨統所部者. 未能導德齊禮, 移風易俗, 實無政跡, 妄述己功, 崇飾虛辭, 諷諭所部, 輒立碑頌者, 徒一年. 所部爲其立碑頌者, 爲從坐.

[律文1b의 疏] 若遣人妄稱己善, 申請於上者, 杖一百. 若虛狀上表者, 從「上書詐不實」, 徒二年.

[律文1c의 疏]「有贓重者, 坐贓論」, 謂計贓重於本罪者, 從贓而斷.

[律文2의 疏]「受遣者, 各減一等」, 各, 謂立碑者徒一年上減, 申請於上者杖一百上減. 若官人不遣立碑, 百姓自立及妄申請者, 從「不應爲重」, 科杖八十, 其碑除毀.

[율문1a] 무릇 재직하고 있는 고위관리가 실제로 치적이 없는데도 함부로 비를 세운 때에는 도1년에 처한다.

[율문1b] 만약 다른 사람을 시켜 망령되이 자신의 선(정)을 칭송해서 상부에 (비를 세울 수 있게 해 줄 것을) 신청하게 한 때에는 장100에 처하고,

[율문1c] 장(죄)가 무거운 때에는 좌장으로 논한다.

[율문2] 시킴을 받은 자는 각각 1등을 감한다. 비록 치적이 있더라도 자신이 시킨 때에는 역시 같다.

[율문1a의 소] 의하여 말한다: "재직하고 있는 장리"라 함은, 내외의 모든 관사의 장관 이하로 관할하는 바를 (감)림·통(섭)하는 자(명 54.1)를 말한다. 덕으로 이끌고 예로 다스림으로써 풍속을 바꿀 능력이 없어 실제의 치적이 없는데, 망령되이 자신의 공을 서술함에 허황된 말로 치장하고 관할하는 바에 넌지시 알려 함부로 비를 세워 칭송한 자는 도1년에 처한다. 관할되는 바가 그를 위해 비를 세워 칭송한 때에는 종범으로 처벌한다.

[율문1b의 소] 만약 다른 사람을 시켜 망령되이 자신의 선(정)을 칭송해서 상부에 (비를 세울 수 있게 해 줄 것을) 신청하게 한 자는 장100에 처한다. 만약 허구의 (정)상으로 표를 올린 자는 "상서에 속이고 사실대로 하지 않은 것"(사7)에 따라 도2년에 처한다.

[율문1c의 소] "장(죄)가 무거운 때에는 좌장으로 논한다."(잡1)는 것은, 장물로 계산한 (죄가) 본죄보다 무거운 때에는 장죄에 따라 단죄한다는 것을 말한다.

[율문2의 소] "시킴을 받은 자는 각각 1등을 감한다."에서 '각각'이라 함은, 비를 세운 자는 도1년에서 (1등을) 감하고, (비를 세울 수 있게 해 줄 것을) 상부에 신청한 자는 장100에서 (1등을) 감한다는 것을 말한다. 만약 관인이 비를 세우도록 시킨 것이 아니고, 백성이 스스로 세우거나 망령되이 신청한 때에는 "해서는 안 되는데 행한 (죄)의 무거운 쪽"(잡62)에 따라 장80으로 죄를 주고, 그 비는 제거해서 깨부순다.

[律文의 注] 雖有政跡, 而自遣者, 亦同.

　[律文의 注의 疏] 議曰: 官人雖有政跡, 而自遣所部立碑, 或遣申請者, 官人亦依前科罪. 若所部自立及自申上, 不知·不遣者, 不坐.

[율문의 주] 비록 치적이 있더라도 자신이 시킨 때에는 역시 같다.

　[율문의 주의 소] 의하여 말한다: 관인이 비록 치적이 있더라도 자신
이 관할하는 바를 시켜 비를 세우거나 혹 (비를 세울 수 있게 해
줄 것을) 상부에 신청하게 하였다면, 관인은 역시 앞의 규정에 의
거하여 죄준다. 만약 관할하는 바에서 스스로 (비를) 세우거나 위
에 신(청)했더라도 (관인이 그 정을) 알지 못했거나 시키지 않았다
면 처벌하지 않는다.

제135조 직제 45. 청탁죄(有所請求)

[律文1a] **諸有所請求者, 笞五十;** 謂從主司求曲法之事. 即爲人請者, 與自請同.

[律文1b] **主司許者, 與同罪.**

[律文1의 注] 主司不許及請求者, 皆不坐.

[律文1c] **已施行, 各杖一百.**

　[律文1a의 疏] 議曰: 凡是公事, 各依正理. 輒有請求, 規爲曲法者, 笞五十.
即爲人請求, 雖非己事, 與自請同, 亦笞五十.

　[律文1b의 疏] 「主司許者」, 謂然其所請, 亦笞五十, 故云「與同罪」.

　[律文1의 注의 疏] 若主司不許及請求之人, 皆不坐.

　[律文1c의 疏] 「已施行」, 謂曲法之事已行, 主司及請求之者各杖一百, 本罪
仍坐.

[율문1a] **무릇 청탁한 자는 태50에 처하고,** 주사에게 법을 왜곡하도
록 청탁하는 것을 말한다. 만약 다른 사람을 위해 청탁하였더라도 자신
이 (본인을 위해) 청탁한 것과 같다.

[율문1b] **주사가 허락한 때에는 더불어 같은 죄를 준다.**

[율문1의 주] 주사가 허락하지 않았다면, (주사) 및 청탁한 자 모두 처벌하지 않는다.

[율문1c] **(청탁한 일을) 이미 시행되었으면 각각 장100에 처한다.**

[율문1a의 소] 의하여 말한다: 무릇 공사는 각각 정당한 도리에 따르는 것이니, 함부로 청탁하여 법을 왜곡하기를 꾀한 자는 태50에 처한다. 만약 다른 사람을 위해 청탁하였다면 비록 자신의 일이 아니지만 스스로 청탁한 것과 같이 역시 태50에 처한다.

[율문1b의 소] "주사가 허락하였다."는 것은, 그 청탁한 바와 같이 한 것을 말하며, 역시 태50에 처하므로 "더불어 같은 죄를 준다."고 한 것이다.

[율문1의 주의 소] 만약 주사가 허락하지 않았다면 (주사) 및 청탁한 자는 모두 처벌하지 않는다.

[율문1c의 소] "(청탁한 일을) 이미 시행하였다."는 것은, 법을 왜곡하는 일이 이미 시행되었다는 것을 말하며, (이 경우) 주사 및 청탁한 자는 각각 장100에 처하고, 본죄3)는 그대로 처벌한다.

[律文2a] **所枉罪重者, 主司以出入人罪論;**

[律文2b] **他人及親屬爲請求者, 減主司罪三等;**

[律文2c] **自請求者, 加本罪一等.**

[律文2a의 疏] 議曰: 所枉重者, 謂所司得囑請, 枉曲斷事重於一百杖者, 主司得出入人罪論. 假如先是一年徒罪, 囑請免徒, 主司得出入徒罪, 還得一年徒坐.

---

3) 여기서 '本罪'란 법을 왜곡하도록 청탁의 대상이 된 범죄이다. 만약 죄인을 위해 다른 사람이 청탁하였다면 그 사람은 조항을 적용받아 장100에 처하고, 죄인은 이와 별개로 본래 범한 죄에 해당하는 처벌을 받게 된다. 죄인 본인이 청탁한 경우는 청탁한 본래 범한 죄에 1등을 더하여 처벌한다(135, 직45.2c).

[律文2b의 疏] 他人及親屬爲請求者, 減主司罪三等唯合杖八十, 此則減罪輕於已施行杖一百, 如此之類, 皆依杖一百科之. 若他人,親屬等囑請徒二年半罪, 主司曲爲斷免者, 他人等減三等仍合徒一年, 如此之類, 減罪重於杖一百者, 皆從減科.

[律文2c의 疏] 若身自請求而得枉法者, 各加所請求罪一等科之.

[율문2a] 왕법한 바의 죄가 무거운 경우, 주사는 사람의 죄를 덜거나 더한 것으로 논하고,

[율문2b] 다른 사람 및 친속이 (죄인을 위해) 청탁한 때에는 주사의 죄에서 3등을 감하며,

[율문2c] 스스로 (자신을 위해) 청탁한 자는 본죄에 1등을 더한다.

[율문2a의 소] 의하여 말한다: 왕법한 것이 무거운 때란 담당자가 청탁을 받아 (법을) 왜곡하여 판결한 사건이 장100보다 무거운 때를 말하며, (이 때) 주사는 사람의 죄를 덜거나 더한 것(단19)으로 논한다. 가령 앞서 1년의 도죄(를 범하고) 청탁하여 도죄를 면하였다면, 주사는 도죄를 덜거나 더한 죄를 얻어 1년의 도죄를 되돌려받는다.

[율문2b의 소] 다른 사람 및 친속4)이 (죄인을 위해) 청탁한 경우 (청탁한 자는) 주사의 죄에서 3등을 감하여 단지 장80에 해당하지만, 이는 감한 죄가 (청탁한 일을) 이미 시행한 경우의 장100보다 가벼우므로, 이와 같은 따위는 모두 장100에 의거하여 죄를 준다. 만약 다른 사람이나 친속 등이 도2년반의 죄를 청탁하여 주사가 (법을) 왜곡하여 면죄로 판결을 한 경우, (청탁한) 다른 사람 등은 (주사의 죄에서) 3등을 감하여 도1년에 해당하는데, 이와 같은 따

---

4) 율에서 '친속'은 本服이 緦麻親 이상이거나 大功親 이상이 혼인한 집안을 말하는데(143, 직53.3c), 그 범위는 堂兄弟의 부인의 家 및 堂兄弟의 아들과 딸이 혼인한 家까지 이른다(299, 적52.2의 소).

위는 감한 죄가 장100보다 무거운 경우이므로 모두 감한 것에 따라 죄를 준다.

[율문2c의 소] 만약 자신이 스스로 청탁해서 왜곡된 법으로 (판결을) 받을 수 있었던 자는 각각 청탁한 바의 죄에 1등을 더하여 죄를 준다.

[律文3a] 卽監臨勢要, 勢要者, 雖官卑亦同. 爲人囑請者, 杖一百;

[律文3b] 所枉重者, 罪與主司同, 至死者減一等.

[律文3a의 疏] 議曰: 監臨者, 謂統攝案驗之官. 勢要者, 謂除監臨以外, 但是官人, 不限階品高下, 唯據主司畏懼不敢乖違者, 雖官卑亦同. 爲人囑請曲法者, 無問行與不行, 許與不許, 但囑卽合杖一百. 主司許者, 笞五十.

[律文3b의 疏] 所枉重於杖一百, 與主司出入坐同. 主司據法合死者, 監臨勢要合減死一等.

[율문3a] 감림(관) 및 세요가 세요는 비록 관이 낮더라도 역시 같다. 다른 사람을 위해 청탁한 때에는 장100에 처하고,

[율문3b] 왕법한 것이 무거운 경우 죄는 주사와 같으며, 사(죄)에 이른 때에는 1등을 감한다.

[율문3a의 소] 의하여 말한다: 감림(관)이란 통섭·안험하는 관을 말한다(명54). 세요란 감림(관)을 제외한 그 밖의 사람으로, 다만 관인이라면 품계의 높고 낮음을 구분하지 않고 오직 주사가 두려워하여 감히 (청탁한 바를) 어기지 못하는 것에 의거함을 말하며, 비록 관이 낮아도 역시 같다. (이들이) 다른 사람을 위해 법을 왜곡하도록 청탁한 때에는 (그것이) 행해졌든 행해지지 않았든, (혹은 주사가) 허락하였든 허락하지 않았든 불문하고, 단지 청탁하면 바로 장100에 해당한다. 주사가 허락한 때에는 (주사에게) 태50에 처한다.

[율문3b의 소] 왕법한 바가 장100보다 무거우면 주사가 (사람의 죄를) 덜거나 더한 처벌과 같은 (죄를) 준다. 주사가 법에 의거해서 사(죄)에 해당하는 경우 감림(관) 및 세요는 사죄에서 1등을 감해야 한다.

제136조 직제 46. 재물을 받고 대신 청탁한 죄(受人財爲請求)

[律文1a] 諸受人財而爲請求者, 坐贓論加二等;
[律文1b] 監臨勢要, 準枉法論.
[律文1c] 與財者, 坐贓論減三等.

[律文1a의 疏] 議曰:「受人財而爲請求者」, 謂非監臨之官.「坐贓論加二等」, 卽一尺以上笞四十, 一疋加一等, 罪止流二千五百里.

[律文1b의 疏] 「監臨勢要, 準枉法論」, 卽一尺以上杖一百, 一疋加一等, 罪止流三千里, 無祿者減一等.

[律文1c의 疏] 「與財者, 坐贓論減三等」, 罪止徒一年半. 若受他人之財, 許爲囑請, 未囑事發者, 止從「坐贓」之罪. 若無心囑請, 詭妄受財, 自依「詐欺」科斷. 取者雖是詐欺, 與人終是求請, 其贓亦合追沒. 其受所監臨之財, 爲他司囑請, 律無別文, 止從坐贓加二等, 罪止流二千五百里, 卽重於「受所監臨」. 若未囑事發, 止同「受所監臨財物」法.

[율문1a] 무릇 타인의 재물을 받고 청탁한 자는 좌장으로 논하되 2등을 더하고,
[율문1b] 감림(관) 및 세요는 왕법에 준하여 논한다.
[율문1c] 재물을 준 자는 좌장으로 논하되 3등을 감한다.

[율문1a의 소] 의하여 말한다: "다른 사람의 재물을 받고 청탁한 자"란 감림하는 관이 아님을 말한다. "좌장(잡1)으로 논하되 2등을 더한다."고 하였으니, 곧 1척 이상은 태40에 처하고, 1필마다 1등씩 더하되 죄는 유2500리에 그친다.

[율문1b의 소] "감림(관) 및 세요는 왕법(직48.1)에 준하여 논한다."고 하였으니, 곧 1척 이상이면 장100에 처하고, 1필마다 1등씩 더하되 죄는 유3000리에 그치며,5) 녹이 없는 자는 1등을 감한다.

[율문1c의 소] 재물을 준 자는 좌장으로 논하되 3등을 감하므로, 죄는 도1년반에 그친다.6) 만약 다른 사람의 재물을 받아 청탁하는 것을 허락하고 아직 청탁하지 않았는데 (청탁받은) 일이 발각되었다면 "좌장"의 죄에 따르는 데 그친다. 만약 청탁해 줄 마음이 없으면서 거짓으로 재물을 받았으면, 당연히 "사기"에 의거해서 처단한다(사12).7) (재물을) 받은 자가 비록 사기한 것이지만, (재물을) 준 사람은 결국 청탁한 것이므로 그 장물 역시 추징하여 (관에) 몰수해야 한다(명32.1). 단 감림 대상의 재물을 받고 그를 위하여 다

---

5) 監臨主司가 재물을 받고 枉法하였다면, 죄의 최고형은 絞刑이다(138, 직48.1a). 그러나 왕법에 준해(準枉法)거나 절도에 준해(準盜)여 처벌해야 할 경우라면 죄의 최고형은 유3000리에 그친다(명53.2).

6) 좌장죄(389, 잡1)에서 장물의 가치가 絹 1척이면 태20하고 1필마다 1등씩 더하여 처벌한다. 10필에 이르면 도1년으로 처벌하고 그 이상이면 10필마다 1등씩 더하여 죄의 최고형은 도3년이다. 疏에서 좌장으로 논하되 3등을 감한다고 하였으니, 장물이 견 2필 1척이 되어야 비로소 태10에 해당하고 그 이하는 처벌하지 않는다. 또 10필이면 장80에 처하고, 죄의 최고형은 도1년반이 된다.

7) 사기죄는 절도에 준하여(準盜) 논한다(373, 사12.1a). 절도죄는 1척이면 장60에 처하고, 1필마다 1등씩 더하여 5필이면 도1년하며, 5필마다 1등씩 더하되 50필에 이르면 加役流에 처한다(282, 적35.2). 단 準盜라고 한 경우에는 가역류하지 않고, 유3000리에 처한다(명53.1·2). 따라서 청탁해 줄 마음이 없으면서 거짓으로 받은 재물이 1척이면 장60에 처하고, 1필마다 1등씩 더하여 5필이면 도1년하며, 5필마다 1등씩 더하되 죄의 최고형은 유3000리가 된다.

른 관사에 청탁한 때에는, 율에 별도의 조문이 없이 단지 좌장(죄)에 따르되 2등을 더한다고 했으니, 최고형은 유2500리가 되니, 곧 "수소감림(죄)"(직50)보다 무겁게 된다.[8] 만약 아직 청탁하지 않았는데 (청탁받은) 일이 발각되었다면, 단지 "수소감림재물"과 같은 법으로 (처벌한다).

[律文2] 若官人以所受之財分求餘官, 元受者併贓論, 餘各依己分法.

[律文2의 疏] 議曰: 謂有官之人初受有事家財物, 後減所受之物轉求餘官, 初受者併贓論, 餘官各依己分法. 假有判官, 受得枉法贓十疋, 更有兩官連判, 各分二疋與之, 判官得十疋之罪, 餘官各得二疋之坐, 二人仍並爲二疋之從. 其有共謀受財, 分贓入己者, 亦各依己分爲首從之法. 其中雖有造意及以預謀不受財者, 事若枉法, 止依曲法首從論, 不合據贓爲罪. 如曲法罪輕, 從「知所部有犯法不擧劾」, 減罪人罪三等科之.

[율문2] 만약 관인이 받은 재물을 다른 관인에게 나누어 주고 청탁하였다면, 원래 받은 자는 장물을 합산하여 논하고, 다른 (관인은) 각각 자기 몫에 대한 법에 의거한다.

[율문2의 소] 의하여 말한다: 관을 가진 사람이 먼저 사건이 있는 집의 재물을 받은 뒤에, 받은 재물을 덜어서 다른 관인에게 주고 청탁하였다면, 처음에 받은 자는 장물을 합산하여 논하고 다른 관인은 각각 자기가 분배받은 몫에 의거하여 처벌한다는 것을 말한다. 가령 어떤 판관이 왕법하여 장물 10필을 받고 다시 연대해서 판하는 두 명의 관인에게 각각 2필을 주었다면, 판관은 10필의 (왕법)죄를 받고 그 밖의 관인들은 각각 2필에 대한 처벌을 받는데,

---

8) 수소감림재물(140, 직50.1a)의 최고형은 유2000리인데, 좌장죄의 최고형은 도3년이고 여기에 2등을 더하면 유2500리가 되어 수소감림재물보다 더 무겁게 된다.

2인은 그대로 모두 2필의 (왕법죄의) 종범이 된다. 단 함께 모의하여 재물을 받고 장물을 나누어 자신에게 들인 경우 역시 각각 자기가 분배받은 것에 의하여 수범·종범의 법으로 처리한다(명42). 그 가운데 비록 조의하거나 모의에는 참여하였지만 재물을 받지 않은 자는, 일이 만약 왕법이면 단지 법을 왜곡한 것의 수범·종범에 의거하여 논하고(직45) 장물에 의거하여 죄로 삼아서는 안 된다. 만약 법을 왜곡한 죄가 가벼우면, "관할지역 내에 범법이 있는 것을 알고도 (이를) 적발하여 조사하지 않은 것"(투60)에 따라 죄인의 죄에서 3등을 감하여 죄준다.

제137조 직제 47. 재물로 청탁한 죄(有事以財行求)

[律文1a] 諸有事以財行求, 得枉法者坐贓論;

[律文1b] 不枉法者減二等.

[律文2] 卽同事共與者, 首則倂贓論, 從者各依己分法.

　[律文1a의 疏] 議曰: 有事之人, 用財行求而得枉法者, 坐贓論.

　[律文1b의 疏] 「不枉法者」, 謂雖以財行求, 官人不爲曲判者, 減坐贓二等.

　[律文2의 疏] 「卽同事共與者」, 謂數人同犯一事, 斂財共與, 元謀斂者, 倂贓爲首, 仍倍論; 其從而出財者, 各依己分爲從.

[율문1a] 무릇 사건이 있어 재물로 청탁하여, 왕법으로 (판결된) 자는 좌장으로 논하고,

[율문1b] 왕법으로 (판결되지) 못한 자는 2등을 감한다.

[율문2] 만약 동일 사건에 함께 (재물을) 준 경우 수범은 장물을

병합하여 논하고, 종범은 각각 자기 몫에 대한 법에 의거한다.

[율문1a의 소] 의하여 말한다: 일이 있는 사람이 재물을 사용하여 청탁해서 왕법을 (적용받은) 때에는 좌장(잡1)으로 논한다.

[율문1b의 소] "왕법을 (적용받지) 못한 경우"라 함은, 비록 재물로 청탁했지만 관인이 왜곡하여 판하지 않은 것을 말하며, 좌장(죄)에서 2등을 감한다.

[율문2의 소] "만약 동일 사건에 함께 (재물을) 주었다."는 것은, 여러 사람이 한 가지 사건을 공동으로 범하고 재물을 거두어 함께 준 것을 말하며, 원래 거두는 것을 모의한 자는 장물을 합산하여 수범으로 하되 절반으로 논하며, 그를 따라 재물을 낸 자는 각각 자기의 몫에 의거해서 종범으로 삼는다.[9]

제138조 직제 48. 감림주사가 재물을 받고 왕법한 죄(監主受財枉法)

[律文1a] 諸監臨主司受財而枉法者, 一尺杖一百, 一疋加一等, 十五疋絞.

[律文1a의 疏] 議曰:「監臨主司」, 謂統攝、案驗及行案主典之類. 受有事人財而爲曲法處斷者, 一尺杖一百, 一疋加一等, 十五疋絞.

---

9) 함께 죄를 범하고 함께 뇌물로 청탁하여 枉法한 경우 뇌물 제공을 주모한 자는 首犯으로 하고, 나머지 재물을 낸 자들은 從犯으로 한다. 수범의 처벌은 뇌물로 제공한 장물을 누계하여 그것의 절반으로 계산한 것에 따른다(명45.2). 예컨대 동일한 사건에 대해 10명이 함께 1필씩 거두어 뇌물을 제공하였다면, 뇌물 제공을 처음 모의한 수범은 10명이 제공한 뇌물을 누계한 10필의 장물을 절반으로 계산한 5필로 단죄하여 장60에 처한다. 또 隨從者는 1등을 감하는 법(명42.1)에 따라 나머지 9명의 종범들은 각각 내어놓은 장물 1필에 해당하는 태20에서 1등을 감하여 태10에 처한다.

[율문1a] 무릇 감림·주사가 재물을 받고 왕법한 때에는 1척이면 장100에 처하고, 1필마다 1등씩 더하되 15필이면 교형에 처한다.

  [율문1a의 소] 의하여 말한다: "감림·주사"란 통섭·안험하는 (감림관) 및 문안을 시행하는 주전 따위를 말한다. 사건이 있는 사람의 재물을 받고 법을 왜곡하여 처단한 자는 1척이면 장100에 처하고, 1필마다 1등씩 더하되 15필이면 교형에 처한다.

[律文1b] 不枉法者, 一尺杖九十, 二疋加一等, 三十疋加役流.

  [律文1b의 疏] 議曰: 雖受有事人財, 判斷不爲曲法, 一尺杖九十, 二疋加一等, 三十疋加役流.

[율문1b] 왕법하지 않은 자는 1척이면 장90에 처하고, 2필마다 1등씩 더하되 30필이면 가역류에 처한다.

  [율문1b의 소] 의하여 말한다: 비록 사건이 있는 사람의 재물을 받았으나 법을 왜곡하여 판단하지 않았다면, 1척이면 장90에 처하고, 2필마다 1등씩 더하되 30필이면 가역류에 처한다.

[律文2a] 無祿者各減一等;
[律文2b] 枉法者二十疋絞, 不枉法者四十疋加役流.

  [律文2a의 疏] 議曰: 應食祿者, 具在祿令. 若令文不載者, 並是無祿之官, 受財者各減有祿一等:
  [律文2b의 疏] 枉法者二十疋絞, 不枉法者四十疋加役流.

[율문2a] 녹이 없는 자는 각각 1등을 감하되,
[율문2b] 왕법한 때에는 20필이면 교형에 처하고, 왕법하지 않은 때에는 40필이면 가역류에 처한다.

[율문2a의 소] 의하여 말한다: 녹을 받을 수 있는 자는 모두 녹령에 정해져 있다(습유321쪽). 만약 영문에 기재되어 있지 않은 자는 모두 녹이 없는 관인데, (이들이) 재물을 받은 경우 각각 녹이 있는 자(의 죄)에서 1등을 감하되,

[율문2b의 소] 왕법한 때에는 20필이면 교형에 처하고, 왕법하지 않은 때에는 40필이면 가역류에 처한다.

제139조 직제 49. 사후에 재물을 받은 죄(事後受財)

[律文1] 諸有事先不許財, 事過之後而受財者, 事若枉準枉法論,
[律文2] 事不枉者, 以受所監臨財物論.

  [律文1의 疏] 議曰: 官司推劾之時, 有事者先不許物, 事了之後而受財者, 事若曲法, 準前條「枉法」科罪. 旣稱「準枉法」, 不在除·免·加役流之例.
  [律文2의 疏] 若當時處斷不違正理, 事過之後而與之財者, 卽以受所監臨財物論.

[율문1] 무릇 사건이 있는데 먼저 재물(을 받는 것)을 허락하지 않고 일이 끝난 뒤에 재물을 받은 자는 사건을 만약 왕법하여 (판결했다면) 왕법에 준하여 논하고,

[율문2] 사건을 왕법하지 않고 (판결했다면) 수소감림재물로 논한다.

  [율문1의 소] 의하여 말한다: 관사가 (죄인을) 추국하여 (죄상을) 조사할 때, 사건이 있는 자에게 먼저 재물(을 받는 것)을 허락하지 않고 사건이 끝난 뒤에 재물을 받은 때에는, 만약 법을 왜곡하여

사건을 (판결했으면) 앞 조항의 "왕법"에 준하여 죄를 준다(직48).
원래 "왕법에 준한다."라고 하였으니, 제명·면관·가역류의 예를 적
용하지 않는다(명53).

[율문2의 소] 만약 당시의 처단이 정당한 도리에 위반되지 않았더라
도 일이 끝난 뒤에 재물을 준 때에는 곧 수소감림재물(직50)로 논
한다.

제140조 직제 50. 감림 대상의 재물을
받은 죄(受所監臨財物)

[律文1a] 諸監臨之官受所監臨財物者, 一尺笞四十, 一疋加一等; 八疋徒
一年, 八疋加一等; 五十疋流二千里.

[律文1b] 與者減五等, 罪止杖一百.

　[律文1a의 疏] 議曰: 監臨之官不因公事, 而受監臨內財物者, 計贓一尺以上
　笞四十, 一疋加一等; 八疋徒一年, 八疋加一等; 五十疋流二千里.

　[律文1b의 疏] 與財之人, 減監臨罪五等, 罪止杖一百.

[율문1a] 무릇 감림관이 감림하는 바의 재물을 받은 때에는 1척
이면 태40에 처하고 1필마다 1등을 더하며, 8필이면 도1년하고
8필마다 1등씩 더하되, 50필이면 유2000리에 처한다.

[율문1b] (재물을) 준 자는 (감림관의 죄에서) 5등을 감하고, 죄는
장100에 그친다.

　[율문1a의 소] 의하여 말한다: 감림관이 공사로 인하지 않고 감림
　(범위) 내에서 재물을 받은 때에는10) 장물을 계산하여 1척 이상이

면 태40에 처하고 1필마다 1등씩 더하며, 8필이면 도1년하고 8필
마다 1등씩 더하되, 50필이면 유2000리에 처한다.

[율문1b의 소] 재물을 준 사람은 감림(관)의 죄에서 5등을 감하고,
죄는 장100에 그친다.

[律文2] 乞取者, 加一等;
[律文3] 强乞取者, 準枉法論.

[律文2의 疏] 議曰:「乞取者, 加一等」, 謂非財主自與, 而官人從乞者, 加
「受所監臨」罪一等. 以威若力强乞取者準枉法論, 有祿·無祿各依本法.

[律文3의 疏] 其因餉送而更强乞取者, 旣是一事分爲二罪, 以重法併滿輕
法. 若是頻犯及二人以上之物, 仍合累併倍論.

[율문2] 걸취한 때에는 1등을 더하고.
[율문3] 강요하여 걸취한 때에는 왕법에 준하여 논한다.

[율문2의 소] 의하여 말한다: "걸취한 자는 1등을 더한다."는 것은,
재물의 주인이 스스로 준 것이 아니고 관인의 요구에 따른 것으로
"수소감림(재물)"죄에 1등을 더한다는 것을 말한다. 위세 또는 힘으
로 강요하여 (재물을) 걸취한 자는 왕법에 준하여(직48) 논하되, 녹
이 있는 자와 녹이 없는 자는 각각 본법에 의거하여 (처벌)한다.[11]

---

10) 受所監臨罪의 '受'는 재물의 주인이 자발적 의사에 의해 제공한 재물을 감림
   관이 받은 것을 말한다. 이 경우 재물을 제공한 자도 유죄이고, 그 재물은 '彼
   此 모두 죄가 되는 贓物'이므로 관에 몰수된다(명32.1). 반면 관인이 능동적으
   로 요구하여 재물을 받은 것이 '乞取'이다. 이 경우 제공한 자에 대해서는 명
   문 규정이 없으나 무죄이므로, 그 재물은 원소유주에게로 반환된다(명32.2).
11) 감림관이 재물을 받고 枉法하였다면 絹 1척에 장100에 처하고, 1필마다 1등씩
   더하되 15필에 이르면 絞刑에 처한다(138, 직48.1a). 단 강요하여 재물을 乞取
   한 경우는 枉法에 준하여 논하라고 하였기 때문에 죄는 유3000리에 그친다(명
   53.2). 또 祿이 없는 자는 祿이 있는 자의 죄에서 1등을 감한다(138, 직48.2a).

[율문3의 소] 단 보내준 것을 받고 그로 인해서 다시 강요하여 (재물을) 걸취한 자는 원래 하나의 일이 나뉘어 두 가지 죄가 된 것이므로 무거운 (처벌)법의 (장물을) 가벼운 (처벌)법의 (장물에) 병만 한다. 만약 여러 번 범했거나 2인 이상의 재물이면, 그대로 병합·누계하여 절반으로 논한다(명45).

제141조 직제 51. 사행을 간 곳에서 재물을 받은 죄(因使受送遺)

[律文1] 諸官人因使, 於使所受送遺及乞取者, 與監臨同;
[律文2a] 經過處取者, 減一等. 糾彈之官不減.
[律文2b] 卽强乞取者, 各與監臨罪同.

　[律文1의 疏] 議曰: 官人因使, 於所使之處受送遺財物, 或自乞取者, 計贓準罪, 與監臨官同.
　[律文2a의 疏] 「經過處取者」, 謂非所詣之處, 因使經歷之所而取財者, 減一等. 糾彈之官不減者, 謂職合糾彈之官, 人所畏懼, 雖經過之處, 受送遺,乞取
　[律文2b의 疏] 及强乞取者, 各與監臨罪同.

[율문1] 무릇 관인이 사인이 되어 사행을 간 곳에서 보내준 것을 받거나 요구하여 (재물을) 걸취한 때에는 감림(관)과 같은 (죄를) 준다.
[율문2a] 거쳐 가는 곳에서 (재물을) 취득한 때에는 1등을 감하되, 규찰·탄핵(의 임무를 띤) 관은 감하지 않는다.
[율문2b] 만약 강요하여 (재물을) 걸취한 때에는 각각 감림(관)과

─────────────

이상의 것이 疏에서 말하는 本法이다.

같은 죄를 준다.

[율문1의 소] 의하여 말한다: 관인이 사인이 되어 사행을 간 곳에서 보내준 재물을 받거나 혹은 자신이 요구하여 (재물을) 걸취한 때에는 장물을 계산하고 죄에 비추어 감림관과 같은 (죄를) 준다(직50).[12]

[율문2a의 소] "거쳐 가는 곳에서 (재물을) 취득한 때"라 함은, 목적지가 아니고 사행의 경유지에서 재물을 취득한 때를 말하며, 1등을 감한다. 규찰·탄핵(의 임무를 띤) 관[13]은 감하지 않는다는 것은, 직책이 규찰·탄핵에 해당하는 관은 사람들이 두려워하는 바이므로 비록 경유하는 곳이라도 선물을 받거나 요구하여 취득하거나,

[율문2b의 소] 강요하여 걸취한 때에는 각각 감림(관)의 죄와 같다.[14]

제142조 직제 52. 관인이 감림 구역 내에서 재물을 빌리거나 매매한 죄(貸所監臨財物)

[律文1a] 諸貸所監臨財物者, 坐贓論; 授訖未上亦同. 餘條取受及相犯準此.

---

12) 이 조항은 使人이 사행에서 재물을 받거나 요구하여 취득한 경우에 대한 처벌 규정이다. 사행 도중 사인이 재물을 취득하는 것은 관인이 재물을 탐한 것으로 감림관이 재물을 받거나 요구하여 취득한 죄와 성격이 같다. 그러나 사인에 대한 처벌 규정을 수소감림재물(140, 직50.1a·2·3)과는 별도로 여기에 둔 것은 사인의 지위가 감림관과 다르기 때문이다.

13) 중앙과 지방의 비리를 규찰하고 탄핵하는 것은 御史臺의 직무이다. 어사대에는 장관인 御史大夫, 차관인 御史中丞을 비롯하여 侍御史·殿中侍御史 및 監察御史가 있다.

14) 목적지로 가는 도중 거쳐 가는 곳이라도 강요하여 재물을 취하였다면, 일반 관인뿐만 아니라 규찰이나 탄핵의 임무를 맡은 관인 역시 감림관과 동일하게 "수소감림재물"(140, 직50.1a·2·3)에 의해 처벌된다.

[律文1b] 若百日不還, 以受所監臨財物論.

[律文1c] 強者, 各加二等. 餘條強者準此.

　[律文1a의 疏] 議曰: 監臨之官於所部貸財物者, 坐贓論. 注云「授訖未上」者, 若五品以上據制出日, 六品以下據畫訖, 並同已上之法. 「餘條取受及相犯」, 謂「受所監臨」及「毆詈」之類, 故言「準此」.

　[律文1b의 疏] 若百日不還, 爲其淹留不償, 以受所監臨財物論.

　[律文1c의 疏] 若以威力而強貸者, 「各加二等」, 謂百日內坐贓論加二等, 滿百日外從受所監臨財物上加二等. 注云「餘條強者準此」, 謂如下條「私役使及借駝騾驢馬」之類, 強者各加二等. 但一部律內, 本條無強取罪名並加二等, 故於此立例. 所貸之物, 元非擬將入己, 雖經恩免罪, 物尙徵還. 縱不經恩, 償訖事發亦不合罪, 爲貸時本許酬償, 不同「悔過還主」故也. 若取受之贓, 悔過還主, 仍減三等. 恩前費用, 準法不徵, 貸者赦後仍徵償訖, 故聽免罪.

[율문1a] 무릇 감림하는 바에서 재물을 빌린 자는 좌장으로 논하고, (관직에) 제수되었으나 아직 부임하지 않은 자 역시 같다. 다른 조항의 (감림 대상의 재물을) 취하고 받은 것 및 서로 범한 것은 이에 준한다.

[율문1b] 만약 100일 내에 반환하지 않았다면 수소감림재물로 논하며,

[율문1c] 강제한 때에는 2등을 더한다. 다른 조항에서 강제한 것은 이에 준한다.

　[율문1a의 소] 의하여 말한다: 감림관이 관할하는 구역 내에서 재물을 빌린[15) 때에는 좌장으로 논한다(잡1). 주에 이르기를 "(관직에)

---

15) '借'와 '貸'는 모두 빌린다는 의미이지만 차이가 있다. '借'는 주로 의복·노리개(142, 직52.4)·노비·소·말·낙타·노새·나귀·수레·배·물레방아·邸店(143, 직53.1)·장막·담요(211, 구16.1의 소) 등을 빌려 사용하고 原物을 반환하는 것으로 임대차 혹은 사용대차에 가까운 개념이다. 이에 비해 '貸'는 당률에서 목적물을 특정하고 있지 않으나 재물·곡식 및 絹布 등을 빌려 팔거나 소비하

제수되었으나 아직 부임하지 않았다."고 한 것은, 만약 5품 이상이면 제서가 나온 날에 의거하고, 6품 이하이면 (황제가) 재가를 마친 때에 의거하여 모두 이미 부임한 자의 법과 같게 한다는 것이다.[16] "다른 조항의 (재물을) 취하거나 받은 것 및 서로 범한 것"이라 함은, "수소감림(재물)(직50)" 및 "(감림관을) 구타·욕설한 것"(투11·12·17·18 등) 따위를 말하며, 그러므로 "이에 준한다."고 한 것이다.

[율문1b의 소] 만약 100일 내에 반환하지 않았다면 시일을 지연시켜 상환하지 않으려 한 것이므로, 수소감림재물로 논한다(직50).

[율문1c의 소] 만약 위세나 힘으로 강제하여 빌린 때에는 "각각 2등을 더한다."는 것은, 100일 이내이면 좌장(잡1)으로 논하되 2등을 더하고, 100일을 초과하면 수소감림재물에 따르되 2등을 더함을 말한다. 주에 이르기를 "다른 조항의 강제한 때에는 이에 준한다."고 한 것은, 예컨대 아래 조항의 "(감림 대상을) 사사로이 사역시킨 것 및 낙타·노새·나귀·말을 빌린 것"(직53) 따위에서 강제한 때에는 각각 2등을 더한다는 것을 말한다. 단 전체 율 안에서 본조에 강제하여 (재물을) 취득한 것에 대한 처벌규정이 없다면, 모두 2등을 더해야 하므로 여기에 그 예를 둔 것이다. 빌린 물품은 원래 자신에게 들이고자 한 것이 아니므로, 비록 은사를 받아 죄를 면하더라도 (빌린) 물품은 그대로 추징해서 되돌려준다(명36). 설령 은사를 받지 않았더라도 상환한 뒤에 일이 발각되었으면 역시 죄에 해당하지 않는데, (이는 물품을) 빌릴 때 본래 상환할 것을 약속해서

고 이후 동종·동질·동량의 물건을 반환하는 것으로 소비대차에 가깝다.

16) 이 조항을 비롯하여 감림 관계가 범죄의 성립요건이 되는 경우 관계의 발생 시점이 문제가 된다. 注에서는 관직을 제수하는 절차가 완료되면 해당 官司에 出仕하기 이전이어도 이미 감림 관계가 발생한 것으로 간주하고 있다. 즉 5품 이상의 官은 制書가 발출된 날로부터, 6품 이하의 官은 奏抄에 '聞'이라는 황제의 서명이 이루어진 시점부터 出仕한 경우와 동일하게 감림 관계가 발생한 것이 된다(일본역『唐律疏議』2, 190~191쪽, 주2).

"(절도·사기로 다른 사람의 물품을 취한 뒤) 잘못을 뉘우치고 주인에게 돌려준 것(명39.1)"과는 같지 않기 때문이다. 예컨대 취하거나 받은 장죄는 뉘우치고 주인에게 돌려주었다면 그대로 3등을 감하고, 은사령 전에 소비하였다면 법에 준하여 징수하지 않지만(명33.3), 빌린 경우는 사면된 후에도 그대로 추징하여 상환하기 때문에 죄를 면하는 것을 허용하는 것이다.

[律文2a] 若賣買有剩利者, 計利, 以乞取監臨財物論.
[律文2b] 强市者, 笞五十; 有剩利者, 計利, 準枉法論.

　[律文2a의 疏] 議曰: 官人於所部賣物及買物, 計時估有剩利者, 計利以乞取監臨財物論.
　[律文2b의 疏] 「强市者笞五十」, 謂以威若力强買物, 雖當價猶笞五十, 有剩利者計利準枉法論.

[율문2a] 만약 매매하여 이익을 남긴 때에는 이익을 계산하여 감림하는 (바의) 재물을 걸취한 것으로 논하고,
[율문2b] 강제로 매매한 때에는 태50에 처하고, 이익을 남긴 때에는 이익을 계산하여 왕법에 준하여 논한다.

　[율문2a의 소] 의하여 말한다: 관인이 관할하는 바에서 물품을 팔고 사는데 당시의 가격으로 계산하여 이익을 남긴 때에는 이익을 계산하여 감림하는 (바의) 재물을 걸취(직50.2)한 것으로 논한다.
　[율문2b의 소] "강제로 매매한 때에는 태50에 처한다."는 것은, 위세 또는 힘으로 물품을 강매한 경우 비록 (당시의) 가격에 합당하더라도 그대로 태50에 처하고, 이익을 남긴 때에는 이익을 계산하여 왕법에 준하여(직48) 논한다는 것을 말한다.

[律文2b의 問] 曰: 官人遣人或市司而爲市易, 所遣之人及市司爲官人賣買有剩利, 官人不知情及知情, 各有何罪?

[律文2b의 答] 曰: 依律:「犯時不知, 依凡論.」官人不知剩利之情, 據律不合得罪. 所爲市者雖不入己, 既有剩利或強賣買, 不得無罪, 從「不應爲」: 準官人應坐之罪, 百杖以下, 所市之人從「不應爲輕」, 笞四十; 徒罪以上, 從「不應爲重」, 杖八十. 仍不得重於官人應得之罪. 若市易已訖, 官人知情, 準「家人所犯知情」之法.

[율문2b의 문] 묻습니다: 관인이 사람 혹은 시사를 시켜 교역했고, 시킴을 받은 사람 및 시사가 관인을 위해 매매하여 이익을 남겼는데, 관인이 그 정을 알지 못한 경우 및 안 경우 각각 어떤 죄가 됩니까?

[율문2b의 답] 답한다: 율에 의거하면, "범행할 때 알지 못했다면 일반 범행으로 논한다."(명49.3) (따라서) 관인이 이익을 남긴 정을 알지 못하였다면 율에 의거하여 죄를 받아서는 안 된다. 교역한 자는 (이익을) 비록 자신에게 들이지 않았더라도 이미 이익을 남겼거나 혹은 강제로 매매하였다면 무죄일 수 없으므로 "해서는 안 되는데 행한 죄"(잡62)에 따르는데, 관인이 처벌되어야 할 죄에 준하여, 상100 이하이면 교역한 사람은 "해서는 안 되는데 행한 (죄)의 가벼운 쪽"에 따라 태40에 처하고, 도죄 이상이면 "해서는 안 되는데 행한 죄의 무거운 쪽"에 따라 장80에 처한다. 어떤 경우라도 관인이 받아야 할 죄보다 무겁게 해서는 안 된다. 만약 교역이 이미 끝난 뒤 관인이 그 정을 알았다면, "집안 사람이 범한 정을 안 경우"(직56.2)의 법에 준한다.

[律文3] 卽斷契有數, 違負不還, 過五十日者, 以受所監臨財物論.

[律文4] 卽借衣服, 器翫之屬, 經三十日不還者, 坐贓論, 罪止徒一年.

[律文3의 疏] 議曰: 官人於所部市易, 斷契有數, 仍有欠物, 違負不還, 五十

日以下, 依雜律科「負債違契不償」之罪; 滿五十一日, 以受所監臨財物論.

[律文4의 疏] 卽借衣服,器翫之屬者, 但衣服,器物, 品類至多, 不可具擧, 故云「之屬」. 借經三十日不還者, 坐贓論, 罪止徒一年. 所借之物各還主.

[율문3] 만약 계약서에 (약속된) 수량이 있는데, 다 돌려주지 않고 50일을 넘긴 때에는 수소감림재물로 논한다.

[율문4] 만약 의복·기물 따위를 빌려 쓰고 30일이 지나서도 반환하지 않은 때에는 좌장으로 논하되, 罪는 도1년에 그친다.

[율문3의 소] 의하여 말한다: 관인이 관할하는 바에서 교역한 계약서17)에 (약속된) 수량이 있는데, 여전히 부족한 물품이 있고 반환하지 않은 (기간이) 50일 이하이면 잡률(잡10)에 의거하여 "부채를 계약을 어기고 상환하지 않은 경우"의 죄로 죄를 주고, 51일이 차면 수소감림재물로 논한다.

[율문4의 소] 만약 의복·노리개 따위를 빌려 쓴 것이라 한 것은, 단지 의복·기물은 등급과 종류가 매우 많아 모두 기록할 수가 없기 때문에 "따위"라고 한 것이다. (의복·노리개 따위를) 빌려 쓰고 30일이 지나도록 반환하지 않은 때에는 좌장으로 논하되, 죄는 도1년에 그친다. 빌려 쓴 물품은 각각 주인에게 반환한다.

---

17) '斷契'는 계약서를 말한다. 한 장의 종이를 두 쪽으로 잘라 계약자 쌍방이 각각 한 쪽을 가지고 증거로 삼는다.

제143조 직제 53. 감림 대상을 사사로이 사역하거나 빌린 죄(役使所監臨)

[律文1] 諸監臨之官私役使所監臨及借奴婢、牛馬駝騾驢、車船、碾磑、邸店之類, 各計庸、賃, 以受所監臨財物論.

  [律文1의 疏] 議曰: 監臨之官私役使所部之人, 及從所部借奴婢、牛馬駝騾驢、車船、碾磑、邸店之類, 稱奴婢者, 部曲、客女亦同, 各計庸、賃之價, 人、畜、車計庸, 船以下準賃, 以受所監臨財物論, 强者加二等. 其借使人功, 計庸一日絹三尺. 人有强弱, 力役不同, 若年十六以上、六十九以下犯罪徒役, 其身庸依丁例; 其十五以下、七十以上及廢疾旣不任徒役, 庸力合減正丁, 宜準當鄉庸作之價. 若準價不充絹三尺, 卽依減價計贓科罪; 其價不減者, 還依丁例.

[율문1] 감림관이 감림 대상을 사사로이 사역하거나 노비·소·말·낙타·노새·나귀·수레·배·물레방아·저점 따위를 차용한 때에는 각각 노임이나 임대가를 계산하여 수소감림재물로 논한다.

  [율문1의 소] 의하여 말한다: 감림관이 관할하는 바의 사람을 사사로이 사역하거나 관할하는 바에서 노비·소·말·낙타·노새·나귀·수레·배·물레방아·저점 따위를 빌린 경우 -노비라고 한 것은 부곡·객녀 역시 같다.- 각각 노임이나 임대가의 가치를 계산하는데, 사람·가축·수레는 노임으로 계산하고 배 이하는 임대가로 환산하여 수소감림재물(직50)로 논하고[18] 강제한 때에는 2등을 더한다. 단

---

18) '庸'은 사람의 경우 1일을 絹 3척으로 계산하며, 소·말·낙타·노새·나귀 및 수레 등도 1일에 絹 3척에 준하여 계산한다(명34.2a). '賃'은 배·물레방아 및 邸店 등을 빌린 당시의 임대가(賃價)에 의해 계산한다(명34.2b). 배·물레방아 및 邸店 등의 경우 당시의 임대가로 계산하는 것은 그것의 크기가 같지 않고 한가함과 긴요함의 차이가 있으므로 일정한 임대가를 공정가로 할 수 없기 때문이다.

인력을 빌려 사용하였다면 노임 1일을 견 3척으로 계산한다(명 34.2). 사람은 강한 자와 약한 자가 있어 힘이 같지 않은데, 예컨대 16세 이상 69세 이하이면 죄를 범한 경우 도형의 노역을 하니 그 인신의 노임은 (정)정의 예에 의한다. 만약 15세 이하 70세 이상이 거나 폐질자라면 원래 도형의 노역을 하지 않고(명30.1의 주), (그) 힘은 정정보다 약하므로, 마땅히 해당 지역의 노임에 준한다. 만약 (그 노임이) 견 3척에 차지 않으면, 곧 감한 노임에 의거해서 장물 로 계산하여 죄를 준다. 그 노임이 낮지 않다면 도리어 (정)정의 예에 의거한다.

[律文2a] **卽役使非供己者**, 非供己, 謂流外官及雜任應供官事者. **計庸坐贓論, 罪止杖一百.**

[律文2b] **其應供己驅使而收庸直者, 罪亦如之.**

[律文2b의 注] 供己求輸庸直者, 不坐.

[律文2a의 疏] 議曰: 非供己謂流外官者, 謂諸司令史以下, 有流外告身者. 「雜任」, 謂在官供事, 無流外品. 爲其合在公家驅使, 故得罪輕於凡人不合供 官人之身, 計庸坐贓致罪, 一尺笞二十, 一疋加一等, 罪止杖一百.

[律文2b의 疏] 其應供己驅使者, 謂執衣·白直之類, 止合供身驅使, 據法不合 收庸, 而收庸直, 亦坐贓論, 罪止杖一百, 故云「亦如之」.

[律文2b의 注의 疏] 注云「供己求輸庸直」, 謂有公案者, 不坐. 別格聽收庸 直者, 不拘此例.

[율문2a] **만약 (감림관) 자신에게 제공되지 않은 자를 사역한 때 에는** (감림관) 자신에게 제공되지 않았다는 것은 유외관 및 잡임으로 관의 일에 제공되는 자들을 말한다. **노임을 계산하여 좌장으로 논하 되, 죄는 장100에 그친다.**

[율문2b] 단 자신에게 제공되어 부릴 수 있는 자더라도 노임을 거둔 경우의 죄 역시 이와 같다.

[율문2b의 주] 자신에게 제공된 자가 노임을 내겠다고 요구한 때에는 처벌하지 않는다.

[율문2a의 소] 의하여 말한다: (관인) 자신에게 제공되지 않은 자 (중의) 유외관은 모든 관사의 영사 이하로 유외의 고신을 가진 자를 가리킨다. "잡임"은 관의 일에 제공되지만 유외(관)품이 없는 자를 말한다. 이들은 공가에서 사역되어야 하는 자이기 때문에 관인 자신에게 제공해서는 안 되는 일반인(을 사역한 것)보다 죄를 받는 것이 가볍고, 노임을 계산하여 좌장으로 죄를 주므로(잡1) 1척이면 태20에 처하고, 1필이면 1등씩 더하되, 죄는 장100에 그친다.19)

[율문2b의 소] 단 자신에게 제공되어 부릴 수 있는 자라 함은 집의·백직 따위20)와 같이 다만 몸을 제공하여 구사되어야 하는 자들을 말하며, 법에 의거하여 노임을 거두어서는 안 되는데 노임을 거두

---

19) '流外官'과 '雜任'은 流內官 아래의 하급직이다. 유내관의 임명은 황제의 재가를 필요로 하는 奏授인데 반해, 유외관과 잡임의 임명은 장관의 判補에 의한다(91, 직1.1의 소). 유외관은 별도로 유외 9계의 품이 정해져 있고 告身이 발급되지만, 잡임은 고신이 없다. 유외관과 잡임은 令에 의해 정원이 정해지고 규율에 따라 복무하지만, 관인의 특전에 관한 율의 적용에서는 제외되어 관인의 범주에 들어가지 않는다. 이들은 관사에서 사역되는 자들로 관인 개인에게 사역되어서는 안 되기 때문에, 이들을 사사로이 사역한 관인은 일반인을 사역시킬 경우 '감림하는 대상에게 재물을 받음'(140, 직50.1a)에 따라 단죄되는 것보다 가벼운 좌장(389, 잡1.1)에 의해 처벌을 받는다.

20) '執衣'·'白直'은 色役의 하나이다. '집의'는 州縣官과 在外監官을 수행하면서 붓과 벼루를 가지고 다니는 일도 담당하였으며, 中男으로 충당하였다. '백직'은 주현관에게 지급되어 그들을 수행하며 사역을 담당하였고, 丁男으로 충당하였다. 집의·백직 외에도 防閣·士力·庶僕 등이 관인의 관품 고하에 따라 차등적으로 지급되었다. 이들은 官品의 높고 낮음에 따라 차등적으로 지급되었다(『통전』권35, 965~966쪽; 『당육전』권3, 78쪽 및 『역주당육전』상, 232~234쪽). 이들이 "관인 자신에게 제공되어 사역해야 할 자"이다.

었다면 역시 좌장으로 논하되 죄는 장100에 그치므로 "역시 이와 같다."고 한 것이다.

[율문2b의 주의 소] 주에 "자신에게 제공된 자가 노임을 내겠다고 요구한 때"라 함은 공문서에 기록된 자를 말하며, (이 경우) 처벌하지 않는다. 별도의 격으로 노임을 거두는 것을 허용한 경우에는 이 예에 구애받지 않는다.

[律文3a] 若有吉凶借使所監臨者, 不得過二十人, 人不得過五日.
[律文3b] 其於親屬雖過限及受饋、乞貸, 皆勿論.
[律文3b의 注] 親屬, 謂緦麻以上, 及大功以上婚姻之家. 餘條親屬準此.

　[律文3a의 疏] 議曰: 吉, 謂冠婚或祭享家廟. 凶, 謂喪葬或擧哀及殯殮之類. 聽許借使監臨部內, 所使總數不得過二十人, 每人不得過五日.

　[律文3b의 疏] 「其於親屬雖過限」, 謂親屬別於數限外驅使及受饋餉貼物、飮食或有乞貸, 皆勿論.

　[律文3b의 注의 疏] 親屬, 謂本服緦麻以上親, 及大功以上親共爲婚姻之家, 並通受饋餉、借貸、役使, 依法無罪. 餘條親屬準此者, 謂一部律內稱「親屬」處, 悉據本服內外緦麻以上及大功以上共爲婚姻之家, 故云「準此」.

[율문3a] 만약 길·흉사가 있어 감림 대상을 빌려 사역할 때에는 20인을 초과해서는 안 되고, (각) 사람마다 5일을 초과할 수 없다.
[율문3b] 단 친속이라면 비록 (인원수의) 제한을 초과하거나 보낸 재물을 받거나 요구하여 빌리는 것은 모두 논하지 않는다.
[율문3b의 주] 친속이란 시마친 이상 및 대공친 이상과 혼인한 집안을 말한다. 다른 조항에서 친속은 이에 준한다.

　[율문3a의 소] 의하여 말한다: 길사란 관례·혼례 혹은 가묘에 제향하는 것을 말한다. 흉사란 상장례 혹은 거애 및 빈렴 따위를 말한

다.[21] (이상과 같은 일에 대해서) 감림하는 범위 내에서 (사람을) 빌려 사역하는 것을 허용하지만, 사역하는 바의 총 수는 20인을 초과해서는 안 되며, 각 사람마다 5일을 초과할 수 없다.

[율문3b의 소] "단 친속이라면 비록 (인원수의) 제한을 초과하거나" 란, 친속은 (정해진) 수의 제한 외에 별도로 사역시키는 것 및 보낸 재물과 음식을 받거나 혹은 요구하여 빌리는 것을 말하며, 모두 논하지 않는다.

[율문3b의 주의 소] 친속은 본복이 시마 이상인 친속 및 대공 이상 친속과 혼인한 집안을 말하며, 또한 보낸 것을 받거나 빌리거나 사역시키는 것은 법에 의거해서 죄가 없다. 다른 조항의 친속은 이에 준한다는 것은, 전체 율 안에서 "친속"이라고 한 곳은 모두 본복이 시마 이상인 내외의 (친속) 및 대공친 이상이 더불어 혼인한 집안에 의거하므로, "이에 준한다."고 한 것이다.

[律文4a] 營公廨借使者, 計庸、賃, 坐贓論減二等.

[律文4b] 卽因市易剩利及懸欠者, 亦如之.

　[律文4a의 疏] 議曰: 借使所監臨奴婢、牛馬、車船、碾磑、邸店之類, 爲營公廨使者, 各計庸、賃, 坐贓論減二等.

　[律文4b의 疏] 卽爲公廨市易剩利及懸欠其價不還者, 亦計所剩及懸欠, 坐贓論減二等, 故云「亦如之」.

[율문4a] 공해를 운영하면서 차용하거나 사역한 때에는 노임이나

<hr />

21) 당률에서 '擧哀'란 부모 및 남편의 喪을 들으면 바로 곡하고 읍하는 禮로써 喪禮의 시작을 의미하는데, 이를 숨기고 바로 거애하지 않은 때에는 유2000에 처하였다(120, 직30.1의 소). 또 시신에 壽衣를 입히는 것을 '小殮', 시신을 관에 넣는 것을 '大殮', 관을 가매장하는 것을 '殯'이라고 한다(『당률석문』권11, 빈렴).

임대가를 계산하여 좌장으로 논하되 2등을 감하고,

[율문4b] 만약 교역으로 인하여 이익을 남기거나 대금을 갚지 않은 경우 역시 이와 같다.

[율문4a의 소] 의하여 말한다: 감림 대상의 노비·소·말·수레·배·물레방아·저점 따위를 빌려서 사용한 것이 공해[22]의 운영을 위한 것이면 각각 노임이나 임대가를 계산하여 좌장으로 논하되 2등을 감한다.

[율문4b의 소] 만약 공해를 (운영하기) 위해 교역하여 이익을 남기거나 대금을 갚지 않은 경우 역시 남긴 바 및 갚지 않은 바를 계산하여 좌장으로 논하되 2등을 감하므로, "역시 이와 같다."고 한 것이다.

제144조 직제 54. 감림관이 식품을
제공받은 죄(監臨受供饋)

[律文1] 諸監臨之官受猪羊供饋, 謂非生者. 坐贓論.

[律文2] 强者, 依强取監臨財物法.

[律文1의 疏] 議曰: 監臨之官於所部內受猪羊供饋者, 卽是殺訖始送, 故注云「謂非生者」. 擧猪羊爲例, 自餘禽獸之類皆是, 各計其所直坐贓論.

[律文2의 疏] 强取者, 依强取監臨財物法, 計贓準枉法論. 其有酒食、瓜果之

---

22) 각 관서의 경상적 운영비는 사무비를 비롯한 하급 관원들의 인건비 등을 포함해서 국가의 예산 편성에 들어가지 않고, 각 관사의 부담으로 일임되어 있었다. 따라서 각 관사는 얼마간의 기본 재산으로 특별회계를 설정하고, 그 회계의 수입으로 독립채산적 성격의 경상비를 조달하였다. 이 특별회계가 '公廨'이고, 그 기본 재산으로 토지가 투입되면 '公廨田'이며, 활용하여 이윤을 거두기 위해 金錢이 투입되면 '公廨本錢'이다(일본역『唐律疏議』2, 195쪽, 주13).

類而受者, 亦同供饋之例. 見在物徵還主. 若以畜産及米麵之屬饋餉者, 自從「受所監臨財物」法, 其贓沒官.

[율문1] 무릇 감림관이 돼지·양 (등의) 식품을 제공받았다면 살아 있는 것이 아님을 말한다. **좌장으로 논하고,**

[율문2] **강제한 때에는 감림하는 대상의 재물을 강제로 취득한 법에 의거한다.**

[율문1의 소] 의하여 말한다: 감림관이 관할 범위 내에서 돼지·양을 제공받은 경우란 곧 도살해서 보낸 것이며, 그러므로 주에 "살아있는 것이 아님을 말한다."23)고 해석한 것이다. 돼지와 양을 예로 들었는데, 그 밖의 금수 따위도 모두 그러하며, 각각 그 가치를 계산하여 좌장으로 논한다(잡1).

[율문2의 소] 강제로 취득한 때에는 감림 대상의 재물을 강제로 취득한 법(직50.3)에 의거하니, 장물을 계산하여 왕법에 준하여 논한다. 단 술·음식, 외와 과실 따위를 받은 자 역시 식품을 제공받은 예와 같다. 남아 있는 물품은 추징하여 주인에게 반환한다(명33.1). 만약 축산 및 쌀·밀가루 따위를 보낸 자는 당연히 "수소감림재물"(직50)의 법에 따르고, 그 장물은 관에 몰수한다(명32.1).24)

---

23) 돼지·양 등을 살아있는 채로 제공한 경우는 축산이나 쌀과 밀가루 등과 같이 재물을 제공한 것이 되어 '수소감림재물'(140, 직50.1a)이 적용된다.

24) 음식을 제공하는 것은 그 행위로 볼 때 주는 자와 받는 자는 共犯이 된다. 즉 '주고받은 彼此 모두 죄가 되는 장물'(명32.1a)에 의해 음식을 제공한 자는 받은 자의 죄에서 5등을 감하고, 그 장물은 관에 몰수된다(389, 잡1.2 및 소). 그러나 이 조항에서 강요하여 취득한 경우는 제공한 자는 죄가 되지 않기 때문에, 正贓이 현존하면 주인에게 반환하는 것이다(명33.1a). 다만 '수소감림재물'(140, 직50.1a)을 적용할 경우 제공한 자 역시 죄가 되기 때문에 '주고받은 피차 모두 죄가 있는 장물'에 해당하여 관에서 몰수하게 된다.

제145조 직제 55. 감림 대상의 재물을 거두어 다른 사람에게 보낸 죄(率斂所監臨財物)

[律文] 諸率斂所監臨財物饋遺人者, 雖不入己, 以受所監臨財物論.

  [律文의 疏] 議曰: 率斂者, 謂率人斂物. 或以身率人以取財物饋遺人者, 雖不入己, 併倍以受所監臨財物論. 若自入者, 同「乞取」法. 旣是率斂之物, 與者不合有罪, 其物還主.

[율문] 무릇 (사람을) 거느리고 감림하는 대상의 재물을 거두어 사람들에게 준 때에는 비록 자신에게 들이지 않았더라도 수소감림재물로 논한다.

  [율문의 소] 의하여 말한다: 거느리고 거두다란 사람을 거느리고 재물을 거두는 것을 말한다. 혹은 친히 사람을 거느려 재물을 취득하여 다른 사람에게 준 때에는 비록 자신에게 들이지 않았더라도 합산하고 절반하여 수소감림재물로 논한다. 만약 자신에게 (재물을) 들인 자는 "걸취"(직50.2)의 법과 같다. 원래 (사람을) 거느리고 거둔 물품이라면 (물품을) 준 자는 죄가 있는 것이 아니므로, 그 물품은 (본래) 주인에게 반환한다.

제146조 직제 56. 감림관의 가인이 범한 죄(監臨之官家人有犯)

[律文1] 諸監臨之官家人於所部有受乞、借貸、役使、賣買有剩利之屬, 各減

官人罪二等;

[律文2] 官人知情與同罪, 不知情者各減家人罪五等.

　[律文1의 疏] 議曰:「臨統案驗爲監臨.」注云:「謂州、縣、鎭、戍折衝府等判官
　以上, 總爲監臨. 自餘唯據臨統本司及有所案驗者.」 此等之官家人於其部內
　有受財,乞物,借貸,役使,賣買有剩利之屬者, 各減官人身犯二等.

　[律文2의 疏] 若官人知情者, 並與家人同罪. 其「不知情者, 各減家人罪五等」,
　謂準身自犯, 得減七等.

[율문1] 무릇 감림관의 집안 사람이 관할하는 바에서 (재물을) 받거
나 걸취하거나 차용하거나 (사람 등을) 사역하거나 매매하여 이익
을 남긴 것 따위가 있을 때는 각각 관인의 죄에서 2등을 감한다.
[율문2] 관인이 정을 알았다면 같은 죄를 주고, 정을 알지 못하였
다면 각각 집안 사람의 죄에서 5등을 감한다.

　[율문1의 소] 의하여 말한다: "감(림)·통(섭)·안험하면 감림으로 한
　다."(명54)는 (율문의) 주에 "주·현·진·수·절충부 등의 판관 이상은
　모두 (관할하는 바 내에서) 감림이 된다. 이 밖(의 관사에서는) 오
　직 (감)림·통(섭)하는 본사 및 안험하는 바가 있는 것에 의거한다."
　고 하였다. 이들 관의 집안 사람이 관할하는 범위 내에서 재물을
　받거나(직50.1) 물품을 요구하거나(직50.2·3) 빌리거나(직52.1·53) 사
　역시키거나(직53) 매매하여 이익을 남긴 것(직52.2) 따위가 있을 때
　에는 각각 관인 자신이 범한 (죄에서) 2등을 감한다.
　[율문2의 소] 만약 관인이 정을 알았다면 모두 집안 사람과 같은 죄
　를 준다. 여기서 "(관인이) 정을 알지 못하였다면 각각 집안 사람
　의 죄에서 5등을 감한다."고 한 것은, (감림관) 스스로 범한 (죄에)
　준하여 7등을 감할 수 있다는 것을 말한다.

[律文3] 其在官非監臨及家人有犯者, 各減監臨及監臨家人一等.

[律文3의 疏] 議曰: 在官非監臨者, 謂非州·縣·鎭·戍·折衝府判官以上, 其諸州 參軍事及小錄事於所部不得常爲監臨, 此爲「在官非監臨」. 若有事在手, 便爲 有所案驗, 卽是監臨主司. 無所案驗者, 有所受乞·借貸·役使·賣買及假賃有剩 利之屬, 知情·不知情, 各減監臨之官罪一等. 家人有犯, 亦減監臨家人罪一等.

[율문3] 단 관에 있더라도 감림이 아닌 (자) 및 (그) 집안 사람이 범함이 있을 때는 각각 감림(관) 및 (그) 집안 사람(의 죄)에서 1등을 감한다.

[율문3의 소] 의하여 말한다: 관에 있더라도 감림이 아닌 자란 주·현·진·수·절충부의 판관 이상이 아닌 (자)를 말하며, 단 (판관 이상이라도) 모든 주의 참군사25) 및 소녹사26)는 관할하는 바에서 통상적으로 감림이 될 수 없는데, 이들이 "관에 있더라도 감림이 아닌 (자)"가 된다. (그러나) 만약 어떤 일이 수중에 있으면 곧 안험하는 바가 있게 되는 것이니, 그러면 곧 감림주사가 된다. 안험하는 바가 없는 자가 재물을 받거나(직50.1) 물품을 요구하거나(직50.

---

25) 각 주에는 '判官'의 지위를 갖는 6曹參軍事 외에 6조에 소속되지 않은 참군사를 두었다. 이들 참군사는 使人의 파견, 안건의 조사, 빈객을 인도하는 일을 관장하였으며, 上州는 4명(정9품상), 中州는 3명(정9품하), 下州는 2명(종9품하)을 두었다(『당육전』권30, 746·747·749쪽 및 『역주당육전』하, 429·430·431·453쪽).

26) 각 주에는 錄事參軍事 1인 아래에, 上州에는 錄事 2인(종9품상), 中州와 下州에는 1인(종9품하)을 두어 錄事司를 구성하였다. 녹사참군사는 문서를 담당관에게 교부하고 일정의 지체와 위반 사실을 검사하며 문서의 목록을 작성하는 일을 관장하였고, 녹사는 문서의 접수 일시 등록과 개봉을 담당하며 문서가 지체되거나 빠진 것을 勾檢하는 일을 겸한다(『당육전』권29, 731쪽 및 『역주당육전』하, 394쪽; 『당육전』권30, 748·753쪽 및 『역주당육전』하, 436~437·472쪽). 이처럼 문서 행정을 전담한 녹사참군사와 녹사를 檢勾官이라고도 한다(명40.4 및 소). 이 조항의 疏에 보이는 小錄事는 문헌에 보이지 않지만, 녹사참군사 아래에서 檢官을 담당한 녹사를 가리키는 것으로 보인다.

2·3) 빌리거나(직52.1·53) 사역시키거나(직53) 매매·임차로 이익을 남긴(직52.2) 것 따위가 있다면, (그) 정을 알았든 알지 못하였든 각각 감림하는 관의 죄에서 1등을 감한다. 집안 사람이 (죄를) 범함 것이 있으면 역시 감림(관)의 가인의 죄에서 1등을 감한다.

[律文3의 問] 曰: 州、縣、鎮、戍、折衝府判官以上於所部總爲監臨, 自餘唯據臨統本司及有所案驗者. 里正、坊正旣無官品, 於所部內有犯, 得作監臨之官以否?

[律文3의 答] 曰: 有所請求及枉法、不枉法, 律文皆稱監臨主司, 明爲臨統案驗之人, 不限有品、無品, 但職掌其事, 卽名監臨主司. 其里正、坊正, 職在驅催, 旣無官品, 並不同監臨之例. 止從「在官非監臨」, 各減監臨之官罪一等.

[율문3의 문] 묻습니다: 주·현·진·수·절충부의 판관 이상은 관할하는 바에서 모두 감림이 되고, 그 밖(의 관청)에서는 오직 (감)림·통(섭)하는 본사 및 안험하는 바가 있는 것에 의거합니다. 이정·방정은 원래 관품이 없는데, 관할 내에서 (죄를) 범함이 있으면 감림하는 관으로 간주하여 (죄줄 수) 있습니까?

[율문3의 답] 답한다: 청탁한 (죄)(직45) 및 왕법·불왕법(죄)(직48)의 율문에서는, 감림주사라고 칭할 경우 모두 통제·판정하는 사람은 관품이 있고 없음을 구분하지 않고, 다만 직무가 그 일을 관장하는 (자는) 곧 감림주사로 정명한다는 것을 분명히 했다. 단 이정·방정27)의 직무는 독촉하는 것이고 원래 관품이 없기 때문에 모두 감림의 예와 같지 않다. 단지 "관에 있더라도 감림이 아닌 (자)"에 따

---

27) 당대에는 1리를 100호로 구성하고 正 1인을 두었다. 里正은 督察을 담당하고 아울러 農桑의 勸課와 賦役의 催促, 戶口의 按比 및 非違의 검찰 등을 맡았다. 또 양경 및 주현의 성곽 안은 '坊'으로, 교외는 '村'으로 나누었는데, 坊과 村에는 모두 正을 두었다. 坊正은 坊門의 자물쇠와 열쇠를 관장하고 간사하고 나쁜 일을 督察하는 일을 담당하였다(『당육전』권3, 73쪽 및 『역주당육전』상, 208~209쪽; 『통전』권3, 63~64쪽).

라 각각 감림하는 관의 죄에서 1등을 감한다.

제147조 직제 57. 관직을 떠나면서 걸취 등을
범한 죄(受舊官屬士庶饋與)

[律文] 諸去官而受舊官屬、士庶饋與, 若 乞取、借貸之屬, 各減在官時三
等. 謂家口未離本任所者.

　[律文의 疏] 議曰:「舊官屬」, 謂前任所僚佐. 「士庶」, 謂舊所管部人. 受其
　饋送財物, 「若乞取、借貸之屬」, 謂賣買假賃有剩利、役使之類, 「各減在官時
　三等」. 並謂家口未離本任所者. 其家口去訖受饋餉者, 律無罪名, 若其乞索
　者, 從「因官挾勢乞索」之法.

[율문] **무릇 관을 떠나면서 옛 관속이나 사서가 보낸 재물을 받거
나 혹은 걸취하거나 차용한 것 따위는 각각 관에 있을 때 (범한
죄)에서 3등을 감한다.** 집안의 사람이 아직 본래의 임지를 떠나지 않
은 때를 말한다.

　[율문의 소] 의하여 말한다: "옛 관속"이란 이전 임지의 속관을 말한
　다. "사서"란 옛 관할 지역의 사람을 말한다. 그들이 보낸 재물을
　받거나 "혹은 (재물을) 걸취하거나 빌린 것 따위"란 매매·임차로
　이익을 남기거나 사역시킨 것 따위(직50·51·52·53)를 (포함해서) 말
　하는데, 각각 관에 있을 때에서 3등을 감한다. 모두 집안 사람이
　아직 본래의 임지를 떠나지 않은 경우를 말한다. 단 집안 사람가
　모두 떠나고 나서 증정한 것을 받은 때에는 율에 처벌 규정이 없
　지만, 만약 그것이 걸색 것이면 "관인의 위세로 걸색한 것"(직58)의

법에 따른다.

제148조 직제 58. 위세로 걸색한 죄(挾勢乞索)

[律文] 諸因官挾勢及豪强之人乞索者, 坐贓論減一等; 將送者, 爲從坐. 親
故相與者, 勿論

　[律文의 疏] 議曰: 或有因官人之威挾恃形勢, 及鄕閭首望·豪右之人, 乞索財
　物者, 累倍所乞之財, 坐贓論減一等. 「將送者爲從坐」, 謂領豪右人等乞索者,
　雖不將領而斂財送者, 並爲從坐. 若强乞索者, 加二等. 注云「親故相與者,
　勿論」, 親謂本服緦麻以上, 及大功以上婚姻之家; 故謂素是通家, 或欽風若
　舊, 車馬不吝, 縞紵相貽之類者: 皆勿論.

[율문] 무릇 관의 위세로 (걸색하거나) 호강이 걸색한 때에는 좌장
으로 논하되 1등을 감하고, (그들을) 안내해서 (재물을 거두어)
보낸 자는 종범으로 처벌한다. 친속·고구故舊가 주는 경우는 논하지
않는다.

　[율문의 소] 의하여 말한다: 혹 관인의 위세로 형세에 기대어 (걸색
　하거나) 향려의 수망·호우28)인 사람이 재물을 걸색한 때에는 걸색
　한 재물을 누계하고 절반하여 좌장으로 논하되 1등을 감한다. "(그
　들을) 안내해서 (재물을 거두어) 보낸 자는 종범으로 처벌한다."는
　것은, 호우인 사람들을 거느리고 걸색한 자이거나 비록 안내하지

---

28) 각 지방의 大姓들을 望族이라고 하며, '首望'은 望族의 우두머리를 일컫는다
　(『자치통감』권159, 4936쪽, 호삼성의 주). '豪右'는 大家라고 하며(『후한서』권
　2, 117쪽, 이선의 주), 在地에서 위세와 부를 가진 유력자를 말한다.

는 않았지만 재물을 거두어 보낸 자를 말하며, 모두 종범으로 처벌한다. 만약 강제로 걸색한 자는 2등을 더한다(직52.1). 주에 이르기를 "친속·고구가 서로 주는 경우에는 논하지 않는다."고 하였는데, 친(속)은 본복이 시마 이상 및 대공친 이상이 혼인한 집안을 말하고(직53), 고(구)는 평소 친하게 왕래하는 집안이거나 혹은 품행을 흠모하여 벗처럼 지내는 사이를 말하며, (이들이) 수레와 말(을 빌려주는 것)을 아까워하지 않고 옷가지29)를 서로 증여하는 따위는 모두 논하지 않는다.

제149조 직제 59. 율·영·식의 개정을 함부로 상주한 죄(律令式不便輒奏改行)

[律文1] 諸稱律、令、式, 不便於事者, 皆須申尙書省議定奏聞. 若不申議, 輒奏改行者, 徒二年.

[律文2] 卽詣闕上表者, 不坐.

   [律文1의 疏] 議曰: 稱律、令及式條內, 有事不便於時者, 皆須辨明不便之狀, 具申尙書省, 集京官七品以上於都座議定, 以應改張之議奏聞. 若不申尙書省議, 輒卽奏請改行者, 徒二年. 謂直述所見, 但奏改者.

   [律文2의 疏] 卽詣闕上表, 論律、令及式不便於時者, 不坐. 若先違令、式而後奏改者, 亦徒二年. 所違重者, 自從重斷.

[율문1] 무릇 율·영·식이 일에 불편하다고 언급되는 것은 모두

---

29) '縞紵'는 깊은 우정 또는 벗 사이에 주고받는 선물을 비유하는 말이다. 춘추 시기 吳의 使臣 季札이 鄭의 子産에게 흰 비단 띠[縞帶]를 선물하자, 子産이 모시옷[紵衣]으로 답례한 고사(『춘추좌전정의』권39, 1273쪽)에서 유래하였다.

반드시 상서성에 보고하고, 의를 정하여 주문해야 한다. 만약 (상서성에) 의할 것을 상신하지 않고 함부로 (율·영·식을) 개수하여 행할 것을 상주한 자는 도2년에 처한다.

[율문2] 만약 조당에 나가 표를 올린 자는 처벌하지 않는다.

[율문1의 소] 의하여 말한다: 율·영 및 식의 조항 안에 일이 때에 불편함이 있다고 언급될 경우에는 모두 불편함의 정상을 분명히 밝혀 상서성에 (문서로) 갖추어 보고하고, 경관 7품 이상이 도좌에 모여 의가 정해지면[30] 마땅히 개정해야[31] 한다는 (내용)의 의를 주문한다. 만약 상서성에 의할 것을 상신하지 않고 함부로 곧 개수하여 행할 것을 주청한 자는 도2년에 처한다. (이는) 직접 (자신의) 의견을 진술한 것으로 단지 (율·영·식의) 개수를 상주한 것을 말한다.

[율문2의 소] 만약 조당에 나가 표를 올려 율·영 및 식이 때의 사정에 불편하다는 것을 논한 자는 처벌하지 않는다. 만약 먼저 영·식을 어기고 후에 (영·식의) 개수를 상주한 자는 역시 도2년에 처한다. 어긴 바가 무거운 때에는 당연히 무거운 쪽에 따라 단죄한다.[32]

---

30) '都座'는 곧 '都堂'으로 尙書都省 중앙에 위치한 廳舍를 가리킨다. 堂의 동쪽에 左司(吏·戶·禮部)가 서쪽에 右司(兵·刑·工部)가 있었다(『통전』권22, 590쪽). 集議의 勅이 있게 되면 京師의 諸司 7品 이상의 관인이 都堂에 모여 議를 정하는데, 衆議와 다른 의견[別議]가 있으면 이를 함께 정리하여 문서로 上奏하였다(『당육전』권6, 191쪽 및 『역주당육전』상, 608~611쪽).

31) '改張'은 거문고[琴]와 비파[瑟] 등 현악기의 줄[弦]을 갈아 매고 줄을 당겨 가락을 바꾼다는 뜻으로, 법이나 제도를 바꾸는 일을 비유한다(『한서』권56, 2504~2505쪽). '解而更張'·'改弦易張'·'改弦易調' 등으로도 쓴다.

32) 먼저 律·令·式을 어기고 뒤에 이를 改修할 것을 주청한 경우, 律·令·式을 어긴 本罪가 도2년보다 가벼우면 함부로 律·令·式의 改修를 上奏한 죄와 같이 도2년에 처한다. 그러나 위반한 本罪가 도2년보다 무거우면 무거운 쪽에 따라 처벌되는데, 이는 먼저 법을 위반하고 뒤에 上奏한 것이 곧 2가지 죄가 모두 발각된 것으로 당연히 例(명45.1a)에 의해 무거운 쪽에 따라 처단되는 것이다 (劉俊文, 『唐律疏議箋解』, 910쪽, 解析).

당률소의 권 제12 호혼율 모두 14조

역주 이준형

[疏] 議曰: 戶婚律者, 漢相蕭何承秦六篇律後, 加廏.興.戶三篇, 爲九章之律. 迄至後周, 皆名戶律. 北齊以婚事附之, 名爲婚戶律. 隋開皇以戶在婚前, 改爲戶婚律. 旣論職司事訖, 卽戶口.婚姻, 故次職制之下.

[소] 의하여 말한다: 호혼율은 한의 승상 소하가 진의 6편의 율을 계승한 후에 더한 구·흥·호의 3편 (가운데 하나로, 모두 합해) 9장의 율이 되었다.[1] 북주에 이르기까지 (편)명은 모두 호율이었다.[2] 북제 때 혼인에 관한 사항을 덧붙여 (편)명을 혼호율이라 하였다(『수서』권25, 705쪽). 수 (문제) 개황 연간(581~600)에 호구에 대한 내용을 혼인의 앞에 두고 고쳐서 호혼율이라 하였다(『수서』권25, 712쪽). 이미 (관인의) 직무[職司]에 관한 사항은 모두 논하였으므로, 호구와 혼인에 관한 (사항을) 직제 다음에 둔 것이다.

제150조 호혼 1. 호구를 탈·루한 죄(脫漏戶口增減年狀)

[律文1a] 諸脫戶者, 家長徒三年;
[律文1b] 無課役者減二等,

---

1) 이 기사는 『진서』(권30, 922쪽)에 기재되어 있는데, 마치 호혼율이 한 초 소하가 더한 호율에서 비롯된 것처럼 읽힌다. 하지만 1975년에 출토된 『운몽수호지진묘죽간』에 「위호율」이라는 율명과 1개 조문이 나와서 이미 전국시대에 호율이 존재했음이 확인된다. 따라서 소하가 더했다고 하는 호율은 실제 전국 이래 이미 존재했던 기존의 호율을 개정·정비한 것으로 추정할 수 있다. 아울러 『장가산한간』 이년율령에도 다수의 호율 조문들이 있는 점도 주목된다.
2) 위진 이래 남북조에서 모두 호율이라는 명칭을 사용했지만, 북주의 대율 25편 중에는 "六曰戶禁"(『수서』권25, 707쪽)이라고 하여 명칭이 다르다. 따라서 소의 설명은 착오가 있는 듯하다.

[律文1c] **女戶又減**三等. 謂一戶俱不附貫. 若不由家長, 罪其所由. 即見在役任者, 雖脫戶及計口多者, 各從漏口法.

[律文1a의 疏] 議曰: 率土黔庶, 皆有籍書. 若一戶之內盡脫漏不附籍者, 所由家長合徒三年.

[律文1b의 疏] 身及戶內並無課役者, 減二等徒二年.

[律文1c의 疏] 若戶內並無男夫, 直以女人爲戶而脫者, 又減三等合杖一百. 注云「謂一戶俱不附貫」, 此文不計人數, 唯據脫戶. 縱一身亦爲一戶, 不附即依脫戶, 合徒三年; 縱有百口, 但一口附戶, 自外不附, 止從漏口之法.「若不由家長」, 謂家長不知脫戶之情, 罪其所由, 家長不坐.「即見在役任者」, 謂身見在官驅使而戶籍無名, 雖脫戶, 從漏口法. 既見在役任, 即無課調. 若一身脫戶, 合杖六十.「及計口多者, 各從漏口法」, 漏有課口罪止徒三年, 漏無課口罪止徒一年半.

[율문1a] 무릇 탈호한 때에는 가장을 도3년에 처하고,

[율문1b] 과·역이 없을 때에는 2등을 감하며,

[율문1c] 여호는 또 3등을 감한다. (탈호는) 1호 모두를 호적에 올리지 않은 것을 말한다. 만약 가장으로 말미암은 것이 아니면 그 말미암은 자에게 죄를 준다. 만약 현재 (관에서) 복역하거나 (직무에) 임하고 있는 [役任] 자(의 호)는 비록 탈호하거나 (누락한) 구가 많더라도 각각 누구의 법에 따른다.

[율문1a의 소] 의하여 말한다: 천하의 백성은 모두 적서3)가 있다.

---

3) 籍書란 호적부를 말한다. 당대 호적 작성의 기초 자료가 되는 것이 手實로, 수실은 매년 연말에 里에서 작성하며 이정은 각 호의 호주가 신고한 호 구성원의 인원, 나이와 경작하는 토지의 면적을 사실대로 조사하여 기록한다. 이러한 수실을 바탕으로 현에서 計帳과 戶籍을 만드는데, 계장은 1년에 한 번, 호적은 3년에 한 번 작성한다. 호적은 현에서는 현령이 직접 주관하여 작성하는데, 정월에 시작해 3월에 마치며 그에 필요한 비용은 해당 호에서 거둔다.

만약 1호 내의 모두를 탈루하여 호적에 올리지 않은 때에는4) 말미암은 바5)의 가장6)을 도3년에 처해야 한다.

호적에는 각 호의 구성원의 인원 및 나이 외에도 丁男의 다소, 과·역 부과 변동을 앞둔 연령[五九], 신체장애 정도[三疾], 호의 빈부와 강약, 각종 재해로 인한 세금 감면 여부 등을 기록한다. 또한 투르판 지역에서 발견된 당대의 호적문서들을 통해, 계장과 호적에는 각 호가 소유한 부곡과 노비의 성별 및 각 호의 給田 상황 등도 기록되었음을 확인할 수 있다(唐長孺, 「唐西州諸鄕戶口帳試釋」, 『敦煌吐魯番文書初探』, 126~216쪽). 호적은 향별로 권을 만들고 그 봉한 부분에는 모두 모주·모현의 모년 호적임을 주기하고, 주의 이름에는 주인을, 현의 이름에는 현인을 사용한다. 이렇게 작성된 계장·호적을 바탕으로 주·부에서는 호조·사호참군이 관장하여 현적을 작성하고, 이를 상서성으로 보내면 호부사에서는 주적을 작성한다. 이러한 계장과 호적은 지방에서 부세를 거두고, 요역을 나누는 근거 자료가 되었다(『신당서』권51, 1343쪽; 『당회요』권85, 1848쪽; 『당육전』권3, 74쪽 및 『역주당육전』상, 313~314쪽; 『당육전』권30, 749·753쪽 및 『역주당육전』하, 446·468~470쪽).

4) 호 전부를 등재하지 않은 것을 '탈'로, 구를 숨기고 등재하지 않은 것을 '루'로 규정한 명례율(명36 주3의 소)의 정의와 같이, 일가를 모두 호적에 올리지 않는 것을 '탈호', 1호로서 호적에 등재되어 있지만 호 내의 어떤 자가 호적에서 빠진 것은 '누구'라고 한다. 그런데 아래 율문2에서 볼 수 있는 것처럼 과·역이 있는 자를 호적에서 누락시킨 것을 특히 '탈구'라고 칭하는 경우도 있다. 예컨대 명례율(명45.3b의 주3의 소)에서 과·역이 있는 자를 누락시킨 것을 '탈', 과·역이 없는 자를 누락시킨 것을 '루'라고 표현한 것이 그러한 용법이다(일본역『唐律疏議』2, 207쪽, 주6).

5) 여기서 '말미암은 바'란 가장을 대신하여 호적 신고를 맡아 자신의 재량으로 거짓으로 신고한 것을 말한다고 생각된다.

6) 가장이란 현재 가계를 함께하고 있는 동거공재의 일가족에서 존비·장유의 서열상 최상위자를 가리키는 말이다. 모자 가정에서 모친과 아들 중 어느 쪽을 가장이라고 칭하는가는 미묘한 문제가 있지만, 적어도 율에 한해서는 일가 중에 미성년의 남성이 있다면 여성을 가장이라고 말하지 않는다고 이해해도 무방하다. 명례율(명42.2a의 주)에서는 "존장은 남자를 말한다."고 하였고, 당대 호적잔권에서도 여성을 호주로 하는 호에 남성 생존 가족이 있는 예는 없는 반면에 소남 즉 미성년 남성을 호주로 하면서 그 모친을 포함하는 호의 예가 있으며, 사망한 소남의 뒤를 계승하여 과부인 모친이 호주가 되는 예도 보인다. 아울러 당대 호령에서 "호주는 모두 가장으로 호주를 삼는다."고 규정(『통

[율문1b의 소] (가장) 자신 및 호 내에 모두 과·역이 없을 때에는 2 등을 감하여 도2년에 처한다.

[율문1c의 소] 만약 호 내에 남자가 전혀 없어 여인이 호주인데[7] 탈 호한 때에는 또 3등을 감하여 장100에 처해야 한다. 주에 이르기를 "(탈호는) 1호 모두를 호적에 올리지 않은 것을 말한다."고 했으니, 이 조문은 사람 수를 헤아리지 않고 오직 탈호한 바에만 의거한다는 것이다. (따라서) 설령 1명이 1호를 이루더라도 (호적에) 올리지 않 았다면 곧 탈호에 의거하여 도3년에 처해야 한다. 설령 (1호에) 100 구가 있는데 1구만 호적에 올리고 그 나머지는 올리지 않았더라도 다만 누구법에 따르는데 그친다. "만약 가장으로 말미암은 것이 아 니다."라는 것은, 가장이 탈호한 정을 알지 못한 것을 말하며, 그 말미암은 자에게 죄를 주고 가장은 처벌하지 않는다. "만약 현재 (관에서) 복역하거나 (직무에) 임하고 있는[役任] 자"라 함은, 자신이 현재 관에서 부림을 받고 호적에 (과구로) 이름이 없는 자를 말하며, 비록 탈호했더라도 누구법에 따른다. 이미 현재 복역하거나 (직무 에) 임하고 있으므로 곧 과·조가 없는 것이다. 만약 (과·조가 없는) 자신 한 사람이 (호를 이루는데) 탈호했다면 장60에 처해야 한다.[8]

전』권7, 155쪽)하고 있어 가장의 지위에 있는 자를 호주로 삼는 것이 원칙이 었음을 알 수 있다(일본역『唐律疏議』2, 207쪽, 주1).

7) 남편을 비롯한 남성 가족이 없어 여자가 호주가 된 호이다(『송사』권178, 4334쪽).

8) 役任이란 관사의 하급업무에 사역되는 잡임·색역을 가리키며, 당대 잡임은 방 합·서복 등 다양한 종류가 있고(『천성령역주』, 695~698쪽 및 718~721쪽), 모 두 과·역이 면제되었다(『당육전』권3, 77쪽 및 『역주당육전』상, 332쪽; 『천성 령역주』, 155~161쪽). 즉 이들은 아래의 율문3a에서 언급하는 '과·역이 없는 구'이다. 따라서 원문의 '戶籍無名'은 호적에 이름 자체가 없는 것이 아니라 역임으로 인해 과구로 등재된 이름이 아님을 뜻한다. 실제로 출토된 당대의 호적 문서에서는 정남이지만 위사로 복역하여 '課口現不輸'로 표기된 사례가 빈번하게 보인다. 그러나 이처럼 잡임·색역에 종사한 사람이 다른 가족이 없 는 1인호로서 탈호하였다면 아래 율문3b의 규정에 따라 장60에 해당한다.

"(누락한) 구가 많더라도 각각 누구의 법에 따른다."고 하였는데, 과
(역)이 있는 구를 누락시켰다면 죄는 도3년에 그치고, 과(역)이 없는
구를 누락시켰다면 죄는 도1년반에 그친다.

[律文2] 脫口及增減年狀謂疾、老、中、小之類. 以免課役者, 一口徒一年, 二口
加一等, 罪止徒三年.

  [律文2의 疏] 議曰: 謂脫口及增年入老, 減年入中、小及增狀入疾, 其從殘疾
  入廢疾, 從廢疾入篤疾, 廢疾雖免課役, 若入篤疾卽得侍人, 故云「之類」, 罪
  止徒三年.

[율문2] 탈구하거나 (구의) 나이나 신체상태를 질·노·중·소 따위를
말한다. 증감하여 과·역을 면한 때에는, 1구이면 도1년에 처하
고, 2구마다 1등을 더하되 죄는 도3년에 그친다.

  [율문2의 소] 의하여 말한다: 탈구하거나 나이를 높여 노남에 들게
  하거나 나이를 내려 중남·소남에 들게 한 것 및 신체상태를 부풀
  려서 장애[疾]에 들게 한 것을 말한다.[9] 단 잔질에서 폐질로 들게

---

9) 당초부터 개원 연간까지 대체로 남녀 1~3세를 황, 4~15세를 소, 16~20세를 중,
20~59세를 정, 60세 이상을 노로 구분하였다. 또한 18세가 되면 국가의 급전
대상이 되었으며, 20세가 되면 과·역 부과 대상이 되었으며, 60세가 되면 과·
역이 면제되었다(『당육전』권3, 74쪽 및 『역주당육전』상, 313·318쪽; 『통전』권
7, 155쪽). 질은 신체의 장애를 의미하며, 그 정도에 따라 잔질·폐질·독질의
3단계로 나뉜다. 잔질은 한 눈이 먼 경우[一目盲]·두 귀가 먼 경우[兩耳聾]·손
가락이 둘 이상 없는 경우[手無二指]·발가락이 셋 이상 없는 경우[足無三指]·
손발에 엄지가 없는 경우[手足無大拇指]·피부병으로 모발이 없는 경우[禿瘡無
髮]·치루 및 자궁질환[久漏下重]·큰 종기나 혹이 있는 경우[大癭腫] 등이고,
폐질은 언어장애[癡瘂], 왜소증[侏儒], 척추장애[腰脊折], 사지 가운데 한 곳이
상한 경우[一肢廢]이며, 독질은 난치병[惡疾], 정신병[癲狂], 사지 가운데 두 곳
이 상한 경우[二支廢], 두 눈이 모두 먼 경우[兩目盲] 등이다(『송형통』권12,
190쪽 및 『백씨육첩사류집』권9, 疾). 잔질 정남은 과를 부담하고 역은 면제되

하거나 폐질에서 독질로 들게 했다면, 폐질은 비록 과·역만을 면
제받지만 만약 독질로 들게 하면 곧 시인10)까지도 얻으므로 "따위"
라고 한 것이며, 죄는 도3년에 그친다.

[律文3a] 其增減非免課役及漏無課役口者, 四口爲一口, 罪止徒一年半;

[律文3b] 卽不滿四口杖六十. 部曲,奴婢亦同.

[律文3a의 疏] 議曰: 口雖有所增減非免課役者, 謂增減其年, 不動課役. 其
「漏無課役口者」, 謂身雖是丁見無課役, 及疾,老,中,小若婦女. 「四口爲一口,
罪止徒一年半」, 漏四口徒一年, 十二口徒一年半,

[律文3b의 疏] 不滿四口杖六十. 竝謂無課役者. 若其戶內漏口, 或有課役,
無課役罪名不等者, 從倂滿之法, 以課口累不課口科之; 若課口自一口至罪止
或累倂不加重者, 止從一重科之. 奴婢,部曲亦同不課之口. 律稱「以免課役」,
課,役理不相須, 一事得免, 卽從脫,漏之法.

[율문3a] 단 (나이나 신체상태의) 증감으로 과·역을 면하지 않거
나 과·역이 없는 구를 누락한 때에는 4구를 1구로 간주하되 죄
는 도1년반에 그치며,

[율문3b] 만약 4구 미만이면 장60에 처한다. 부곡·노비도 역시 같다.

며(명27.1a의 소), 폐질·독질은 과역을 모두 면제받는다(『신당서』권51, 1343
쪽). 본 조항은 이러한 제도를 악용해 나이나 몸 상태를 허위로 신고하여 과·
역의 전부 또는 일부를 면하려는 행위의 처벌을 규정한 조항이다(일본역『唐
律疏議』2, 208~209쪽, 주7).

10) 서인 가운데 80세 이상이거나 독질인 자는 수발을 들기 위한 侍人 1명이 지급
되며, 90세 이상인 자는 2명이 지급되고, 100세 이상인 경우는 3명이 지급된
다. 이렇게 지급되는 시인은 먼저 자·손 가운데에서 충당하고, 자·손이 없으
면 근친 가운데에서 충당하며, 모두 색역이 가벼운 사람을 먼저 충당하도록
한다(『당육전』권3, 79쪽 및 『역주당육전』상, 343쪽; 『통전』권7, 155쪽). 이들
시인은 과·역 중 조·조만 부담하고 역은 면제된다(명26.2a③의 소).

[율문3a의 소] 의하여 말한다: 구에 비록 증감한 바가 있더라도 과·
역을 면하지 않았다는 것은, 그 나이를 증감했지만 과·역은 변동
이 없는 것을 말한다. "과·역이 없는 구를 누락했다."는 것은, 신체
상으로는 비록 정남이지만 현재 과·역이 없는 경우11) 및 질자·노
남·중남·소남 또는 부녀자인 경우를 말한다. "4구를 1구로 간주하
되 죄는 도1년반에 그친다."는 것은, 4구를 누락시켰다면 도1년에
처하고 12구면 도1년반에 처하며,

[율문3b의 소] 4구 미만이면 장60에 처한다는 것으로, 모두 과·역이
없는 경우를 말한다. 만약 그 호 내의 누락한 구 중에 혹은 과·역
이 있고 혹은 과·역이 없어서 죄의 등급[罪名]이 같지 않을 때에는
병만법(명45.3b)에 따라 과구를 불과구에 누계하여 죄를 준다. 만약
(누락한) 과구 1구로 (죄가) 최고형[罪止]에 이르거나 혹은 누계하
여 더 이상 (죄를) 더할 수 없는 때에는 다만 무거운 쪽에 따라 죄
를 준다.12) 노비·부곡은 역시 불과구와 같다. 율에 "과·역을 면했

---

11) 정남이면서 과·역이 면제되는 경우는 다음과 같다. ①高祖 거병 시에 종군하
여 과·역을 면제 받는(명36의 주2 및 소) 등 황제가 특별한 이유로 명을 내려
과·역을 면제한 경우, ②禁軍·府兵 등 각종 병역에 충원된 경우, ③각급 문무
관인 및 각종 서리, ④황가 종실로 적이 宗正에 속한 자 및 諸親, 5품 이상
관의 부조·형제·자손, ⑤효자·순손·의부·절부의 同籍者, ⑥외국에 억류되었
다가 돌아왔거나, 외국인이 자발적으로 귀부한 경우 및 협향에서 관향으로 이
주한 경우, 정을 새로 적장에 올린 시기가 가을일 경우 등 임시적인 과·역 면
제(劉俊文, 『唐律疏議箋解』, 916~917쪽).

12) 과구 1구의 누락으로 죄가 최고형인 도3년에 이르는 경우는 1명이 1호를 이루
고 있으면서 이를 호적에 올리지 않은 경우(율문1c의 소)이다. 이는 탈호죄에
따라 도3년으로 처벌되기 때문이다. 그러나 1인호의 경우 1구를 누락하면 곧
탈호죄가 된다고 앞의 율문1c의 소에서 이미 해석하고 있고, 탈호죄와 누구죄
는 구별되는 죄목이므로 이를 소에서 다시 언급한 것은 의문스럽다. 이와 관
련해 『송형통』의 율문 원문에는 '若課□自一□至罪止' 중 '一□' 2자가 없어
이를 따르는 것이 옳다고 보고 해석한 견해도 있다(일본역 『唐律疏議』2, 210
쪽, 주10). 만약 이에 따라 소의 문장을 "과구의 누락만으로 죄가 최고형에 이

다."고 했는데, 과와 역은 이치상 다 (면해야) 하는 것[相須]은 아니
며 둘 중 하나만이라도 면했다면 곧 탈루법에 따른다.

제151조 호혼 2. 이정이 호구 탈·루를 적발하지 못한 죄(里正不覺脫漏增減)

[律文1] 諸里正不覺脫漏增減者, 一口笞四十, 三口加一等, 過杖一百, 十口加一等, 罪止徒三年. 不覺脫戶者, 聽從漏口法. 州縣脫戶亦準此.

[律文2] 若知情者, 各同家長法.

[律文1의 疏] 議曰: 里正之任, 掌案比戶口, 收手實, 造籍書. 不覺脫漏戶口者, 脫謂脫戶, 漏謂漏口, 及增減年狀, 一口笞四十, 三口加一等; 過杖一百, 十口加一等, 罪止徒三年. 里正不覺脫戶者, 聽從漏口法, 不限戶內口之多少, 皆計口科之. 州縣脫戶, 亦準此計口科罪, 不依脫戶爲法.

[律文2의 疏] 若知脫漏增減之情者, 總計里內脫漏增減之口, 同家長罪法. 州縣計口, 罪亦準此. 其脫漏戶口之中, 若有知情·不知情者, 亦依倂滿之法爲罪.

[율문1] 무릇 이정이 탈루·증감을 적발하지 못한 때에는, 1구이면 태40에 처하고 3구마다 1등씩 더하며, 장100이 넘으면 10구마

른다."는 의미로 해석하면, 누락한 과구·불과구 중 과구가 9구 이상이라면 누락한 불과구의 숫자와는 관계없이 최고형인 도3년에 처한다는 것이 된다. 또한 누계하여 죄를 더할 수 없는 경우란, 과구의 누락 인원을 불과구의 누락 인원에 합산하지 않아도 이미 죄가 최고형에 이른 경우를 말한다. 예를 들어 과구 3구와 불과구 12구를 누락시켰다면, 누락한 과구 3구를 불과구에 누계하지 않아도 이미 12구의 불과구 누락이 최고형인 도1년반에 해당하기 때문에 누계해도 죄를 더할 수 없다. 따라서 더 무거운 죄인 과구 누락만으로 죄를 주어 도1년반에 처하는 것이다.

다 1등씩 더하되 죄는 도3년에 그친다. 탈호를 적발하지 못한 것은 누구의 법에 따르는 것을 허용한다. 주·현의 탈호 역시 이에 준한다.

[율문2] 만약 정을 안 때에는 각각 가장과 같은 법으로 (처벌한다).

[율문1의 소] 의하여 말한다: 이정13)의 임무는 호구를 파악[案比]14) 해서 수실을 거두고 적서를 작성하는 일을 관장하는 것이다. 호구의 탈루를 적발하지 못하거나 -탈은 탈호를 말하고 루는 누구를 말한다.- 나이나 몸 상태의 증감을 (적발하지 못한 때에는), 1구이면 태40에 처하고 3구마다 1등씩 더하며, 장100이 넘으면 10구마다 1등씩 더하되 죄는 도3년에 그친다. 이정이 탈호를 적발하지 못한 때에는 누구의 법에 따르는 것을 허용하며, 호 내 구의 다소를 불문하고 모두 (누락된) 구를 계산하여 죄를 준다. 주·현의 탈호(호3) 역시 이에 준해서 구를 계산하여 죄를 주며, 탈호의 법에 의거하지 않는다.

[율문2의 소] 만약 탈루·증감의 정을 안 때에는 리 내의 탈루·증감한 구를 모두 계산하여 가장의 죄와 같은 법으로 (처벌한다). 주·현의 구를 계산하여 죄주는 것 역시 이에 준한다. 단 탈루한 호구 가운데 만약 정을 안 것도 있고 알지 못한 것도 있다면 또한 병만법(명45.3b)에 의거해서 죄준다.

---

13) 당대에는 100호를 1리로 하고, 그 리 내에서 공정하며 유능한 1인을 현관이 지명하여 이정에 충원하였는데, 그는 과·역이 면제되었으며 리 내 戶口의 파악과 과·역의 징수 및 경찰 등의 임무를 맡았다(『통전』권3, 63~64쪽).

14) 案比는 본래 호와 구를 파악한다는 의미로, 한대부터 '案比' 혹은 '案戶比民'이라는 표현이 사료에서 산견되며, 『후한서』(권5, 227쪽 및 지5, 3124쪽)에는 안비를 '호구를 안험하고 그 차례를 정하는[次比] 것'이라고 주하고 있다. 이처럼 이정 등이 직접 백성들의 나이·신체 등을 조사하여 과·역 회피를 방지하기 위한 행위를 수·당대에는 貌閱이라고도 하였으나, 안비라는 표현도 여전히 사용되었다(『통전』권3, 63쪽).

제152조 호혼 3. 주·현이 호구 탈·루를 적발하지 못한 죄(州縣不覺脫漏增減)

[律文1a] 諸州縣不覺脫漏增減者, 縣內十口笞三十, 三十口加一等; 過杖一百, 五十口加一等.

[律文1b] 州隨所管縣多少, 通計爲罪. 通計, 謂管二縣者, 二十口笞三十; 管三縣者, 三十口笞三十之類. 計加亦準此. 若脫漏增減併在一縣者, 得以諸縣通之. 若止管一縣者, 減縣罪一等. 餘條通計準此.

[律文1c] 各罪止徒三年.

[律文2] 知情者, 各同里正法. 不覺脫漏增減, 無文簿者, 官長爲首; 有文簿者, 主典爲首. 佐職以下, 節級連坐.

  [律文1a의 疏] 議曰: 「州縣不覺脫漏增減者」, 與上條「里正不覺脫漏增減」義同, 十口笞三十, 三十口加一等, 卽是二百二十口杖一百; 過杖一百, 五十口加一等.

  [律文1b의 疏] 「州隨所管縣多少, 通計爲罪」, 若管二縣以上, 卽須通計, 謂管二縣者, 二十口笞三十; 管三縣者, 三十口笞三十之類. 「計加亦準此」, 謂一縣三十口加一等, 卽州管二縣者六十口加一等, 管三縣者九十口加一等, 若管十縣三百口加一等. 「若脫漏增減併在一縣者」, 謂管三縣, 一縣內脫漏三十口, 州始笞三十; 若管四縣, 一縣內脫漏四十口, 州亦笞三十, 故云「得以諸縣通之」. 「若止管一縣者, 減縣罪一等」, 謂縣脫三十口, 州得笞二十之類. 「餘條通計準此」, 謂一部律內, 州管縣, 監管牧, 折衝府管校尉, 應通計者, 得罪亦準此,

  [律文1c의 疏] 各罪止徒三年.

  [律文2의 疏] 「知情者, 各同里正法」, 其州縣知情, 得罪同里正法, 里正又同家長之法, 共前條家長脫漏罪同.

[율문1a] 무릇 주·현이 탈루·증감을 적발하지 못한 때에는, 현은 관내에 10구이면 태30에 처하고, 30구마다 1등씩 더하되 장100이 넘으면 50구마다 1등씩 더하고,

[율문1b] 주는 관할하는 현의 다소에 연동해서 계산하여[通計] 죄를 주며, 연동해서 계산한다는 것은, (주가) 2개 현을 관할하면 20구에 태30, 3개 현을 관할하면 30구에 태30에 처한다는 것 따위를 말한다. 더하는 것을 계산하는 것 역시 이에 준한다. 만약 탈루·증감이 모두 1개 현에만 있어도 모든 현(에 있는 것)으로 연동해서 (계산해야) 한다. 만약 단지 1개 현만을 관할하는 때에는 현의 죄에서 1등을 감한다. 다른 조항의 연동해서 계산하는 것은 이에 준한다.

[율문1c] 각각 죄는 도3년에 그친다.

[율문2] 정을 안 때에는 각각 이정과 같은 법으로 (처벌한다). 탈루·증감을 적발하지 못했다면, 문서·부적이 없는 경우는 관장이 수범이 되고, 문서·부적이 있는 경우는 주전이 수범이 된다. 좌직 이하는 차례로[節級] 연좌한다.

[율문1a의 소] 의하여 말한다: 주·현이 탈루·증감을 적발하지 못했다는 것은 앞 조항의 "이정이 탈루·증감을 적발하지 못한 것"과 뜻이 같으며, (현은) 10구이면 태30에 처하고 30구마다 1등씩 더하니, 곧 220구이면 장100이 된다. 장100이 넘으면 50구마다 1등씩 더한다.

[율문1b의 소] "주는 관할하는 현의 다소에 연동해서 계산하여[通計] 죄를 준다."는 것은, 예컨대 2개 이상의 현을 관할하면 곧 반드시 연동해서 계산해야 하는데, 2현을 관할하는 것은 20구에 태30에 처하고 3현을 관할하는 것은 30구에 태30에 처하는 것 따위를 말한다. "더하는 것을 계산하는 것 역시 이에 준한다."는 것은, 1현은 30구마다 1등씩 더하므로 만약 주가 2현을 관할하는 때에는 60구

마다 1등씩 더하고, 3현을 관할하는 때에는 90구마다 1등씩 더하며, 만약 10현을 관할하면 300구마다 1등씩 더한다는 것을 말한다. "만약 탈루·증감이 모두 1개 현에만 있어도"라 함은, (주가) 3현을 관할하고 있다면 (탈루·증감이 있는) 1개 현 내의 탈루가 30구가 되면 주는 비로소 태30에 처하고, 만약 4현을 관할하고 있다면 1개 현 내의 탈루가 40구가 되면 주는 역시 태30에 처한다는 것을 말한 것이며, 그러한 까닭에 "모든 현(에 있는 것)으로 연동해서 (계산해야) 한다."고 한 것이다. "만약 단지 1개 현만을 관할하는 때에는 현의 죄에서 1등을 감한다."는 것은, 현에서 30구가 탈루했다면 주는 태20에 처하는 것 따위를 말한다. "다른 조항의 연동해서 계산하는 것은 이에 준한다."는 것은, 전체 율에서 주는 현을 관할하고 (목)감은 목을 관할하고 절충부는 교위를 관할하는데,[15] 연동해서 계산할 경우 죄를 얻는 것은 또한 이에 준하되,

[율문1c의 소] 죄는 각각 도3년에 그친다는 것을 말하는 것이다.

[율문2의 소] "정을 안 때에는 각각 이정과 같은 법으로 (처벌한다)."는 것은, 만약 주·현이 (탈루·증감된) 정을 알았다면 죄를 받는 것이 이정(이 정을 안 것)과 같은 법으로 (처벌한다)는 것인데, 이정은 또 가장과 같은 법으로 (처벌하므로), 모두 앞 조항(호1)의 가장이 탈루한 죄와 같다.

---

15) 주와 현은 지방행정단위로, 주의 장관인 자사는 매년 주에 속해있는 여러 현 [屬縣]을 순시할 의무가 있다(『당육전』권30, 747쪽 및 『역주당육전』하, 433쪽). 목감은 목의 장관으로, 목은 그 규모에 따라 상목·중목·하목으로 나뉘며 각각 축산의 마리 단위인 군마다 목장 1인을 두고 목장 15인마다 목위 1인을 둔다 (『당육전』권17, 486쪽 및 『역주당육전』중, 539~540쪽). 절충부는 병력 공급과 지방 치안을 위해 설치한 군부로 장관은 절충도위이다. 각 부마다 5개의 단이 소속되어 있었는데, 1단은 위사 300명으로 구성되었고 교위가 이들을 지휘하 였다(『당육전』권25, 644쪽 및 『역주당육전』하, 239~242쪽).

[律文2의 注] 不覺脫漏增減, 無文簿者, 官長爲首; 有文簿者, 主典爲首. 佐職以下, 節級連坐.

[律文2의 注의 疏] 議曰: 不覺脫漏增減, 無簿帳及不附籍書, 宣導旣是長官事, 由檢察遺失, 故以長官爲首, 皆同「不覺脫漏增減」之坐, 次通判官爲第二從, 判官爲第三從, 典爲第四從. 見有文簿, 致使脫漏增減者, 勘檢旣由案主, 卽用典爲首, 判官爲第二從, 通判官爲第三從, 長官爲第四從. 其間有知情之官, 並同家長之罪, 卽從私犯首從科之; 不知情者, 自依公坐之法.

[율문2의 주] 탈루·증감을 적발하지 못했다면, 문서·부적이 없는 경우는 관장이 수범이 되고, 문서·부적이 있는 경우는 주전이 수범이 된다. 좌직 이하는 차례로[節級] 연좌한다.

[율문2의 주의 소] 의하여 말한다: 탈루·증감을 적발하지 못했는데 부적과 계장이 없거나 적서에 올리지 않았다면, (백성과 관리를) 일깨워 이끄는 것[宣導]은 원래 장관의 임무이고 (장관이) 검찰을 잘못한[遺失] 것이므로 장관을 수범으로 하여, 모두 탈루와 증감을 적발하지 못한 것과 같은 (죄로) 처벌하고, 다음으로 통판관을 제2종범으로 하고, 판관을 제3종범으로 하며, 주전은 제4종범으로 한다.16) 현재 문서와 부적은 있는데 탈루·증감이 있게 된 경우는, 문서의 대조·검토[勘檢]는 원래 문서 담당관[案主]의 책임이므로 곧 주전을 수범으로 하고, 판관을 제2종범으로 하며, 통판관은 제3종범, 장관은 제4종범이 된다. 그들 가운데 정을 안 관사가 있으면 모두 가장과 죄가 같으니, 곧 사죄의 수범·종범에 따라 죄를 주고,17) 정을 알

---

16) 여기서 장관은 주·현의 호적 작성 총 책임자인 주자사와 현령 등을 가리킨다. 주·현의 장관은 계장과 호적에 기재된 내용의 사실 여부를 확인하고 검토해야 할 책임이 있었다(『당회요』권85, 1848~1849쪽). 통판관은 주·현의 차관인 주의 별가·장사 및 현의 현승 등을 가리키며, 판관은 주의 사호참군사, 현의 사호좌 등을 가리킨다. 주전은 해당 실무자인 주 사호참군사 아래의 좌·사·장사와 현 사호좌 아래의 사·장사 등을 가리킨다.

지 못한 자는 당연히 공죄를 처벌하는 법18)에 의거한다.

제153조 호혼 4. 이정 및 관사가 호구를
탈·루한 죄(里正官司妄脫漏增減)

[律文1a] 諸里正及官司, 妄脫漏增減以出入課役, 一口徒一年, 二口加一等.

[律文1b] 贓重, 入己者以枉法論, 至死者加役流;

[律文2] 入官者坐贓論.

　[律文1a의 疏] 議曰: 里正及州, 縣官司, 各於所部之內, 妄爲脫漏戶口, 或增
　減年狀, 以出入課役, 一口徒一年, 二口加一等, 十五口流三千里.

　[律文1b의 疏] 若有因脫漏增減, 取其課調入己, 計贓得罪, 重於脫漏增減口
　罪者, 卽準贓以枉法論, 計贓至死者加役流;

　[律文2의 疏] 其贓入官者, 坐贓論. 其品官受贓雖輕, 以枉法論, 一疋以上卽
　除名, 不必要須贓重. 衆人之物, 亦累倍而論之.

[율문1a] 무릇 이정 및 (주·현) 관사가 망령되이 (호구를) 탈·루
하거나 (구의 나이나 신체상태를) 증감하여 과·역을 덜거나 더
했다면[出入], 1구이면 도1년에 처하고 2구마다 1등씩 더하며,

[율문1b] (덜거나 더한 과·역을 왕법의) 장물로 (계산하여 죄가
이보다) 무거운데, (그 장물을) 자신이 착복한 때에는 왕법으로

---

17) 4등관 중 복수인이 탈루·증감한 것을 알고도 고의로 빠뜨렸을 때, 그 중 가장
　　주도적인 1인을 가장과 같은 죄로 하고, 그 이외에는 모두 종범으로 하여 1등
　　을 감한다. 그것은 사죄이기 때문에 4등관 연좌법에 의하지 않는다(일본역『唐
　　律疏議』2, 215쪽, 주7).

18) 동직연좌되는 관인이 그 정황을 알지 못한 때에는 과실로 논한다(명40.2 및 소).

[以枉法] 논하고, 사죄에 이른 때에는 가역류에 처한다.

[율문2] (장물을) 관에 넣은 때에는 좌장으로 논한다.

[율문1a의 소] 의하여 말한다: 이정 및 주·현의 관사가 각각 관할하는 지역 내에서 망령되이 호구를 탈·루하거나 혹은 나이 및 몸 상태를 증감하여 과·역을 덜거나 더했다면[出入], 1구이면 도1년에 처하고 2구마다 1등씩 더하며, 15구이면 유3000리에 처한다.[19]

[율문1b의 소] 만약 탈루·증감으로 인해 (덜거나 더한) 그 과·조를 취하여 자신이 착복하였는데, (그것을 왕법의) 장물로 계산하여 얻은 죄가 구를 탈루·증감한 죄보다 무거운 때에는 곧 장물에 준하여 왕법으로[以枉法] 논하고, 장물을 계산하여 사죄에 이른 때에는 가역류에 처한다.[20]

[율문2의 소] 그 장물을 관에 넣은 때에는 좌장으로 논한다.[21] 단 품관이면 받은 장죄가 비록 (탈루·증감의 죄보다) 가볍더라도 왕법으로[以枉法] 논하여 1필 이상이면 곧 제명하니(명18), 반드시 장죄가 무거울 필요는 없다. 3인 이상[衆]의 장물이면 또한 누계하고 절반해서[累倍](명45.2) 논한다.[22]

---

19) 이 조항에 사형과 가역류에 대한 규정이 없으므로 유3000리가 최고형이다(명 56.3 및 소).

20) 이정 및 주현관이 호구의 탈루·증감으로 과·조를 착복할 경우 왕법으로 논한다고 하였으므로, 장물이 건 1척이면 장100에 처하고, 1필마다 1등씩 더하여 15필이면 교형에 처한다(138, 직48.1). 그러나 이 조항에서 사죄에 이른 때에는 가역류에 처한다고 규정하고 있으므로 15필 이상인 경우는 가역류에 처하게 된다.

21) 좌장죄는 건 1척이면 태20에 처하고 1필마다 1등씩 더하며, 10필이면 도1년에 처하고 10필마다 1등씩 더하되 최고형은 도3년이다(389, 잡1.1).

22) 과역을 증감하여 장물을 얻은 것은 1구마다 1죄가 성립된다고 보아 수 개의 장죄를 병합하는 원칙에 의하는 것을 말한다. 예컨대 주현의 관인이 3구를 탈루하여 각각 2필씩의 과·조를 착복하였다면 장물은 전체 6필의 절반인 3필로 간주하는 것이다(명45.2 및 소).

제154조 호혼 5. 사사로이 입도한 죄(私入道)

[律文1a] **諸私入道及度之者, 杖一百; 若由家長, 家長當罪.**

[律文1b] **已除貫者, 徒一年.**

[律文2] **本貫主司及觀寺三綱知情者, 與同罪.**

[律文3] **若犯法合出觀寺, 經斷不還俗者, 從私度法.**

[律文4] **卽監臨之官, 私輒度人者, 一人杖一百, 二人加一等.**

  [律文1a의 疏] 議曰:「私入道」, 謂爲道士﹑女官﹑僧尼等非是官度, 而私入道及度之者, 各杖一百. 注云「若由家長, 家長當罪」, 旣罪家長, 卽私入道者不坐.

  [律文1b의 疏] 已除貫者, 徒一年; 及度之者, 亦徒一年.

  [律文2의 疏] 「本貫主司」, 謂私入道人所屬州縣官司及所住觀寺三綱, 知情者, 各與入道人及家長同罪.

  [律文3의 疏] 若犯法還俗, 合出觀寺, 官人斷訖, 牒觀寺知, 仍不還俗者, 從「私度」法. 斷後陳訴, 須着俗衣, 仍披法服者, 從「私度」法, 科杖一百.

  [律文4의 疏] 卽監臨之官, 不依官法, 私輒度人者, 一人杖一百, 二人加一等, 罪止流二千里. 若州縣官司所度人, 免課役多者, 當條雖有罪名, 所爲重者自從重論, 竝依上條妄增減出入課役科之. 其官司私度人, 被度者知私度情, 而受度者爲從坐; 若不知私度情者, 而受度人無罪.

[율문1a] 무릇 사사로이 입도한 자 및 그에게 (사사로이) 고첩을 발급한[度] 자는 장100에 처하고, 만약 가장으로 말미암았다면 가장이 죄를 받는다.

[율문1b] 이미 호적에서 삭제된 때에는 도1년에 처한다.

[율문2] 본적지의 주사 및 도관·불사의 삼강이 정을 안 때에는 같은 죄를 준다[與同罪].

[율문3] 만약 법을 범하여 도관·불사를 떠나야 하는데, 관의 판결을 받고도 환속하지 않은 자는 사사로이 고첩을 발급한 것[私度]에 대한 법에 따른다.

[율문4] 만약 감림관이 사사로이 함부로 다른 사람에게 고첩을 발급한 때에는, 1인이면 장100에 처하고 2인마다 1등씩 더한다.

[율문1a의 소] 의하여 말한다: "사사로이 입도하였다."는 것은, 도사·여관·승·니 등이 되었으나 관에서 고첩을 발급받지 않은 것23)을 말하며, 사사로이 입도한 자 및 그에게 고첩을 발급한 자는 각각 장100에 처한다. 주에 이르기를 "만약 가장으로 말미암았다면 가장이 죄를 받는다."고 한 것은, 이미 가장에게 죄를 주었으면 곧 사사로이 입도한 자는 처벌하지 않는다는 것이다.

[율문1b의 소] 이미 호적에서 삭제된 때24)에는 도1년에 처하는데, 그에게 고첩을 발급한 자도 도1년에 처한다.

[율문2의 소] "본적지의 주사" -사사로이 입도한 사람이 속한 주·현의 관사를 말한다.- 및 (입도한 사람이) 거주하는 도관·불사의 삼강25)이 (사사로이 입도한) 정을 알았다면, 각각 입도한 사람 및 가

---

23) 당대에는 전국의 불사·도관에 소속된 승·니와 도사·여관의 정원이 있었으며, 궐원이 있을 경우 해당 주에서 '聰明有道性'한 자를 선택하여 입도를 허가하는 경우도 있었다(『당회요』권48, 988쪽). 兩京의 승니와 도사는 御史 1인이 이를 관리하였으며, 주현의 경우는 長吏가 직접 감독하였다. 입도한 이들은 祠部에서 고첩(명57.1의 소)을 발급받아 신분을 증명하였는데, 이것이 관에서 고첩을 발급받는다는 것이다(劉俊文, 『唐律疏議箋解』, 932쪽). 이처럼 입도자는 호적에서 삭제되어 과·역이 면제되었기에 국가에서 담세자 확보를 위해 입도를 통제한 것이다.

24) 승·니와 도사·여관은 모두 따로 부적을 두었는데, 따라서 한 번 입도하면 본래 호적에서 제명하였으며 이것이 곧 除貫이다(劉俊文, 『唐律疏議箋解』, 932쪽). 승니와 도사들의 적은 3년마다 1번씩 작성하여 1부는 상서예부 사부사에 송부하고, 1부는 홍려시에 송부하며, 1부는 주현에 남겨두었다(『당육전』권4, 126쪽 및 『역주당육전』상, 452쪽).

장과 같은 죄를 준다.

[율문3의 소] 만약 법을 범하여 환속 처분을 받아 도관·불사를 떠나야 하고,[26) 관인이 판결을 마치고 공문[牒]으로 도관·불사에 알렸는데도 여전히 환속하지 않은 자는 사사로이 고첩을 발급한 것[私度]에 대한 법에 따른다. 판결 후 진소할 때에는 반드시 속의를 입어야 하는데 여전히 법복[27]을 입고 있을 때에는 사사로이 고첩을 발급한 것[私度]에 대한 법에 따라 장100에 처한다.

[율문4의 소] 만약 감림관이 관법에 의거하지 않고 사사로이 함부로 다른 사람에게 고첩을 발급한 때에는, 1인이면 장100에 처하고 2인마다 1등씩 더하되 죄는 유3000리에 그친다. 만약 주·현의 관사가 사람들에게 고첩을 발급하여 과·역을 면한 것이 많은 때에는, 해당 조항에 비록 죄명이 있더라도 범한 바가 무거운 경우 자연히 무거운 쪽에 따라 논하므로(명49.2) 모두 앞 조항(호4)의 "망령되이 증감해서 과·역을 덜거나 더한 것"에 따라 죄를 준다. 단 관인이 다른 사람에게 사사로이 고첩을 발급하였는데 발급받은 사람이 사사로이 발급한 정을 알고도 발급받은 때에는 종범으로 처벌[28]한다. 만약 사사로이 발급한 정을 모른 때에는 발급받은 사람은 무죄이다.

---

25) 당대 도관의 삼강은 상좌·관주·감재, 불사의 삼강은 상좌·사주·도유나이다(명57.3a의 소).

26) 속의 및 비단옷을 입거나, 대마를 타거나, 술을 먹고 취하거나, 다른 사람과 다투고 때리는 등의 죄를 범하면 환속 처분을 받는다(『당육전』권4, 126쪽 및 『역주당육전』상, 452쪽).

27) 이들 의복은 木蘭, 靑碧, 皂荊黃, 緇壞의 색만을 사용하여 만들도록 정해져 있었다(『당육전』권4, 126쪽 및 『역주당육전』상, 452쪽).

28) 즉 사사로이 첩을 발급한 관인의 죄에서 1등을 감하여(명42.1) 처벌한다.

제155조 호혼 6. 자·손이 호적을 따로 하고 재산을 달리 한 죄(子孫別籍異財)

[律文1] 諸祖父母、父母在, 而子孫別籍、異財者, 徒三年. 別籍、異財不相須, 下條準此.

　　[律文1의 疏] 議曰: 稱祖父母、父母在, 則曾、高在亦同. 若子孫別生戶籍, 財産不同者, 子孫各徒三年. 注云「別籍、異財不相須」, 或籍別財同, 或戶同財異者, 各徒三年, 故云「不相須」.「下條準此」, 謂父母喪中別籍、異財, 亦同此義.

[율문1] 무릇 조부모·부모가 생존해 있는데 자·손이 호적을 따로 하고 재산을 달리 한 때에는 도3년에 처한다. 호적을 따로 한 것과 재산을 달리 한 것을 반드시 함께 (범해야 이 죄를 받는) 것은 아니며, 아래 조항도 이에 준한다.

　　[율문1의 소] 의하여 말한다: (율문에서) "조부모·부모가 생존해 있다"고 칭한 것은, 증조·고조가 생존해 있어도 역시 같다(명52.1). 만약 자·손이 따로 호적을 만들거나 재산을 같이 하지 않은 경우 자·손은 각각 도3년에 처한다. 주에 이르기를 "호적을 따로 한 것과 재산을 달리 한 것을 반드시 함께 (범해야 이 죄를 받는) 것은 아니다."라고 하였으니, 혹 호적은 따로 하였으나 재산을 같이 하거나, 혹 호적은 같지만 재산을 달리 한 자도 각각 도3년에 처한다. 그러므로 "반드시 함께 (범해야 이 죄를 받는) 것은 아니다."라고 한 것이다. "아래 조항도 이에 준한다."는 것은, 부모 상중에 호적을 따로 하거나 재산을 달리 한 것(호7)도 역시 뜻이 이와 같음을 말한다.

[律文2] 若祖父母、父母令別籍及以子孫妄繼人後者, 徒二年; 子孫不坐.

　[律文2의 疏] 議曰: 若祖父母、父母處分, 令子孫別籍及以子孫妄繼人後者, 得徒二年, 子孫不坐. 但云「別籍」, 不云「令其異財」, 令異財者, 明其無罪.

[율문2] 만약 조부모·부모가 호적을 따로 하게 하거나 망령되이 자·손을 타인의 후사로 삼게 한 때에는 도2년에 처한다. 자·손은 처벌하지 않는다.

　[율문2의 소] 의하여 말한다: 만약 조부모·부모가 명령[處分]하여 자·손에게 호적을 따로 하게 하거나 망령되이 자·손을 타인의 후사로 삼게 한 때에는29) 도2년의 (죄를) 받고, 그 자·손은 처벌하지 않는다. 단지 "호적을 따로 한 것"만 말하고 "재산을 달리 하게 한 것"은 말하지 않은 것은, 재산을 달리 하게 한 때에는 죄가 없다는 것을 밝히려는 것이다.

제156조 호혼 7. 부모 상중에 자식을 낳은 죄(居父母喪生子)

[律文] 諸居父母喪生子及兄弟別籍、異財者, 徒一年.

　[律文의 疏] 議曰: 「居父母喪生子」, 已於名例「免所居官」章中解訖, 皆謂在二十七月內而姙娠生子者, 及兄弟別籍、異財, 各徒一年. 別籍、異財不相須. 其服內生子, 事若未發, 自首亦原.

---

29) 이 조항에 대해 18세 이상이 아니면 析戶할 수 없다는 호령의 규정(『통전』권 7, 155쪽)을 위반하고 17세 이하의 자손을 析出하여 他家의 호주로 삼는 행위나, 동족의 합의 하에 실제로는 繼絕이 아닌데도 계절이라 칭하고 자손 중 한 명을 析出시켜 호주로 삼는 행위를 처벌하기 위해 설치된 것이라는 견해도 있다(일본역『唐律疏議』2, 221~222쪽, 주1).

[율문] 무릇 부·모 상중에 자식을 낳거나 형제가 호적을 따로 하거나 재산을 달리 한 자는 도1년에 처한다.

[율문의 소] 의하여 말한다: 부·모 상중에 자식을 낳거나, -이미 명례율 "면소거관" 조항(명20.3)에서 해석하였는데, 모두 (부모상) 27개월 내에 임신하여 자식을 낳은 것30)을 말한다.- 형제가 호적을 따로 하거나 재산을 달리하였다면 각각 도1년에 처한다. 호적을 따로 한 것과 재산을 달리 한 것을 반드시 함께 (범해야 이 죄를 받는) 것은 아니다(호6.1). 단 복상 기간 중 자식을 낳고 일이 발각되지 않았는데 자수했다면 역시 용서한다.31)

제157조 호혼 8. 양자가 양부모를 버리고 떠난 죄(養子捨去)

[律文1a] 諸養子, 所養父母無子而捨去者, 徒二年.
[律文1b] 若自生子及本生無子, 欲還者聽之.

　　[律文1a의 疏] 議曰: 依戶令: 「無子者, 聽養同宗於昭穆相當者」. 旣蒙收養, 而輒捨去, 徒二年.
　　[律文1b의 疏] 若所養父母自生子及本生父母無子, 欲還本生者, 竝聽. 卽兩家竝皆無子, 去住亦任其情. 若養處自生子, 及雖無子不願留養, 欲遣還本生

---

30) 복상 기간인 27개월 내에 임신한 경우를 말한다. 부모의 사망 전에 임신하여 복상 기간 중에 출산한 것은 처벌하지 않으며, 반대로 복상 기간 이후에 출산하였다고 하여도 임신한 시점을 계산하여 그것이 상중일 때에는 처벌받게 된다(명20.3 및 소).

31) 복상 기간 중에 자식을 낳고 자수하면 용서한다는 소의 해석은, 죄를 범하고 발각되기 전에 자수한 경우 그 죄를 용서한다는 규정(명37.1)에 의한 것으로 보인다.

者, 任其所養父母.

[율문1a] 무릇 양자가 수양하는 바의 부모에게 아들[子]32)이 없는데 (그들을) 버리고 떠난 때에는 도2년에 처한다.

[율문1b] 만약 (양부모가) 아들을 낳거나 친부모가 아들이 없어 (친부모에게) 돌아가고자 할 때에는 이를 허용한다.

   [율문1a의 소] 의하여 말한다: 호령(습유233쪽)에 의거하면 "아들이 없을 때에는 동종으로 소목33)이 서로 합당한 자 가운데서 수양하는 것을 허용한다."고 하였다. 이미 수양의 (은혜를) 입었는데 함부로 (양부모를) 버리고 떠났다면 도2년에 처한다.

   [율문1b의 소] 만약 수양한 부모가 아들을 낳거나 친부모가 아들이 없어 친부모에게 돌아가고자 할 때에는 모두 허용한다. 만약 양가 모두 아들이 없다면 친부모에게 돌아가거나 양부모에게 머무는 것은 그의 뜻에 맡긴다. 만약 수양한 측에서 아들을 낳은 때 및 비록 아들은 없으나 계속 수양하기를 원하지 않아 친부모에게 돌려보내고자 할 때에는 그 양부모의 (뜻에) 맡긴다.

[律文2a] 卽養異姓男者, 徒一年; 與者, 笞五十.

[律文2b] 其遺棄小兒年三歲以下, 雖異姓, 聽收養, 卽從其姓.

   [律文2a의 疏] 議曰: 異姓之男, 本非族類, 違法收養, 故徒一年; 違法與者,

---

32) 본래 율에서 '子'라고 칭한 것은 남녀 자식을 모두 포함한다(명52.5). 그러나 본 조항과 다음 조항은 후사를 잇기 위한 양자와 적자 관련 조항으로, 여기서의 '子'는 아들을 의미하는 것으로 해석해야 한다.

33) 소목은 종묘 내에 두는 신위의 배열 순서이다. 시조는 중간에 안치하고 2·4·6세는 왼쪽에 두어 이를 소라고 하고, 1·3·5세는 오른쪽에 두고 이를 목이라고 한다. 이는 종족의 존비·친소·원근을 분별하기 위한 것이다. '동종으로 소목이 서로 합당한 자'란 부계혈족이고, 공동선조의 아래 세대에서 양부의 다음 항렬에 속하는 사람을 말한다.

得笞五十. 養女者不坐.

[律文2b의 疏] 其小兒年三歲以下, 本生父母遺棄, 若不聽收養, 卽性命將絶, 故雖異姓, 仍聽收養, 卽從其姓. 如是父母遺失, 於後來識認, 合還本生; 失兒之家, 量酬乳哺之直.

[율문2a] 만약 이성의 남자를 수양한 자는 도1년에 처하고, (양자로) 준 자는 태50에 처한다.

[율문2b] 단 버려진 어린아이로 3세 이하이면 비록 이성이라도 수양하여 (자신의) 성을 따르게 하는 것을 허용한다.

[율문2a의 소] 의하여 말한다: 이성의 남자는 본래 같은 족속이 아닌데 법을 어기고 수양했으므로 도1년에 처하는 것이다. 법을 어기고 (양자로) 준 자도 태50의 죄를 받는다. 여자를 수양한 때에는 처벌하지 않는다.

[율문2b의 소] 단 (이성 남자가) 어린아이로 3세 이하이고 친부모가 버렸는데 만약 수양을 허용하지 않으면 곧 생명이 끊어질 것이므로, (이러한 경우) 비록 이성일지라도 그대로 수양을 허용하고 곧 그 (양부의) 성을 따르도록 하는 것이다. 만일 부모가 (아이를) 잃어버렸는데 나중에 와서 알아보고 인지하면 친부모에게 돌려보내야 하며, 아이를 잃어버린 집은 아이를 양육한 값을 헤아려 갚아야 한다.

제158조 호혼 9. 입적 위법의 죄(立嫡違法)

[律文1] 諸立嫡違法者, 徒一年.

[律文2] 卽嫡妻年五十以上無子者, 得立庶以長, 不以長者亦如之.

[律文1의 疏] 議曰: 立嫡者, 本擬承襲. 嫡妻之長子爲嫡子, 不依此立, 是名
「違法」, 合徒一年.

[律文2의 疏] 「卽嫡妻年五十以上無子者」, 謂婦人年五十以上, 不復乳育,
故許立庶子爲嫡. 皆先立長, 不立長者亦徒一年, 故云「亦如之」. 依令: 「無
嫡子及有罪疾, 立嫡孫; 無嫡孫, 以次立嫡子同母弟; 無母弟, 立庶子; 無庶
子, 立嫡孫同母弟; 無母弟, 立庶孫. 曾·玄以下準此」. 無後者, 爲戶絕.

[율문1] 무릇 법을 위반하고 적자를 세운 자는 도1년에 처한다.
[율문2] 만약 적처의 나이가 50세 이상으로 아들이 없을 때에는
서자 중에 연장자를 (적자로) 세울 수 있지만, 연장자로 세우지
않은 경우의 (죄) 역시 이와 같다.

[율문1의 소] 의하여 말한다: 적자를 세우는 것은 본래 승습[34])을 위
한 것이다. 적처의 장자가 적자가 되는데 이에 의거하지 않고 (적
자를) 세우면 이것이 (정)명하여 "법을 위반하였다."는 것이며, 도1
년에 해당한다.

[율문2의 소] "만약 적처의 나이가 50세 이상으로 아들이 없을 때"라
함은, 부인의 나이가 50세 이상이어서 더 이상 아이를 낳아 기를
수 없음을 말하며, 그런 까닭에 서자를 세워 적자로 삼도록 허용하
는 것이다.[35]) 모두 먼저 연장자를 세워야 하는데 연장자를 세우지

---

34) 承襲이란 왕·공·후·백·자·남인 봉작을 상속하는 것을 의미한다. 이는 당연히
단독상속이며 이를 위해 미리 상속인을 지정하여 관에 신고하는 행위를 입적이
라 한다. 이는 봉작을 둘러싼 분쟁을 미연에 방지하기 위해 설정된 것으로
여겨진다.

35) 적처가 49세 이하라도 有爵者가 사망하면 서장자가 습작하기 때문에 입적을
적처 50세까지 유보하는 의미는 크지 않다. 다만 일찍 입적하였다가 후에 적
처에게 자식이 생겨 적자를 교체하는 번거로움을 피하기 위한 규정이라고 생
각된다. 또한 입적한 서장자가 습작 이전에 사망할 때에는 그의 장자를 적손
으로 인정하지 않고 서자 중 次子를 1순위로 앞당긴다고 해석해야 한다.

않은 때에도 역시 도1년에 처한다. 그러므로 "역시 이와 같다."고
한 것이다. 영(봉작령, 습유305~306쪽)에 의거하면, "적자가 없거나
(적자에게) 죄나 병이 있다면 적손을 세운다. 적손이 없으면 순서
에 따라 적자의 동모제를 세운다. 적자의 동모제가 없으면 서자를
적자로 세운다. 서자가 없으면 적손의 동모제를 적자로 세운다.
적손의 동모제가 없으면 서손을 세운다. 증손·현손 이하도 이에
준한다." 후사가 없을 때에는 호절36)로 한다.

제159조 호혼 10. 천인을 입양한 죄(養雜戶男爲子孫)

[律文1a] 諸養雜戶男爲子孫者, 徒一年半;

[律文1b] 養女, 杖一百.

[律文2] 官戶, 各加一等.

[律文3] 與者, 亦如之.

  [律文1a의 疏] 議曰: 雜戶者, 前代犯罪沒官, 散配諸司驅使, 亦附州縣戶貫,
  賦役不同白丁. 若有百姓養雜戶男爲子孫者, 徒一年半;

  [律文1b의 疏] 養女者, 杖一百.

  [律文2의 疏] 養官戶者, 各加一等. 官戶亦是配隸沒官, 唯屬諸司, 州縣無貫.

  [律文3의 疏] 與者, 各與養者同罪, 故云「亦如之」. 雖會赦, 皆合改正. 若當

---

36) 戶絶이란 후사를 이을 남자 자손이 없고 양자를 들일 수도 없어 습작할 대상
이 없는 것을 말하며, 딸이 있더라도 역시 호절이 된다. 『송형통』(권12, 198
쪽)에 인용된 당대의 상장령에 의하면 호절이 된 경우 死者 소유의 재산은 모
두 근친에게 명하여 처분하게 하고, 장사 등에 필요한 금액을 제외한 나머지
는 딸에게 주며, 딸도 없는 경우는 근친에게 주며, 친척도 없는 경우 관에서
관리[檢校]하였다.

色自相養者, 同百姓養子之法. 雜戶養官戶, 或官戶養雜戶, 依戶令: 「雜戶、官戶皆當色爲婚」. 據此, 即是別色準法不得相養. 律旣不制罪名, 宜依「不應爲」之法: 養男從重, 養女從輕. 若私家部曲,奴婢, 養雜戶,官戶男女者, 依名例律, 部曲,奴婢有犯, 本條無正文者, 各準良人, 皆同百姓科罪.

[율문1a] 무릇 잡호 남자를 수양하여 자·손으로 삼은 자는 도1년 반에 처하고,

[율문1b] (잡호) 여자를 수양했다면 장100에 처한다.

[율문2] 관호(를 수양한) 때에는 각각 1등씩 더한다.

[율문3] (양자를) 준 자도 역시 (죄가) 이와 같다.

[율문1a의 소] 의하여 말한다: 잡호는 전대에 죄를 범해 몰관되어 여러 관사에 배속되어 사역하는 (자들이며), 역시 주·현의 호적에 올리지만 부역은 일반 백성과 같지 않다.[37] 만약 백성이 잡호 남자를 수양하여 자·손으로 삼은 때에는 도1년반에 처한다.

[율문1b의 소] (잡호) 여자를 수양한 때에는 장100에 처한다.

[율문2의 소] 관호를 수양한 때에는 각각 1등을 더한다. 관호도 역시 몰관되어 배속된 (자들이지만), 오직 여러 관사에 속할 뿐 주·현에는 호적이 없다.

[율문3의 소] (양자를) 준 자도 각각 수양한 자와 죄가 같기 때문에 "역시 (죄가) 이와 같다."고 한 것이다. 비록 은사령이 내리더라도 모두 (본래 신분으로) 고쳐 바로잡아야 한다.[38] 만약 같은 신분끼리 스스로 서로 수양하는 것은 백성의 양자법(호8)과 같다. 잡호가 관호를 수양하거나 혹은 관호가 잡호를 수양한 경우는, 호령(습유

---

37) 다만 잡호는 성정이 되는 연령, 수전 액수 및 노남이 되었을 때 역을 면하는 것은 일반적인 양인과 동일한 예에 따르도록 영에 규정되어 있다(명20.5의 소).

38) 법을 어기고 양자를 들인 경우 은사령이 내려 죄가 면제되어도 반드시 본래대로 바로잡아야 한다(명36의 주1 및 소).

258쪽)에 의거하면 "잡호·관호는 모두 같은 신분끼리 혼인한다."[39]
고 하였으니, 이에 근거해 보면 곧 서로 다른 신분은 법에 준해서
서로 수양할 수 없으나 율에 죄명을 정하지 않았으므로, 마땅히
"해서는 안 되는데 행한 (죄)"의 법(잡62)에 의거해서 남자를 수양
했다면 무거운 쪽에 따르고, 여자를 수양했다면 가벼운 쪽에 따른
다.[40] 만약 사가의 부곡·노비가 잡호·관호의 남녀를 수양한 때에
는 명례율(명47.1)의 "부곡·노비가 죄를 범했는데 본조에 바로 해당
하는 율문이 없는 경우 각각 양인에 준한다."는 (규정에) 따라 모
두 백성과 같이 죄를 준다.

[律文4] 若養部曲及奴爲子孫者, 杖一百.

[律文5] 各還正之. 無主及主自養者, 聽從良.

　[律文4의 疏] 議曰: 良人養部曲及奴爲子孫者, 杖一百.

　[律文5의 疏] 「各還正之」, 謂養雜戶以下, 雖會赦皆正之, 各從本色. 注云「無
主」, 謂所養部曲及奴無本主者; 「及主自養」, 謂主養當家部曲及奴爲子孫:
亦各杖一百, 竝聽從良. 爲其經作子孫, 不可充賤故也. 若養客女及婢爲女者,
從「不應爲輕」法笞四十, 仍準養子法聽從良. 其有還壓爲賤者, 竝同「放奴及
部曲爲良還壓爲賤」之法.

[율문4] 만약 부곡 및 노를 수양하여 자·손으로 삼은 자는 장100
에 처한다.

[율문5] 각각 본래 신분으로 되돌려 바로잡는다. 주인이 없거나 주
인 스스로 수양한 때에는 양인으로 삼는 것을 허용한다.

___

39) 공호·악호 역시 관호·잡호와 동일하게 같은 신분끼리만 혼인해야 한다. 다만
　태상음성인은 혼인에 있어 양인과 동일하게 간주된다(192, 호43.5의 소).
40) 남자를 수양한 경우 不應得爲의 무거운 쪽에 따라 장80에 처하고, 여자를 수
　양한 경우 가벼운 쪽에 따라 태40에 처한다는 것을 의미한다.

[율문4의 소] 의하여 말한다: 양인이 부곡 및 노를 수양하여 자·손으로 삼은 자는 장100에 처한다.

[율문5의 소] "각각 본래 신분으로 되돌려 바로잡는다."는 것은, 잡호 이하를 수양하면 비록 은사령이 내리더라도 모두 (신분을) 바로잡아 각각 본래 신분에 따르게 한다는 것을 말한다. 주에 이르기를 "주인이 없다."고 한 것은, 수양한 바의 부곡 및 노에게 본래 주인이 없다는 것을 말한다. "주인 스스로 수양하였다."는 것은, 주인이 자기 집의 부곡 및 노를 수양하여 자·손으로 삼았다는 것을 말한다. 역시 각각 장100에 처하며 모두 양인으로 삼는 것을 허용하는데, (이는) 그가 이미 (양인의) 자·손이 된 바가 있으므로, 다시 천인 (신분으로) 되돌려 전락시킬 수 없기 때문이다.[41] 만약 객녀 및 비를 수양하여 딸로 삼은 때에는 "해서는 안 되는데 행한 (죄의) 가벼운 쪽의" 처벌법(잡62.1)에 따라 태40에 처하고, 그대로 양자법에 준하여 양인 신분에 따르는 것을 허용한다. 단 되돌려 억눌러 천인으로 삼은 때에는 모두 "노 및 부곡을 방면하여 양인으로 삼았다가 되돌려 억눌러 노비로 삼은 것"과 같은 법(호11)으로 (처단)한다.

---

41) 타인의 부곡이나 노를 수양한 경우, 반드시 본래의 천인 신분으로 바로잡아야 한다. 그러나 소에서 해석하듯 주인이 없는 부곡이나 노 및 자기 집의 부곡이나 노를 수양한 경우, 이들이 비록 자·손이 되는 것은 허용되지 않으나 양인 신분의 유지는 허용된다. 관호·잡호 등의 관천인이 관적에 등재되어 있고 은사령을 통해서만 방면되는 것(『당육전』권6, 193쪽 및 『역주당육전』상, 619~620쪽)과 달리, 이들 사천인은 그 방면권이 주인에게 있어(『당령습유』, 261쪽) 주인 혹은 양인에게 수양됨으로써 이미 방면되었으므로 다시 천인 신분으로 전락될 수 없기 때문이다(劉俊文, 『唐律疏議箋解』, 948쪽). 소에서 바로 아래에 해석한 바와 같이, 객녀와 비 역시 주인이 없거나 주인 스스로 수양한 경우에 한해 양인 신분이 유지된다(戴炎輝, 『唐律各論』(上), 192쪽). 따라서 이렇게 양인이 된 이들을 다시 천인으로 삼는 경우 아래 조항(160, 호11)의 '노 및 부곡을 방면하여 양인으로 삼았다가 되돌려 억눌러 천인으로 삼은 죄'로 처벌받게 된다.

제160조 호혼 11. 방면한 부곡을 다시 천인으로 삼은 죄(放奴婢部曲還壓)

[律文1] 諸放部曲爲良，已給放書而壓爲賤者，徒二年.
[律文2] 若壓爲部曲，及放奴婢爲良而壓爲賤者，各減一等.
[律文3] 卽壓爲部曲，及放爲部曲而壓爲賤者，又各減一等.
[律文4] 各還正之.

[律文1의 疏] 議曰: 依戶令：「放奴婢爲良及部曲、客女者，竝聽之. 皆由家長給手書，長子以下連署，仍經本屬申牒除附」. 若放部曲、客女爲良，壓爲賤者，徒二年.

[律文2의 疏]「若壓爲部曲者」，謂放部曲、客女爲良，還壓爲部曲、客女; 及放奴婢爲良，還壓爲賤: 各減一等，合徒一年半.

[律文3의 疏]「卽壓爲部曲者」，謂放奴婢爲良，壓爲部曲、客女;「及放爲部曲者」，謂放奴婢爲部曲、客女，而壓爲賤者: 又各減一等，合徒一年.

[律文4의 疏] 仍竝改正，從其本色，故云「各還正之」. 此文不言客女者，名例律: 稱部曲者，客女同. 故解同部曲之例.

[율문1] 무릇 부곡을 방면하여 양인으로 삼고 이미 방면한다는 문서를 주고서, 다시 억눌러 노비[賤]로 삼은 자는 도2년에 처한다.
[율문2] 만약 (부곡에서 방면된 양인을) 억눌러 부곡으로 삼거나 노비를 방면하여 양인으로 삼았다가 억눌러 노비로 삼은 때에는 각각 1등씩 감한다.
[율문3] 곧 (노비에서 방면된 양인을) 억눌러 부곡으로 삼거나 (노비를) 방면하여 부곡으로 삼았다가 억눌러 노비로 삼은 때에

는 다시 각각 1등씩 감한다.

[율문4] 각각 (방면된 신분으로) 되돌려 바로잡는다.

[율문1의 소] 의하여 말한다: 호령(습유261쪽)에 의거하면, "노비를 방면하여 양인 및 부곡·객녀로 삼는 것은 모두 허용한다. 모두 가장이 직접 쓴 문서[手書]를 지급하되, 장자 이하가 차례로 서명하여 그대로 본래 속한 (현)에 문서로 보고해서, (주인의 호적에서) 삭제하고 (그들 자신의 호적을) 등재한다."42)고 하였다. 만약 부곡·객녀를 방면하여 양인으로 삼았는데 억눌러 노비[賤]로 삼은 자는 도2년에 처한다.

[율문2의 소] 만약 (부곡에서 방면된 양인을) 억눌러 부곡으로 삼거나, -부곡·객녀를 방면하여 양인으로 삼았다가 (본래 신분으로) 되돌려 억눌러 부곡·객녀로 삼은 것을 말한다.- 노비를 방면하여 양인으로 삼았다가 되돌려 억눌러 노비로 삼은 때에는 각각 1등씩 감해서 도1년반에 처해야 한다.

[율문3의 소] 곧 (노비에서 방면된 양인을) 억눌러 부곡으로 삼거나, -노비를 방면하여 양인으로 삼았는데 억눌러 부곡·객녀로 삼은 것을 말한다.- (노비를) 방면하여 부곡으로 삼았다가 -노비를 방면하여 부곡·객녀로 삼은 것을 말한다.- 억눌러 노비로 삼은 때에는 다시 각각 1등씩 감해서 도1년에 처해야 한다.

[율문4의 소] 그대로 모두 바로잡아 그들의 (방면된) 본래 신분에 따르도록 하므로, "각각 (방면된 신분으로) 되돌려 바로잡는다."43)

---

42) 돈황에서 출토된 당대 從良書(S.4374)를 통해 노비의 방량 시에 실제로 가장이 직접 쓴 문서에 자손 이하가 연서하고, 隣保와 관인이 모두 서명하였음을 확인할 수 있다(中國社會科學院歷史硏究所 等 編, 『英藏敦煌文獻(漢文佛經以外部份)』第6卷, 49~50쪽).

43) 이상의 내용을 정리하면 다음과 같다. ①방면된 부곡(객녀도 포함)을 억눌러 노비로 삼으면 도2년, 부곡으로 삼으면 도1년반에 처하며, ②방면된 노비를

고 한 것이다. 이 조문에서 객녀를 언급하지 않은 것은, 명례율(명 47.1)에서 부곡이라 한 것은 객녀도 같다고 했기 때문이다. 그러므로 부곡의 예와 같다고 해석한다.

[律文4의 問1] 曰: 放客女及婢爲良, 却留爲妾者, 合得何罪?

[律文4의 答1] 曰: 妾者, 娶良人爲之. 據戶令: 「自贖免賤, 本主不留爲部曲者, 任其所樂」. 況放客女及婢, 本主留爲妾者, 依律無罪, 準「自贖免賤」者例, 得留爲妾.

[율문4의 문1] 묻습니다: 객녀 및 비를 방면하여 양인으로 삼았는데, 도리어 머물게 해서 첩으로 삼은 것은 어떤 죄에 해당합니까?

[율문4의 답1] 답한다: 첩이란 양인을 맞아들여 (첩으로) 삼는 것이다. 호령(습유261쪽)에 의거하면, "스스로 속금을 내고 천인을 면하였는데, 본래 주인이 머물게 해서 부곡으로 삼지 않을 때에는 그가 원하는 바에 맡긴다." 더구나 객녀 및 비를 방면하고 본 주인이 머물게 해서 첩으로 삼은 것은 율에 의거하면 무죄이니(호29.4), "스스로 속금을 내고 천인을 면한" 예에 준하여 머물게 해서 첩으로 삼을 수 있다.

[律文4의 問2] 曰: 部曲娶良人女爲妻, 夫死服滿之後, 卽合任情去住. 其有欲去不放, 或因壓留爲妾及更抑配與部曲及奴, 各合得何罪?

[律文4의 答2] 曰: 服滿不放, 律無正文, 當「不應爲重」, 仍卽任去. 若元取當色爲婦, 未是良人, 留充本色, 準法無罪. 若是良人女壓留爲妾, 卽是有所威逼, 從「不應得爲重」科. 或抑配與餘部曲, 同「放奴婢爲良却壓爲部曲」, 合

억눌러 노비로 삼으면 도1년반, 부곡으로 삼으면 도1년, 노비를 부곡으로 방면시켰다가 억눌러 노비로 삼으면 도1년에 처한다.

徒一年. 如配與奴, 同「與奴娶良人女」, 合徒一年牛; 上籍爲婢者, 流三千里.
此等轉嫁爲妻及妾, 兩和情願者, 竝不合得罪. 唯本是良者, 不得願嫁賤人.

[율문4의 문2] 묻습니다: 부곡이 양인의 딸을 맞아들여 처로 삼았는
데 그 남편이 죽고 복상 기간이 찬 후이면 곧 (그 처는) 마음대로
떠나가거나 머물 수 있습니다. 그가 떠나고자 하는데 놓아주지 않
거나, 혹은 억눌러 머물게 해서 첩으로 삼거나 다시 억지로 다른
부곡 및 노에게 짝지어 주었다면 각각 어떤 죄를 받아야 합니까?
[율문4의 답2] 답한다: 복상 기간이 찼는데도 놓아주지 않은 것은
율에 바로 해당하는 율문은 없으나 "해서는 안 되는데 행한 (죄의)
무거운 쪽"(잡62.2)에 처하고 그대로 곧 뜻대로 떠나가도록 해야 한
다. 만약 원래 같은 신분에서 취하여 부인으로 삼았다면 결코 양
인이 아니므로 머물게 해서 본래 신분으로 하는 것은 법에 준하면
무죄이다. 만약 양인의 딸을 억눌러 머물게 하여 첩으로 삼았다면
곧 위협한 바가 있는 것이니 "해서는 안 되는데 행한 (죄의) 무거
운 쪽"에 따라 죄를 준다. 혹 억지로 다른 부곡과 짝지어 주었다면
"노비를 방면하여 양인으로 삼았는데 도리어 억눌러 부곡으로 삼
은 것"과 같이 도1년에 처해야 한다. 만약 노와 짝지어 주었다면
"노가 양인의 딸을 맞아들인 것"과 같으므로 도1년반에 처해야 한
다. 호적에 올려 비로 삼은 때에는 유3000리에 처한다(호42.3). 이
들이 재가[轉嫁]하여 처나 첩이 된 것이 서로 합의하고 원한 것이면
모두 죄를 받아서는 안 된다. 다만 본래 양인인 경우 원해도 천인
과 혼인할 수 없다.

제161조 호혼 12. 거짓으로 호를 합한 죄(相冒合戶)

[律文1a] 諸相冒合戶者, 徒二年;
[律文1b] 無課役者, 減二等. 謂以疎爲親及有所規避者.
[律文2] 主司知情, 與同罪.

　[律文1a의 疏] 議曰: 依賦役令: 「文武職事官三品以上若郡王期親及同居大功親, 五品以上及國公同居期親, 竝免課役」. 旣爲同居有所蠲免, 相冒合戶, 故得徒二年.

　[律文1b의 疏] 無課役者, 或籍資蔭贖罪, 事旣輕於課役, 故減二等, 得徒一年. 注云「謂以疎爲親」, 律, 令所蔭, 各有等差, 若以疎相合, 卽失戶數; 規其資蔭, 卽失課役. 如斯合戶, 得此徒刑. 若蠲免更多, 或假蔭重者, 各依本法, 自從重論.

　[律文2의 疏] 「主司知情與同罪」, 主司謂里正以上, 知冒戶情, 有課役, 無課役, 各與同罪.

[율문1a] 무릇 거짓으로 서로 호를 합한 자는 도2년에 처하고,
[율문1b] 과·역이 없는 때에는 2등을 감한다. 먼 친속을 가까운 친속으로 하거나 회피한 바가 있는 것을 말한다.
[율문2] 주사가 정을 알았다면 같은 죄를 준다[與同罪].

　[율문1a의 소] 의하여 말한다: 부역령(습유686쪽)에 의거하면, "문무 직사관 3품 이상이나 군왕의 기친 및 동거하는 대공친, 5품 이상 및 국공의 동거하는 기친은 모두 과·역을 면제한다."고 하였으니, 일단 동거가 되면 (과·역을) 감면받을 수 있어 서로 거짓으로 꾸며 호를 합한 것이므로 도2년의 죄를 받는 것이다.

　[율문1b의 소] 과·역이 없는 경우라도 혹 친속의 관작에 의해 받는

음[資蔭]에 기대어 죄를 속할 수 있는데, 사안이 과·역보다는 원래 가볍기 때문에 2등을 감하여 도1년의 죄를 받는다. 주에 이르기를 "면 친속[44]을 가까운 친속으로 한다."고 하였는데, 율·령에 (규정된) 음하는 바(의 친속)은 (관작의 품계에 따라) 각각 차등이 있고, (게다가) 만약 면 친속까지 합하면 곧 호의 수가 줄어들고, 그들이 친속의 관작에 의해 받는 음을 얻으려 꾀하면 곧 과·역을 잃게 된다. 이와 같으므로 호를 합하면 이 도형을 받게 되는 것이다. 만약 감면받은 것이 더 많거나 혹 음을 빌린 죄가 (호를 합친 죄보다) 더 무거운 때에는 각각 해당하는 법에 의거하되, 당연히 무거운 쪽에 따라 논한다(명49.2).

[율문2의 소] "주사가 정을 알았다면 같은 죄를 준다."고 하였는데, 주사는 이정 이상을 말하며, 거짓으로 호를 합한 정을 알았다면 과·역이 있든 없든 각각 같은 죄를 준다.

[律文3] 卽於法應別立戶而不聽別, 應合戶而不聽合者, 主司杖一百.

　[律文3의 疏] 議曰:「應別」, 謂父母終亡, 服紀已闋, 兄弟欲別者.「應合戶」, 謂流離失鄕, 父子異貫, 依令合戶, 而主司不聽者, 各合杖一百. 應別·應合之類, 非止此條, 略擧爲例, 餘竝準此.

[율문3] 만약 법에 따라 마땅히 호를 달리하여 세울 수 있는데 달리하는 것을 허용하지 않거나, 마땅히 호를 합할 수 있는데 합하는 것을 허용하지 않은 경우 주사는 장100에 처한다.

　[율문3의 소] 의하여 말한다: "마땅히 (호를) 달리할 수 있다."는 것은, 부모가 사망하고 복상 기간이 이미 끝났으며 형제가 호를 달리

---

44) 원문의 '踈'는, 여기서는 부역령에서 과·역 면제 대상으로 규정된 친속의 범위를 벗어난 먼 친속을 가리킨다.

하고자 하는 것을 말한다. "마땅히 호를 합할 수 있다."는 것은, 흩어져서 본향을 잃고 부자간에 호적이 다르다면 영45)에 의거하여 호를 합해야 하는 것을 말한다. 그런데 주사가 이를 허용하지 않는 때에는 각각 장100에 처해야 한다. 마땅히 호를 달리할 수 있거나 호를 합할 수 있는 것 따위는 이 조항에만 국한되지 않으며 대략적인 것을 들어 예로 삼은 것이니 다른 경우도 모두 이에 준한다.

제162조 호혼 13. 비유가 함부로 재물을 사용한 죄(同居卑幼私輒用財)

[律文1] 諸同居卑幼, 私輒用財者, 十疋笞十, 十疋加一等, 罪止杖一百.
[律文2] 卽同居應分, 不均平者, 計所侵, 坐贓論減三等.

　[律文1의 疏] 議曰: 凡是同居之內, 必有尊長. 尊長旣在, 子孫無所自專. 若卑幼不由尊長, 私輒用當家財物者, 十疋笞十, 十疋加一等, 罪止杖一百.
　[律文2의 疏] 「卽同居應分」, 謂準令分別而財物不均平者, 準戶令: 「應分田宅及財物者, 兄弟均分. 妻家所得之財, 不在分限. 兄弟亡者, 子承父分」. 違此令文者, 是爲「不均平」. 謂兄弟二人, 均分百疋之絹, 一取六十疋, 計所侵十疋, 合杖八十之類, 是名「坐贓論減三等」.

[율문1] 무릇 동거하는 비유가 사사로이 함부로 재물을 사용한

---

45) 호의 籍貫이 두 곳인 경우 邊州를 가장 우선하고, 다음으로 關內와 軍府州에 따라 하나로 정한다. 같은 범주라면 각기 앞선 적관에 따른다(『당육전』권3, 74쪽 및 『역주당육전』상, 315~316쪽;『백씨육첩사류집』권22, 戶口版圖). 일본의 양로령 역시 적관이 두 개이면 앞선 적관에 따라 정하며, 호를 합할 때도 이 원칙에 따른다고 규정하였다(『영의해』권2, 戶令, 95쪽 및 『영의해역주』상, 165~166쪽).

때에는, 10필이면 태10에 처하고 10필마다 1등씩 더하되 죄는 장100에 그친다.

[율문2] 만약 동거하다가 분(가)해야 하는데 (재물을) 균평하게 나누지 않은 자는, 침범한 바를 계산하여 좌장(잡1)으로 논하되 3등을 감한다.

[율문1의 소] 의하여 말한다: 무릇 동거자 가운데에는 반드시 존장이 있다. 존장이 있으면 자·손이 자기 마음대로 해서는 안 된다. 만약 비유가 존장의 허락 없이 사사로이 함부로 자기 집의 재물을 사용한 때에는, 10필이면 태10에 처하고 10필마다 1등씩 더하되 죄는 장100에 그친다.

[율문2의 소] "만약 동거하다가 분(가)해야 한다."는 것은, 영에 준하여 (재산을) 나누고 (호를) 달리하는 것을 말하며, 그런데 재물을 균평하게 나누지 않았다는 것은, 호령에 준하면 "마땅히 나누어야 할 전·택은 형제가 균등하게 나눈다. 처가에서 얻은 재물은 나누는 범위에 포함하지 않는다. 형제가 사망한 때에는 아들이 아버지의 몫을 승계한다."[46]고 하였으니, 이 영문을 어긴 것이 바로 "균평하게 나누지 않은 것"이다. 형제 2인이 100필의 견을 균등하게 나누어야 하는데 한 사람이 60필을 취했다면 더 차지한 10필을 계산하여 장80에 해당하는[47] 것 따위를 말하며, 이것이 (정)명하여 "좌장으로 논하되 3등을 감한다."는 것이다.

---

46) 해당 영문과 유사한 내용은 당대의 사료에는 보이지 않고, 『송형통』에 인용된 호령만을 확인할 수 있다(『송형통』권12, 197쪽).

47) 좌장죄는 장이 10필이면 도1년에 처하므로 여기에서 3등을 감하면 장80이다 (389, 잡1.1).

제163조 호혼 14. 구분전을 판 죄(賣口分田)

[律文1a] 諸賣口分田者, 一畝笞十, 二十畝加一等, 罪止杖一百;

[律文1b] 地還本主, 財沒不追.

[律文2] 卽應合賣者, 不用此律.

　[律文1a의 疏] 議曰:「口分田」, 謂計口受之, 非永業及居住園宅. 輒賣者,
　『禮』云:「田里不鬻」, 謂受之於公, 不得私自鬻賣, 違者一畝笞十, 二十畝加
　一等, 罪止杖一百, 賣一頃八十一畝卽爲罪止.

　[律文1b의 疏] 地還本主, 財沒不追.

　[律文2의 疏]「卽應合賣者」, 謂永業田家貧賣供葬, 及口分田賣充宅及碾磑、
　邸店之類, 狹鄕樂遷就寬者, 準令竝許賣之. 其賜田欲賣者, 亦不在禁限. 其
　五品以上若勳官, 永業地亦竝聽賣. 故云「不用此律」.

[율문1a] 무릇 구분전을 판 자는, 1무이면 태10에 처하고, 20무마
다 1등씩 더하되 죄는 장100에 그치고,

[율문1b] 전지는 본래 주인에게 돌려주고 (전지의) 대금은 (관에)
몰수하고 돌려주지 않는다.

[율문2] 곧 마땅히 팔 수 있는 것이라면 이 율을 적용하지 않는다.

　[율문1a의 소] 의하여 말한다: "구분전"[48]이란 구수를 계산하여 받

---

48) 현재 사료를 통해 확인할 수 있는 당조의 민에 대한 급전 규정은 무덕7년
　　(624), 개원7년(719), 개원25년(737) 등의 것으로, 전체 분량이 매우 구체적이
　　고 방대하며 사료와 영의 반포 및 시행 시기에 따라 내용에도 약간의 차이가
　　있다. 그 기본적인 원칙만을 정리하면 대략 다음과 같다. 정남 및 18세 이상
　　의 중남에게 영업전 20무, 구분전 80무를 지급한다. 노남·독질·폐질은 구분전
　　40무를, 寡妻妾에게는 구분전 30무를 지급하며, 황·소·중의 남녀와 노남·독
　　질·폐질·과처첩이 호주인 경우 각각 영업전 20무와 구분전 20무를 지급한다.
　　工·商을 업으로 삼는 자는 영업전·구분전을 각기 반액씩 지급하되 협향의 경

는 것으로 영업전49) 및 거주원택50)이 아닌 것을 말한다. 함부로 (구분전을) 팔았다는 것은, 『예기』에 이르기를 "전리는 팔 수 없다."51)고 했듯이 국가(公)로부터 받았으니 사사로이 팔 수 없다는 것을 말하며, (이를) 어긴 자는 1무52)이면 태10에 처하고 20무마다 1등씩 더하되 죄는 장100에 그치니, 1경 81무를 팔면 곧 최고형[罪止]이 된다.

우 지급하지 않는다. 도사·승·니는 30무, 여관은 20무를 지급한다. 잡호는 백성의 예에 따르고, 관호는 백성의 구분전의 반액을 지급한다. 협향에서 새로이 전토를 받을 경우 관향의 구분의 반을 감한다(『구당서』권48, 2088쪽; 『신당서』권51, 1342쪽; 『통전』권2, 29~32쪽; 『당회요』권83, 1813쪽; 『당육전』권3, 74쪽 및 『역주당육전』상, 318~319쪽; 『천성령역주』, 37~75쪽). 원칙적으로는 토지를 받아 경작했던 사람이 죽으면 구분전은 국가가 회수하여 다른 사람에게 다시 분배한다고 규정되었으나, 전국적으로 전토의 授受가 엄밀하게 시행되었는가의 여부도 불확실하다. 다만 본 조항에서 규정하고 있는 것처럼 토지를 받은 자가 사망하지 않았는데 특별한 사유 없이 구분전을 매매한 행위는 율을 위반한 죄로 처벌받았을 것으로 생각된다.

49) 영업전은 원칙적으로 수전하면 終身한 이후에도 국가에 반납하지 않고 자손에게 상속할 수 있었으며(『통전』권2, 30쪽; 『구당서』권48, 2088쪽), 소에서 보듯 특수한 경우에 한해 매매도 할 수 있었다(『통전』권2, 31쪽; 『신당서』권51, 1342쪽).

50) 원택지는 구분전과 영업전 외에 별도로 지급하는 토지로, 양인은 3인 이하는 1무를 주고 3인마다 1무를 더하며, 천인은 5인 이하는 1무를 주고 5인마다 1무를 더 준다(『통전』권2, 30쪽; 『당육전』권3, 74~75쪽 및 『역주당육전』상, 319쪽).

51) 전지와 전택은 국가에서 분배하였기 때문에 사적으로 매매할 수 없다는 의미이다. 鄭玄은 모두 국가(公)에서 받은 것으로 민이 함부로 사사로이 할 수 없다고 주했다(『예기정의』권12, 465쪽).

52) 畝는 전토의 면적을 나타내는 단위로서, 당대는 5척을 1步로 하며, 폭 1보, 길이 240보의 면적을 1畝라고 한다. 또한 100무를 1頃이라고 한다(『통전』권2, 29쪽; 『당육전』권3, 74쪽 및 『역주당육전』상, 318~319쪽). 당대의 小尺은 약 30cm, 大尺은 약36cm이므로, 1무를 현재의 미터법으로 환산하면 소척으로 약 540㎡, 대척으로 약 777㎡이다. 토지의 면적을 계산할 때에 소척과 대척 중 어느 것을 썼는지는 알 수 없으나, 내외 관사에서는 모두 (도량형의) 大制를 사용한다는 규정(『통전』권6, 108쪽; 『당육전』권3, 81쪽 및 『역주당육전』상, 351~352쪽)으로 미루어 보면 1무는 약 777㎡에 상당한다고 볼 수 있다.

[율문1b의 소] 전지는 본래 주인에게 돌려주고 (전지의) 대금은 (관에) 몰수하고 돌려주지 않는다.53)

[율문2의 소] "곧 마땅히 팔 수 있는 것"이라 함은, 영업전은 집이 가난하여 팔아 장례비용에 댈 수 있고, 구분전은 팔아서 집·물레방아·저점 따위를 (사는데) 충당할 수 있으며, 협향에서 관향54)으로 자발적으로 이주할[樂遷] 때 영(전령, 습유629~630쪽)에 준하여 모두 파는 것을 허용한다는 것을 말한다. 단 사전을 팔고자 하는 것은 또한 금지하는 범위에 넣지 않는다. 단 5품 이상 및 훈관의 영업전은 역시 모두 파는 것을 허용한다.55) 그러므로 "이 율을 적용하지 않는다."고 한 것이다.

---

53) 원문의 '財沒不追'는 쌍방에게 모두 죄가 있는 장물이나 법으로 소유를 금한 물건을 범하였으면 몰관한다는 규정(명32.1 및 소)에 비추어보면, 법으로 매매가 금지된 구분전을 매매하였기 때문에 그 대금은 관에 몰수하고 매수자에게 돌려주지 않는다는 의미로 해석해야 할 것이다.

54) 狹鄕은 주어야 할 전지에 비해 토지가 부족한 곳, 寬鄕은 주어야 할 전지에 비해 토지가 더 많은 곳을 말한다. 당령에서는 관향은 주·현의 경계 내에서 관할하는 수전이 모두 충족되는 곳, 협향은 그것이 부족한 곳이라고 규정하고 있다(『통전』권2, 30쪽;『당육전』권3, 75쪽 및 『역주당육전』상, 319~320쪽). 앞서 민에 대한 급전 규정에서 보았듯 협향은 관향의 구분의 반액만 주는데, 협향에서 전토가 부족할 경우 그 부족분을 멀리 떨어진 관향에 주는 것을 허용하기도 한다(『통전』권2, 30쪽;『천성령역주』, 56쪽). 그러나 실질적으로 민이 이를 동시에 경작하기는 불가능하며, 따라서 협향에 거주하는 자가 관향으로 이주하는 것을 허용하고(『당육전』권3, 74쪽 및 『역주당육전』상, 315~316쪽) 소에 규정된 것처럼 영업전·구분전의 매매를 허용함으로써 자발적으로 농민이 협향에서 관향으로 이주하는 것을 유도했다고 볼 수 있을 것이다.

55) 소에서 말하고 있는 바와 같이 관인에게 사여하도록 규정된 관인영업전과 사전은 매매나 임대·전당에 제한을 두지 않는다(『통전』권2, 32쪽;『천성령역주』, 65쪽). 관인영업전의 급전 액수는 관품과 작위에 따라 60무에서 100경으로 관향에서 수전하도록 하며, 모두 자손에게 상속할 수 있다. 다만 관인이 관작에서 해면된 경우 강등한 품계만큼의 관인영업전은 회수되며, 제명된 경우 민에게 지급되는 분량의 구분전을 지급하고 그 밖의 모든 전토와 사전은 회수된다는 규정이 있다(『통전』권2, 29~30쪽;『당육전』권3, 75쪽 및 『역주당육전』상, 321~322쪽).

당률소의 권 제13 호혼율 모두 18조

역주 이준형

제164조 호혼 15. 전지를 한도를 초과하여 점유한 죄(占田過限)

[律文1] 諸占田過限者, 一畝笞十, 十畝加一等; 過杖六十, 二十畝加一等, 罪止徒一年.

[律文2] 若於寬閑之處者, 不坐.

  [律文1의 疏] 議曰: 王者制法, 農田百畝, 其官人永業準品, 及老·小·寡妻受田各有等級, 非寬閑之鄕不得限外更占. 若占田過限者, 一畝笞十, 十畝加一等; 過杖六十, 二十畝加一等, 一頃五十一畝罪止徒一年.

  [律文2의 疏] 又, 依令:「受田悉足者爲寬鄕, 不足者爲狹鄕.」 若占於寬閑之處不坐, 謂計口受足以外, 仍有剩田, 務從墾闢, 庶盡地利, 故所占雖多, 律不與罪. 仍須申牒立案. 不申請而占者, 從「應言上不言上」之罪.

[율문1] 무릇 전지를 한도를 초과하여 점유한 자는 1무이면 태10에 처하고, 10무마다 1등씩 더한다. 장60이 넘으면 20무마다 1등씩 더하되, 죄는 도1년에 그친다.

[율문2] 만약 (전지가) 넓고 여유 있는[寬閑] 곳이면 처벌하지 않는다.

  [율문1의 소] 의하여 말한다: 왕이 법을 제정함에 (1가의) 농전은 100무로 하였다.[1] 단 관인의 영업전은 관품에 준하고,[2] 노(남)·

---

1) 1가의 전지를 100무로 정한 것은 고대로부터 전해진 이상적 관념이며(『주례주소』권10, 303~304쪽; 『한서』권99중, 4110쪽) 당대 전기의 균전제 역시 이러한 관념에 따라 정남 1인에게 영업전 20무와 구분전 80무를 급전하도록 규정하였다(『통전』권2, 29쪽).

2) 당대 관인 영업전의 급전 기준액은 다음과 같다. 친왕은 100경, 직사관 정1품은 60경을 지급하고, 이하 군왕~남의 작과 종1품~종5품의 직사관은 50경에서 5경까지 차등적으로 지급한다. 상주국~무기위의 훈관은 30경에서 60무

소(남)·과처가 받는 전지에는 각각 차등이 있다.[3] 넓고 여유 있는 지방이 아니라면 한도 외에 더 이상 점유해서는 안 된다. 만약 전지를 한도를 초과하여 점유한 자는, 1무이면 태10에 처하고, 10무마다 1등씩 더한다. 장60이 넘으면 20무마다 1등씩 더하고, 1경 51무이면 최고형[罪止]인 도1년에 처한다.

[율문2의 소] 또 영(전령, 습유626쪽)에 의거하면, "(민이) 전지를 받는 것이 온전히 충족되는 경우 관향으로 삼고, 부족한 경우 협향으로 삼는다." 만약 넓고 여유 있는 곳에서 (한도를 넘어) 점유하였다면 처벌하지 않는다는 것은, 구수를 계산하여 (전지를) 받는 것이 충족되고도 아직 남은 전지가 있다면 개간에 힘쓰게 하여 토지의 이로움을 다하기를 기대하는 것이며, 그런 까닭에 비록 점유한 (전지가) 많더라도 율에서는 죄주지 않음을 말한다. 그렇더라도 반드시 문서[牒]로 신(청)하고 등록해야 한다. 신청하지 않고 점유한 자는 "상부에 보고해야 하는데 보고하지 않은" 죄(직27.2)에 따른다.

까지 차등적으로 지급한다. 5품 이상 산관의 급전 기준액은 직사관과 같다. 단 5품 이상은 모두 협향에서 받을 수 없고, 관향이나 멀리 떨어진 곳의 주인 없는 황지를 찾아서 충당하는 것을 허용한다. 6품 이하는 해당 지역에서 국가로 환수된 전토[還公土]를 취하여 충당하는 것을 허용하며 관향에서 취하는 것 역시 허용한다(『통전』권2, 29~30쪽; 『당육전』권3, 75쪽 및 『역주당육전』상, 320~322쪽).

3) 당대에는 노남·독질·폐질에게는 구분전 40무를 지급하고, 과부가 된 처·첩에게는 구분전 30무를 지급하도록 규정하였다(『통전』권2, 29쪽; 『당육전』권3, 74쪽 및 『역주당육전』상, 318쪽).

제165조 호혼 16. 공·사전을 몰래 경작한 죄(盜耕種公私田)

[律文1] 諸盜耕種公私田者, 一畝以下笞三十, 五畝加一等; 過杖一百, 十畝加一等, 罪止徒一年半.

[律文2] 荒田, 減一等.

[律文3] 强者, 各加一等.

[律文4] 苗子歸官、主. 下條苗子準此.

[律文1의 疏] 議曰: 田地不可移徙, 所以不同眞盜, 故云「盜耕種公私田者」; 「一畝以下笞三十, 五畝加一等」, 三十五畝有餘杖一百. 「過杖一百, 十畝加一等」, 五十五畝有餘, 罪止徒一年半.

[律文2의 疏] 「荒田減一等」, 謂在帳籍之內, 荒廢未耕種者, 減熟田罪一等.

[律文3의 疏] 若强耕者, 各加一等: 熟田, 罪止徒二年; 荒田, 罪止徒一年半.

[律文4의 疏] 「苗子各歸官、主」, 稱苗子者, 其子及草竝徵還官、主. 「下條苗子準此」, 謂「妄認及盜貿賣」、「侵奪私田」、「盜耕墓地」, 如此之類, 所有苗子各還官、主. 其盜耕人田, 有荒有熟, 或竊或强, 一家之中罪名不等者, 竝依例「以重法併滿輕法」爲坐. 若盜耕兩家以上之田, 只從一家而斷. 併滿不加重者, 唯從一重科. 若親屬相侵得罪, 各依服紀, 準親屬盜財物法, 應減者節級減科. 若已上籍, 卽從下條「盜貿賣」之坐.

[율문1] 무릇 공·사전을 몰래 경작한 자는 1무 이하이면 태30에 처하고, 5무마다 1등씩 더한다. 장100이 넘으면 10무마다 1등씩 더하되, 죄는 도1년반에 그친다.

[율문2] 황전은 1등을 감한다.

[율문3] 강제로 (경작한) 때에는 각각 1등을 더한다.

[율문4] 묘자는 관이나 주인에게 돌려준다. 아래 조항의 묘자도 이

에 준한다.

[율문1의 소] 의하여 말한다: 전지는 옮길 수 없어 진정도죄와는 같지 않으므로[4] "공·사전을 몰래 경작한 자"라고 한 것이다. (그러므로 몰래 경작한 것이) 1무 이하이면 태30에 처하며, 5무마다 1등씩 더한다고 하였으니 35무가 넘으면 장100에 처한다. 장100이 넘으면 10무마다 1등씩 더하니, 55무가 넘으면 최고형인 도1년반에 처한다.

[율문2의 소] "황전은 1등을 감한다."는 것은, 장적에 등재되어 있으나 경작하지 않는 황폐한 땅[5]을 (몰래 경작했다면) 숙전(을 몰래 경작한) 죄에서 1등을 감한다는 것을 말한다.

[율문3의 소] 만약 (공·사전을) 강제로 경작한[6] 자는 각각 1등을 더하니, 숙전이면 죄는 도2년에 그치고, 황전이면 죄는 도1년반에 그친다.

[율문4의 소] "묘자는 각각 관이나 주인에게 돌려준다."는 것에서 묘

---

4) 당률에서 절도죄의 성립 요건은 기물·錢帛·축산 등 절도의 대상물을 본래 있던 곳에서 이탈시켜 자신의 수유로 하는 것이다(300, 적53의 주 및 소). 전지는 그것이 불가능하므로 비록 '盜耕種'하였더라도 진정도죄와는 다르다는 의미이다. 따라서 아래 조항(166, 호17)의 소에서 해석하고 있듯이 제명·면관·배장 등의 예도 적용되지 않는다.

5) 여기에서 언급한 '荒田'은 帳籍에 등록되어 그 토지의 소유권자가 존재하지만 경작이 되지 않은 전지를 말하며, 관인 영업전으로 지급하는 '無主荒地'와는 다르다. 이 조항에서 규정하고 있듯이 이러한 황전을 盜耕하는 것은 처벌대상이지만, 송 천성령 구령과 일본 양로령의 영문으로 미루어보면 빌려서 경작하는 것은 제한적으로 허용되었다고 생각된다(『천성령역주』76~78쪽; 『영의해』권3, 112쪽 및 『영의해역주』상, 221~222쪽).

6) 원문의 '强耕'이란, 남의 토지를 공공연히 제멋대로 경작해서 그 수확물을 취하는 것이다. 주인 몰래 토지를 경작하는 盜耕이나 소유권을 침탈하는 妄認과는 다르다. 도경이 '절취'에 해당한다면, 강경은 '공취'에 해당한다(300, 적53의 소).

자란 그 씨앗 및 짚이며, 모두 징수하여 관이나 주인에게 돌려준다. "아래 조항의 묘자도 이에 준한다."는 것은, "망인하거나 몰래 교환하거나 팔아넘긴 때"(호17), "사전을 침탈한 때"(호18), "묘지를 몰래 경작한 때"(호19), 이러한 따위는 모두 묘자를 각각 관이나 주인에게 돌려준다는 것을 말한다. 단 몰래 경작한 타인의 전지에는, 황전도 있고 숙전도 있고, 혹은 몰래 (경작하고) 혹은 강제로 (경작하여) 한 집 안의 것에서도 죄의 등급(罪名)이 각각 다를 경우 모두 명례율(명45.3b)의 "무거운 처벌법의 장물을 가벼운 처벌법의 장물에 합해서 계산하여 처벌하는(併滿)" 법에 의거하여 처벌한다. 만약 두 집 이상의 전지를 몰래 경작하였다면 단지 한 집에 따라 판결한다.7) (무거운 처벌법의 장물을 가벼운 처벌법의 장물에) 합해서 계산하여 죄가 가중되지 않을 때에는 오직 한 가지 무거운 것에 따라 죄를 준다.8) 만약 친속 간에 서로 침범하여 죄를 얻는 경우에는, 각각 친속의 등급(服紀)에 따라 (죄의 등급이 다른) 친속의 재물을 절도한 법(적40)에 준해서, 감해야 될 경우에는 (친속의) 등급에 따라 감해서 죄준다. 만약 이미 (장)적에 올렸다면, 곧 아래 조항의 "몰래 교환하거나 팔아넘긴 때"(호17)의 처벌(법)에 따른다.

---

7) 두 집 이상의 동일한 면적의 토지를 도경했다면 그 중 하나에 따라 처벌하고, 서로 다른 면적이라면 더 죄가 무거운 쪽에 따라 처벌하므로(명45.1a①) '단지 한 집에 따라 판결'하는 것이다.

8) 예컨대 어느 집의 숙전 5무를 강제로 경작한 경우 태50에 처하고, 황전 5무를 몰래 경작한 경우 태30에 처한다. 그런데 숙전 5무를 황전 5무에 병합하여 황전 10무를 몰래 경작한 것으로 처벌하면 오히려 태40에 불과하여 죄가 가중되지 않으므로, 무거운 죄인 숙전 5무를 경작한 죄로 처벌하는 것이다.

제166조 호혼 17. 공·사전을 망인하거나 교환하거나 판 죄(妄認盜賣公私田)

[律文] **諸妄認公私田若盜貿賣者, 一畝以下笞五十, 五畝加一等; 過杖一百, 十畝加一等, 罪止徒二年.**

[律文의 疏] 議曰: 妄認公私之田, 稱爲己地, 若私竊貿易, 或盜賣與人者, 「一畝以下笞五十, 五畝加一等」, 二十五畝有餘杖一百. 「過杖一百, 十畝加一等」, 五十五畝有餘, 罪止徒二年. 賊盜律云, 闌圈之屬, 須絶離常處; 器物之屬, 須移徙其地. 雖有盜名, 立法須爲定例. 地旣不離常處, 理與財物有殊, 故不計贓爲罪, 亦無除·免·倍贓之例. 妄認者, 謂經理已得; 若未得者, 準妄認奴婢·財物之類未得法科之. 盜貿易者, 須易訖. 盜賣者, 須賣了. 依令:「田無文牒, 輒賣買者, 財沒不追, 苗子及買地之財竝入地主.」

[율문] 무릇 공·사전을 망인하거나 또는 몰래 (자기의 것과) 교환하거나 (몰래) 팔아넘긴 자는 1무 이하이면 태50에 처하고, 5무마다 1등씩 더한다. 장100이 넘으면 10무마다 1등씩 더하되, 죄는 도2년에 그친다.

[율문의 소] 의하여 말한다: 공·사전을 망인9)하여 자기의 토지라고 하거나 또는 몰래 (자기의 것과) 교환하거나 혹은 몰래 다른 사람에게 팔아넘긴 자10)는, 1무 이하이면 태50에 처하며, 5무마다 1등

---

9) 妄認이란 어떤 목적물이 자기의 것이 아님을 알면서도 그것을 자기의 것이라고 주장하여 영득한 것을 말한다. 목적물이 자신의 것이라고 착각하여 영득한 것은 錯認이라고 한다. 두 용어는 그 목적물이 인신일 경우에도 사용된다(일본역『唐律疏議』2, 247쪽, 주1).

10) '몰래 교환한 것[盜貿易]'이란 자기 소유의 재물과 교환하여 타인 소유의 보다 가치 있는 동종의 재물을 얻는 행위이며, 율에서는 '교환[貿易]'이라고만 하여

씩 더하므로 25무가 넘으면 장100에 처한다. 장100이 넘으면 10무
마다 1등씩 더하므로, 55무가 넘으면 최고형[罪止]인 도2년에 처한
다. 적도율(적53)에 "우리에 (묶어두거나 가두는 것) 따위는 반드시
본래 있던 곳에서 벗어나야 하며, 기물 따위는 반드시 옮겨야 한
다."고 하였다. 비록 도의 죄명이 있더라도 법을 제정할 때에는 반
드시 예를 정해야 한다. (따라서) 토지는 일정 장소에서 이탈할 수
없고, 이치상 동산[財物]과 다르기 때문에 장물을 계산하여 죄를 정
할 수 없고, 또 제명·면관·배장 등의 예도 없다. 망인한 자는 (인
지가 관사에서) 처리되어 이미 획득한 자를 말한다. 만약 아직 획
득하지 못한 때에는 노비·재물 따위를 망인했지만 아직 획득하지
못한 때의 법에 준해서 처벌한다.[11] 몰래 교환한 경우에는 반드시
교환이 끝난 것이어야 하고, 몰래 판 경우에는 반드시 이미 팔아넘
긴 상태이어야 한다. 영(전령, 습유631쪽)에 의거하면, "문서로 (관청
에 삭제·등재를) 신청하지 않고 전지를 함부로 매매한 경우 (토지
를 팔아 얻은) 재물은 몰수하고 돌려주지 않으며, 묘자나 산 토지에
서 얻은 재물은 모두 토지의 원주인에게 돌려준다."[12]

도 같은 의미이다. 몰래 팔아넘긴 것[盜賣]이란 타인의 토지를 자신의 토지인
양 가장하여 제삼자에게 파는 행위이다(일본역『唐律疏議』2, 247쪽, 주2).

11) 노비 및 재물을 망인한 것은 절도에 준하여[準盜] 논하되 1등을 감하여 처
벌한다. 감림·주사가 망인하였으나 취득하지 못한 경우, 관·사의 재물을 사기
로 취득한 경우의 처벌(373, 사12.1)과 같이 준도에서 각각 2등을 감하고,
감림·주사가 아닌 자가 망인하였으나 취득하지 못한 경우에는 '착인하였으나
취득하지 못한 것'(401, 잡13.3)에 따라 처벌한다(375, 사14.3 및 소).

12) 영의 全文은 『통전』(권2, 31쪽) 등에 인용된 것을 그대로 옮기면 "凡賣買,
皆須經所部官司申牒, 年終彼此除附. 若無文牒輒賣買, 財沒不追, 地還本主."
라고 규정되어 있다. 盜賣에는 진정한 文牒이 있을 수 없기 때문에 영의 규정
에 의해 대가는 반환되지 않는다. 그러나 그것을 盜賣者에 남겨 두는 것도 도
리에 부합되지 않기 때문에 이것을 몰수한다는 것이 소의 논리일 것이다. 그
러나 文牒이 교묘하여 假作한 買主가 이 사정을 전혀 알 수 없는 경우에도

제167조 호혼 18. 관에 있으면서 사전을 침탈한 죄(在官侵奪私田)

[律文1] 諸在官侵奪私田者, 一畝以下杖六十, 三畝加一等; 過杖一百, 五畝加一等, 罪止徒二年半.

[律文2] 園圃, 加一等.

　　[律文1의 疏] 議曰: 律稱「在官」, 卽是居官挾勢. 侵奪百姓私田者, 「一畝以下杖六十, 三畝加一等」, 十二畝有餘杖一百. 「過杖一百, 五畝加一等」, 三十二畝有餘, 罪止徒二年半.

　　[律文2의 疏] 「園圃」, 謂蒔果實, 種菜蔬之所而有籬院者, 以其沃塉不類, 故加一等. 若侵奪地及園圃, 罪名不等, 亦準倂滿之法. 或將職分官田貿易私家之地, 科斷之法, 一準上條「貿易」爲罪, 若得私家陪貼抴物, 自依「監主詐欺」. 其官人兩相侵者, 同百姓例. 卽在官時侵奪, 貿易等, 去官事發, 科罪竝準初犯之時.

[율문1] 무릇 관에 있으면서 사전을 침탈한 자는 1무 이하이면 장60에 처하고, 3무마다 1등씩 더한다. 장100이 넘으면 5무마다 1등씩 더하되, 죄는 도2년반에 그친다.

[율문2] 원·포는 1등을 더한다.

　　[율문1의 소] 의하여 말한다: 율에서 "관에 있으면서"라고 칭한 것은, 곧 관직에 있으면서 위세를 부리는 것이다. 백성의 사전을 침탈한 자는 1무 이하이면 장60에 처하며, 3무마다 1등씩 더하므로 12무가 넘으면 장100에 처한다. 장100이 넘으면 5무마다 1등씩 더하므로 32무가 넘으면 최고형[罪止]인 도2년반에 처한다.

───────

타당할 것인가는 의문이 있다.

[율문2의 소] "원·포"라는 것은 과실수를 심거나 채소를 재배하는 곳으로 울타리가 있는 곳을 말하는데, 그 비옥함이 (일반 토지와) 다르기 때문에 1등을 더하는 것이다. 만약 토지 및 원·포를 침탈하여 죄명이 다르다면 또한 (무거운 처벌법의 장물을 가벼운 처벌법의 장물에) 합해서 계산하여 처벌하는 법(명45.3b)에 따른다.[13] 혹 직분전[14]을 사가의 토지와 교환하였다면 처단하는 법은 모두 앞 조항의 "(공·사전을) 교환한 것"(호17)에 준하여 처벌하되, 만약 사가가 (직분전에 대한) 대가(陪貼)로 낸 재물을 착복한 때에는 당연히 "감림·주수가 사기한 (죄)"(사12.1b)에 의거한다.[15] 단 관인 상호간에 침탈한 경우는 백성의 예와 같다. 만약 관에 있을 때 행한 침탈 및 교환 등의 일이 관을 떠난 뒤에 발각되었다면 죄주는 것은 모두 처음 범한 때에 준한다.[16]

---

13) 이는 '一事分爲二罪'로, 전지 침탈과 원·포 침탈의 처벌법이 다르므로 원·포 침탈의 액수를 더 가벼운 죄인 전지 침탈 액수에 병만하여 처벌한다. 예컨대 사전 3무와 원·포 3무를 침탈했다면 본래의 처벌은 각기 장70과 장80에 해당하지만, 원·포 3무를 사전 3무에 병합하여 사전 6무를 침탈한 죄에 해당하는 장80에 처하는 것이다.

14) 당대 관인 직분전의 급전 기준액은 다음과 같다. 모든 주 및 도호부·친왕부의 관인은 2품 이하 9품까지 12경에서 2경 50무를 차등적으로 지급한다. 진·수·관·진·악·독 및 재외 감관은 5품 이하 9품까지 5경에서 1경 50무를 차등적으로 지급한다. 절충부의 각급 지휘관은 등급에 따라 6경에서 80무를 차등적으로 지급한다(『당육전』권3, 75~76쪽 및 『역주당육전』상, 323~324쪽).

15) 원문의 '陪貼'의 정확한 의미는 알기 어렵다. 다만 송대의 사료에 陪貼이라는 표현이 산견되는데, "則倍數而敷, 以贖免者, 謂之陪貼."(『宋會要輯稿』, 食貨 9, 賦稅雜錄上)이나 "或令民戶陪貼錢物, 郡縣爲之理索"(『宋會要輯稿』, 刑法 2, 禁約2) 등의 표현으로 볼 때 당시는 지방관이 고의로 세액 등을 과다하게 할당하고, 민은 뇌물로 이를 면제 혹은 차감 받는 행위를 '배첩'이라고 칭한 것으로 보인다. 여기서는 가치가 높은 직분전과 가치가 낮은 사전을 교환하고, 사가가 그 차액에 상당하는 재물을 감림·주수에게 지불한 경우를 의미하는 것으로 생각된다.

16) 관에 있을 때 행한 침탈 및 교환 행위는 사죄이기 때문에, 재관 시에 범한

제168조 호혼 19. 타인의 묘전을 몰래 경작하거나 타인의 전지·묘전에 몰래 매장한 죄(盜耕人墓田)

[律文1a] 諸盜耕人墓田, 杖一百;

[律文1b] 傷墳者, 徒一年.

[律文2a] 卽盜葬他人田者, 笞五十;

[律文2b] 墓田, 加一等.

[律文2c] 仍令移葬.

[律文3a] 若不識盜葬者, 告里正移埋, 不告而移, 笞三十.

[律文3b] 卽無處移埋者, 聽於地主口分內埋之.

[律文1a의 疏] 議曰: 墓田廣袤, 令有制限. 盜耕不問多少, 卽杖一百.

[律文1b의 疏] 傷墳者, 謂窀穸之所, 聚土爲墳, 傷者合徒一年.

[律文2a의 疏] 卽將尸柩盜葬他人地中者, 笞五十;

[律文2b의 疏] 若盜葬他人墓田中者, 加一等合杖六十. 如盜葬傷他人墳者, 亦同盜耕傷墳之罪.

[律文2c의 疏] 仍各令移葬.

[律文3a의 疏] 若不識盜葬之人, 告所部里正移埋. 不告而移, 慮失屍柩, 合笞三十.

[律文3b의 疏] 「卽無處移埋者」, 謂無閑荒之地可埋, 聽於地主口分內埋之.

[율문1a] 무릇 몰래 다른 사람의 묘전을 경작한 자는 장100에 처하고,

[율문1b] 봉분을 손상한 자는 도1년에 처한다.

유죄 이하 공죄는 거관 시에 논하지 않는다는 규정(명16.2)이 적용되지 않으며 율문1에 따라 도2년반 이하에 처한다.

[율문2a] 만약 타인의 전지에 몰래 매장한 자는 태50에 처하고,

[율문2b] 묘전이면 1등을 더하며,

[율문2c] 그대로 옮겨 매장하게 한다.

[율문3a] 만약 몰래 매장한 자를 알지 못할 때에는 이정에게 알리고 옮겨 매장하며, 알리지 않고 옮겨 (매장했으면) 태30에 처한다.

[율문3b] 만약 옮겨 매장할 곳이 없을 때에는 토지 주인의 구분전 안에 매장하는 것을 허용한다.

[율문1a의 소] 의하여 말한다: 묘전의 면적[廣袤]은 영(상장령, 습유830쪽)¹⁷⁾에 제한이 있다. (다른 사람의 묘전을) 몰래 경작하였다면 (경작한 전지의) 많고 적음을 불문하고 곧 장100에 처한다.

[율문1b의 소] 봉분을 손상했다는 것은 매장한[窀穸] 곳에 흙을 모아 봉분을 만들었는데 (이를) 손상한 것을 말하며, 도1년에 처해야 한다.

[율문2a의 소] 만약 시신을 넣은 관을 타인의 토지 내에 몰래 매장한 자는 태50에 처한다.

[율문2b의 소] 만약 타인의 묘전 내에 몰래 매장한 자는 1등을 더하여 장60에 처한다. 만약 몰래 매장하다가 타인의 봉분을 손상한 경우는 역시 몰래 경작하다가 봉분을 손상한 죄와 같다.

[율문2c의 소] 그대로 각각 옮겨 매장하도록 한다.

[율문3a의 소] 만약 몰래 매장한 사람을 알지 못하면 관할 이정에게 알리고 옮겨 매장한다. 알리지 않고 옮겨 (매장했다면), 시신과 관

---

17) 이와 관련하여 『통전』(권108, 2811쪽) 등에 관품에 따른 묘지의 면적 규정이 기록되어 있으며, 송대 천성령의 상장령에도 이와 동일한 규정이 있다(『천성령역주』, 575쪽). 廣袤는 토지의 면적을 지칭하는 말로, 동서의 길이를 광, 남북의 길이를 무라 한다.

의 분실이 염려되므로 태30에 처해야 한다.

[율문3b의 소] "만약 옮겨 매장할 곳이 없을 때"라는 것은 매장할 만한 경작하지 않는 땅이 없는 것을 말하며, 토지 주인의 구분전 내에 매장하는 것을 허용한다.

제169조 호혼 20. 관할 구역 내의 자연재해에 대한 보고부실의 죄(不言及妄言旱澇霜蟲)

[律文1] 諸部內有旱澇霜雹蟲蝗爲害之處，主司應言而不言及妄言者，杖七十.

[律文2] 覆檢不以實者，與同罪.

[律文3] 若致枉有所徵免，贓重者，坐贓論.

　[律文1의 疏] 議曰：旱謂亢陽，澇謂霖霪，霜謂非時降實，雹謂損物爲災，蟲蝗謂螟蟊蟊賊之類. 依令：「十分損四以上，免租；損六，免租、調；損七以上，課、役俱免. 若桑、麻損盡者，各免調.」其應損免者，皆主司合言. 主司，謂里正以上. 里正須言於縣，縣申州，州申省，多者奏聞. 其應言而不言及妄言者，所由主司杖七十.

　[律文2의 疏] 其有充使覆檢不以實者與同罪，亦合杖七十.

　[律文3의 疏] 若不以實上，妄有增減，致枉有所徵免者，謂應損而徵，不應損而免，計所枉徵免，贓罪重於杖七十者，坐贓論，罪止徒三年. 旣是以贓致罪，皆合累倍而斷.

[율문1] 무릇 관할 구역 내에 한·로·상·박·충·황의 피해를 당한 곳이 있으면 주사는 (상부에) 보고해야 한다. 보고하지 않거나

거짓으로 보고한 자는 장70에 처한다.

[율문2] 검사를 사실대로 하지 않은 자도 같은 죄를 준다.

[율문3] 만약 왕법하여 징수하거나 면제한 것이 있는데, 장죄가 무거운 때에는 좌장으로 논한다.

[율문1의 소] 의하여 말한다: 한은 가뭄[亢陽]을 말하고, 로는 장마를 말하고, 상은 때 아닌 서리를 말하고, 박은 (우박이) 작물을 손상한 재해를 말하고, 충·황은 마디충·메뚜기 따위를 말한다. 영(부역령, 습유676쪽)에 의거하면, "10분의 4 이상이 손실되었다면 조를 면제하고, 6 이상이 손실되었다면 조·조를 면제한다. 7 이상이 손실되었다면 과·역 모두를 면제한다. 만약 뽕나무나 삼 (등이) 모두 손실된 경우에는 각각 조를 면제한다." 단 손실로 인하여 마땅히 면제할 경우에는 모두 주사가 보고해야 한다. 주사는 이정 이상을 말한다. 이정은 반드시 현에 보고해야 하고, 현은 주에 보고해야 하고, 주는 상서성에 보고해야 하며, (손실이) 많은 경우에는 황제에게 상주한다. 만약 보고해야 하는데 보고하지 않거나 거짓으로 보고한 때에는 말미암은 바의 주사를 장70에 처한다.

[율문2의 소] 만약 사자를 임명하여 검사하는데 사실대로 하지 않은 자는 같은 죄를 주니 역시 장70에 해당한다.

[율문3의 소] 만약 상부에 사실대로 보고하지 않고 함부로 늘이거나 줄여 왕법하여 징수하거나 면제한 것이 있는데, -손실이 있어 (면제해야 하는데도) 징수하거나, 손실이 없어 (면제해서는 안 되는데) 면제한 것을 말한다.- 왕법하여 징수하거나 편제한 것을 (좌장의) 장물로 계산한 죄가 장70보다 무거운 때에는 좌장(잡1)으로 논하되, 죄는 도3년에 그친다. 본래 이는 장물로 죄가 되므로 모두 누계하고 절반하여 판결해야 한다.[18]

---

18) 장물로 인한 죄를 여러 번 범했다면 모두 누계하고 절반하여 논죄한다(명

[律文3의 問] 曰: 有應得損免, 不與損免, 以枉徵之物, 或將入己, 或用入官, 各合何罪?

[律文3의 答] 曰: 應得損免而妄徵, 亦準上條「妄脫漏增減」之罪: 入官者坐贓論, 入私者以枉法論, 至死者加役流.

[율문3의 문] 묻습니다: 손실로 면제받을 수 있는데 손실에 대해 면제하지 않고, 왕법하여 징수한 물건을 사사로이 착복하거나 혹은 관에 넣은 자는 각각 어떤 죄에 처해야 합니까?

[율문3의 답] 답한다: 손실로 면제받을 수 있는데 함부로 징수하였으면 역시 위 조항(호4)의 "함부로 탈루하거나 증감한" 죄에 따라 관에 넣은 자는 좌장으로 논하고, 사사로이 착복한 자는 왕법(직48.1a)으로[以枉法] 논하되, 사죄에 이른 때에는 가역류에 처한다.

제170조 호혼 21. 관할 구역 내의 전지가 황무하게 된 것에 대한 죄(部內田疇荒蕪)

[律文1] 諸部內田疇荒蕪者, 以十分論, 一分笞三十, 一分加一等, 罪止徒一年. 州縣各以長官爲首, 佐職爲從.

[律文2] 戶主犯者, 亦計所荒蕪五分論, 一分笞三十, 一分加一等.

45.2). 예컨대 감림관이 감림하는 바의 재물을 받았는데 하루에 3곳에서 견 18필을 받았다면 절반한 9필로 단죄한다. 이와 마찬가지로 왕법하여 징수하거나 면제한 호가 여럿이라면 각각의 호에 대해 왕법하여 징세하고 면제한 것이 모두 각각의 장죄가 되므로, 장물로 인한 죄를 여러 번 범한 것으로 간주하여 이들에게 징수하거나 면제한 전체 액수를 누계하고 절반하여 그에 해당하는 죄를 주는 것이다.

[律文1의 疏] 議曰:「部內」, 謂州縣及里正所管田. 稱「疇」者, 言田之疇類, 或云疇, 地畔也. 不耕謂之荒, 不鋤謂之蕪. 若部內總計, 準口受田, 十分之中, 一分荒蕪者, 笞三十. 假若管田百頃, 十頃荒蕪, 笞三十. 「一分加一等」, 謂十頃加一等, 九十頃荒蕪者, 罪止徒一年. 州縣各以長官爲首, 佐職爲從, 縣以令爲首, 丞‧尉爲從; 州卽刺史爲首, 長史‧司馬‧司戶爲從; 里正一身得罪. 無四等罪名者, 止依首從爲坐. 其檢‧勾品官爲「佐職」. 其主典, 律無罪名.

[律文2의 疏] 戶主犯者, 亦計所荒蕪五分論: 計戶內所受之田, 假有受田五十畝, 十畝荒蕪, 戶主笞三十, 故云「一分笞三十」. 「一分加一等」, 卽二十畝笞四十, 三十畝笞五十, 四十畝杖六十, 五十畝杖七十. 其受田多者, 各準此法爲罪.

[율문1] 무릇 관할 구역 내의 전지가 황무하게 된 때에는 10분으로 논하여, 1분이면 태30에 처하고, 1분마다 1등씩 더하되, 죄는 도1년에 그친다. 주‧현은 각각 장관을 수범으로 하고, 좌직을 종범으로 한다.

[율문2] 호주가 범한 때에도 또한 황무하게 된 것을 계산하여 5분으로 논하여, 1분이면 태30에 처하고, 1분마다 1등씩 더한다.

[율문1의 소] 의하여 말한다: "관할 구역 내"라는 것은 주‧현관 및 이정이 관할하는 전(지)를 말한다. "주"라고 한 것은 각종 전을 말하는데,[19] 혹자는 말하기를 주는 땅의 경계라고도 한다(『좌전』권40, 1291쪽). 갈지 않은 것을 황이라 하고, 김매지 않은 것을 무라고 한다(『초사』권9, 197쪽). 만약 관할 구역 내의 구수에 준해서 지급한 토지를 모두 합산하여 10분 중 1분이 황무된 때에는 태30에 처한다. 가령 관할하는 토지가 100경인데 10경이 황무하게 되었으면 태30

---

19) 원문의 '疇類'는 儔類, 즉 종류를 의미한다(『상서정의』권12, 353쪽). 한편 주는 경작한 농지 또는 좋은 밭의 의미도 있다(『한서』권78, 3285쪽, 안사고주).

에 처한다. "1분마다 1등씩 더한다."는 것은 10경마다 1등씩 더하며, 90경이 황무하게 된 경우는 최고형인 도1년에 처한다는 것을 말한다. "주·현은 각각 장관을 수범으로 하고, 좌직을 종범으로 한다."고 하였으므로, 현은 현령을 수범으로 하고 현승·현위를 종범으로 하며, 주는 자사를 수범으로 하고 장사·사마·사호(참군사)를 종범으로 한다. 이정은 자신 한 사람만 죄를 받는다. (여기에는) 4등(관의) 죄의 등급이(명40) 없으니, 단지 수범·종범에 의거하여 처벌한다. 단 검·구관 가운데 품관20)은 "좌직"으로 간주한다. 단 주전은 율에 죄명이 없다.

[율문2의 소] 호주가 범한 때에도 또한 황무하게 된 것을 계산하여 5분으로 논하니, 호 내의 전[受田]을 계산하여 가령 전 50무 중 10무가 황무하게 되었으면 호주를 태30에 처하므로 "1분이면 태30에 처한다."고 한 것이다. "1분마다 1등씩 더한다."고 하였으니 곧 20무이면 태40에 처하고, 30무이면 태50에 처하며, 40무이면 장60에 처하고, 50무이면 장70에 처한다. 단 전이 많을 때에도 각각 이 법에 준하여 처벌한다.

제171조 호혼 22. 전지를 주고받는 것과 농사를 권과하는 것을 법대로 하지 않은 죄(給授田課農桑違法)

[律文1] 諸里正, 依令授人田, 課農桑. 若應受而不授, 應還而不收, 應課而不課, 如此事類違法者, 失一事笞四十, 一事, 謂失一事於一人. 若於一人失

---

20) 유내관품이 있는 검구관을 의미한다. 주나 도독부의 녹사참군사 및 녹사, 京縣의 주부와 녹사 및 기타 諸縣의 주부가 이에 해당된다.

數事及一事失之於數人, 皆累爲坐.

[律文1의 疏] 議曰: 依田令:「戶內永業田, 每畞課植桑五十根以上, 楡、棗各
十根以上. 土地不宜者, 任依鄕法.」又條:「應收授之田, 每年起十月一日, 里
正預校勘造簿, 縣令總集應退應受之人, 對共給授.」又條:「授田: 先課役, 後
不課役; 先無, 後少; 先貧, 後富.」其里正皆須依令造簿通送及課農桑. 若應
合受田而不授, 應合還公田而不收, 應合課田農而不課, 應課植桑、棗而不植,
如此事類違法者, 每一事有失, 合笞四十.

[율문1] **무릇 이정은 영에 의거해서 사람들에게 전지를 주고, 농
사와 양잠을 권과해야 한다. 만약 (전지를) 받아야 하는데 지급
하지 않거나, 환수해야 하는데 환수하지 않거나, 권과해야 하는
데 권과하지 않거나, 이와 같은 따위의 일로 법을 어긴 때에는
1사를 그르친 때마다 태40에 처한다.** 1사란 한 사람에게 한 가지
일을 그르친 것을 말한다. 만약 한 사람에게 여러 가지 일을 그르치거나
한 가지 일을 여러 사람에게 그르친 때에는 모두 누계하여 처벌한다.

[율문1의 소] 의하여 말한다: 전령(습유621쪽)에 의거하면, "호 내의
영업전에는 1무 당 뽕나무 50그루 이상, 느릅나무·대추나무 각각
10그루 이상 심어야 한다. 토지가 마땅하지 않을 때에는 그 지역
의 농사법[鄕法]에 따르게 한다." 또 (다른) 조항(전령, 습유636쪽)에
의거하면, "환수하고 지급해야 할 전지는, 매년 10월 1일부터 이정
이 미리 조사하여 (장)부를 작성하고, 현령이 (전지를) 내놓아야
할 사람과 받아야 할 사람을 모두 모아서 그 앞에서 지급한다." 또
(다른) 조항(전령, 습유637쪽)에 의거하면, "전지를 지급할 때에는
과·역이 있는 자를 먼저하고 과·역이 없는 자를 나중으로 하며,
(전지가) 없는 자를 먼저하고 (전지가) 적은 자를 나중으로 하며,
가난한 자를 먼저하고 부유한 자를 나중으로 한다." 단 이정은 모

두 반드시 영에 의거하여 (장)부를 만들고 (향에서) 수합하여 (현에) 보내고, 농사와 양잠을 권과해야 한다. 만약 전지를 받아야 하는데 지급하지 않거나, 공전으로 환수해야 하는데 환수하지 않거나, 농사를 권과해야 하는데 권과하지 않거나, 뽕나무·대추나무를 심도록 권과해야 하는데 심지 않거나, 이와 같은 따위의 일로 법을 어긴 때에는 1사를 그르친 때마다 태40에 해당한다.

[律文1의 注] 一事, 謂失一事於一人. 若於一人失數事及一事失之於數人, 皆累爲坐.

　[律文1의 注의 疏] 議曰: 一事謂失一事於一人者, 假若於一戶之上, 不課種桑、棗爲一事, 合笞四十. 「若於一人失數事」, 謂於一人之身, 應受不授, 又不課桑、棗及田疇荒蕪; 「及一事失之於數人」, 謂應還不收之類, 在於數人之上: 皆累而爲坐.

[율문1의 주] 1사란 한 사람에게 한 가지 일을 그르친 것을 말한다. 만약 한 사람에게 여러 가지 일을 그르치거나 한 가지 일을 여러 사람에게 그르친 때에는 모두 누계하여 처벌한다.

　[율문1의 주의 소] 의하여 말한다: 1사란 한 사람에게 한 가지 일을 그르친 것을 말한다. 가령 1호에 뽕나무·대추나무를 심도록 권과하지 않은 것으로 1사가 되었다면 태40에 해당한다. "만약 한 사람에게 여러 가지 일을 그르쳤다."는 것은, 한 사람이 받아야 할 것을 지급하지 않고, 또 뽕나무·대추나무를 심도록 권과하지 않고, 전지를 황무하게 한 것을 말한다. "한 가지 일을 여러 사람에게 그르친 때"라는 것은 환수해야 하는데 환수하지 않은 따위의 일이 여러 사람에게 있는 것을 말하며, 모두 누계하여 처벌한다.

[律文1b] 三事加一等.

[律文2a] 縣失十事笞三十; 二十事加一等.

[律文2b] 州隨所管縣多少, 通計爲罪. 州、縣各以長官爲首, 佐職爲從.

　[律文1b의 疏] 議曰: 假有里正, 應課而不課是一事, 應受而不授是二事, 應還而不收是三事, 授田先不課役後課役是四事, 先少後無是五事, 先富後貧是六事, 田疇荒蕪是七事, 皆累爲坐. 其應累者, 每三事加一等, 卽失二十二事徒一年.

　[律文2a의 疏] 縣失者亦準里正, 所失十事笞三十, 二十事加一等, 一百七十事合徒一年.

　[律文2b의 疏] 「州隨所管縣多少, 通計爲罪」, 謂管二縣者, 失二十事笞三十, 失三百四十事徒一年. 其管縣多者, 通計各準此.

[율문1b] 3사마다 1등씩 더한다.

[율문2a] 현은 10사를 그르치면 태30에 처하고, 20사마다 1등씩 더한다.

[율문2b] 주는 관할하는 현의 다소에 연동해서 계산하여 죄준다.
주·현은 각각 장관을 수범으로 하고, 좌직을 종범으로 한다.

　[율문1b의 소] 의하여 말한다: 가령 이정이 권과해야 하는데 권과하지 않은 것이 1사가 되고, (전지를) 받아야 하는데 지급하지 않은 것이 2사가 되고, 환수해야 하는데 환수하지 않은 것이 3사가 되고, 전지를 지급할 때에 과·역이 없는 자를 먼저하고 과·역이 있는 자를 나중으로 한 것이 4사가 되고, (전지가) 적은 자를 먼저하고 (전지가) 없는 자를 나중으로 한 것이 5사가 되고, 부유한 자를 먼저하고 가난한 자를 나중으로 한 것이 6사가 되고, 전지를 황무하게 한 것이 7사가 되었다면 모두 누계하여 처벌한다. 단 누계해야 할 경우에는 3사마다 1등씩 더하므로 곧 22사를 그르쳤으면 도1년에 처한다.

[율문2a의 소] 현이 그르친 경우에도 또한 이정의 경우에 준하여 그르친 것이 10사가 되면 태30에 처하고, 20사마다 1등씩 더하며, 170사가 되면 도1년에 해당한다.

[율문2b의 소] "주는 관할하는 현의 다소에 연동해서 계산하여 죄준다."는 것은, 2개의 현을 관할하는 경우에는 20사를 그르치면 태30에 처하고, 340사를 그르치면 도1년에 처함을 말한다. 단 관할하는 현이 많은 경우에도 연동해서 계산하는 것은 각각 이에 준한다.

[律文2b의 注] 州、縣各以長官爲首, 佐職爲從.

　[律文2b의 注의 疏] 議曰: 州縣以刺史、縣令爲首, 其長官闕者卽次官爲首, 佐職及判戶曹之司爲從.

[율문2b의 주] 주·현은 각각 장관을 수범으로 하고, 좌직을 종범으로 한다.

　[율문2b의 주의 소] 의하여 말한다: 주·현은 자사·현령을 수범으로 하고, 장관이 없는 경우에는 차관을 수범으로 하며, 좌직 및 호조를 관장하는 (관)사를 종범으로 한다.

[律文3] 各罪止徒一年,
[律文4] 故者各加二等.

　[律文3의 疏] 議曰:「各罪止徒一年」, 謂州縣長官及里正各罪止徒一年.

　[律文4의 疏] 故犯者各加二等, 卽是一事杖六十, 縣十事笞五十; 州管二縣者, 二十事笞五十. 計加亦準此通計爲罪, 各罪止徒二年. 其州止管一縣者, 各減縣罪一等, 若有故、失, 罪法不等者, 亦依倂滿之法. 假如授田等失七事, 合杖六十; 又有故犯三事, 亦合杖六十, 卽以故犯三事, 倂爲失十事, 科杖七十. 其州縣應累倂者, 各準此.

[율문3] 각각 죄는 도1년에 그치고,

[율문4] 고의인 때에는 각각 2등을 더한다.

[율문3의 소] 의하여 말한다: "각각 죄는 도1년에 그친다."고 한 것은 주·현의 장관 및 이정은 각각 최고형이 도1년임을 말한다.

[율문4의 소] 고의로 범한 경우에는 각각 2등을 더하므로 (이정은) 1사이면 장60에 처하고, 현은 10사이면 태50에 처하며, 주가 2개의 현을 관할하는 경우에는 20사이면 태50에 처한다. 더하는 것을 계산할 때에도 역시 이에 준하여 연동해서 계산하여 죄를 주는데, 각각 죄는 도2년에 그친다. 단 주가 단지 1개의 현만을 관할하는 경우에는 각각 현의 죄에서 1등을 감하고(호3.1b), 만약 고의와 과실이 있어 죄의 (처벌)법이 같지 않은 경우는 역시 (무거운 처벌법의 장물을 가벼운 처벌법의 장물에) 합해서 계산하여 처벌하는[併滿] 법(명45.3b)에 따른다. 가령 전지 지급 등으로 (과실로) 7사를 그쳐 장60에 해당하고 또 고의로 3사를 범하여 역시 장60에 해당하면, 곧 고의로 범한 3사를 (과실로) 그르친 7사에 합해서 10사를 그르친 것으로 간주하여 장70으로 죄준다. 주·현(의 죄에 처벌법이 무거운 것과 처벌법이 가벼운 것이 같이 있어) 누계·병합해야 할 때에도 각각 이에 준한다.

제172조 호혼 23. 과·역 면제 규정을 위반한 죄(應復除不給)

[律文1] 諸應受復除而不給, 不應受而給者, 徒二年.

[律文2] 其小徭役者, 笞五十.

　　[律文1의 疏] 議曰: 依令「人居狹鄕, 樂遷就寬鄕, 去本居千里外復三年, 五

百里外復二年, 三百里外復一年」之類, 應給復除而所司不給, 不應受而所司
妄給者, 徒二年.

[律文2의 疏]「其小徭役」, 謂充夫及雜使, 準令應免不免, 應役不役者, 合笞
五十. 其妄給復除及應給不給, 準贓重於徒二年者, 依上條:「妄脫漏增減以出
入課役, 一口徒一年, 二口加一等, 贓重入己者, 以枉法論, 至死者加役流; 入
官者坐贓論.」 其不應受復除人而求請主司, 妄得復除者, 依名例若共監主爲
犯, 雖造意仍以監主爲首, 卽是所司爲首, 得復者爲從. 若他人爲請求, 妄得
復者, 自從「囑請」法.

[율문1] 무릇 과·역을 면제받아야[復除] 하는데 면제해 주지 않거
나 과·역을 면제받아서는 안 되는데 면제해 준 자는 도2년에 처
한다.

[율문2] 단 소요역일 때에는 태50에 처한다.

[율문1의 소] 의하여 말한다: "협향에 거주하던 자가 기꺼이 관향으
로 옮겨갈 경우, 본래 거주하던 곳에서 1,000리 밖으로 옮기면 3년
간 과·역을 면제하고, 500리 밖으로 옮기면 2년간 과·역을 면제하
며, 300리 밖으로 옮기면 1년간 과·역을 면제한다."(부역령, 습유681
쪽)는 따위의 영에 의거하여, 과·역을 면제받아야[復除][21] 하는데
주관 관원이 면제해 주지 않거나 과·역을 면제받아서는 안 되는데
주관 관원이 함부로 면제해 준 것은 도2년에 처한다.

[율문2의 소] 단 소요역을 -(소요역은) 충부 및 잡사[22]를 말한다.-

---

21) 復除란 復이라고도 하며, 요역과 부세를 면제받는 것이다. 안사고는 복은 자
   신과 호 내의 요역과 부세를 모두 면제하는 것이라고 주석하였다(『한서』권1
   하, 55쪽). 거주·이전과 관련하여 합법적으로 복제 받을 수 있는 자는 협향에
   거주하다가 자발적으로 먼 곳의 관향으로 이주한 자, 외국에 억류되었다가 귀
   환한 자, 자발적으로 귀화한 외국인 등이 있다(『통전』권6, 109쪽).

22) 充夫·雜使는 중남이나 잔질자 등에게 부과하는 가벼운 요역[小徭役]으로, 지
   방의 토목사업이나 임시 차견, 또는 문부·봉자·집의·백직 등과 같은 관사의 사

영에 준해서 면제해야 하는데 면제하지 않거나 역을 부과해야 하는데 역을 부과하지 않은 자는 태50에 처한다. 단 함부로 과·역을 면제해 주거나 면제해야 하는데 면제하지 않은 (세물을 왕법의) 장물로 (계산하여 죄가) 도2년보다 무거운 때에는, "망령되이 (호구를) 탈·루하거나 (구의 나이나 신체상태를) 증감하여 과·역을 덜거나 더했다면, 1구이면 도1년에 처하고 2구마다 1등씩 더하며, 장물로 (계산하여 죄가 이보다) 무거운데 (그 장물을) 자신이 착복한 때에는 왕법(직48.1a)으로[以枉法]으로 논하고, 사죄에 이른 때에는 가역류에 처한다. (장물을) 관에 넣은 때에는 좌장(잡1)으로 논한다."는 위 조항(호4)에 의거한다. 단 과·역을 면제받아서는 안 되는 자가 주사[23]에게 청구하여 함부로 면제받은 경우에는 명례율(명42.3)의 "만약 감림·주수와 공동으로 범했다면 비록 (일반인이) 주모했더라도 감림·주수를 수범으로 한다."는 (규정)에 의거하여, 곧 주관 관원을 수범으로 하고, 과·역을 면제받은 자를 종범으로 한다. 만약 다른 자가 청구하여 함부로 과·역을 면제받은 경우에는 당연히 "청탁"의 처벌법(직45)에 따른다.

역 인원에 충당된다(『당육전』권5, 162쪽 및 『역주당육전』상, 531~533쪽; 『당육전』권6, 190쪽 및 『역주당육전』상, 605쪽; 『당육전』권29, 731쪽 및 『역주당육전』하, 382~386쪽). 법정 사유에 의하여 과·역을 면제받은 자는 이러한 소요역도 면제되어야 하므로 과·역 면제자를 징발할 경우에는 태50에 처한다.
23) 감림·주수를 수범으로 하도록 규정한 명례율의 인용에서 명백히 볼 수 있듯, 여기의 주사는 주·현관사만을 의미하고 이정을 포함하지 않는다.

제173조 호혼 24. 부역의 차과를 위법하게 한 죄(差科賦役違法)

[律文1] 諸差科賦役違法及不均平, 杖六十.

　[律文1의 疏] 議曰: 依令:「凡差科, 先富强, 後貧弱; 先多丁, 後少丁.」「差科賦役違法及不均平」, 謂貧富·强弱·先後·閑要等, 差科不均平者, 各杖六十.

[율문1] 무릇 부역을 차과하는데 법을 어기거나 공평하지 못했다면 장60에 처한다.

　[율문1의 소] 의하여 말한다: 영에 의거하면, "무릇 (부역의) 차과는 부유한 호와 신체가 강건한 자를 우선하고, 가난한 호와 신체가 허약한 자를 나중으로 하며, 정남이 많은 호를 우선하고, 정남이 적은 호를 나중으로 한다."24) (따라서) 부역을 차과하는데25) 법을 어기거나 공평하지 못했다는 것은, (호의) 빈부, (신체의) 강약, (정징발의) 선후, 농한기와 농번기[閑要]26) 등을 (고려하지 않고) 차과하는데 공평하지 못한 것을 말하며, 각각 장60에 처한다.

---

24) 영의 원문은 이 조항과 천흥률(245, 천22.1의 소)에서 인용된 것 외에 당대 문헌에서는 보이지 않는다. 다만 일본의 양로령 부역령에서 이와 동일한 영문을 확인할 수 있고, 송 천성 연간의 부역령에서도 빈부·강약 및 丁의 다소에 따라 세역을 차과하는 순서를 정하는 영문이 존재하는 사실로 미루어 보아, 당대 부역령에도 유사한 규정이 존재하였을 것으로 보인다(『영의해』권3, 123쪽 및 『영의해역주』상, 225쪽; 『천성령역주』, 115~117쪽).

25) 여기서 差科는 부역과 색역·잡요 등 백성이 부담하는 모든 과역의 징수 방식을 의미한다.

26) 家에 2명 이상의 정남이 있으면 농번기[要月]에 차과하고, 1명의 정남밖에 없다면 농한기[閑月]에 차과한다(245, 천22.1의 소).

[律文2a] 若非法而擅賦斂, 及以法賦斂而擅加益, 贓重入官者, 計所擅坐贓論;

[律文2b] 入私者以枉法論, 至死者加役流.

[律文2a의 疏] 議曰: 依賦役令:「每丁, 租二石; 調絁, 絹二丈, 綿三兩, 布輸二丈五尺, 麻三斤; 丁役二十日.」 此是每年以法賦斂. 皆行公文, 依數輸納; 若臨時別差科者, 自依臨時處分. 如有不依此法而擅有所徵斂, 或雖依格、令、式而擅加益入官者, 總計贓至六疋, 即是重於杖六十, 皆從「坐贓」科之. 假有擅加益入官絹滿一百疋, 比斂衆人之物, 法合倍論, 倍爲五十疋, 坐贓論, 罪止徒三年.

[律文2b의 疏]「入私者, 以枉法論」, 稱「入私」, 不必入己, 但不入官者, 即爲入私. 官人有祿, 枉法一尺杖一百, 一疋加一等, 十五疋絞; 無祿者減一等, 二十疋絞. 今云「至死者加役流」, 竝不合絞. 其間賦斂雖有入官, 復有入私者, 即是罪名不等, 宜依「倂滿」之法. 假有擅賦斂得一百疋, 九十疋入官, 十疋入私, 從入官九十疋倍爲四十五疋, 合徒二年半, 倍入私十疋爲五疋, 亦徒二年半, 不得累徒五年, 須以入私十疋倂滿入官九十疋, 爲一百疋, 倍爲五十疋, 處徒三年.

[율문2a] 만약 불법으로 함부로 세역을 징수하거나 법대로 징수하였지만 함부로 더 거둔 장물을 (계산한 죄가 장60보다) 무겁다면, 관에 들인 때에는 함부로 (거둔) 바를 계산하여 좌장으로 논하고,

[율문2b] 사(인)에게 들인 때에는 왕법으로[以枉法]으로 논하되, 사죄에 이른 때에는 가역류에 처한다.

[율문2a의 소] 의하여 말한다: 부역령(습유659·668쪽)에 의거하면, "정마다 조 2석, 조는 시 또는 견 2장과 면 3량을 (납부하거나) 포 2장 5척과 마 3근을 납부하며, 정역은 20일이다." 이것이 매년 법대로

징수하는 것이며, 모두 공문으로 하달하고 (정해진) 수량에 의거해서 수납한다. 만약 때에 따라 별도로 차과하는 경우에는 당연히 임시처분에 의거한다. 만약 이 법에 의하지 않고 함부로 징수하거나 혹은 비록 격·령·식에 의거했더라도 함부로 더 (거두어) 관에 들인 것을 총계하여 장물이 6필에 이르면 곧 장60보다 무거우므로 모두 좌장(잡1)에 따라 죄준다. 가령 함부로 더 (거두어) 관에 들인 것이 견 100필이면, 여러 사람으로부터 거둔 것으로 법에 따라 절반하여 논하는 것에 해당하니(명45.2) 절반하면 50필이 되고, (이것을) 좌장으로 논하면 죄는 도3년에 그치게 된다(잡1.1).

[율문2b의 소] "사(인)에게 들인 때에는 왕법으로[以枉法] 논한다."에서 "사(인)에게 들였다."는 것은 반드시 자기에게 들이지 않았더라도 단지 관에 들이지 않은 것만으로도 곧 사(인)에게 들인 것이 된다. 봉록이 있는 관인이 왕법한 경우 견 1척이면 장100에 처하고, 1필마다 1등씩 더하며, 15필이면 교형에 처하고, 봉록이 없는 자는 1등을 감하며 20필이면 교형에 처한다(직48). 그런데 지금 "사죄에 이른 때에는 가역류한다."고 하였으므로, 모두 교형에 처해서는 안 된다. 그동안 거둔 것 중에 비록 (일부는) 관에 들인 것이 있고 다시 사(인)에게 들인 것이 있다면 곧 (양자는) 죄의 등급[罪名]이 같지 않으므로 마땅히 (무거운 처벌법의 장물을 가벼운 처벌법의 장물에) 합해서 계산하여 처벌하는[倂滿] 법(명45.2)에 의거해야 한다. 가령 함부로 거둔 것이 100필인데 90필은 관에 들이고 10필은 사(인)에게 들였다면, 관에 들인 90필을 절반하면 45필이므로 도2년반에 해당하고 사(인)에게 들인 10필을 절반하면 5필이므로 또한 도2년반인데, (양자를) 누계하여 도5년으로 해서는 안 되고 반드시 사사로이 착복한 10필을 관에 들인 90필에 합한 100필을 절반하여 50필로 간주하여 도3년에 처한다.

제174조 호혼 25. 관할 구역 내의 과세물품의 양을 채우지 못한 죄(輸課稅物違期)

[律文1] **諸部內輸課稅之物, 違期不充者, 以十分論, 一分笞四十, 一分加一等.** 州、縣皆以長官爲首, 佐職以下節級連坐.

　[律文1의 疏] 議曰:「輸課稅之物」, 謂租、調及庸、地租、雜稅之類. 物有頭數, 輸有期限, 而違不充者, 以十分論, 一分笞四十. 假有當里之內, 徵百石物, 十斛不充笞四十, 每十斛加一等, 全違期不入者徒二年. 州、縣各以部內分數, 不充科罪準此.

[율문1] **무릇 관할 구역 내에 과세물품을 수납하는데 기한을 어기고 (정해진 양을) 채우지 못한 때에는, 10분으로 논하여 1분이면 태40에 처하고, 1분마다 1등씩 더한다.** 주·현은 모두 장관을 수범으로 하고, 좌직 이하는 등급에 따라 연좌한다.

　[율문1의 소] 의하여 말한다: 과세물품을 수납하는데 -조·조 및 용·지조·잡세[27] 따위를 말한다.- 물품에는 정해진 양이 있고, 수납하는 데에는 기한이 있다.[28] 그런데도 (기한을) 어기고 (정해진 양

---

27) 원문의 地租는 地稅의 訛字로 보인다. 지세는 인두세인 과역과는 별도로 전주의 신분을 불문하고 경작지 1무당 일률적으로 2승을 징수하는 義倉을 말한다. 雜稅는 조용조와 지세 이외의 세목으로, 전이 없는 商賈 등에게 거두는 호세 등이 포함된다.

28) 용·조의 물품은 8월에 수납을 시작하여 30일까지 마치고 9월 상순에는 각각 본주를 출발한다. 조는 지역의 토질에 따른 수확 시기와 노정의 원근을 헤아려 거두되 11월에 발송을 시작해 정월까지 중앙에 수납을 마친다. 강남 지역에서 수로를 따라 운송하는 경우 11월에 물이 얕아 운송이 어렵다면 4월 이후에 운송하여 5월 30일까지 수납을 마친다. 본주에 납부하는 경우 12월에 마친다(『통전』권6, 109쪽; 『당육전』권3, 76~77쪽 및 『역주당육전』상, 327~328쪽).

을) 채우지 못한 때에는, 10분으로 논하여 1분이면 태40에 처한다. 가령 해당 리 내에서 100석의 곡물을 징수하는데 10곡을 채우지 못했으면 태40에 처하고, 매 10곡마다 1등씩 더하며, 기한을 어기고 전부 들이지 않은 자는 도2년에 처한다. 주·현은 각각 관할 구역 내(의 과세물품)을 (10)분으로 셈하고, 채우지 못한 것에 대해 죄주는 것은 이에 준한다.

[律文1의 注] 州、縣皆以長官爲首, 佐職以下節級連坐.

[律文1의 注의 疏] 議曰: 刺史、縣令, 宣導之首, 課稅違限, 責在長官.「佐職以下節級連坐」, 旣以長官爲首, 通判官爲第二從, 判官爲第三從, 主典及檢勾之官爲第四從. 以勸導之首屬在長官, 故不同判事差等. 其里正處百戶之內, 事在一人, 旣無節級連坐, 唯得部內不充之罪.

[율문1의 주] 주·현은 모두 장관을 수범으로 하고, 좌직 이하는 등급에 따라 연좌한다.

[율문1의 주의 소] 의하여 말한다: 자사·현령은 선도의 최고 책임자이므로 과세 기한을 어긴 것은 책임이 장관에게 있다. "좌직 이하는 등급에 따라 연좌한다."고 하였으므로 장관을 수범으로 하고, 통판관을 제2종범으로 하며, 판관을 제3종범으로 하고, 주전 및 검구관을 제4종범으로 한다. 권고와 선도의 최고 책임은 장관에게 있으므로 일을 판할 (때 적용하는 4등관의) 차등과는 같지 않은 것이다.[29] 단 이정은 100호안에 거처하고 일이 한 사람에게 있어 원

---

29) "장관을 수범으로 하고, 좌직 이하는 등급에 따라 연좌한다."는 것은 공죄의 동직 연좌의 통칙(명40)과는 반대되는 연좌법의 구체적 의미 및 그 입법 이유를 잘 설명해주는 언급으로 주목해야 할 것이다. 선도·권도와 같은 행정적 지도력을 묻는 사안인가, 아니면 판사 즉 문서를 기안·결재하는 등의 절차를 통해 이루어지는 안건인가에 따라 연좌의 방식은 달라진다(일본역『唐律疏議』2, 263쪽, 주2). 즉 일반 안건의 경우 통상적인 4등관제를 적용하여 문서에서

래 등급에 따른 연좌가 없으므로, 오직 관할 구역 내의 채우지 못한 것에 대한 죄만 받는다.

[律文2] 戶主不充者, 笞四十.

　　[律文2의 疏] 議曰: 百姓當戶, 應輸課稅, 依期不充, 卽笞四十, 不據分數爲坐.

[율문2] 호주가 채우지 못한 때에는 태40에 처한다.

　　[율문2의 소] 의하여 말한다: 백성의 호주(當戶)가 과세를 수납하는데, 기간에 의거하여 (정해진 양을) 채우지 못하면 곧 태40에 처하며, 10분의 수에 의거하여 처벌하지 않는다.

제175조 호혼 26. 혼약 위배의 죄(許嫁女輒悔)

[律文1a] 諸許嫁女, 已報婚書及有私約 約, 謂先知夫身老,幼、疾、殘、養、庶之類. **而輒悔者, 杖六十.** 男家自悔者, 不坐, 不追娉財.

　　[律文1a의 疏] 議曰: 許嫁女已報婚書者, 謂男家致書禮請, 女氏答書許訖. 「及有私約」, 注云「約, 謂先知夫身老,幼、疾、殘、養、庶之類」, 老幼, 謂違本約相校倍年者; 疾殘, 謂狀當三疾, 支體不完; 養, 謂非己所生; 庶, 謂非嫡子及庶孽之類. 以其色目非一, 故云「之類」. 皆謂宿相諳委, 兩情具愜, 私有契約, 或報婚書, 如此之流, 不得輒悔, 悔者杖六十, 婚仍如約. 若男家自悔者, 無罪, 娉財不追.

　　과실을 범한 당사자가 수범이 되는 것과 달리, 이러한 행정 지도의 사안에 있어서는 지도의 총 책임자인 장관이 수범이 된다.

[율문1a] **무릇 딸의 출가를 허락하여 이미 혼서에 대해 회답하거나 사약이 있는데도** 약은 먼저 남편될 자의 노·유, 질·잔, 양·서 따위를 알리어 (혼인을 약속한) 것을 말한다. **함부로 파기한 자는 장60에 처한다.** 남자 집에서 스스로 파기한 때에는 처벌하지 않으나 빙재를 회수하지 못한다.

[율문1a의 소] 의하여 말한다: 딸의 출가를 허락하고 이미 혼서에 대해 회답하였다는 것은 남자 집에서 혼서를 보내 예를 갖춰 청혼한 것에 대해 여자 집[女氏]에서 답서로 허락했다는 것을 말한다. "사약이 있다."(는 율문)의 주에 이르기를 "약은 먼저 남편될 자의 노·유, 질·잔, 양·서 따위를 알리어 (혼인을 약속한) 것을 말한다."고 하였는데, 노·유는 본래의 약속에 위배된다면 서로 비교하여 나이가 배가 되는 것을 말하고, 질·잔은 신체 상태가 삼질에 해당하거나 팔다리가 온전치 못한 것을 말하며, 양은 자기가 낳은 바가 아님을 말하고, 서는 적자가 아니거나 서얼인 따위를 말한다. 그 종류가 한 가지가 아니므로 "따위"라고 한 것이다. 모두 익히 서로 잘 알고 양가의 뜻이 맞아 사적으로 계약한 것이 있거나 혼서에 답했다는 것을 말하며, 이와 같은 경우는 함부로 파기해서는 안 되므로, 파기한 자는 장60에 처하고 혼인은 약속대로 한다. 만약 남자 집에서 스스로 파기한 때에는 죄는 없으나 빙재30)는 회수하지 못한다.

[律文1a의 問] 曰: 有私約者, 準文唯言「老、幼、疾、殘、養、庶之類」, 未知貧富貴賤亦入「之類」得爲妄冒以否?

[律文1a의 答] 曰: 老、幼、疾、殘、養、庶之類, 此緣事不可改, 故須先約, 然許

---

30) 빙재는 일종의 약혼 예물이다. 당 고종 시기에는 혼인 시에 주고받는 빙재가 과도하여 '賣婚'의 풍습이 일어나는 것을 염려하여 관품에 따른 빙재의 한도액을 정하기도 하였다(『당회요』권83, 1811쪽).

爲婚. 且富貴不恒, 貧賤無定, 不入「之類」, 亦非妄冒.

[율문1a의 문] 묻습니다: "사약이 있다."는 율문(의 주)에서는 오직 "노·유, 질·잔, 양·서 따위"만 언급하였는데, 빈부귀천도 "따위"에 포함되어 함부로 속인 것(호27)이 될 수 있습니까?

[율문1a의 답] 답한다: 노·유, 질·잔, 양·서 따위는 고칠 수 없는 일이기 때문에 반드시 먼저 (확)약한 후에 혼인을 허락하는 것이다. 그러나 부귀는 항상적인 것이 아니고 빈천도 고정된 것이 아니므로 "따위"에 포함되지 않으며, 역시 함부로 속인 것도 아니다.

[律文1b] 雖無許婚之書, 但受娉財亦是. 娉財無多少之限, 酒食非. 以財物爲酒食者, 亦同娉財.

  [律文1b의 疏] 議曰: 婚禮先以娉財爲信, 故禮云:「娉則爲妻.」雖無許婚之書, 但受娉財亦是. 注云「娉財無多少之限」, 即受一尺以上, 竝不得悔. 酒食非者, 爲供設親賓, 便是衆人同費, 所送雖多, 不同娉財之限. 若「以財物爲酒食者」, 謂送錢財以當酒食, 不限多少, 亦同娉財.

[율문1b] 비록 혼인을 허락하는 문서는 없어도 단지 빙재를 받았으면 역시 그렇다. 빙재는 많고 적음의 제한이 없으나, 술과 음식은 (빙재가) 아니다. 재물로 술과 음식을 마련한 경우는 역시 빙재와 같다.

  [율문1b의 소] 의하여 말한다: 혼례는 먼저 빙재로 신표를 삼으므로, 『예기』(권28, 1015쪽)에 "빙재를 받았으면 곧 처가 된다."고 하였다. 비록 혼인을 허락한 문서는 없어도 단지 빙재를 받았다면 역시 그렇다. 주에 "빙재는 많고 적음의 제한이 없다."고 하였으니, 곧 (견) 1척 이상을 받았다면 결코 파기해서는 안 된다. 술과 음식은 (빙재가) 아니라는 것은, (술과 음식은) 친척·손님들에게 제공하여 곧 여러 사람이 같이 소비하게 되니 보낸 바가 비록 많더라

도 빙재의 범주에 속하지 않는다는 것이다. 만약 "재물로 술과 음식을 마련한 경우"라는 것은, 돈과 재물을 보내어 술과 음식을 마련하게 한 것을 말하며, 많고 적음에 관계없이 역시 빙재와 같다.

[律文2a] 若更許他人者, 杖一百; 已成者, 徒一年半.

[律文2b] 後娶者知情, 減一等.

[律文2c] 女追歸前夫, 前夫不娶, 還娉財, 後夫婚如法.

　[律文2a의 疏] 議曰：「若更許他人者」, 謂依私約報書, 或受娉財, 而別許他人者, 杖一百. 若已成者, 徒一年半.

　[律文2b의 疏] 後娶者知已許嫁之情而娶者, 減女家罪一等: 未成者, 依下條「減已成者五等」, 合杖六十; 已成, 徒一年.

　[律文2c의 疏] 女歸前夫, 若前夫不娶, 女氏還娉財, 後夫婚如法.

[율문2a] 만약 다시 다른 사람에게 (혼인을) 허락한 때에는 장100에 처하고, 성혼된 때에는 도1년반에 처하며,

[율문2b] 뒤에 장가든 자는 사정을 알았다면 1등을 감한다.

[율문2c] 여자는 앞에 (혼약한) 남자에게 돌려보내되, 앞의 남자가 맞아들이지 않으면 빙재를 돌려주고, 뒤의 남자와의 혼인은 적법한 것으로 (인정)한다.

　[율문2a의 소] 의하여 말한다: "만약 다시 다른 사람에게 (혼인을) 허락한 때"라 함은, 사약에 의거해서 혼서에 대해 답하거나 혹은 빙재를 받았는데 별도로 다른 사람에게 (혼인을) 허락한 때를 말하며, 장100에 처한다. 만약 성혼된 때에는 도1년반에 처한다.

　[율문2b의 소] 뒤에 장가든 자가 이미 출가를 허락한 정을 알고도 맞아들인 때에는 여자 집[女家]의 죄에서 1등을 감한다. 아직 성혼되지 않은 때에는 아래 조항(호46.4)의 "성혼된 경우의 (죄에서) 5등

을 감한다."는 (율문에) 의거하여 장60에 해당하고, 성혼되었으면
도1년에 처한다.

[율문2c의 소] 여자는 앞에 (혼약한) 남자에게 돌려보내되, 만약 앞
의 남자가 맞아들이지 않으면 여자 집에서는 빙재를 돌려주고, 뒤
의 남자와의 혼인은 적법한 것으로 (인정)한다.

제176조 호혼 27. 사기 혼인의 죄(爲婚妄冒)

[律文1a] 諸爲婚而女家妄冒者, 徒一年.
[律文1b] 男家妄冒, 加一等.
[律文2a] 未成者, 依本約;
[律文2b] 已成者, 離之.

  [律文1a의 疏] 議曰: 爲婚之法, 必有行媒. 男女、嫡庶、長幼, 當時理有契約.
  女家違約妄冒者, 徒一年.
  [律文1b의 疏] 男家妄冒者, 加一等.
  [律文2a의 疏] 「未成者依本約」, 謂依初許婚契約.
  [律文2b의 疏] 已成者, 離之. 違約之中, 理有多種, 或以尊卑, 或以大小之
  類皆是.

[율문1a] 무릇 혼인하는데 여자 집[女家]에서 거짓으로 속인[妄冒]
때에는 도1년에 처하고,
[율문1b] 남자 집에서 거짓으로 속인 때에는 1등을 더한다.
[율문2a] 성혼되지 않은 경우에는 본래의 혼약에 의거하게 하고,
[율문2b] 성혼된 경우에는 이혼시킨다.

[율문1a의 소] 의하여 말한다: 혼인하는 법에는 반드시 중매인을 세우며, 남녀·적서·장유는 당시에 당연히 계약이[31] 있는데, 여자 집이 혼약을 어기고 거짓으로 속인[妄冒] 때에는[32] 도1년에 처한다.

[율문1b의 소] 남자 집이 거짓으로 속인 때에는 1등을 더한다.

[율문2a의 소] "성혼되지 않은 경우에는 본래의 혼약에 의거하게 한다."는 것은, 처음 혼인을 허락한 계약에 의거하게 함을 말한다.

[율문2b의 소] 성혼된 경우에는 이혼시킨다.[33] 혼약을 어긴 것에는 당연히 다양한 종류가 있는데, 예컨대 (항렬의) 존비를 (속인다든지), (연령의) 다소大小를 (속이는) 것 따위가 모두 그렇다.

---

31) 이는 남녀 양가에서 맺은 혼약을 지칭한다. 혼약 시에 남녀 집에서 주고받는 庚帖에는 남녀의 성명·적관·生辰八字·祖宗 3대의 성명과 관직, 모친의 성씨 등을 기록한다.

32) 타인 명의의 과소를 제시하고 관을 넘는 것을 冒度(83, 위26)라고 하는 것과 같이, '冒'는 타인의 명의에 가탁하는 것을 말한다. 즉 "거짓으로 속인 것[妄冒]"이란 약정한 본인이 아닌 다른 사람을 시집보내는 것을 말한다. 아래의 '男家妄冒' 역시 마찬가지이다. 또한 妄冒는 앞 조(175, 호26.1a의 문답)에도 보이듯이 약정한 본인의 중요한 속성을 속이는 행위를 의미하기도 한다.

33) "離之"란 법에 따라 부·처첩 신분을 소멸시키는 것을 의미한다. 이는 통상적으로 위법한 혼인에 대해 이혼을 판결하고 명령함으로서, 그 신분 관계의 성립을 승인하지 않는 것 즉 혼인 무효 선고라고 할 수 있다. 다만 부·처 또는 그 친속이 범한 범죄 행위로 인해 신분 관계를 소멸시키는 것 역시 '離之'라고 하는데, 이 경우 '離之'는 이혼의 의미이다. 이처럼 '離之'는 혼인 무효와 이혼의 두 가지 뜻이 있으나, 현재의 혼인 상태가 지속되는 것을 허용하지 않는다는 점에서 결과적으로는 같은 뜻이며, 율은 이를 통칭해서 '離之'라고 한다.

제177조 호혼 28. 중혼의 죄(有妻更娶)

[律文1a] 諸有妻更娶妻者, 徒一年;

[律文1b] 女家減一等.

[律文2a] 若欺妄而娶者, 徒一年半;

[律文2b] 女家不坐.

[律文3] 各離之.

  [律文1a의 疏] 議曰: 依禮, 日見於甲, 月見於庚, 象夫婦之義. 一與之齊, 中
  饋斯重. 故有妻而更娶者, 合徒一年.

  [律文1b의 疏] 「女家減一等」, 爲其知情, 合杖一百.

  [律文2a의 疏] 「若欺妄而娶」, 謂有妻言無, 以其矯詐之故, 合徒一年半.

  [律文2b의 疏] 女家旣不知情, 依法不坐.

  [律文3의 疏] 仍各離之. 稱「各」者, 謂女氏知有妻, 無妻, 皆合離異, 故云「各
  離之」.

[율문1a] 무릇 처가 있는데 다시 처를 얻은 자는 도1년에 처한다.

[율문1b] 여자 집은 1등을 감한다.

[율문2a] 만약 (처가 있다는 것을) 속이고 망령되이 (다시) 장가든
자는 도1년반에 처하고,

[율문2b] 여자 집은 처벌하지 않는다.

[율문3] 각각 이혼시킨다.

  [율문1a의 소] 의하여 말한다: 『예기』에 의하면, 해는 동쪽에서 뜨
  고, 달은 서쪽에서 뜨니, 부부의 모습을 상징한다.[34] 하나로 결합

---

34) 해와 달이 각기 음양을 나누듯 부부의 지위도 대등함을 이른다. 甲은 동쪽,
   庚은 서쪽을 의미한다(『예기정의』권24, 879쪽).

하여 서로 가지런하며[35] 가사 일[中饋][36] 또한 귀중하다. 따라서 처가 있는데 다시 장가든 자는 도1년에 해당한다.

[율문1b의 소] "여자 집은 1등을 감한다."는 것은, 그 정을 안 것으로 간주하여 장100에 해당한다는 것이다.

[율문2a의 소] "만약 (처가 있다는 것을) 속이고 망령되이 (다시) 장가들었다."는 것은 처가 있는데 없다고 말한 것을 말하며, 속였기 때문에 도1년반에 처해야 하고,

[율문2b의 소] 여자 집은 원래 정을 몰랐으므로 법에 의거해서 처벌하지 않는다.

[율문3의 소] 그대로 각각 이혼시킨다. "각각"이라고 한 것은 여자 집[女氏]에서 (남자에게) 처가 있는 것으로 알았든지 없는 것으로 알았든지 모두 갈라놓아야 하므로 "각각 이혼시킨다."고 한 것이다.

[律文3의 問] 曰: 有婦而更娶婦, 後娶者雖合離異, 未離之間, 其夫內外親戚相犯, 得同妻法以否?

[律文3의 答] 曰: 一夫一婦, 不刊之制. 有妻更娶, 本不成妻. 詳求理法, 止同凡人之坐.

[율문3의 문] 묻습니다: 부인이 있는데 다시 부인을 맞아들였다면 나중에 맞아들인 부인은 비록 갈라놓아야 하지만, 갈라서지 않은 동안에 그 남편의 내외친척과 서로 범했다면 처(를 처벌하는) 법

---

35) 당률에서 夫와 妻의 관계는 天·齊·幼의 세 가지로 구분된다. 먼저 부는 처의 '天'으로 절대적 우위에 두는 해석(명6.8의 주②의 소; 120, 직30.1a의 소; 179, 호30.1a의 소)이 있다. 둘째는 부처 관계를 '齊'로서 대등하다고 파악하는 해석(명6.8의 주②의 소; 178, 호29.1의 소; 325, 투24.1a의 소)이 있다. 셋째로 부처를 이념상 兄妹에 비유하여 長幼와 같다는 해석(120, 직30.3의 소; 325, 투24.1a의 소; 347, 투46의 문답)이 있다.

36) 中饋란 부인이 관장하는 집안일을 말한다(『주역정의』권4, 186쪽).

과 같이 할 수 있습니까?

[율문3의 답] 답한다: 일부일처는 바꿀 수 없는 제도이다. 처가 있는 데 다시 처를 얻었으면 본래 처가 될 수 없으니, (이런) 이치와 법을 상세히 살펴보면, 단지 일반인과 같이 처벌해야 한다.

제178조 호혼 29. 처·첩·객녀·비의 지위를 서로 바꾼 죄(以妻爲妾)

[律文1] 諸以妻爲妾, 以婢爲妻者, 徒二年.

[律文2] 以妾及客女爲妻, 以婢爲妾者, 徒一年半.

[律文3] 各還正之.

[律文1의 疏] 議曰: 妻者齊也, 秦晉爲匹. 妾通賣買, 等數相懸, 婢乃賤流, 本非儔類. 若以妻爲妾, 以婢爲妻, 違別議約, 便虧夫婦之正道, 黷人倫之彝則, 顛倒冠履, 紊亂禮經, 犯此之人, 卽合二年徒罪.

[律文2의 疏] 「以妾及客女爲妻」, 客女, 謂部曲之女, 或有於他處轉得, 或放婢爲之; 以婢爲妾者: 皆徒一年半.

[律文3의 疏] 「各還正之」, 竝從本色.

[율문1] 무릇 처를 첩으로 삼거나, 비를 처로 삼은 자는 도2년에 처한다.

[율문2] 첩이나 객녀를 처로 삼거나, 비를 첩으로 삼은 자는 도1년반에 처한다.

[율문3] 각각 (본래의 신분으로) 되돌려 바로잡는다.

[율문1의 소] 의하여 말한다: 처는 (남편과) 가지런하고(『예기』권1, 24

쪽), 진과 진은 짝을 이룬다.37) (그러나) 첩은 매매를 통해서 (얻으니)(『예기』권2, 59~60쪽) 등급 차가 서로 현격하다. 비는 곧 천한 신분(賤流)이므로 본래 반려자가 될 만한 부류가 아니다. 만약 처를 첩으로 삼거나, 비를 처로 삼아 혼약(議約)을 위반했다면 바로 이것은 부부의 정도를 무너뜨리고, 인륜의 변치 않는 법칙을 더럽힌 것이며, 관과 신발을 바꿔 예의 대원칙을 문란케 한 것이므로, 이를 범한 사람은 곧 2년의 도죄에 해당한다.

[율문2의 소] "첩이나 객녀를 처로 삼거나" -객녀는 부곡의 딸, 혹은 다른 곳에서 양도받은(轉得) (부곡녀), 혹은 비를 방면하여 (객녀로) 삼은 경우를 말한다.- 비를 첩으로 삼은 자는 모두 도1년반에 처한다.

[율문3의 소] "각각 (본래의 신분으로) 되돌려 바로잡는다."는 것은, 모두 본래의 신분(本色)에 따르도록 한다는 것이다.

[律文3의 問] 曰: 或以妻爲媵, 或以媵爲妻, 或以妾作媵, 或以媵作妾, 各得何罪?

[律文3의 答] 曰: 據鬪訟律, 媵犯妻減妾一等, 妾犯媵加凡人一等. 餘條媵無文者, 與妾同. 卽是夫犯媵, 皆同犯妾. 所問旣非妻妾與媵相犯, 便無加減之條. 夫犯媵, 例依犯妾, 卽以妻爲媵, 罪同以妻爲妾; 若以媵爲妻, 亦同以妾爲妻. 其以媵爲妾, 律·令無文, 宜依「不應爲重」, 合杖八十. 以妾爲媵, 令旣有制, 律無罪名, 止科「違令」之罪. 卽因其改換, 以告身與迴換之人者, 自從「假與人官」法. 若以妾詐爲媵而冒承媵姓名, 始得告身者, 依詐僞律, 詐增加功狀以求得官者, 合徒一年.

---

37) 춘추시기에 秦·晉 양국은 대대로 통혼하였는데, 轉義하여 후대에 兩姓이 혼인하는 것을 秦晉之好라 하였다.

[율문3의 문] 묻습니다: 혹은 처를 잉38)으로 삼거나, 혹은 잉을 처로 삼거나, 혹은 첩을 잉으로 삼거나, 혹은 잉을 첩으로 삼았다면 각각 어떤 죄를 받습니까?

[율문3의 답] 답한다: 투송률(투25)에 의거하면, "잉이 처를 범한 때에는 첩이 (범한 경우에서) 1등을 감한다. 첩이 잉을 범한 때에는 일반인을 (범한 때에서) 1등을 더한다. 다른 조항에 잉(에 대한 율)문이 없는 경우는 첩과 같다."고 했으니, 곧 남편이 잉을 범한 경우에는 첩을 범한 것과 같다.39) 지금 물은 것은 처·첩과 잉이 상호간에 범한 것이 아니고 (남편이 범한 것이므로) 곧 더하고 감하는 조(문)은 없다. (다시 말하면) 남편이 잉을 범한 경우 예는 첩을 범한 것에 의거하므로 만약 처를 잉으로 삼았다면 그 죄는 처를 첩으로 삼은 것과 같으며, 잉을 처로 삼았다면 역시 첩을 처로 삼은 것과 같다. 단 잉을 첩으로 삼은 것은 율·령에 조문은 없으나 마땅히 "해서는 안 되는데 행한 (죄의) 무거운 쪽"의 조문(잡62.2)에 의거하여 장80에 해당한다. 첩을 잉으로 삼은 것은 영40)에 규정이 있지만 율에는 죄명이 없으므로 단지 "영을 위반한"(잡61.1) 죄를 준다. 만약 (첩을 잉으로) 바꾸고, (잉의) 고신을 회수하여 (첩에게) 준 때에는 당연히 "거짓으로 다른 사람에게 관을 수여한" 법에

---

38) 媵은 본래 고대에 제후가 妃를 맞이할 때 비와 함께 시집오는 비의 娣姪로, 즉 신분 있는 측실이며 미천한 출신인 첩과는 다르다. 그러나 당대의 잉은 관품이 있는 첩을 의미하며(명12.1의 소), 5품 이상의 관에게 일정수의 잉을 두는 것을 허용하였다(『당육전』권2, 39~40쪽 및 『역주당육전』상, 235쪽). 아래 답의 내용에서 보듯 당률에서 첩이라고 하면 원칙적으로 잉도 포함된다.

39) 예컨대 남편이 처를 구타하여 상해하면 일반인을 범한 죄에서 2등을 감하고, 첩을 구타하여 절상 이상이면 처를 범한 죄에서 2등을 감한다는 조문(325, 투24.1)에는 잉을 구타한 죄는 규정되어 있지 않으므로, 잉을 구타하면 첩을 구타한 것과 같이 처를 범한 죄에서 2등을 감해 처벌한다.

40) 해당 영의 원문은 당대 문헌에서는 보이지 않아 그 정확한 내용은 알 수 없다.

따른다.41) 만약 첩을 잉으로 삼은 것을 속이고 잉의 성명을 사칭하여 고신을 얻은 자는 사위율(사9.3)의 "거짓으로 공상을 증가시켜 관을 구하여 취득한 죄"에 따라 도1년에 해당한다.

[律文4] 若婢有子及經放爲良者, 聽爲妾.

[律文4의 疏] 議曰: 婢爲主所幸, 因而有子; 卽雖無子, 經放爲良者: 聽爲妾.

[율문4] 만약 비가 자식을 낳거나 방면되어 양인이 된 때에는 첩으로 삼는 것을 허용한다.

[율문4의 소] 의하여 말한다: 비가 주인의 총애를 받아 자식을 낳았거나, 비록 자식을 낳지 않았더라도 방면되어 양인이 된 때에는 첩으로 삼는 것을 허용한다.

[律文4의 問] 曰: 婢經放爲良, 聽爲妾. 若用爲妻, 復有何罪?
[律文4의 答] 曰: 妻者, 傳家事, 承祭祀, 旣具六禮, 取則二儀. 婢雖經放爲良, 豈堪承嫡之重. 律旣止聽爲妾, 卽是不許爲妻. 不可處以婢爲妻之科, 須從以妾爲妻之坐.

[율문4의 문] 묻습니다: 비가 방면되어 양인이 되었다면 첩으로 삼는 것을 허용합니다. 만약 (이러한 비를) 처로 삼았다면 어떤 죄가 됩니까?
[율문4의 답] 답한다: 처란 가사를 전하고 제사를 잇게 하며, 원래 육례42)를 갖추어 맞이했으니 천·지[二儀]43)와 (같은 짝이다). 비가

---

41) 허위·거짓 수단으로 관을 다른 사람에게 주고받은 경우 준 사람과 받은 사람 모두 유2000리에 처하므로(370, 사9.1) 잉의 고신을 빼앗아 첩에게 준 남편과 그것을 받은 첩 모두 유2000리에 처한다는 의미이다.

42) 六禮란 納采·問名·納吉·納徵·請期·親迎으로 혼인 성립에 이르기까지 이행

비록 방면되어 양인이 되었더라도 어찌 감히 적처의 중임을 이을
수 있겠는가? 율은 원래 첩으로 삼는 것을 허락하는데 그치니, 곧
처로 삼는 것은 허용하지 않은 것이다. (단) 비를 처로 삼는 죄목
으로 처벌해서는 안 되고, 반드시 첩을 처로 삼은 죄에 관한 처벌
에 따라야 한다.

제179조 호혼 30. 부모·남편 상중에 시집·장가간 죄(居父母夫喪嫁娶)

[律文1a] 諸居父母及夫喪而嫁娶者, 徒三年;

[律文1b] 妾減三等.

[律文1c] 各離之.

[律文2a] 知而共爲婚姻者, 各減五等;

[律文2b] 不知者, 不坐.

[律文1a의 疏] 議曰: 父母之喪, 終身憂戚, 三年從吉, 自爲達禮. 夫爲婦天,
尙無再醮. 若居父母及夫之喪, 謂在二十七月內, 若男身娶妻, 而妻女出嫁者,
各徒三年.

해야 할 여섯 단계의 의례를 말한다(『의례주소』권6, 108쪽). 납채는 혼인을
청하는 일, 문명은 이름을 묻는 것, 납길은 신붓감의 良否를 점쳐서 上上吉이
나오면 하인을 보내 여자 집에 통고하는 일, 납징은 정혼한 표식으로 신랑 집
에 보내는 예물, 청기는 혼인 날짜를 알리는 것, 친영은 신랑이 신부 집에 가
서 신부를 맞는 의식이다. 당률에서는 납징 단계부터 혼인이 법적으로 유효한
것으로 간주한다(175, 호26.1c).

43) 二儀란 곧 兩儀이다. 양의는 태극에서 분화한 음과 양이며, 양의는 다시 四
象과 八卦로 분화된다(『주역정의』권7, 340쪽).

[律文1b의 疏]「妾減三等」, 若男夫居喪娶妾, 妻女作妾嫁人, 妾旣許以卜姓
爲之, 其情理賤也, 禮數旣別, 得罪故輕.

[律文1c의 疏]「各離之」, 謂服內嫁娶妻妾竝離.

[律文2a의 疏]「知而共爲婚姻者」, 謂妻父稱婚, 婿父稱姻, 二家相知是服制
之內, 故爲婚姻者, 各減罪五等, 得杖一百. 娶妾者, 合杖七十.

[律文2b의 疏] 不知情, 不坐.

[율문1a] 무릇 부모 및 남편 상중에 시집·장가든 자는 도3년에
처하고,

[율문1b] 첩은 3등을 감한다.

[율문1c] 각각 이혼시킨다.

[율문2a] 알면서도 함께 혼인한 자는 각각 5등을 감하고,

[율문2b] 모르고 혼인한 자는 처벌하지 않는다.

[율문1a의 소] 의하여 말한다: 부모상은 평생토록 근심하고 슬퍼해
야 하는 것이지만, 3년 되는 해에 평상복을 입는[從吉] 것은 자연히
예를 다한 것이 된다(『예기』권52, 1678쪽). 남편은 부인의 하늘이므로
개가[再醮]하지 않는 것을 숭상한다.[44] 부모 및 남편 상중이라는 것
은 27개월 내에 있다는 것을 말하며, 만약 (이 기간에) 남자 자신이
처를 얻거나, 처나 딸이 출가한 때에는 각각 도3년에 처한다.

[율문1b의 소] "첩은 3등을 감한다."고 하였는데, 만약 남자가 상중
에 첩을 얻거나 처나 딸이 (상중에) 첩이 되어 다른 사람에게 시집
가는 경우, 첩은 원래 성을 점쳐서 맞이하는 것을 허락하므로[45]

---

44) 醮는 본래 혼례 때의 음주 의식으로, 再醮는 개가를 비유한 말이다(『孔子家
語疏證』권6, 170쪽).

45) 첩은 미천한 출신의 여성이므로 그 성을 알 수 없는 경우가 있어, 卜(占)을 통
해 남편과 同姓이 아니라는 것을 확인한 이후에야 받아들이기 때문이다(『예
기정의』권2, 59~60쪽).

그 정과 이치가 천하고 예의 등급[禮數]이 다르기 때문에 죄를 받는 것을 가볍게 하는 것이다.

[율문1c의 소] "각각 이혼시킨다."는 것은, 복상 기간 내에 혼인한 처와 첩은 모두 이혼시킴을 말한다.

[율문2a의 소] "알면서도 함께 혼인한 자"라는 것은, 처의 아버지를 혼이라 하고 남편의 아버지를 인이라 하는데(『이아』권4, 135쪽), 양 가가 서로 복상 중임을 알면서도 고의로 혼인한 자를 말하는 것으로, 각각 죄를 5등 감하여 장100을 받는다. 첩을 얻은 자는 장70에 해당한다.

[율문2b의 소] 정을 모른 자는 처벌하지 않는다.

[律文3a] 若居期喪而嫁娶者杖一百,

[律文3b] 卑幼減二等;

[律文3c] 妾不坐.

　[律文3a의 疏] 議曰: 若居期親之喪嫁娶, 謂男夫娶婦, 女家作妻, 各杖一百.

　[律文3b의 疏] 「卑幼減二等」, 雖是期服, 亡者是卑幼, 故減二等, 合杖八十.

　[律文3c의 疏] 「妾不坐」, 謂期服內男夫娶妾, 女婦作妾嫁人, 竝不坐.

[율문3a] 만약 기친 상중에 시집·장가든 자는 장100에 처하고,

[율문3b] 비유 (상중)이면 2등을 감하며,

[율문3c] 첩은 처벌하지 않는다.

　[율문3a의 소] 의하여 말한다: "기친 상중에 시집·장가든 자"라는 것은 남자가 부인을 얻고 여자가 시집가서 처가 된 것을 말하며, 각 각 장100에 처한다.

　[율문3b의 소] "비유 (상중)이면 2등을 감한다."는 것은, 비록 기친 상중이지만 죽은 사람이 비유인 까닭에 2등을 감하므로, 장80에

해당한다.

[율문3c의 소] "첩은 처벌하지 않는다."는 것은, 기친 복상 중에 남자가 첩을 얻고 여자가 첩이 되어 시집간 때에는 모두 처벌하지 않는다는 것이다.

제180조 호혼 31. 조부모·부모의 구금 중에 혼인한 죄(父母被囚禁嫁娶)

[律文] 諸祖父母、父母被囚禁而嫁娶者, 死罪, 徒一年半; 流罪, 減一等; 徒罪, 杖一百. 祖父母、父母命者, 勿論.

  [律文의 疏] 議曰: 祖父母、父母旣被囚禁, 固身囹圄, 子孫嫁娶, 名教不容. 若祖父母、父母犯當死罪, 嫁娶者徒一年半; 流罪, 徒一年; 徒罪, 杖一百. 若娶妾及嫁爲妾者, 卽準上文減三等. 若期親尊長主婚, 卽以主婚爲首, 男女爲從. 若餘親主婚, 事由主婚, 主婚爲首, 男女爲從; 事由男女, 卽男女爲首, 主婚爲從. 其男女被逼, 或男年十八以下, 在室之女, 竝主婚獨坐. 注云「祖父母、父母命者, 勿論」, 謂奉祖父母、父母命爲親, 故律不加其罪. 依令「不得宴會」.

[율문] 무릇 조부모·부모가 죄수로 구금되어 있는데 시집가고 장가간 자는, (조부모나 부모의 죄가) 사죄이면 도1년반에 처하고, 유죄이면 1등을 감하며, 도죄이면 장100에 처한다. 조부모·부모가 명한 때에는 논하지 않는다.

  [율문의 소] 의하여 말한다: 조부모·부모가 이미 죄수로 구금되어 감옥에 갇혀 있는데 자·손이 시집가거나 장가가는 것은 명교상 용납되지 않는다. 만약 조부모·부모가 범한 것이 사죄에 해당하면 시

집가고 장가간 자는 도1년반에 처하고, 유죄이면 도1년에 처하며, 도죄이면 장100에 처한다. 만약 첩을 얻거나 첩이 된 경우는 위의 율문(호30.1b)에 준하여 3등을 감한다. 만약 기친 존장이 혼인을 주관하였으면 곧 혼인을 주관한 자를 수범으로 하고, (혼인 당사자인) 남녀를 종범으로 한다. 만약 그 밖의 친속이 혼인을 주관하였으면 그 혼사는 주관한 자로 말미암은 것이므로 혼인을 주관한 자를 수범으로 하고 (혼인 당사자인) 남녀를 종범으로 한다. 혼사가 (혼인한) 남녀로 말미암았으면 곧 남녀를 수범으로 하고, 혼인을 주관한 자를 종범으로 한다. 단 남녀가 핍박을 받았거나, 혹은 남자 나이가 18세 이하이거나, 아직 출가하지 않은 처녀라면 모두 혼인을 주관한 자만을 처벌한다(호46). 주에 이르기를 "조부모·부모가 명한 때에는 논하지 않는다."고 한 것은, 조부모나 부모의 명을 받들어 혼인한[親] 것이므로 율은 그 죄를 주지 않는다는 것이다. 영(의제령, 습유504쪽)[46]에 의거하면 연회를 베풀어서는 안 된다.

제181조 호혼 32. 부모·남편 상중에 혼인을 주관한 죄(居父母喪主婚)

[律文] 諸居父母喪, 與應嫁娶人主婚者, 杖一百.

  [律文의 疏] 議曰: 居父母喪, 與應合嫁娶之人主婚者, 杖一百; 若與不應嫁娶人主婚, 得罪重於杖一百, 自從重科. 若居夫喪而與應嫁娶人主婚者, 律雖

---

46) 해당 영의 원문은 이 조항에서 인용된 것 외에 당대 문헌에서는 보이지 않으며, 다만 일본의 양로령에서 이와 동일한 영문을 확인할 수 있을 뿐이다(『영의해』권6, 209쪽 및 『영의해역주』하, 92쪽).

無文, 從「不應爲重」, 合杖八十. 其父母喪內爲應嫁娶人媒合, 從「不應爲重」,
杖八十; 夫喪從輕, 合笞四十.

[율문] 무릇 부모 상중에 있으나 시집가고 장가갈 수 있는 사람을
위해 혼인을 주관한 자는 장100에 처한다.

[율문의 소] 의하여 말한다: 부모 상중에 있는 자가 (법적으로) 혼인
할 수 있는 사람[47]을 위해 혼인을 주관한 때에는 장100에 처한다.
만약 혼인해서는 안 되는 사람을 위해 혼인을 주관하였다면, 얻는
죄가 장100보다 무거우므로 당연히 무거운 것에 따라 죄를 준다.
또 남편 상중에 있는 자가 (법적으로) 혼인할 수 있는 사람을 위해
혼인을 주관한 경우에는 율에 비록 조문은 없으나 '해서는 안 되는
데 행한[不應得爲] (죄의) 무거운 쪽'(잡62.2)에 따라 장80에 처해야
한다. 단 부모상 기간 내에 (법적으로) 혼인할 수 있는 사람을 위
해 혼인을 중매[媒合]하였다면 '해서는 안 되는데 행한 (죄의) 무거
운 쪽'에 따라 장80에 처하고, 남편 상중이면 가벼운 쪽(잡62.1)에
따라 태40에 처해야 한다.

---

47) 신분이 서로 합당하고(191·192, 호42·43), 결혼연령에 도달하고, 거듭 결
　　혼한 자가 아니고(177, 호28), 동성이 아닌(182, 호33) 사람을 말한다.

당률소의 권 제14 호혼율 모두 14조

역주 이준형

제182조 호혼 33. 동성 및 친속과 혼인한 죄(同姓爲婚)

[律文1a] 諸同姓爲婚者, 各徒二年.
[律文1b] 緦麻以上, 以姦論.

　[律文1a의 疏] 議曰: 同宗共姓, 皆不得爲婚, 違者各徒二年. 然古者受姓命氏, 因彰德功·邑居·官爵, 事非一緒. 其有祖宗遷易, 年代寖遠, 流源析本, 罕能推詳. 至如魯·衛文王之昭, 凡·蔣周公之胤, 初雖同族, 後各分封, 竝傳國姓, 以爲宗本. 若與姬姓爲婚者, 不在禁例. 其有聲同字別, 音響不殊, 男女辨姓, 豈宜仇匹, 若陽與楊之類. 又如近代以來, 特蒙賜姓, 譜牒仍在, 昭穆可知, 今姓之與本枝, 竝不合共爲婚媾. 其有複姓之類, 一字或同, 受氏旣殊, 元非禁限.

　[律文1b의 疏] 若同姓緦麻以上爲婚者, 各依雜律姦條科罪.

[율문1a] 무릇 동성과 혼인한 자는 각각 도2년에 처하고,
[율문1b] 시마친 이상과 (혼인한 자는) 간(죄)로 논한다.

　[율문1a의 소] 의하여 말한다: 조상[宗]이 같거나 성을 함께 쓰는 사람은 모두 혼인해서는 안 되며, 어긴 자는 각각 도2년에 처한다. 그러나 옛날에 성을 받고 씨를 내린 것은 덕행·공적을 표창하거나 봉읍·거주지나 관직·작위로 말미암은 것으로 그 내원이 다양한데다가, 그 조종이 (거주지를) 옮기거나 (성을) 바꾸고 세월이 점차 멀어져서, 그 갈래와 근원을 상세하게 추적하는 것은 매우 어렵다. 예컨대 노와 위의 (종실은) 문왕의 자손[昭]이고, 범과 장의 (종실은) 주공의 후예[胤]인 것과 같이,[1] 처음에는 비록 동족이었지만 후

---

1) 魯·衛 등 16개 제후국은 모두 주 문왕의 아들들이 분봉되었고, 邢·晉·應·韓은 주 무왕의 아들들이 분봉되었으며, 凡·蔣 등 6개 제후국은 주공의 자손들이 분봉되었다(『춘추좌전정의』권15, 480~481쪽).

에는 모두 각각의 분봉을 국성으로 전하여 시조[宗本]로 삼았으니, 예컨대 (원래는 동성이었던) 희성 사이에 혼인하는 것은 금례의 범위에 두지 않는다.[2] 단 (성의) 발음이 같고 글자가 다른 경우는 음향이 다르지 않으니, 남녀는 성이 변별되어야 하는데 어찌 배필이 될 수 있겠는가. 예컨대 양과 양 따위가 (그러하다). 또 예컨대 근세 이래 특별히 성을 하사받아 (성이 달라졌지만) 족보[譜牒]가 그대로 남아있어 계보[昭穆]를 알 수 있다면 하사받은 성(의 종족)과 본성의 종족은 모두 결코 혼인해서는 안 된다. 단 복성 따위는 한 글자가 혹시 같더라도 씨를 받은 것이 원래 다르므로 본래 금지하는 범위가 아니다.

[율문1b의 소] 만약 동성의 시마친 이상과 혼인한 자는 각각 잡률의 간조(잡23~25)에 의거하여 죄준다.

> **[律文1b의 問]** 曰: 同姓爲婚, 各徒二年. 未知同姓爲妾, 合得何罪?
>
> **[律文1b의 答]** 曰:「買妾不知其姓則卜之.」即決蓍龜, 本防同姓. 同姓之人, 即嘗同祖, 爲妻爲妾, 亂法不殊. 戶令云:「娶妾仍立婚契.」即驗妻、妾, 俱名爲婚. 依準禮、令, 得罪無別.

---

2) 三代 이전에는 姓과 氏가 구분되었는데, 姓은 일종의 族號로 부계혈연 그 자체를 표시하고 혈연이 지속되는 한 변하지 않는 호칭이었다. 氏는 부계혈연자 집단의 정치적 지위를 保持하는 사회적 현실을 표시하는 것으로, 분봉된 邑·鄕 및 거주지나 세습되는 官職名 등에 의해 분파될 때마다 새로 발생된 호칭이었다. 그러므로 씨가 같고 성이 다르면 통혼할 수 있었지만 성이 같고 씨가 다르면 통혼할 수 없었다. 그러나 전국시대를 거치면서 성과 씨의 혼동이 발생하고 진·한 시대에 성씨가 일원화되면서 모든 이들이 하나의 성(또는 씨)만을 칭하게 되었다. 소는 이처럼 성씨가 일원화된 이후의 '同姓'만을 논하고 고대까지 소급하지 않는다는 의미이다(일본역『唐律疏議』2, 281쪽, 주1 및『通志』권25, 氏族序).

[율문1b의 문] 묻습니다: 동성과 혼인하면 각각 도2년에 처합니다. 동성을 첩으로 삼았다면 무슨 죄를 받아야 합니까?

[율문1b의 답] 답한다: "첩을 살 때 그 성을 모르면 점을 친다."(『예기』 권2, 59~60쪽)고 하였는데, 점[著龜]으로 결정하는 것은 본래 동성의 (첩을) 방지하려는 것이다. 성이 같은 사람이면 곧 일찍이 조상이 같으니, 처로 삼으나 첩으로 삼으나 법을 문란하게 하는 것은 다르지 않다. 호령(습유250쪽)에서 "첩을 맞을 때에도 역시 혼인계약을 맺는다."고 했는데, 이는 곧 처와 첩은 이름을 갖추어 혼인한다는 것을 증명한다. 예와 호령에 준하면 죄를 얻는 것은 차이가 없다.

[律文2] **若外姻有服屬而尊卑共爲婚姻, 及娶同母異父姊妹, 若妻前夫之女者,** 謂妻所生者. 餘條稱前夫之女者, 準此. **亦各以姦論.**

[律文2의 疏] 議曰: 外姻有服屬者, 謂外祖父母、舅、姨、妻之父母. 此等若作婚姻者, 是名「尊卑共爲婚姻」. 「及娶同母異父姊妹, 若妻前夫之女者」, 注云「謂妻所生者」, 謂前夫之女, 後夫娶之, 是妻所生者. 如其非妻所生, 自從本法. 「餘條稱前夫之女者, 準此」, 據雜律「姦妻前夫之女」, 亦據妻所生者, 故云「亦準此」. 各以姦論. 其外姻雖有服, 非尊卑者爲婚不禁.

[율문2] 또한 외척·인척으로 복이 있는 친속의 존비 사이에 혼인한 자, 동모이부의 자·매 또는 처의 전남편[前夫]의 딸을 처로 얻은 자는 처가 낳은 딸을 말한다. 다른 조항에서 전남편의 딸이라고 한 것은 이에 준한다. **역시 각각 간(죄)로 논한다.**

[율문2의 소] 의하여 말한다: 외척·인척으로 복이 있는 친속이란 외조부모·외삼촌·이모·처의 부모를 말한다. 이들이 만약 혼인하였다면 이것이 (정)명하여 "존비 사이에 혼인하였다."는 것이다. "동모이부의 자·매 또는 처의 전남편의 딸을 처로 얻은 자"의 주에서 "처

가 낳은 딸을 말한다."고 한 것은, 후남편[後夫]이 (처의) 전남편의 딸을 아내로 맞아들였는데 (그 딸이) 바로 처가 낳은 자식인 경우를 말한다. 만약 그 (딸이) 처가 낳은 자식이 아니라면 당연히 (혼인의) 본법에 따른다.[3] "다른 조항에서 전남편의 딸이라고 한 것은 이에 준한다."는 것은, 잡률(잡23.1)의 "처의 전남편의 딸을 간하였다."는 것도 역시 처가 낳은 바에 의거하므로 "또한 이에 준한다."고 한 것이다. 각각 간(죄)로 논한다. 단 외척·인척으로 비록 복은 있지만 존비가 아닌 경우[4]에는 혼인하는 것을 금하지 않는다.

[律文3] **其父母之姑、舅、兩姨姊妹及姨, 若堂姨、母之姑、堂姑、己之堂姨及再從姨、堂外甥女, 女婿姊妹, 竝不得爲婚姻, 違者各杖一百. 竝離之.**

[律文3의 疏] 議曰:「父母姑、舅、兩姨姊妹」, 於身無服, 乃是父母緦麻, 據身是尊, 故不合娶.「及姨」, 又是父母小功尊;「若堂姨」, 雖於父母無服, 亦是尊屬;「母之姑、堂姑」, 竝是母之小功以上尊;「己之堂姨及再從姨、堂外甥女, 亦謂堂姊妹所生者, 女婿姊妹」, 於身雖竝無服, 據理不可爲婚: 竝爲尊卑混亂, 人倫失序. 違此爲婚者, 各杖一百. 自「同姓爲婚」以下, 雖會赦, 各離之.

[율문3] 단 부모의 고모·외사촌자매·이종사촌자매 및 이모 또는 당이모, 모의 고모·당고모, 자신의 당이모 및 재종이모, 당생질녀, 사위의 자·매와 혼인해서는 안 된다. 위반한 자는 각각 장100에 처한다. 모두 이혼시킨다.

---

3) 본법에 따른다고 함은 간죄로 논한다는 특수한 규정의 적용에서 제외된다는 뜻이겠지만, 소에서 말하는 本法, 즉 처의 소생이 아닌 전남편의 딸과 혼인한 정황에 적용할 별도의 조항은 율에서 보이지 않는다. 즉 통혼이 허락되는 것이 된다(일본역『唐律疏議』2, 281쪽, 주2).

4) 동성이 아닌 사촌, 즉 고종사촌과 외종사촌이 이에 해당한다. 이들은 시마복을 입는 친속 관계이지만 존비 관계는 아니며, 따라서 통혼이 허락된다.

[율문3의 소] 의하여 말한다: "부모의 고모·외사촌자매·이종사촌자매"는 자신에게 복은 없지만 바로 부모의 시마친으로 자신을 기준으로 하면 존속이므로 (처로) 맞아들여서는 안 된다. "이모" 또한 부모의 소공친 존속이다. "당이모"는 비록 부모에게 복은 없지만 역시 존속이다. "모의 고모·당고모"는 모두 모의 소공 이상 존속이다. "자신의 당이모 및 재종이모, 당생질녀, -역시 사촌자매가 낳은 자식을 말한다.- 사위의 자·매"는 자신에게 비록 모두 복은 없지만 도리상 혼인해서는 안 된다. (이들과 혼인하면) 모두 존비 관계가 혼란해지고 인륜이 어그러진다. 이를 어기고 혼인한 자는 각각 장 100에 처한다.[5] "동성과 혼인한 자" 이하는 비록 은사령이 내리더라도 각각 이혼시킨다.

제183조 호혼 34. 친속의 처였던 여자와 혼인한 죄(嘗爲袒免妻而嫁娶)

[律文1a] 諸嘗爲袒免親之妻而嫁娶者, 各杖一百;

[律文1b] 緦麻及舅甥妻, 徒一年;

[律文1c] 小功以上, 以姦論.

[律文2] 妾, 各減二等.

[律文3] 竝離之.

　[律文1a의 疏] 議曰: 高祖親兄弟, 曾祖堂兄弟, 祖再從兄弟, 父三從兄弟, 身

---

5) 율문3과 소에서 언급한 대상은 존비 관계가 있는 외척·인척으로 자신에게 복은 없지만 비교적 근친에 속하는 친속이다. 이들과의 혼인을 금지하는 조항은 영휘 연간(650~655) 초에 처음 입법되었다(『册府元龜』권618, 議讞3).

四從兄弟、三從姪、再從姪孫, 並緦麻絶服之外, 即是「袒免」. 旣同五代之祖,
服制尙異他人, 故嘗爲袒免親之妻不合復相嫁娶. 輒嫁娶者, 男女各杖一百.

[律文1b의 疏] 「緦麻及舅甥妻」, 謂同姓緦麻之妻及爲舅妻若外甥妻, 而更相
嫁娶者, 其夫尊卑有服, 嫁娶各徒一年.

[律文1c의 疏] 「小功以上, 以姦論」, 小功之親, 多是本族, 其外姻小功者,
唯有外祖父母. 若有嫁娶, 一同姦法.

[律文2의 疏] 若經作袒免親妾者, 各杖八十; 緦麻親及舅甥妾, 各杖九十; 小
功以上, 各減姦罪二等: 故云「妾各減二等」.

[律文3의 疏] 並離之. 姦妾, 本條減妻一等, 此條「以姦論, 妾減二等」, 即是
娶妾者累減三等. 稱以姦論者, 並依姦法: 小功之妻, 若寡在夫家而嫁娶者,
各依姦小功以上妻法; 其被放出或改適他人, 即於前夫服義並絶, 姦者依律止
是凡姦, 若其嫁娶亦同凡姦之坐. 又, 稱妾者, 據元是袒免以上親之妾而娶者,
得減二等. 若是前人之妻, 今娶爲妾, 止依娶妻之罪, 不得以妾減之. 如爲前
人之妾, 今娶爲妻, 亦依娶妾之罪.

[율문1a] 무릇 전에 단문친의 처였던 (자와) 혼인한 때에는 (남녀)
각각 장100에 처하고,

[율문1b] 시마친 및 외삼촌·생질의 처였다면 도1년에 처하며,

[율문1c] 소공친 이상의 (처였다면) 간(죄)로 논한다.

[율문2] 첩이었다면 각각 2등을 감한다.

[율문3] 모두 이혼시킨다.

[율문1a의 소] 의하여 말한다: 고조의 친형제, 증조의 당형제, 조의
재종형제, 부의 삼종형제, 자신의 사종형제·삼종질·재종질손 등은
모두 시마 외의 절복하는 (친속이니) 곧 "단문친"이다. (그렇지만)
원래 5대조가 같아 그래도 복제가 타인과 조금 다르므로 예전에
단문친의 처였다면 다시 서로 혼인해서는 안 된다. 함부로 혼인한

때에는 남녀 각각 장100에 처한다.

[율문1b의 소] "시마친 및 외삼촌·생질의 처였다."는 것은, 동성 시마친의 처 및 외삼촌의 처 또는 생질의 처였다는 것을 말하며, (이러한 사람과) 다시 혼인한 자는 그 남편과 (원래) 복이 있는 존비의 관계이므로, 혼인한 경우 각각 도1년에 처한다.

[율문1c의 소] "소공친 이상의 (처였다면) 간(죄)로 논한다."에서 소공친은 대부분 본족이며, 외척·인척으로 소공친인 자는 오직 외조부모뿐이다.[6] 만약 혼인하였다면 모두 간(죄)와 같은 법으로 (처벌한다).[7]

[율문2의 소] 만약 이전에 단문친의 첩이었던 자와 (혼인한 때에는) 각각 장80에 처하고, 시마친 및 외삼촌·생질의 첩이었던 자와 (혼인한 때에는) 각각 장90에 처하며, 소공친 이상(의 첩)이었던 자와 (혼인한 때에는) 각각 간죄에서 2등을 감한다. 그러므로 "첩이었다면 각각 2등을 감한다."고 한 것이다.

[율문3의 소] 모두 이혼시킨다. 첩을 간하였으면 본조(잡23.3)에서는 처(를 간한 죄)에서 1등을 감하는데, 이 조항에서 "간(죄)로 논하되 첩이었다면 2등을 감한다."고 하였으므로 곧 첩으로 맞아들인 자는 누계하여 3등을 감한다. 간(죄)로 논한다고 한 것은 모두 간(죄)의 (처벌)법에 의거한다는 것이다. 소공친의 처가 만약 과부가 되어 남편집에 있는데, (그녀와) 혼인한 경우에는 각각 소공친 이상의 처를 간한 법(잡24)에 따른다. 단 쫓겨났거나 혹은 다른 사람에게 개가하였다면 전남편에 대한 복과 도의는 모두 끊어진 것이

---

6) 『대당개원례』권132, 五服制度 등의 사료에 따르면 舅는 소공친이 확실한데, 소에서는 외조부모만 언급하고 있어 그 이유를 알기 어렵다.

7) 소공친 이상의 처였던 자와 혼인한 때에는 이들을 간한 것(412, 잡24.1)과 마찬가지로 유2000리에 처한다. 첩의 경우는 누계하여 3등을 감하므로(율문3의 소) 도2년에 처한다.

므로 간한 경우에는 율에 의거하여 단지 일반 간죄가 되고, 혼인한 경우도 또한 일반 간죄의 처벌과 같다. 또한 첩인 경우에는 원래 단문친 이상의 첩이었던 자를 처로 맞아들인 것에 의거하여 2등을 감할 수 있다. 만약 단문친 이상[前시]의 처였는데 지금 맞아들여 첩으로 삼았다면 단지 (단문친 이상의) 처를 맞아들인 죄에 따르고 첩이었던 것으로 감할 수 없다. 만약 단문친 이상[前시]의 첩이었는데 지금 맞아들여 처로 삼았다면 또한 (단문친 이상의) 첩을 맞아들인 죄에 따른다.

제184조 호혼 35. 수절하는 여자를 강제로 혼인시킨 죄(夫喪守志而强嫁)

[律文1a] 諸夫喪服除而欲守志, 非女之祖父母、父母而强嫁之者徒一年,
[律文1b] 期親嫁者減二等.
[律文2] 各離之, 女追歸前家.
[律文3] 娶者不坐.

[律文1a의 疏] 議曰: 婦人夫喪服除, 誓心守志, 唯祖父母、父母得奪而嫁之. 「非女之祖父母、父母」, 謂大功以下, 而輒强嫁之者合徒一年.

[律文1b의 疏] 「期親嫁者」, 謂伯叔父母、姑、兄弟、姊妹及姪, 而强嫁之者減二等, 杖九十.

[律文2의 疏] 各離之, 女追歸前家.

[律文3의 疏] 娶者不坐.

[율문1a] 무릇 남편 상의 복을 벗었으나 수절하고자 하는데 여자

의 조부모·부모가 아니면서 강제로 시집보낸 자는 도1년에 처하고,

[율문1b] 기친이 (강제로) 시집보낸 때에는 2등을 감한다.

[율문2] 각각 이혼시키고, 여자는 사망한 남편의 집[前家]으로 되돌려 보낸다.

[율문3] 장가든 자는 처벌하지 않는다.

[율문1a의 소] 의하여 말한다: 부인이 남편 상의 복을 벗고 나서 수절할 것을 맹서했다면 조부모·부모만이 (그 뜻을) 꺾어[奪][8] 혼인시킬 수 있다. "여자의 조부모·부모가 아니다."라는 것은, 대공친 이하를 말하며, 함부로 강제로 시집보낸 자는 도1년에 해당한다.

[율문1b의 소] "기친이 (강제로) 시집보냈다."는 것은, 백숙부모·고모·형제·자매 및 조카가 강제로 시집보냈다는 것을 말하며, 2등을 감하여 장90에 처한다.

[율문2의 소] 각각 이혼시키고, 여자는 사망한 남편의 집[前家]으로 되돌려 보낸다.

[율문3의 소] 장가든 자는 처벌하지 않는다.

제185조 호혼 36. 도망한 부녀와 혼인한 죄(娶逃亡婦女)

[律文1] 諸娶逃亡婦女爲妻妾, 知情者與同罪, 至死者減一等.

---

8) 奪이란 곧 奪志로, 마음을 강제로 바꾸게 한다는 의미이다(『論語注疏』권9, 135쪽). 부모의 상을 마치지 않았는데 황제가 특명으로 관직에 복귀시키는 것을 '奪情'이라 하는 것과 마찬가지로, 수절하고자 하는 마음[守志]을 강제로 바꾸게 하는 것이다.

[律文2a] 離之.

[律文2b] 即無夫, 會恩免罪者, 不離.

　[律文1의 疏] 議曰: 婦女犯罪逃亡, 有人娶爲妻妾, 若知其逃亡而娶, 流罪以
　下, 竝與同科; 唯婦人本犯死罪而娶者, 流三千里.

　[律文2a의 疏] 仍離之.

　[律文2b의 疏] 即逃亡婦女無夫, 又會恩赦得免罪者, 不合從離. 其不知情而
　娶, 準律無罪, 若無夫, 即聽不離.

[율문1] 무릇 도망한 부녀와 혼인하여 처·첩으로 삼았다면, 정을 안 자는 (부녀와) 같은 죄를 주되, (부녀의 죄가) 사죄인 경우에는 1등을 감한다.

[율문2a] 그들을 이혼시킨다.

[율문2b] 만약 남편이 없고 은사령이 내려 죄가 면제된 때에는 이혼시키지 않는다.

　[율문1의 소] 의하여 말한다: 부녀가 죄를 범하고 도망하였는데 어떤 자가 혼인하여 처·첩으로 삼은 경우, 만약 그 (부녀가) 도망한 것을 알고도 맞아들였다면 (부녀의 죄가) 유죄 이하일 때에는 모두 같은 죄를 준다. 다만 부인이 본래 사죄를 범하였는데 장가든 경우에는 유3000리에 처한다.

　[율문2a의 소] 그대로 이혼시킨다.

　[율문2b의 소] 만약 도망한 부녀가 남편이 없고 또 은사령이 내려 죄를 면할 수 있게 된 때에는 이혼시켜서는 안 된다. 단 정을 모르고 혼인하였다면 율에 준하여 죄가 없으며, 만약 남편이 없다면 이혼시키지 않는 것을 허락한다.

제186조 호혼 37. 감림관이 감림 대상의 딸을 첩으로 삼은 죄(監臨娶所監臨女)

[律文1a] 諸監臨之官娶所監臨女爲妾者, 杖一百;

[律文1b] 若爲親屬娶者, 亦如之.

[律文1c] 其在官非監臨者, 減一等.

[律文1d] 女家不坐.

　[律文1a의 疏] 議曰:「監臨之官」, 謂職當臨統、案驗者, 娶所部人女爲妾者, 杖一百.

　[律文1b의 疏] 爲親屬娶者, 亦合杖一百. 親屬, 謂本服緦麻以上親, 及大功以上婚姻之家. 旣是監臨之官爲娶, 親屬不坐. 若親屬與監臨官同情强娶或恐喝娶者, 卽以本律首從科之, 皆以監臨爲首, 娶者爲從.

　[律文1c의 疏]「其在官非監臨者」, 謂在所部任官而職非統攝案驗, 而娶所部之女及與親屬娶之, 各減監臨官一等.

　[律文1d의 疏] 女家, 竝不合坐. 其職非統攝, 臨時監主而娶者亦同. 仍各離之.

[율문1a] 무릇 감림하는 관이 감림 대상의 딸에게 장가들어 첩으로 삼은 때에는 장100에 처하고,

[율문1b] 만약 친속을 장가들게 한 때에도 역시 이와 같이 한다.

[율문1c] 단 관직이 있지만 감림이 아닌 자는 1등을 감한다.

[율문1d] 여자 집[女家]은 처벌하지 않는다.

　[율문1a의 소] 의하여 말한다: "감림하는 관"이라 함은 그 직이 임통·안험을 담당하는 자를 말하며(명54.1), (이들이) 관할 범위 내 사람의 딸에게 장가들어 첩으로 삼은 경우9)에는 장100에 처한다.

────────────

9) 율에서는 "첩으로 삼은 경우"의 처벌만을 규정하고 있으나, 처로 삼은 경우

[율문1b의 소] 친속을 장가들게 한 때에도 역시 장100에 해당한다. 친속이라 함은 본복이 시마 이상인 친속과, 대공친 이상과 혼인한 집안을 말한다(직53.3). 본래 감림관이 (친속을) 장가들게 한 것이니 그 친속은 처벌하지 않는다. 만약 친속과 감림관이 뜻을 같이 하여 강제로 혹은 공갈로 (친속을) 장가들게 한 때에는 본율(호44)의 수범·종범으로 죄를 주는데, 모두 감림관을 수범으로 하고 장가든 자를 종범으로 한다(명42.3).[10]

[율문1c의 소] "단 관직이 있지만 감림이 아닌 자"란, 관할 범위 내에 임관하고 있지만 직무가 통섭·안험하는 것이 아닌 자[11]를 말하며, (이들이) 관할 범위 내 (사람의) 딸에게 장가들거나 친속을 장가들게 한 때에는 각각 감림관(의 죄에서) 1등을 감한다.

[율문1d의 소] 여자 집은 모두 처벌해서는 안 된다. 그 직이 통섭하는 것은 아니지만 임시의 감림·주수가[12] 장가든 때에도 역시 같

역시 같은 죄로 처벌하는 것으로 보인다. 우선 호령(습유253쪽)에는 주·현관은 관할 범위 내의 백성과 交婚이 금지되며, 이를 위반할 경우 은사령이 내리더라도 혼인한 남녀를 이혼시켜야 한다는 규정이 있다. 또한 감림하는 바의 부녀를 처로 삼은 것은 첩으로 삼은 것보다 위중한 사안이므로 처벌 대상에서 제외될 수 없고, 따라서 가벼운 것을 들어 무겁다는 것을 밝히는[擧輕明重] 원칙(명50.2)에 의거해 같은 죄로 처벌할 것이다(戴炎輝, 『唐律各論』(上), 239쪽).

10) 이 경우 감림관은 "공갈로 장가든 때에는 본죄에서 1등을 더하고, 강제로 장가든 때에는 본죄에서 2등을 더한다."는 본조(193, 호44.1)의 규정에 따라 율문1a에 규정된 장100의 죄에서 1등 또는 2등을 더해 도1년 또는 도1년반에 처하고, 혼인한 당사자는 종범이므로 감림관의 죄에서 1등을 감하여 장100 또는 도1년에 처한다.

11) 이는 곧 주·현·진·수·절충부의 판관 이상이 아닌 자를 말하며, 판관 이상이라도 주의 참군사 및 小錄事는 업무 성격상 관할하는 바에서 통상적으로 감림이 될 수 없다(146, 직56.3의 소).

12) 監主란 감림·주수의 약칭이다. 율에서는 감림관만을 언급하였으나 소에서는 주수를 덧붙였는데, 예컨대 獄囚를 감시하는 간수가 그 딸에게 장가든 경우

다. 그대로 각각 이혼시킨다.

[律文2a] **卽枉法娶人妻妾及女者, 以姦論加二等;**

[律文2b] 爲親屬娶者, 亦同.

[律文2c] **行求者, 各減二等.**

[律文3] **各離之.**

　[律文2a의 疏] 議曰: 有事之人, 或妻若妾, 而求監臨官司曲法判事, 娶其妻妾及女者, 以姦論加二等. 其娶者有親屬應加罪者, 各依本法, 仍加監臨姦罪二等.

　[律文2b의 疏] 「爲親屬娶者, 亦同」, 皆同自娶之坐.

　[律文2c의 疏] 「行求者, 各減二等」, 其以妻妾及女行求, 嫁與監臨官司, 得罪減監臨二等. 親屬知行求枉法, 而娶人妻妾及女者, 自依本法爲從坐.

　[律文3의 疏] 仍各離之者, 謂夫自嫁妻妾及女, 與枉法官人, 兩俱離之. 妻妾及女理不自由, 故竝不坐.

[율문2a] 만약 왕법하여 다른 사람의 처·첩 및 딸에게 장가든 자는 간(죄)로 논하되 2등을 더하고,

[율문2b] 친속을 장가들게 한 때에도 또한 같다.

[율문2c] 청탁한 자는 각각 2등을 감한다.

[율문3] 각각 이혼시킨다.

　[율문2a의 소] 의하여 말한다: 사건이 있는 사람이 처나 첩으로 감림관사에게 법을 왜곡하여 사건을 판결할 것을 청탁하였는데, 그 처·첩이나 딸에게 장가든 자는 간(죄)로 논하되 2등을 더한다.13)

이 조항에 저촉될 수 있다는 점에서 타당한 유추해석이라고 할 수 있다(일본역『唐律疏議』2, 289쪽, 주6). 또한 '臨時監主'여도 역시 감림·주수와 동일하게 간주한다는 대원칙(명54.2)에 의거하여 동일하게 처벌하는 것이다.

단 장가든 자가 (여자와) 친속 관계가 있어 마땅히 죄를 더해야 할 경우에는 각각 그 본법(호33·34)에 따르되, 그대로 감림관이 간한 죄에 2등을 더한다.[14]

[율문2b의 소] "친속을 장가들게 한 때에도 또한 같다."라는 것은 모두 (감림관) 자신이 장가든 경우의 처벌과 같다는 것이다.

[율문2c의 소] "청탁한 자는 각각 2등을 감한다."는 것은 처·첩이나 딸로써 청탁하여 감림관사에게 시집보낸 자는 감림관의 죄에서 2등을 감한다는 것이다. 청탁·왕법한 것임을 알면서도 (감림관의) 친속이 타인의 처·첩 및 딸에게 장가든 경우에는 당연히 본법에 의거하여 종범으로 처벌한다.[15]

[율문3의 소] 그대로 각각 이혼시킨다는 것은 남편이 스스로 처·첩이나 딸을 왕법한 관인에게 시집보냈다면 (전남편과 장가든 관인) 양자 모두 이혼시킴을 말한다. 처·첩이나 딸은 이치상 스스로 말미암지 않았으므로 모두 처벌하지 않는다.

---

13) 감림·주수가 관할 구역 내에서 간죄를 범하면 일반 간죄에서 1등을 가중하여 처벌하는데(416, 잡28.1), 여기에 다시 2등을 더하여 처벌한다는 것이다. 남편이 없는 부녀를 간하면 도1년반, 남편이 있는 부녀를 간하면 도2년에 처하므로(410, 잡22.1) 여기에 3등을 더하면 도3년 또는 유2000리가 된다. 또 간죄로 논한다고 했으므로 제명한다(명18.2 및 명53.4).

14) 본조(182·183, 호33·34)에 따르면 시마친 이상의 친속, 동모이부의 자매, 처의 전남편의 딸 및 소공친 이상의 전처 등과 혼인하면 간으로 논한다. 즉 이 경우 친속 간의 간죄(411~413, 잡23~25)를 적용하여 도3년 이상으로 처벌하는데, 소의 해석은 여기에 다시 2등을 더하여 처벌한다는 의미이다. 예컨대 감림관이 왕법하여 시마친인 부녀와 혼인하면, 시마친을 간한 경우의 처벌인 도3년에 다시 2등을 더하여 유2500리에 처한다.

15) 이는 주모자를 수범으로 하고 수종자는 1등을 감하는 원칙(명42.1)과 감림·주수관과 일반인이 공모한 경우 감림·주수관을 수범으로 간주하고 일반인을 종범으로 간주하는 원칙(명42.3)을 재확인한 것이라고 볼 수 있다(劉俊文, 『唐律疏議箋解』, 1048쪽, 箋釋8).

제187조 호혼 38. 타인의 처와 혼인한 죄(和娶人妻)

[律文1a] 諸和娶人妻及嫁之者, 各徒二年;

[律文1b] 妾, 減二等.

[律文1c] 各離之.

[律文2a] 卽夫自嫁者, 亦同.

[律文2b] 仍兩離之.

　[律文1a의 疏] 議曰: 和娶人妻及嫁之者, 各徒二年.

　[律文1b의 疏] 若和嫁娶妾, 減二等, 徒一年.

　[律文1c의 疏] 「各離之」, 謂妻妾俱離.

　[律文2a의 疏] 「卽夫自嫁者亦同」, 謂同嫁妻妾之罪.

　[律文2b의 疏] 二夫各離, 故云「兩離」之.

[율문1a] 무릇 합의하여 타인의 처에게 장가든 자 및 그에게 시집
간 자는 각각 도2년에 처하고,

[율문1b] 첩은 2등을 감한다.

[율문1c] 각각 이혼시킨다.

[율문2a] 곧 남편이 스스로 시집보낸 때에도 역시 같다.

[율문2b] 그대로 두 (남편과) 이혼시킨다.

　[율문1a의 소] 의하여 말한다: 합의하여 타인의 처에게 장가든 자
　및 그에게 시집간 자는 각각 도2년에 처한다.

　[율문1b의 소] 만약 합의하여 첩을 시집보내거나 장가들었다면 2등
　을 감하여 도1년에 처한다.

　[율문1c의 소] "각각 이혼시킨다."는 것은, 처·첩 모두 이혼시킴을
　말한다.

[율문2a의 소] "곧 남편이 스스로 시집보낸 때에도 역시 같다."는 것은, 시집간 처·첩의 죄와 같다는 것이다.

[율문2b의 소] (전남편·후남편과) 각각 이혼시키므로 "두 (남편과) 이혼시킨다."고 한 것이다.

제188조 호혼 39. 존장의 뜻에 따르지 않고 혼인한 죄(卑幼自娶妻)

[律文] 諸卑幼在外, 尊長後爲定婚, 而卑幼自娶妻, 已成者婚如法; 未成者 從尊長, 違者杖一百.

[律文의 疏] 議曰:「卑幼」, 謂子·孫·弟·姪等.「在外」, 謂公私行詣之處. 因 自娶妻, 其尊長後爲定婚, 若卑幼所娶妻已成者, 婚如法; 未成者, 從尊長所 定. 違者, 杖一百.「尊長」, 謂祖父母·父母及伯叔父母·姑·兄姊.

[율문] 무릇 비유가 외지에 있고 존장이 후에 (그를) 위해 정혼하였는데, 비유가 (외지에서) 스스로 처를 맞아들여 이미 성혼된 때에는 혼인을 적법한 것으로 인정하고, 아직 성혼되지 않은 때에는 존장에 따른다. 위반한 자는 장100에 처한다.

[율문의 소] 의하여 말한다: "비유"란 자·손·동생·조카 등을 말한다. "외지"라 함은, 공·사(의 일)로 간 곳을 말한다. 그로 인해 스스로 처를 맞아들였고 그 존장이 후에 (그를) 위해 정혼하였는데, 만약 비유가 처를 맞아들여 이미 성혼된 때에는 그 혼인을 적법한 것으로 인정하고, 아직 성혼되지 않은 때에는 존장이 정한 바에 따른다. 위반한 자는 장100에 처한다. "존장"이란 조부모·부모 및 백숙부모·고모·형·누나를 말한다.

제189조 호혼 40. 칠출에 관한 죄(妻無七出而出之)

[律文1] 諸妻無七出及義絶之狀而出之者, 徒一年半;

[律文2] 雖犯七出, 有三不去而出之者, 杖一百.

[律文3] 追還合.

[律文4] 若犯惡疾及姦者, 不用此律.

[律文1의 疏] 議曰: 伉儷之道, 義期同穴. 一與之齊, 終身不改. 故妻無七出及義絶之狀, 不合出之. 七出者, 依令:「一無子, 二淫泆, 三不事舅姑, 四口舌, 五盜竊, 六妬忌, 七惡疾.」 義絶, 謂「毆妻之祖父母、父母及殺妻外祖父母、伯叔父母、兄弟、姑、姊妹, 若夫妻祖父母、父母、外祖父母、伯叔父母、兄弟、姑、姊妹自相殺, 及妻毆詈夫之祖父母、父母, 殺傷夫外祖父母、伯叔父母、兄弟、姑、姊妹及與夫之緦麻以上親若妻母姦及欲害夫者, 雖會赦, 皆爲義絶. 妻雖未入門, 亦從此令.」 若無此七出及義絶之狀, 輒出之者, 徒一年半.

[律文2의 疏]「雖犯七出, 有三不去」, 三不去者, 謂一經持舅姑之喪, 二娶時賤後貴, 三有所受無所歸. 而出之者, 杖一百.

[律文3의 疏] 竝追還合.

[律文4의 疏]「若犯惡疾及姦者, 不用此律」, 謂惡疾及姦, 雖有三不去亦在出限, 故云「不用此律」.

[율문1] 무릇 처에게 칠출 및 의절할 정상이 없는데도 내쫓은 자는 도1년반에 처하고,

[율문2] 비록 칠출을 범했으나 삼불거가 있는데 내쫓은 자는 장100에 처한다.

[율문3] 되돌려 합하게 한다.

[율문4] 만약 악질(이 있거나) 간을 범한 때에는 이 율을 적용하

지 않는다.

[율문1의 소] 의하여 말한다: 부부(夫儷) 간의 도리는 뜻이 (죽어서) 같이 합장하기를[同穴] 기약하는 것이다. 가지런히 하나가 되기로 하였다면 종신토록 바꿀 수 없다. 그러므로 처에게 칠출 및 의절할 정상이 없다면 내쫓아서는 안 된다. 칠출이란 영(호령, 습유253쪽)에 의거하면, "첫째, 아들이 없는 것, 둘째, 지나치게 음란한 것, 셋째, 시부모를 섬기지 않는 것, 넷째, 말을 지어내는 것, 다섯째, 절도하는 것, 여섯째, 투기하는 것, 일곱째, 악질이 있는 것이다." 의절(의 정상)이란 "(남편이) 처의 조부모·부모를 구타하거나 처의 외조부모·백숙부모·형제·고모·자매를 살해하거나, 또는 부·처의 조부모·부모·외조부모·백숙부모·형제·고모·자매가 스스로 서로 살해하거나, 처가 남편의 조부모·부모를 구타하거나 욕하거나, 남편의 외조부모·백숙부모·형제·고모·자매를 살해하거나 상해하거나, (처가) 남편의 시마친 이상과 (간한 것) 또는 (남편이) 장모와 간한 것 및 (처가) 남편을 해치고자 한 것16) 등을 말하며, (이러한 것은) 비록 은사령이 내리더라도 모두 의절이 된다. 처가 아직 (남편 집의) 문에 들어오지 않았더라도17) 또한 이 영(호령, 습유255쪽)에 따른다." 만약 이러한 칠출 및 의절할 정상이 없는데도 함부로 내쫓은 자는 도1년반에 처한다.

---

16) '남편을 해치는 것'이 구체적으로 어떤 행위인지는 알 수 없다. 다만 일본 양로령의 해당 영문에는 '(남편을) 죄에 빠뜨리거나 몸을 해하고자[害身] 하는 것이라면 모두 그렇다. 단 남편을 구타한 것은 죄에 빠뜨리는 것보다 가벼우므로 의절에 넣지 않는다.'는 주석이 있으며(『영의해』권2, 101쪽), 처가 남편을 모살하는 것만 해당된다고 보는 견해도 있다(劉俊文, 『唐律疏議箋解』, 1058쪽, 解析).

17) 入門이란 곧 신부가 결혼 후 3개월이 지나 남편의 가묘에 배알하는 의식인 묘현을 의미한다. 이로써 예에 따른 정식 처로 인정된다(『의례주소』권6, 106~108쪽; 『예기정의』권18, 683쪽).

[율문2의 소] "비록 칠출을 범했으나 삼불거가 있다."에서 삼불거란, 첫째, (처가) 시부모의 상을 지낸 경우, 둘째, 맞아들일 때 빈천하였다가 나중에 부귀하게 된 경우, 셋째, (혼인할 때에는) 받아들인 곳이 있었으나 (후에는) 돌아갈 곳이 없게 된 경우를 말한다(『예기』 권27, 977~978쪽). 그런데도 내쫓은 자는 장100에 처한다.

[율문3의 소] 모두 되돌려 합하게 한다.

[율문4의 소] "만약 악질(이 있거나) 간을 범한 때에는 이 율을 적용하지 않는다."는 것은, 악질(이 있거나) 간을 (범한 때에는) 비록 삼불거(의 정상이) 있더라도 또한 내쫓을 수 있는 범위에 있음을 말하며, 그러므로 "이 율을 적용하지 않는다."고 한 것이다.

[律文4의 問] 曰: 妻無子者聽出, 未知幾年無子卽合出之?

[律文4의 答] 曰: 律云, 妻年五十以上無子, 聽立庶以長. 卽是四十九以下無子未合出之.

[율문4의 문] 묻습니다: 처에게 아들이 없을 때에는 내쫓는 것을 허락합니다. 몇 살까지 아들이 없으면 내쫓을 수 있습니까?

[율문4의 답] 답한다: 율에 "처의 나이가 50세 이상으로 아들이 없다면 서자 중에 연장자를 (적자로) 세우는 것을 허용한다."(호9.2)고 하였으므로, 곧 49세 이하로 아들이 없다면 내쫓을 수 없다.

제190조 호혼 41. 이혼에 관한 죄(義絶離之)

[律文1] 諸犯義絶者離之, 違者徒一年.

[律文2] 若夫妻不相安諧而和離者, 不坐.

[律文1의 疏] 議曰: 夫妻義合, 義絶則離. 違而不離, 合得一年徒罪. 離者旣無「各」字, 得罪止在一人, 皆坐不肯離者; 若兩不願離, 卽以造意爲首, 隨從者爲從. 皆謂官司判爲義絶者方得此坐, 若未經官司處斷不合此科.

[律文2의 疏] 「若夫妻不相安諧」, 謂彼此情不相得, 兩願離者, 不坐.

[율문1] 무릇 의절(에 해당하는 행위)를 범한 때에는 이혼시킨다. 어긴 자는 도1년에 처한다.

[율문2] 만약 부·처가 서로 편안하지 않고 화합이 되지 않아 합의하여 이혼한 때에는 처벌하지 않는다.

[율문1의 소] 의하여 말한다: 부·처는 정의로 합한 것이므로 그 의가 끊어졌다면[義絶] 이혼해야 한다. (이를) 어기고 이혼하지 않았다면 1년의 도죄를 받아야 한다. 이혼한다는 것에 원래 "각각"이라는 글자가 없으므로 죄를 받는 것은 1인에 그치는데, 모두 이혼하지 않으려 하는 자를 처벌한다. 만약 양측 (모두) 이혼하기를 원하지 않는다면 조의자를 수범으로 하고 수종자를 종범으로 한다(명 42.1). 모두 관사가 의절로 판결하여야만 비로소 이 죄를 얻고, 만약 아직 관사의 처단을 거치지 않았다면 이 죄를 주어서는 안 된다.

[율문2의 소] "만약 부·처가 서로 편안하지 않고 화합이 되지 않는다."는 것은, 서로 간에 정이 맞지 않아 양측이 이혼하기를 원하는 경우를 말하며, 처벌하지 않는다.

[律文3a] 卽妻妾擅去者, 徒二年;

[律文3b] 因而改嫁者, 加二等.

[律文3a의 疏] 議曰: 婦人從夫, 無自專之道, 雖見兄弟, 送迎尙不踰閾. 若有心乖唱和, 意在分離, 背夫擅行, 有懷他志, 妻妾合徒二年.

[律文3b의 疏] 因擅去而卽改嫁者, 徒三年, 故云「加二等」. 室家之敬, 亦爲

難久, 帷薄之內, 能無忿爭, 相嗔黜去, 不同此罪.

[율문3a] 만약 처·첩이 함부로 떠난 때에는 도2년에 처하고,
[율문3b] 이로 인해 개가한 때에는 2등을 더한다.

[율문3a의 소] 의하여 말한다: 부인은 남편을 따라야 하고 자기 마음대로 할 수 있는 도리는 없으므로, 비록 (자신의) 형제를 만나더라도 보내고 맞이함에 문지방을 넘을 수 없다(『좌전』권15, 465쪽). 만약 화합[唱和]하는 마음이 어그러지고 (남편과) 떨어지려는 뜻이 있어 남편을 배반하고 멋대로 출행하였다면 다른 뜻을 품은 것이니 처·첩은 도2년에 처해야 한다.

[율문3b의 소] 함부로 떠난 것으로 인해 곧 개가한 경우에는 도3년에 처한다. 그러므로 "2등을 더한다."고 한 것이다. 부부[室家] 간의 공경은 또한 오래 가기 어려우므로 집안 내에 분쟁이 없을 수 있겠는가. 서로 화내어 잠시 떠난 경우는 이 죄와 같지 않다.

[律文3b의 問] 曰: 妻妾擅去徒二年, 因而改嫁者加二等. 其有父母·期親等主婚, 若爲科斷?

[律文3b의 答] 曰: 下條「嫁娶違律, 祖父母·父母主婚者, 獨坐主婚. 若期親尊長主婚者, 主婚爲首, 男女爲從.」父母知女擅去, 理須訓以義方. 不送夫家, 違法改嫁, 獨坐父母, 合徒三年; 其妻妾之身, 唯得擅去之罪. 期親主婚, 自依首從之法.

[율문3b의 문] 묻습니다: 처·첩이 함부로 떠난 때에는 도2년에 처하고, 이로 인해 개가한 때에는 2등을 더합니다. 그런데 부모·기친 등이 혼인을 주관하였다면 어떻게 처단합니까?

[율문3b의 답] 답한다: 아래 조항(호46)에 "혼인함에 율을 위반하였

는데 조부모·부모가 혼인을 주관한 때에는 주혼만 처벌한다. 만약 기친 존장이 혼인을 주관한 때에는 주혼을 수범으로 하고, 남녀를 종범으로 한다."고 하였다. 부모가 딸이 멋대로 떠난 것을 알았다면 이치상 반드시 정도[義方][18]로 타일러야 한다. 남편집[夫家]에 보내지 않고 법을 어겨 개가시켰다면 부모만 처벌하되 도3년에 처해야 하고, 그 처·첩 자신은 함부로 떠난 죄만을 받는다. 기친이 혼인을 주관하였다면 당연히 수범·종범의 (처벌)법에 의거하여 (처벌한다.)[19]

제191조 호혼 42. 노에게 양인의 딸을 처로 삼게 한 죄(奴娶良人爲妻)

[律文1a] 諸與奴娶良人女爲妻者, 徒一年半;

[律文1b] 女家, 減一等.

[律文1c] 離之.

[律文2a] 其奴自娶者, 亦如之.

[律文2b] 主知情者, 杖一百;

[律文3] 因而上籍爲婢者, 流三千里.

---

18) 義方이란 일을 행할 때, 반드시 준수해야 할 규범이나 도리를 말한다(『春秋左傳注疏』권3, 92쪽). 『唐律釋文』에는 "義方, 猶正道"라고 하였다(劉俊文, 『唐律疏議』, 636쪽).

19) 문답에 따르면 부모가 혼인을 주관하여 개가시켰다면 부모를 도3년에 처하고 처·첩은 함부로 떠난 죄로 도2년에 처벌한다. 기친이 혼인을 주관하여 개가시켰다면 기친을 수범으로 하여 도3년에 처하고 처·첩은 종범이 되어 도2년반에 처한다.

[律文1a의 疏] 議曰: 人各有耦, 色類須同. 良賤旣殊, 何宜配合. 與奴娶良人女爲妻者, 徒一年半;

[律文1b의 疏] 女家減一等, 合徒一年.

[律文1c의 疏] 仍離之. 謂主得徒坐, 奴不合科.

[律文2a의 疏] 其奴自娶者, 亦得徒一年半.

[律文2b의 疏] 主不知情者, 無罪; 主若知情, 杖一百;

[律文3의 疏] 因而上籍爲婢者, 流三千里. 若有爲奴娶客女爲妻者, 律雖無文, 卽須比例科斷, 名例律, 稱部曲者客女同. 鬪訟律: 「部曲毆良人, 加凡人一等, 奴婢又加一等. 其良人毆部曲, 減凡人一等, 奴婢又減一等. 卽部曲, 奴婢相毆傷殺者, 各依部曲與良人相毆傷殺法.」 注云: 「餘條良人, 部曲, 奴婢私相犯, 本條無正文者, 竝準此.」 奴娶良人徒一年半, 卽娶客女減一等合徒一年. 主知情者杖九十, 因而上籍爲婢者徒三年. 其所生男女, 依戶令: 「不知情者從良, 知情者從賤.」

[율문1a] 무릇 노를 양인의 딸에게 장가들어 처로 삼게 한 자는 도1년반에 처하고,

[율문1b] 여자 집[女家]은 1등을 감한다.

[율문1c] 이들을 이혼시킨다.

[율문2a] 그 노가 스스로 (양인의 딸에게) 장가든 때에도 역시 이와 같다.

[율문2b] 주인이 정을 알았다면 장100에 처하고,

[율문3] 이로 인해 (그 여자를) 호적에 올려 비로 삼은 때에는 유3000리에 처한다.

[율문1a의 소] 의하여 말한다: 사람은 각기 배우자가 있으며 (그들의) 신분은 반드시 같아야 한다. 양인과 천인은 원래 다르니 어찌 배필로 합해질 수 있겠는가? 노를 양인의 딸에게 장가들어 처로

삼게 한 자는 도1년반에 처하고,

[율문1b의 소] 여자 집은 1등을 감해 도1년에 처해야 한다.

[율문1c의 소] 그대로 이혼시킨다. (이는) 주인은 도죄로 처벌받고 노는 죄주어서는 안 된다는 의미이다.

[율문2a의 소] 단 노가 스스로 (양인의 딸에게) 장가든 때에도 도1년반을 받는다.

[율문2b의 소] 주인이 정을 알지 못한 경우는 죄가 없고, 주인이 만약 정을 알았다면 장100에 처한다.

[율문3의 소] 이로 인해 (그 여자를) 호적에 올려 비로 삼은 때에는 유3000리에 처한다.[20] 만약 노를 객녀에게 장가들어 처로 삼게 한 자는 율에 비록 규정이 없으나 곧 반드시 예를 유추하여 처단해야 하는데, 명례율(명47.1)에서는 부곡이라 칭한 경우 객녀도 같다고 하였고, 투송률(투19)에서는 "부곡이 양인을 구타하였다면 일반인 (사이에 범한 죄)에 1등을 더하고 노비는 또 1등을 더한다. 단 양인이 부곡을 구타하였다면 일반인 (사이에 범한 죄)에서 1등을 감하고 노비라면 또 1등을 감한다. 만약 부곡과 노비가 서로 구타·상해·살해한 때에는 각각 부곡과 양인이 서로 구타·상해·살해한 것의 법에 의거한다."고 하고, 그 주에 "다른 조항에서 양인·부곡·노비가 사사로이 서로 범한 것에 대해 본조에 바로 해당하는 조문이 없는 경우에는 모두 이에 준한다."고 하였다. 노가 양인(의 딸)에게 장가들면 도1년반에 처하므로 만약 객녀에게 장가들면 1등을 감하여 도1년에 해당한다. 주인이 정을 알았다면 장90에 처하고, 이로 인해 (그 여자를) 호적에 올려 비로 삼은 때에는 도3년에 처한다. 그들이 낳은 자녀는 호령(습유262쪽)에 의거하여, "정을 몰랐을 경우는 양인으

---

20) 주인이 양인 여자를 호적에 올려 비로 삼은 경우의 처벌은, 사람을 화유하여 노비로 삼은 죄(292, 적45.2)와 양인을 망인하여 노비로 삼은 죄(375, 사14.1)의 처벌과 같다.

로 하고, 정을 알고 있었을 경우는 천인으로 한다."

[律文4a] 卽妄以奴婢爲良人, 而與良人爲夫妻者, 徒二年. 奴婢自妄者, 亦同.

[律文4b] 各還正之.

    [律文4a의 疏] 議曰: 以奴若婢, 妄作良人, 嫁娶爲良人夫婦者, 所妄之罪, 合徒二年. 奴婢自妄嫁娶, 亦徒二年.

    [律文4b의 疏] 「各還正之」, 稱「正之」者, 雖會赦, 仍改正之. 若娉財多, 準罪重於徒二年者, 依「詐欺」計贓科斷.

[율문4a] 만약 망령되이 노·비를 양인으로 삼아 양인과 부·처가 되게 한 자는 도2년에 처한다. 노·비가 스스로 속인 때에도 역시 같다.

[율문4b] 각각 본래 신분으로 되돌려 바로잡는다.

    [율문4a의 소] 의하여 말한다: 노 또는 비를 망령되이 양인으로 (속여) 양인의 남편이나 부인이 되게 혼인시킨 자는 속인 죄가 도2년에 해당한다. 노·비가 스스로 망령되이 (속여) 혼인하였다면 역시 도2년에 처한다.

    [율문4b의 소] "각각 본래 신분으로 되돌려 바로잡는다."에서 "바로잡는다."고 한 것은 비록 은사령이 내리더라도 그대로 (본래 신분으로) 고쳐 바로잡는다는 것이다(호45.1a). 만약 빙재가 많아 (사기) 죄가 도2년보다 무거운 때에는 "사기하여 (재물을 취한죄)"(사12)에 의거하여 장물을 계산하여 처단한다.

제192조 호혼 43. 관천인이 양인과 혼인한 죄(雜戶官戶與良人爲婚)

[律文1] **諸雜戶不得與良人爲婚, 違者杖一百.**

[律文2] **官戶娶良人女者, 亦如之.**

[律文3] **良人娶官戶女者, 加二等.**

[律文1의 疏] 議曰: 雜戶配隷諸司, 不與良人同類, 止可當色相娶, 不合與良人爲婚. 違律爲婚, 杖一百.

[律文2의 疏] 「官戶娶良人女者, 亦如之」, 謂官戶亦隷諸司, 不屬州縣, 亦當色婚嫁, 不得輒娶良人, 違者亦杖一百.

[律文3의 疏] 良人娶官戶女者, 加二等合徒一年半. 官戶私嫁女與良人, 律無正文, 並須依首從例.

[율문1] 무릇 잡호는 양인과 혼인해서는 안 된다. 어긴 자는 장100에 처한다.

[율문2] 관호가 양인의 딸에게 장가든 때에도 역시 이와 같다.

[율문3] 양인이 관호의 딸에게 장가든 때에는 2등을 더한다.

[율문1의 소] 의하여 말한다: 잡호는 여러 관사에 배치·예속되어 양인과 신분이 같지 않으므로, 단지 같은 신분에게만 장가들 수 있고 양인과 혼인해서는 안 된다. 율을 어기고 혼인하였다면 장100에 처한다.

[율문2의 소] "관호가 양인의 딸에게 장가든 때에도 역시 이와 같다."는 것은, 관호도 또한 여러 관사에 예속되어 주·현에 소속되지 않으므로 역시 같은 신분끼리만 혼인하고 함부로 양인에게 장가들어서는 안 되며, (이를) 어긴 경우에는 역시 장100에 처한다는 것

을 말한다.

[율문3의 소] 양인이 관호의 딸에게 장가든 때에는 2등을 더하여 도
1년반에 처해야 한다. 관호가 사사로이 그 딸을 양인에게 시집보
냈다면 율에 정문이 없으나 반드시 수범과 종범을 구분하는 예에
의거해야 한다.21)

[律文4a] 卽奴婢私嫁女與良人爲妻妾者, 準盜論;

[律文4b] 知情娶者, 與同罪.

[律文5] 各還正之.

[律文4a의 疏] 議曰: 奴婢旣同資財, 卽合由主處分, 輒將其女私嫁與人, 須
計婢贓準盜論罪, 五疋徒一年, 五疋加一等.

[律文4b의 疏] 知情娶者, 與奴婢罪同; 不知情者, 不坐.

[律文5의 疏] 自「雜戶與良人爲婚」以下, 得罪仍各離而改正. 其工、樂、雜戶、
官戶, 依令「當色爲婚」, 若異色相娶者, 律無罪名, 竝當「違令」. 旣乖本色,
亦合正之. 太常音聲人, 依令「婚同百姓」, 其有雜作婚姻者, 竝準良人. 其部
曲、奴婢有犯, 本條無正文者, 依律「各準良人」. 如與雜戶、官戶爲婚, 竝同良
人共官戶等爲婚之法, 仍各正之.

[율문4a] 만약 노·비가 사사로이 딸을 양인에게 시집보내 처·첩
이 되게 한 때에는 절도에 준하여 논하고,

[율문4b] 정을 알고도 장가든 자는 같은 죄를 준다.

[율문5] 각각 (본래의 신분으로) 되돌려 바로잡는다.

---

21) 이 경우 율에 관호의 처벌을 규정한 명문이 없으므로, 양인에 준하여 처벌한
다(명47.1). 다만 소의 해석에 따르면 수범과 종범을 구분하는 예에 의거해
장가든 양인과 딸을 시집보낸 관호 중 혼인을 주동한[造意] 자를 수범으로
하여 도1년반에 처하고, 다른 한 사람을 종범으로 하여 1등을 감해 도1년에
처한다.

[율문4a의 소] 의하여 말한다: 노비는 원래 재물과 같아 곧 주인에 의해 처분되는 것이니, 함부로 그 딸을 사사로이 다른 사람에게 시집보냈다면 반드시 비를 장물로 계산하여 절도에 준하여 죄를 논하여, 5필이면 도1년에 처하고 5필마다 1등을 더한다.

[율문4b의 소] 정을 알고도 장가든 자는 노·비와 죄가 같다. 정을 알지 못한 자는 처벌하지 않는다.

[율문5의 소] "잡호는 양인과 혼인해서는 (안 된다.)"²²)는 (조문) 이하는 죄를 받으면 그대로 각각 이혼시키고 본래의 신분으로 바로잡는다. 단, 공호·악호·잡호·관호는 영(호령, 습유258쪽)의 "같은 종류의 신분과 혼인한다."는 규정에 의거하므로, 만약 다른 종류의 신분에게 장가든 경우는 율에 죄명이 없지만 모두 "영을 위반한" 죄(잡61.1)에 해당된다. 이미 본래의 신분을 어긋나게 했으므로 역시 (본래의 신분으로) 바로잡아야 한다. 태상음성인은 영(호령, 습유 258쪽)에 의거하여 "혼인은 백성과 같으므로," 다른 신분과 혼인한 자가 있으면 모두 양인(이 다른 신분과 혼인한 죄)에 준한다. 단 부곡·노비가 죄를 범했는데, 본조에 바로 해당하는 율문이 없는 경우 "각각 양인에 준한다."는 율(명47.1)에 의거한다. (따라서 부곡·노비가) 만약 잡호·관호와 혼인하였다면 모두 양인이 관호 등과 혼인한 경우의 법과 같이 하고, 그대로 각각 (본래의 신분으로) 바로잡는다.²³)

---

22) 소의 원문에는 '不得'이 없으나 의미상 율문1 이하를 뜻하므로 '不得'을 넣어 번역하였다.

23) 부곡과 노비는 신분상의 차등이 있으며, 이에 따라 범한 죄의 처벌에도 차등이 있지만 여기서는 양인의 법과 같이 한다고 했으므로 부곡·노비가 잡호와 혼인한 때에는 모두 장100으로 처벌하고, 관호의 딸에게 장가든 때에는 2등을 더하여 모두 도1년반으로 처벌하는 것으로 보인다.

제193조 호혼 44. 율을 위반하고 혼인한 죄(違律爲婚恐喝娶)

[律文1a] 諸違律爲婚, 雖有媒娉, 而恐喝娶者, 加本罪一等;

[律文1b] 强娶者, 又加一等.

[律文1c] 被强者, 止依未成法.

    [律文1a의 疏] 議曰: 依律不許爲婚, 其有故爲之者, 是名「違律爲婚」. 假如
    雜戶與良人爲婚, 雖有媒娉而恐喝娶者, 加本罪一等: 本坐合杖一百, 加一等
    處徒一年.

    [律文1b의 疏] 「强娶者, 又加一等」, 謂以威若力而强娶之, 合徒一年半.

    [律文1c의 疏] 「被强者, 止依未成法」, 下條「未成者各減已成五等」, 女家止
    笞五十之類.

[율문1a] 무릇 율을 어기고 혼인하였는데, 비록 중매인과 빙재가
있더라도 공갈로 장가든 때에는 본죄에 1등을 더하고,

[율문1b] 강제로 장가든 때에는 또 1등을 더한다.

[율문1c] 강요당한 자는 단지 아직 성혼되지 않은 경우의 법에
의거한다.

    [율문1a의 소] 의하여 말한다: 율에 의거해 혼인하는 것이 허락되지
    않는데 고의로 이를 행한 경우, 이것이 (정)명하여 "율을 어기고
    혼인하였다."는 것이다. 가령 잡호가 양인과 혼인한 경우, 비록 중
    매인과 빙재가 있더라도 공갈24)로 장가든 때에는 본죄에 1등을 더

---

24) 현행 형법은 공갈죄(350조)를 다음과 같이 규정하고 있다. ①사람을 공갈하
   여 재물의 교부를 받거나 재산상의 이익을 취득한 자는 10년 이하의 징역 또
   는 2천만원 이하의 벌금에 처한다. ② 전항의 방법으로 제삼자로 하여금 재물
   의 교부를 받게 하거나 재산상의 이익을 취득하게 한 때에도 전항의 형과 같
   다. 당률에서 공갈이란 용어는 두 군데에 보이는데, 이 조항과 공갈로 다른 사

하는데 본래의 처벌이 장100에 해당하므로(호43.1) 1등을 더하여 도1년에 처하며,

[율문1b의 소] "강제로25) 장가든 때에는 또 1등을 더한다."고 하였으니, (잡호가) 위협 또는 폭력으로 강제로 (양인에게) 장가든 때에는 도1년반에 처해야 한다는 것이다.

[율문1c의 소] "강요당한 자는 단지 아직 성혼되지 않은 경우의 법에 의거한다."는 것은, 아래 조항(호46.4)에서 "성혼되지 않은 때에는 각각 성혼된 경우의 (죄에서) 5등을 감한다."고 하였으므로 여자 집은 태50대에 그치는 것 따위이다.

[律文2] 卽應爲婚, 雖已納娉, 期要未至而强娶, 及期要至而女家故違者, 各杖一百.

[律文2의 疏] 議曰:「卽應爲婚」, 謂依律合爲婚者. 雖已納娉財, 元契吉日未至, 而男家强娶; 及期要已至吉日, 而女家故違不許者: 各杖一百得罪, 依律不合從離.

람의 재물을 취득한 조항(285, 적38)이다. 적도율의 공갈은 그 소에 따르면 타인의 죄를 알고 그것을 고언하겠다고 문서 또는 말로 협박하는 것이라고 해석하여 현행 형법의 규정과 유사하다. 이에 비해 이 조항에서의 공갈은 그 구체적 행위가 불확실하지만, 역시 상대가 畏怖心을 갖게 하여 혼인하는 행위를 의미한다고 생각된다.

25) 당률에서 强盜를 '위협 또는 폭력으로 그 재물을 취한 것'이라 해석(281, 적34.1a①)한 것처럼 '以威若力'은 율의 도처에 보이는 '强'의 정의이다. 다만 같은 '强'이라도 경우에 따라 다르다. 공갈도 일종의 위협이지만 그보다 强暴性이 높은 '强娶'를 구분하고 있으며, 强娶는 强盜와 마찬가지로 위협·폭력으로 상대가 항거불능에 이를 정도를 의미하는 것이다(일본역『唐律疏議』2, 303쪽, 주2). 현행 형법에서도 공갈죄는 피해자로 하여금 외포심을 야기함으로써 성립하는데 비해, 강간·강도 등의 죄는 폭행 또는 협박으로 피해자의 반항을 불가능하게 하거나 현저히 곤란하게 할 때에 성립된다.

[율문2] 만약 (법적으로) 혼인할 수 있고 이미 빙재를 들였더라도, 혼인 예정일[期要]이 아직 이르지 않았는데 강제로 장가들거나 혼인 예정일이 되었는데 여자 집에서 고의로 위반한 때에는 각각 장100에 처한다.

[율문2의 소] 의하여 말한다: "만약 (법적으로) 혼인할 수 있다."는 것은, 율에 의해 혼인할 수 있다는 것을 말한다. 이미 빙재를 들였더라도 원래 약속한 길일이 아직 이르지 않았는데 남자 집에서 강제로 장가들거나, 이미 혼인이 예정된 길일이 되었는데 여자 집에서 고의로 어기고 (혼인을) 허락하지 않은 경우에는 각각 장100의 죄를 얻지만, 율에 따라 이혼시켜서는 안 된다.

제194조 호혼 45. 은사령이 내린 경우 율을 위반한 혼인의 처분 원칙(違律爲婚離正)

[律文1a] 諸違律爲婚, 當條稱「離之」、「正之」者, 雖會赦猶離之、正之.
[律文1b] 定而未成, 亦是.
[律文2a] 娉財不追;
[律文2b] 女家妄冒者, 追還.

[律文1a의 疏] 議曰:「違律爲婚」, 謂依律不合作婚而故違者.「當條稱離之」, 謂上條男家妄冒或女家妄冒, 離之. 又,「正之」者, 謂上條奴婢私嫁女與良人, 仍正之. 雖會大赦, 稱「離之」者猶離之, 稱「正之」者猶正之.

[律文1b의 疏]「定而未成, 亦是」, 假令雜戶與良人爲婚已定, 監臨之官娶所監臨女未成, 會赦之後亦合離,正, 故云「定而未成, 亦是」.

[律文2a의 疏] 男家送財已訖, 雖合離,正, 其財不追.

[律文2b의 疏] 若女家妄冒應離,正者, 追財物還男家. 凡稱「離之」、「正之」者, 赦後皆合離,正. 名例律云, 會赦應改正, 經責簿帳而不改正, 各論如本犯律. 應離之輩, 卽是赦後須離, 仍不離者, 律無罪條, 猶當「不應得爲從重」, 合杖八十. 若判離不離, 自從姦法.

[율문1a] 무릇 율을 위반하고 혼인하였는데, 해당 조항에서 "이혼시킨다.", "(본래 신분으로) 바로잡는다."고 칭한 경우에는, 비록 은사령이 내리더라도 여전히 이혼시키고 (본래 신분으로) 바로잡는다.

[율문1b] 정혼했지만 성혼되지 않은 경우도 또한 그렇다.

[율문2a] 빙재는 되돌려 주지 않지만,

[율문2b] 여자 집에서 속인 때에는 추징하여 되돌려 준다.

[율문1a의 소] 의하여 말한다: "율을 위반하고 혼인하였다."는 것은, 율에 의해 혼인해서는 안 되는데 고의로 이를 위반한 경우를 말한다. "해당 조항에서 이혼시키라고 칭하였다."는 것은, 위 조항(호27)에서 남자 집이 거짓으로 속이거나 혹은 여자 집이 거짓으로 속인 때26)에는 이혼시키라는 것을 말한다. 또 "(본래 신분으로) 바로잡는다."는 것은, 위 조항(호43.4)에서 노비가 사사로이 딸을 양인에게 시집보냈다면 (본래 신분으로) 바로잡으라는 것을 말한다. 비록 대사령이 내리더라도 (율문에서) "이혼시킨다."고 한 경우에는 여전히 이혼시키고, (율문에서) "바로잡는다."고 한 경우에는 여전히 (본래 신분으로) 바로잡는다.

[율문1b의 소] "정혼했지만 성혼되지 않은 경우도 또한 그렇다."라

---

26) 여기에서 속였다[妄冒]는 것은 약정한 본인이 아닌, 명의가 아예 다른 사람을 시집보내는 것(176, 호27)을 의미할 뿐만 아니라, 사약의 내용, 즉 혼인 대상자의 노·유, 질·잔, 양·서 등을 속인 것(176, 호26의 문답) 역시 포함된다.

는 것은, 가령 잡호가 양인과 혼인하기로 이미 정했거나(호43) 감림관이 감림하는 바의 여자에게 장가들기로(호37) 하였지만 성혼되지 않았다면 은사령이 내린 후라도 또한 이혼시키고 (본래 신분으로) 바로잡는다는 것이며, 그러므로 "정혼했지만 성혼되지 않은 경우도 또한 그렇다."고 한 것이다.

[율문2a의 소] 남자 집에서 빙재를 이미 보냈다면 이혼시키고 (본래 신분으로) 바로잡는다 하더라도 그 재물은 돌려주지 않는다.

[율문2b의 소] 만약 여자 집에서 거짓으로 속였기 때문에 이혼시키고 바로잡아야 할 경우에는 재물을 추징하여 남자 집에 되돌려준다. 무릇 (율문에서) "이혼시킨다.", "바로잡는다."고 한 경우에는 사면 후에 모두 이혼시키고 바로잡아야 한다. 명례율(명36)에, 은사령이 내려 (죄가 면제되어도) 마땅히 고쳐 바로잡아야 하는데 부장을 조사·대조할 때까지 고쳐 바로잡지 않은 경우에는 각각 본래 범한 죄에 대한 율에 따라 논한다고 하였다. 마땅히 이혼시켜야 할 남녀는 곧 사면 후에도 반드시 이혼시켜야 하는데 여전히 이혼하지 않은 경우에는 율에 그 죄에 대한 조항은 없지만 역시 "해서는 안 되는데 행한 (죄)의 무거운 쪽"(잡62.2)에 따라 장80에 해당한다. 만약 이혼하라고 판결하였는데 이혼하지 않았다면 당연히 간죄의 처벌법에 따른다.

제195조 호혼 46. 위율 혼인죄의 수범과 종범(嫁娶違律)

[律文1] 諸嫁娶違律, 祖父母、父母主婚者, 獨坐主婚. 本條稱以姦論者, 各從本法, 至死者減一等.

[律文1의 疏] 議曰:「嫁娶違律」, 謂於此篇內不許爲婚, 祖父母·父母主婚者, 爲奉尊者教命, 故獨坐主婚, 嫁娶者無罪. 假令祖父母·父母主婚, 爲子孫娶舅甥妻, 合徒一年, 唯祖父母·父母得罪, 子孫不坐.

[율문1] 무릇 혼인함에 율을 위반하였는데, 조부모·부모가 혼인을 주관한 때에는 주혼만 처벌한다. 본조에서 간(죄)로 논한다고 한 때에는 각각 본조의 처벌법에 따르되, 사죄에 이른 때에는 1등을 감한다.

[율문1의 소] 의하여 말한다: "혼인함에 율을 위반하였다."는 것은, 본 (호혼율) 편 내에서 혼인하는 것을 허락하지 않은 경우27)를 말한다. 조부모·부모가 혼인을 주관한 경우에는 존친의 교명을 받들었기 때문에 혼인을 주관한 자만을 처벌하고 혼인한 당사자는 죄가 없다. 가령 조부모·부모가 혼인을 주관하여 자·손에게 외삼촌·생질의 처를 맞아들이도록 하였다면 도1년에 해당하는데(호34.1b), 오직 조부모·부모만 죄를 받고 자·손은 처벌하지 않는다.

[律文1의 注] 本條稱以姦論者, 各從本法, 至死者減一等.

[律文1의 注의 疏] 議曰:「本條稱以姦論者」, 謂上條「緦麻以上以姦論」. 假令父與其子娶子之從母, 依雜律, 姦從母者流二千里, 强者絞. 卽父亦得流二千里, 同雜犯. 其子若自犯, 有官者仍除名. 此名「各從本法」. 至死減一等者, 若强娶從母爲妻, 或婚寡伯叔母非被出及改嫁者, 本條合死, 今減一等, 合流三千里.

---

27) 違律 혼인은 다음과 같다. ①처가 있으면서 다시 처를 얻은 것(177, 호28), ②부모 및 남편 상중에 혼인(179, 호30), ③조부모·부모의 구금 중 혼인(180, 호31), ④동성 간 혼인(182, 호33), ⑤친속의 전처와 혼인(183, 호34), ⑥도망한 부녀와의 혼인(185, 호36), ⑦감림관이 관할 내의 부녀를 함부로 처로 삼거나 왕법하여 처첩으로 삼은 것(186, 호37) ⑧다른 사람의 처·첩을 화유하여 혼인한 것(187, 호38), ⑨노가 양인을 처로 삼은 것(191, 호42), ⑩잡호·관호와 양인의 혼인(192, 호43).

[율문1의 주] 본조에서 간(죄)로 논한다고 한 때에는 각각 본조의 처벌법에 따르되, 사죄에 이른 때에는 1등을 감한다.

　[율문1의 주의 소] 의하여 말한다: "본조에서 간(죄)로 논한다고 한 때"라 함은, 위 조항(호33.1b)에서 "시마친 이상과 (혼인한 자는) 간(죄)로 논한다."고 한 것을 말한다. 가령 부가 아들에게 아들의 종모를 맞아들이도록 하였다면, 잡률(잡24)에 따르면 종모를 간한 자는 유2000리에 처하고 강간한 자는 교형에 처하므로, 곧 부 역시 유2000리의 (죄를) 얻되 잡범과 같다.[28] 단 아들이 또한 스스로 범하였다면 관이 있는 자는 그대로 제명한다. 이것이 (정)명하여 "각각 본법에 따른다."는 것이다. 사죄에 이른 때에는 1등을 감한다는 것은, 만약 종모를 강제로 맞아들이거나 혹은 과부인 백숙모가 쫓겨나거나 개가하지 않았는데 (그녀를) 맞아들인 경우에는 본조에서 사형에 해당하지만, 여기서는 1등을 감하여 유3000리에 해당한다는 것이다.[29]

[律文2a] 若期親尊長主婚者, 主婚爲首, 男女爲從.

[律文2b] 餘親主婚者, 事由主婚, 主婚爲首, 男女爲從; 事由男女, 男女爲

---

28) 父가 명해서 子가 종모를 처로 맞아들였다면, 자는 종모를 간한 것이 되어 죄는 유2000리에 해당하며(412, 잡24.1), 이는 또한 십악 가운데 내란에 해당되므로 관이 있는 자는 제명된다(명18.1). 한편 율에서 금한 혼인을 주관한 부 역시 이 조항에 따라 간죄로 논해야 한다. 그러나 姦은 자기의 신체로만 범할 수 있는 범죄이므로, 부의 행위는 간죄가 아닌 보통 범죄[雜犯]가 되며 유2000 리라는 주형만 간죄에서 차용되는데 그친다(일본역『唐律疏議』2, 309쪽, 주2).

29) 종모와 강제로 혼인하였다면 종모를 강간한 것으로 논하여 교형에 처하고 (412, 잡24.2), 백숙모와 혼인하였다면 역시 간죄로 논하여 교형에 처하며 (413, 잡25.1) 십악의 내란에 포함된다. 다만 소에서 백숙모가 '쫓겨나거나 개가하지 않았는데'라고 전제한 것은, 백숙모가 쫓겨나거나 개가한 경우는 자신과 복제 관계가 끊어져 예제상 무관한 사람이 되며, 이 경우 혼인하여도 일반 간죄[凡姦]로 간주되기 때문이다(183, 호34.3의 소).

首, 主婚爲從.

[律文2a의 疏] 議曰: 期親尊長, 次於父母, 故主婚爲首, 男女爲從.

[律文2b의 疏] 「餘親主婚者」, 餘親, 謂期親卑幼及大功以下主婚, 即各以所
由爲首, 事由主婚, 主婚爲首, 男女爲從; 事由男女, 男女爲首, 主婚爲從. 雖
以首從科之, 稱「以姦論」者, 男女各從姦法, 應除名者亦除名.

[율문2a] 만약 기친 존장이 혼인을 주관한 때에는 주혼을 수범으
로 하고, 남녀를 종범으로 한다.

[율문2b] 다른 친속이 혼인을 주관한 때에는 (율을 위반한) 사유가
주혼에게 있으면 주혼을 수범으로 하고 남녀를 종범으로 하며,
사유가 남녀에게 있으면 남녀를 수범, 주혼을 종범으로 한다.

[율문2a의 소] 의하여 말한다: 기친 존장은 부모의 바로 다음 서열
이므로 주혼을 수범으로 하고 남녀를 종범으로 한다.

[율문2b의 소] "다른 친속이 혼인을 주관한 때"에서 다른 친속이란
기친 비유 및 대공친 이하의 (친속이) 혼인을 주관한 것을 말하며,
곧 각각 그 말미암은 사람을 수범으로 하는데, (율을 위반한) 사유
가 주혼에게 있으면 주혼을 수범으로 하고 남녀를 종범으로 한다.
사유가 남녀에게 있으면 남녀를 수범으로 하고 주혼을 종범으로
한다. 비록 수범·종범으로 구분하여 죄를 준다 하더라도 (율에서)
"간(죄)로 논한다."고 한 경우 남녀는 각각 간(죄)의 법에 따르고,
제명해야 할 자 역시 제명한다.

[律文3] 其男女被逼, 若男年十八以下及在室之女, 亦主婚獨坐.

[律文3의 疏] 議曰: 「男女被逼」, 謂主婚以威若力, 男女理不自由, 雖是長男
及寡女, 亦不合得罪. 若男年十八以下及在室之女, 亦主婚獨坐, 男女勿論.

[율문3] 단 남녀가 핍박받아 (결혼했거나) 또는 남자의 나이가 18

세 이하 및 미혼 여성이라면 역시 주혼만 처벌한다.

[율문3의 소] 의하여 말한다: "남녀가 핍박받았다."는 것은 혼인을 주관한 자가 위협 또는 폭력으로 (강제하여) 남녀가 정황상 자유롭지 못했음을 말하니, 비록 장성한 남자나 과부라도 또한 죄를 받아서는 안 된다. 또는 남자의 나이가 18세 이하 및 미혼 여성이라면 역시 주혼만 처벌하고 남녀는 논하지 않는다.

[律文4] 未成者, 各減已成五等.

[律文5] 媒人, 各減首罪二等.

[律文4의 疏] 議曰:「未成者」, 謂違律爲婚, 當條合得罪, 定而未成者, 減已成五等. 假有同姓爲婚, 合徒二年, 未成, 卽杖八十, 此是名減五等.

[律文5의 疏] 其媒人猶徒一年, 未成者杖六十, 是名「各減首罪二等」. 各準當條輕重, 依律減之. 略擧同姓爲例, 餘皆倣此. 凡違律爲婚, 稱「强」者, 皆加本罪二等; 稱「以姦論」有强者, 止加一等. 媒人, 各減姦罪一等.

[율문4] 성혼되지 않은 때에는 각각 성혼된 경우의 (죄에서) 5등을 감한다.

[율문5] 중매인은 각각 수범의 죄에서 2등을 감한다.

[율문4의 소] 의하여 말한다: "성혼되지 않은 때"라는 것은, 율을 어기고 혼인하여 해당 조항의 죄를 받아야 하지만 정혼은 했으나 아직 성혼되지 않은 때를 말하며, 성혼된 죄에서 5등을 감한다. 가령 동성과 혼인하였다면 도2년에 해당하는데(호33.1a) 성혼되지 않았다면 곧 장80에 처하며, 이것이 (정)명하여 5등을 감한다는 것이다.

[율문5의 소] 그 중매인은 (성혼된 경우에는) 도1년에 처하고 성혼되지 않은 경우에는 장60에 처하니, 이것이 (정)명하여 "각각 수범의 죄에서 2등을 감한다."는 것이다. 각각 해당 조항의 경중에 준

하여 율에 따라 감한다. 대략 동성(과의 혼인)을 예로 들었으니 나머지도 모두 이에 따른다. 무릇 율을 어기고 혼인하였는데, (율에서) "강제"라고 언급한 경우에는 모두 본죄에 2등을 더하지만(직 52.1c), (율에서) "간(죄)로 논한다."라고 언급하였는데 강제한 것이 있는 경우에는 1등만을 더한다(잡22.5a). 중매인은 간죄에서 각각 1등을 감한다(잡27.3).

당률소의 권 제15 구고율 모두 28조

역주 임정운

[疏] 議曰: 廐庫律者, 漢制九章, 創加廐律. 魏以廐事散入諸篇. 晉以牧事合之, 名爲廐牧律. 自宋及梁, 復名廐律. 後魏太和年名牧産律, 至正始年復名廐牧律. 歷北齊·後周, 更無改作. 隋開皇以庫事附之, 更名廐庫律. 廐者, 鳩聚也, 馬牛之所聚; 庫者, 舍也, 兵甲財帛之所藏, 故齊魯謂庫爲舍. 戶事旣終, 廐庫爲次, 故在戶婚之下.

[소] 의하여 말한다: 구고율은 한에서 구장률을 제정할 때 처음으로 구율을 만들어 더한 것이다.[1] 위(율)에는 마구간에 관한 일이 여러 편에 분산되어 들어 있었다.[2] 진에서는 목축에 관한 일을 합하여 (편)명을 구목률이라 했다.[3] (남조) 송에서 양에 이르기까지는 다시 (편)명을 구율이라 불렀다. 북위에서는 태화 연간(477~499)에 (편)명을 목산율이라고 했다가 정시 연간(504~508)에 이르러 다시 (편)명을 구목률이라 하였다. 북제·북주를 거치면서 다시 고친 것이 없었다. 수 개황(률)에서 창고의 일을 덧붙여 구고율로 (편)명을 바꾸었다.[4] 구란 한데 모은다는 뜻이니 말과 소를 모아 두는

---

1) 이는 "한은 진의 제도를 이었는데, 소하가 율로 정하면서 삼족을 멸하는 연좌의 죄를 없애고 관리에 관한 조문을 증설했으며, 興·廐·戶에 관한 율 3편을 더하여 모두 9편이 되었다."고 기록된 『진서』(권30, 922쪽)의 기사와 일치한다. 그러나 雲夢睡虎地秦墓에서 출토된 秦律 18種 중에서 축산의 사육 및 관리와 관련된 廐苑律, 창고의 출납과 관련한 倉律이 있고 田律과 效律에도 牛馬의 사료 지급이나 관물의 점검과 관련된 조문이 보인다.

2) 위율에서는 구율을 폐지한 뒤 일부 조항을 告劾律·乏留律 등에 편입시키고 그 외 적용할 만한 조항은 郵驛令으로 삼았다(『진서』권30, 924~925쪽).

3) 진율 20편 가운데 17번째가 구율이다. 송·제의 율 편목은 대략 진과 동일하며, 양률 20편 가운데 17번째 편이 창고율, 그 다음이 구율이다. 북제율 12편 가운데 11번째가 구목률이며, 북주율 25편 가운데 18번째가 구목률이다(『당육전』권6, 181쪽 및 『역주당육전』상, 557~565쪽).

4) 수 개황률의 5번째 편명이 구고율이다. 이후 대업 3년(607)에 반포된 대업률에서는 창고율과 구목률로 다시 분할되었다(『수서』권25, 712쪽 및 716~717쪽).

곳이다. 고란 집이라는 뜻이니 병기나 갑옷·재화·포백을 저장하는
곳이다. 옛날에 제·로 지역에서는 고를 사라고 했다. 호(혼)에 관
한 사항을 마쳤으니, 구고를 다음으로 해야 한다. 그러므로 호혼의
다음에 둔다.

제196조 구고 1. 축산의 증식에 관한 죄(牧畜産死失及課不充)

[律文1] 諸牧畜産, 準所除外, 死、失及課不充者一, 牧長及牧子笞三十, 三加一等; 過杖一百, 十加一等, 罪止徒三年.

[律文2] 羊減三等. 餘條羊準此.

[律文1의 疏] 議曰: 廐牧令:「諸牧雜畜死耗者, 每年率一百頭論, 駝除七頭, 騾除六頭, 馬、牛、驢、殺羊除十, 白羊除十五. 從外蕃新來者, 馬、牛、驢、殺羊皆聽除二十, 第二年除十五; 駝除十四, 第二年除十; 騾除十二, 第二年除九; 白羊除二十五, 第二年除二十; 第三年皆與舊同.」 準率百頭以下除數, 此是年別所除之數, 不合更有死、失. 「及課不充者」, 應課者, 準令:「牝馬一百疋, 牝牛、驢各一百頭, 每年課駒、犢各六十, 騾駒減半. 馬從外蕃新來者, 課駒四十, 第二年五十, 第三年同舊課. 牝駝一百頭, 三年內課駒七十; 白羊一百口, 每年課羔七十口; 殺羊一百口, 課羔八十口.」 準此欠數者, 爲課不充. 除外死、失及課不充者一, 牧長及牧子笞三十, 三加一等, 即是欠二十二, 合杖一百; 過杖一百, 十加一等, 計欠七十二, 罪止徒三年.

[律文2의 疏]「羊減三等」, 欠三以下未有罪名, 欠四笞十, 三口加一等, 罪止徒一年半. 注云「餘條羊準此」, 餘條謂「養飼不如法」之類, 但餘條論畜罪名無羊者, 竝減馬三等, 故云「準此」.

[율문1] 무릇 방목하는 축산은, 제하는 것으로 (규정된 것) 외에 죽거나 잃어버린 것 및 부과된 (증식 수량을) 채우지 못한 것이 1두이면 목장과 목자는 태30에 처하고, 3두마다 1등을 더하며, 장100을 넘으면 10두마다 1등을 더하되 죄는 도3년에 그친다.

[율문2] 양은 3등을 감한다. 다른 조항에서 양은 이에 준한다.

[율문1의 소] 의하여 말한다: 구목령(습유702쪽)에 "무릇 목의 모든 축산 중에서 죽거나 손실되는 것5)은 매년 100두의 비율로 논하여, 낙타는 7두를 제하고, 노새는 6두를 제하며, 말·소·나귀·흑양은 10두를 제하고, 백양은 15두를 제한다. 외국에서 새로 들여 온 경우6) 말·소·나귀·흑양은 모두 (첫해에는) 20두를 제하는 것을 허용하고, 2년차에는 15두를 제한다. 낙타는 (첫해에) 14두를 제하고, 2년차에는 10두를 제한다. 노새는 (첫해에) 12두를 제하고, 2년차에는 9두를 제한다. 백양은 (첫해에) 25두를 제하고, 2년차에는 20두를 제한다. 3년차부터는 모두 기존의 깃과 같다."고 했다. 100두를 기준으로 하는 것 이하에서 제하는 수는 연도별로 제하는 수이며, 그 이상 죽거나 잃어버린 것이 있으면7) 안 된다. "부과된 (증식 수량을) 채우지 못한 것"에서 부과할 (증식 수량은) 영(구목령, 습유700쪽)에 준하면, "암말은 100필마다, 암소와 암나귀는 각각

---

5) '死耗'는 가축을 기르면서 발생하는 자연 손실 수량을 법률로 규정한 용어이다. 역병의 유행이나 서리·한파로 축산이 죽은 경우에는 이러한 減耗額을 적용하지 않으며, 늙은 말·소 역시 死耗의 범위에서 제외된다(『당육전』권17, 487쪽 및 『역주당육전』중, 542~544쪽; 『천성령역주』, 248~250쪽).

6) 『당육전』(권22, 580쪽 및 『역주당육전』하, 118쪽)에는 말·낙타·나귀·소 등을 외국에서 구입하여 들여오는 절차에 대한 규정이 있다.

7) 牧에서 관축을 잃어버린 경우 모두 100일 기한 안에 찾아야 하며, 기한이 지나도 찾지 못하면 해당 축산의 시가를 계산하여 목장과 목자가 절반씩 배상한다(『당육전』권17, 487쪽 및 『역주당육전』중, 544~545쪽; 『천성령역주』, 250~ 251쪽).

100두마다 매년 망아지·송아지를 60두씩 증식해야 하고, 새끼 노새는 반으로 줄여 (30두를 증식해야 한다). 외국에서 새로 들여온 말은 (첫해에) 망아지 40두, 2년차에는 50두를 증식해야 하며, 3년 차에는 기존의 것과 같이 증식해야 한다. 암낙타는 100두를 기준으로 3년 내에 70두의 새끼를 증식해야 한다. 백양은 100두에 매년 새끼 양 70두를 증식해야 하며, 흑양은 100두에 (매년) 새끼양 80두를 증식해야 한다." 이에 준해서 부족한 수가 부과된 (증식 수량을) 채우지 못한 것이 된다. 제하는 것 외에 죽거나 잃어버린 것 및 부과된 (증식 수량을) 채우지 못한 것이 1두이면 목장과 목자[8]는 태30에 처하고, 3두마다 1등을 더하며, 22두가 부족하면 장100에 처해야 하고, 장100을 넘으면 10두마다 1등을 더하되, 부족한 것을 계산하여 72두이면 최고형인 도3년에 처한다.

[율문2의 소] "양은 3등을 감한다."는 것은, 부족한 수가 3두 이하이면 죄의 등급이 없고, 4두가 부족하면 태10에 처하며, 3두마다 1등을 더하되, 죄는 도1년반에 그친다는 것이다. 주에서 "다른 조항에서 양은 이에 준한다."고 한 것에서 다른 조항은 "대사의 희생을

---

8) 牧長은 축산의 일정 수량을 가리키는 단위인 群을 관리하는 직책이며, 牧子는 축산을 방목하는 실무자이다. 말과 소는 모두 120두, 낙타·노새·나귀는 각각 70두, 양은 620두를 1군으로 삼는다. 목자는 1군 당 4명을 배정하며, 2명은 양인의 정, 2명은 관호·관노로 충원했다. 또 목장 15명마다 牧尉 1명을 두어 이들을 관할했다. 『당육전』(권17, 486쪽) 및 『역주당육전』중, 539~540쪽)의 기사에 따르면 목장은 6품관 이하의 자식이나 백정·잡색인 등으로 보임하고, 목위는 산관 8품 이하의 자식으로 보임하며, 문무에 따라 簡試를 거쳐 관품(資)을 수여하도록 되어 있다. 그런데 목위는 목장을 관리하는 직위로, 이들의 보임 기준이 목장보다 낮은 것은 이해하기 어렵다(『천성령역주』, 240쪽). 이와 관련해 『천성령』 구목령의 구 영문(『천성령역주』, 241~242쪽)에는 목위는 8품 이하 산관을 보임하며 목장은 6품 이하 및 훈관 3품 이하의 자식이나 백정·잡색인 등을 보임한다고 규정하고 있는데, 양자의 상하 관계를 보면 이 영문의 내용이 더 타당해 보인다.

법대로 사육하지 않은 죄"(구5) 따위를 가리키며, 다만 다른 조항에서 축산을 논한 죄명 가운데 양에 대한 (언급이) 없을 경우 모두 말에서 3등을 감한다. 그러므로 "이에 준한다."고 한 것이다.

[律文3a] 新任不滿一年而有死、失者, 總計一年之內月別應除多少, 準折爲罪;
[律文3b] 若課不充, 遊牝之時當其檢校者準數爲罪, 不當者不坐. 遊牝之後而致損落者, 坐後人.

[律文3a의 疏] 議曰:「新任不滿一年」, 謂任牧尉、牧長、牧子未滿期年而有死、失.「總計一年之內月別應除多少, 準折爲罪」, 謂若騍新從外蕃來, 當年聽除十二, 卽是月別得除一頭. 新任三月除三頭, 五月除五頭. 餘畜, 一年準當色, 應除數準新任, 月別折除分數亦準此. 若除外死、失, 皆準上文得罪.

[律文3b의 疏]「若課不充, 遊牝之時當其檢校者, 準數爲罪」, 準令:「牧馬、駝、牛、驢、羊, 牝牡常同羣. 其牝馬、驢每年三月遊牝, 應收飼者至冬收飼.」不當遊牝之時, 課雖不充, 依律不坐. 注云「遊牝之後而致損落者, 坐後人」, 謂雖不當遊牝之時檢校, 於後損落, 仍得其罪.

[율문3a] 새로 부임하여 만 1년이 되지 않는데 죽거나 잃어버린 것이 있는 경우, 1년 내의 월별로 제할 수 있는 수량의 합계를 제하고 남은 것으로 죄를 준다.
[율문3b] 만약 부과된 (증식 수량을) 채우지 못한 경우, (새로 부임한 사람이) 교배시키는 시기에 그 검교를 감당한 때에는 (부족한) 수에 준해서 죄를 주고, (검교를) 감당하지 않은 때에는 처벌하지 않는다. 교배 후에 손상되거나 낙태된 경우는 새로 부임한 사람[後人]을 처벌한다.

[율문3a의 소] 의하여 말한다: "새로 부임하여 만 1년이 되지 않았다."는 것은, 목위·목장·목자로 부임한 지 만 1년이 되지 않았다는

것9)을 말하며, (이 경우) 죽거나 잃어버린 축산이 있다면 "1년 내의 월별로 제할 수 있는 수량의 합계를 제하고 남은 것으로 죄를 준다."는 것은, 만약 노새를 외국에서 구입했다면 그 해에는 12두를 제할 수 있으니 곧 월별로 1두를 제할 수 있으며, 새로 부임하여 3개월이 되었으면 3두를 제하고, 5개월이 되었으면 5두를 제한다는 것을 말한다. 다른 축산도 해당 축산의 1년 동안 제할 수 있는 수를 기준으로 하고 새로 부임한 것에 준해서 월별로 나누어 제하는 것은 역시 이에 준한다. 만약 제할 수 있는 것 외에 죽거나 잃어버린 것은 모두 위의 조문에 준하여 죄를 받는다.

[율문3b의 소] "만약 부과된 (증식 수량을) 채우지 못한 경우, (새로 부임한 사람이) 교배시키는 시기에 그 검교10)를 감당한 때에는 (부족한) 수에 준해서 죄를 준다."고 했는데, 영(구목령, 습유700쪽)에 준하면 "목의 말·낙타·소·노새·양은 암수가 항상 같은 무리를 이루게 해야 한다. 단 암말과 암나귀는 매년 3월에 교배시키고(『예기』권 15, 571쪽), 거두어 사육해야 할 것은 겨울이 되면 거두어 사육한다." 교배할 때 (검교를) 감당하지 않았다면 부과된 (증식 수량을) 채우지 못했더라도 율에 의거하여 처벌하지 않는다. 주에 이르기를 "교배 후에 손상되거나 낙태된 경우는 새로 부임한 사람을 처벌한다."고 한 것은, 비록 교배할 때에 검교를 감당하지 않았더라도 그 후에 손상되거나 낙태되면 그대로 그 죄를 얻게 됨을 말한다.

[律文4a] 繫飼死者各加一等,

[律文4b] 失者又加二等.

---

9) 만1년이 차지 않았다는 것은 360일이 차지 않았음을 말한다(명55.2).

10) 당률에서 檢校란 일반적으로 다른 관서의 직무를 대행하는 것을 의미하지만 (명16.2의 문답), 여기서는 목축에 대한 관리·감독을 개괄적으로 지칭하는 것으로 보인다.

[律文5a] 牧尉及監各隨所管牧多少通計爲罪,

[律文5b] 仍以長官爲首, 佐職爲從. 餘官有管牧者, 亦準此.

  [律文4a의 疏] 議曰: 繫飼死者加一等罪, 謂應牧繫養之者, 收飼理不合死, 故加罪一等. 雜畜一死笞四十, 罪止流二千里.

  [律文4b의 疏] 「失者, 又加二等」, 以其繫飼不合失落, 故加二等. 稱「又」者, 明累加, 即失一杖六十, 罪止流三千里. 繫飼羊, 亦各減三等.

  [律文5a의 疏] 牧尉及監各隨所管牧尉,長, 通計爲罪. 依令: 「牧馬,牛, 皆百二十爲羣; 駝,騾,驢, 各以七十頭爲羣; 羊, 六百二十口爲羣. 羣別置牧長一人. 率十五長, 置尉一人.」 其監, 即不限尉多少. 通計之義, 已從戶婚解訖.

  [律文5b의 疏] 仍以長官爲首, 佐職爲從者, 爲羣牧事重, 委在長官. 死,失及課不充, 以監爲首, 副監及丞,簿爲從. 條言「佐職爲從」, 明主典無罪. 注云「餘官有管牧者, 亦準此」, 其牧有置監管者, 亦有隸州,縣官管者, 故云「餘官有管牧者, 亦準此」.

[율문4a] 줄로 매어 사육하는 (축산의) 경우는, 죽은 때에는 각각 1등을 더하고,

[율문4b] 잃어버린 때에는 또 2등을 더한다.

[율문5a] 목위 및 목감은 각각 관할하는 목의 다소에 연동하여 계산해서 죄를 주되,

[율문5b] 그대로 장관을 수범으로 하고 좌직을 종범으로 한다. 다른 관사가 목을 관장하는 경우 또한 이에 준한다.

  [율문4a의 소] 의하여 말한다: 줄로 매어 사육하는 (축산의) 경우는, 죽은 때에는 1등의 죄를 더한다는 것은, 줄로 매어 사육해야 하는 경우 거두어 사육하면 이치상 잘 죽지 않으므로 1등의 죄를 더한다는 것을 말한다. 각종 축산 1두가 죽었다면 태40에 처하고, 죄는 유2000리에 그친다.

[율문4b의 소] "잃어버린 때에는 또 2등을 더한다."는 것은 매어 기르면 잃어버리거나 낙태되면 안 되기 때문에 2등의 죄를 더하는 것이다. "또"라고 했으니 누계하여 더함이 분명하니, 곧 1두를 잃어버렸다면 장60에 처하되 죄는 유3000리에 그친다. 매어 기르는 양은 또한 각각 3등을 감한다.

[율문5a의 소] 목위 및 목감11)은 각각 관할하는 목위·목장(의 수)에 따라 연동해서 계산하여 처벌한다. 영(구목령, 습유699쪽)에 의하면, "목의 말과 소는 모두 120두를 한 무리로 삼고, 낙타·노새·나귀는 각각 70두를 한 무리로 삼으며, 양은 620두를 한 무리로 삼는다. 무리 별로 목장 1인을 두고, 목장 15인마다 목위 1인을 둔다." 단 목감은 목위의 수의 다소를 구분하지 않고 (둔다). '연동해서 계산한다'는 뜻은 이미 호혼율(호3.1b)에서 해석했다.12)

[율문5b의 소] 그대로 장관을 수범으로 하고 좌직을 종범으로 한다는 것은 군목의 일이 중요하여 장관에게 위임하기 때문이다. 죽거나 잃어버리거나 부과된 (증식 수량을) 채우지 못한 것은 목감을 수범으로 하고, 부감 및 승·주부를 종범으로 한다. 이 조항에서 "좌직을 종범으로 한다."고 했으므로 주전은 죄가 없음이 명확하

---

11) 牧監은 목의 장관으로 해당 목의 증식에 관한 일을 관장한다. 말 5천 필 이상의 목에는 상목감(종5품하, 장관) 1인과 부감(정6품하, 통판관) 2인, 승(정8품상, 판관) 1인, 주부(정9품하, 검구관) 1인을 두고, 3천 필 이상의 목에는 중목감(정6품하) 1인과 부감(종6품하) 1인, 승(종8품상) 1인, 주부(종9품상) 1인, 3천 필 이하의 목에는 하목감(종6품하) 1인과 부감(정7품하) 1인, 승(정9품상) 1인, 주부(종9품하) 1인을 둔다(『당육전』권17, 485~486쪽 및 『역주당육전』중, 537~539쪽).

12) '연동해서 계산한다(通計)'는 것은, 주가 1개 현만 관할하면 10구에 태30인데, 만약 주가 2개 현을 관할하면 20구에 태30, 3개 현을 관할하면 30구에 태30인 것 등을 말한다. 죄를 더하는 것을 계산할 때에도 이에 준한다(152, 호3.1b). 따라서 목감은 관할하는 목위의 다소, 목위는 목장의 다소에 따라 연동해서 계산하여 죄를 준다.

다. 주에서 "다른 관사가 목을 관장하는 경우 또한 이에 준한다."
고 했는데, 목에는 목감을 두어 관할하는 것도 있고, 또는 주·현관
의 관할에 속하는 것도 있기 때문에 "다른 관사가 목을 관장하는
경우 또한 이에 준한다."고 한 것이다.

제197조 구고 2. 축산의 검사를 부실하게 한 죄(驗畜産不實)

[律文1] 諸驗畜産不以實者, 一笞四十, 三加一等, 罪止杖一百.
[律文2] 若以故價有增減, 贓重者計所增減坐贓論, 入己者以盜論.

[律文1의 疏] 議曰: 依廐牧令:「府內官馬及傳送馬驢, 每年皆刺史·折衝·果
毅等檢揀. 其有老病不堪乘用者, 府內官馬更對州官揀定, 京兆府管內送尙書
省揀, 隨便貨賣.」檢揀者竝須以實, 不以實者, 一笞四十, 三加一等, 罪止杖
一百.

[律文2의 疏] 若以檢揀不實之故, 令價有增減者, 計增減之贓重「坐贓論」,
謂驗一不實, 增三疋一尺及減三疋一尺, 各笞五十; 每一疋加一等, 十疋徒一
年, 十疋加一等. 若因此增減之贓將入己者, 計贓以盜論, 仍徵倍贓; 監主加
二等, 一疋以上除名. 其中有增減不平之贓, 有入己·不入己者, 若一處犯, 便
是一事分爲二罪, 罪法不等, 卽以重法倂滿輕法, 須將以盜之贓累於坐贓之上
科之, 其應除·免·倍贓, 各盡本法. 若驗羊不實, 減三等; 其增減贓, 坐贓及以
盜論者, 竝各依本條, 不在「羊減三等」之例.

[율문1] 무릇 축산의 검사를 사실대로 하지 않은 자는 1두이면
태40에 처하고, 3두마다 1등을 더하되, 죄는 장100에 그친다.
[율문2] 만약 이 때문에 (축산의) 가치가 증감되었는데, (그것을

좌장의 장물로 계산한) 장(죄)가 이보다 무거운 때에는 증감된 가치를 계산해서 좌장으로 논한다. (증감된 것을) 자기에게 들인 때에는 절도로[以盜] 논한다.

[율문1의 소] 의하여 말한다: 구목령(습유709쪽)에 의거하면, "부13) 내의 관마 및 전송용의 말·나귀14)는 매년 모두 자사와 절충도위·과의도위 등이 검열해서 가려낸다. 그 중 늙고 병들어 탈 수 없는 것이 있으면, (절충)부 내의 관마는 다시 주의 관원이 지켜보는데서 가려내어 정하고, 경조부 관내의 (축산은) 상서성에 보내 가려내서 편의대로 판다." 검열하고 가려내는 자는 모두 사실대로 해야하며 사실대로 하지않은 한 자는 1두이면 태40에 처하고, 3두마다 1등을 더하되 죄는 장100에 그친다.

[율문2의 소] 만약 검열하고 가려내는 것을 부실하게 하여 (축산의) 가치에 증감이 발생한 경우, 증감된 것을 (좌장의 장물로) 계산한 장(죄)가 이보다 무거운 때에는 좌장으로 논한다. 예컨대 1두를 부실하게 검사하여 (가치가) 견 3필1척 증가되거나 감소되었다면 각각 태50에 처하고, 1필마다 1등을 더하며, 10필이면 도1년에 처하고, 10필마다 1등을 더한다. 또한 이로 인하여 증감한 장물을 자기에게

---

13) 절충도위·과의도위 등의 직임을 명시한 것으로 보아 이 영문의 부는 절충부를 의미하는 것으로 생각된다. 각 절충부 절충도위의 직임은 다섯 교위를 거느려서 숙위에 대비하고 전쟁에 나가며, 그 병기와 장비, 물자와 양식, 차출과 간점, 군사기술을 배우고 익히는 것에 관한 법령을 관장한다. 과의도위는 절충도위의 차관이다(『당육전』권25, 645쪽 및 『역주당육전』하, 242~245쪽).

14) 傳送馬·傳送驢는 각지의 역에 배치된 전송용 말·나귀이다. 역에는 모두 역장 1인을 두고, 역의 閑要에 따라 각기 75필, 60필, 45필, 30필, 18필, 12필, 8필을 두며, 지형이 험준하거나 기후가 덥고 습하여 大馬를 두기 적당하지 않은 곳에는 蜀馬를 함께 두었다(『당육전』권5, 163쪽 및 『역주당육전』상, 535~538쪽). 관인에게 역마를 지급할 때에는 銅으로 만든 龍 모양의 傳符나 紙券을 지급하여 역마를 이용하게 했으며(123, 직33.1의 소) 또한 관품과 작의 고하에 따라 지급하는 역마의 수도 규정되어 있었다(127, 직37.1의 소).

들인 자는 장물을 계산하여 절도로 논하고 그대로 배장을 징수(명
53.4)한다. 감림·주수는 2등을 더하고(적36) 1필 이상이면 제명한다
(명18.1). 그 중에 증감을 공평하게 하지 않은 장물이 있고, (그것을)
자신에게 들인 것도 있고 자신에게 들이지 않은 것도 있는 경우,
만약 한 곳에서 범했다면 곧 '한 사건이 2죄로 나누어지는 경우'(명
45.3a)가 되는데, 죄의 (처벌)법이 같지 않은 때에는 곧 무거운 처벌
법의 (장물을) 가벼운 처벌법의 (장물에) 합해서 논하므로, 반드시
절도로 (논하는) 장물을 좌장의 (장물에) 누계하여 죄를 준다. 단
제명·면관·배장해야 할 것은 각각 본조의 법을 다 적용한다. 만약
양을 검사하는데 부실하게 했다면 3등을 감하지만(구1.2), 증감한 장
물이나 좌장 및 절도로 논하는 것은 모두 본조에 따라 (처벌하고)
"양은 3등을 감한다."는 예를 적용하지 않는다.15)

제198조 구고 3. 병약한 관의 축산을 관리하지 않은 죄(養療贏病畜産不如法)

[律文1] 諸受官贏病畜産, 養療不如法笞三十;
[律文2] 以故致死者, 一笞四十, 三加一等, 罪止杖一百.

　[律文1의 疏] 議曰: 依廐牧令: 「官畜在道, 有贏病不堪前進者, 留付隨近州
　縣養飼療救, 粟草及藥官給.」 而所在官司受之, 須養療依法, 有不如法者笞

---

15) 양은 3등을 감한다는 예를 적용하지 않고 좌장(389, 잡1.1) 및 절도(336, 적35)
　　의 원래 처벌 규정에 따라 처벌한다는 의미이다. 예컨대 양 1두를 부실하게
　　검사하여 소에서 든 예와 마찬가지로 견 3필1척의 가치가 감소되었고 이 감소
　　된 가치를 자신에게 들였다면, 절도로[以盜] 논하여 그에 해당하는 장60의 형
　　으로 처벌하고 3등을 감한 태30으로 처벌하지 않는다는 의미이다.

三十.

[律文2의 疏] 「以故致死者」, 謂養療不如法而致死者, 一笞四十, 三加一等, 罪止杖一百.

[율문1] 무릇 허약하거나 병든 관의 축산을 받아서, 돌보고 치료하는 것을 법대로 하지 않았다면 태30에 처한다.

[율문2] 그 때문에 죽은 경우에는 1두이면 태40에 처하고, 3두마다 1등을 더하되, 죄는 장100에 그친다.

[율문1의 소] 의하여 말한다: 구목령(습유711쪽)에 의거하면, "관의 축산이 이동하는 도중에 허약해지거나 병들어 계속 나아갈 수 없는 것이 있으면 가까운 주·현에 맡겨 사육하거나 치료하게 하는데, (축산에게 먹일) 곡물과 풀 및 약은 관부에서 지급한다." (이 경우) 그 지역의 관사는 받아서 법에 따라 사육하고16) 치료해야 하며, 법대로 하지 않은 자는 태30에 처한다.

[율문2의 소] "그 때문에 죽은 경우"란 축산을 맡아 사육하고 치료하는데 법대로 하지 않아 죽은 경우를 말하며, 1두이면 태40에 처하고, 3두마다 1등을 더하되, 죄는 장100에 그친다.

---

16) 가축에게 하루에 지급하는 건초와 생초, 곡물 및 소금은 가축의 종류에 따라 그 양이 규정되어 있으며(『당육전』권17, 484쪽 및 『역주당육전』중, 530~532쪽), 이를 어기면 '법대로 사육하지 않은 것'이 된다.

제199조 구고 4. 관축을 타는데 한도 이상의 사물을 실은 죄(乘官畜車私馱載)

[律文1] **諸應乘官馬、牛、駝、騾、驢，私馱物不得過十斤，違者一斤笞十，十斤加一等，罪止杖八十;**

[律文1의 疏] 議曰: 應乘官馬、牛、駝、騾、驢者，謂因公得乘傳遞，或是軍行. 但因公事而得乘官畜者，私馱物不得過十斤. 十斤之外更著者，一斤笞十，十斤加一等，罪止杖八十.

[율문1] 무릇 관의 말·소·낙타·노새·나귀를 탈 수 있더라도, 사적으로 싣는 물건은 10근을 넘을 수 없다. 위반한 자는 1근이면 태10에 처하고, 10근마다 1등을 더하되, 죄는 장80에 그친다.

[율문1의 소] 의하여 말한다: 관의 말·소·낙타·노새·나귀를 탈 수 있다는 것은 공무로 인해 전마를 탈 수 있거나 혹은 군대가 이동할 때 (탈 수 있다는 것을) 말한다. 단 공적인 일로 관의 축산을 타는 경우에도 사적으로 싣는 물건은 10근을 넘을 수 없다. 10근 외에 더 실은 자는 1근이면 태10에 처하고, 10근마다 1등을 더하되, 죄는 장80에 그친다.

[律文2] **其乘車者不得過三十斤，違者五斤笞十，二十斤加一等，罪止徒一年.**
[律文3] **卽從軍征討者，各加二等.**

[律文2의 疏] 議曰: 應乘官車或載官私之物，載限之外，私物不得過三十斤. 違者五斤笞十，二十斤加一等，罪止徒一年.

[律文3의 疏] 「從軍征討者，各加二等」，馬、牛以下，車以上，各加常犯二等: 馬、牛、駝、騾、驢七十一斤罪止杖一百，車二百五斤罪止徒二年.

[율문2] 단 (관의) 수레를 타는 경우는 30근을 넘을 수 없으며, 위반한 자는 5근이면 태10에 처하고, 20근마다 1등을 더하되, 죄는 도1년에 그친다.

[율문3] 만약 종군하여 정토할 경우에는 각각 2등을 더한다.

[율문2의 소] 의하여 말한다: 관의 수레를 탈 때 관이나 사인의 물품을 싣더라도, 실을 수 있는 한도 외에 사인 물품은 30근을 넘을 수 없다. 위반한 자는 5근이면 태10에 처하고, 20근마다 1등을 더하되, 죄는 도1년에 그친다.

[율문3의 소] "종군하여 정토할 경우에는 각각 2등을 더한다."고 했으므로 "말·소"(의 조문) 이하 "수레"(의 조문) 이상까지, 각각 평상시 범한 바에서 2등을 더하여, 말·소·낙타·노새·나귀에 71근의 (사인의 물품을 실었으면) 최고형인 장100에 처하고, 수레에 205근의 (사인의 물품을 실었으면) 최고형인 도2년에 처한다.

[律文4] 若數人共馱載者, 各從其限爲坐.

[律文5] 監當主司知而聽者, 併計所知, 同私馱載法.

[律文4의 疏] 議曰:「若數人共馱載者」, 謂乘官畜及車. 應得私載物限外, 謂畜過十斤, 車過三十斤. 假有十人, 同乘官畜, 馱私物各十斤, 其中五人數外各過一斤, 依律各笞十; 三人各過十一斤, 各笞二十; 二人各過八兩, 律云「過一斤笞十」, 今數不滿一斤, 依律各無罪. 又有十人同車, 載私物各三十斤, 其中五人數外各過五斤, 依律各笞十; 三人各過二十五斤, 各笞二十; 二人各過二斤八兩, 依律數不滿, 各無罪.

[律文5의 疏] 其監當主司知情者, 併計前畜總過三十九斤, 同「私馱」法科, 合笞四十; 車總過一百五斤, 同「私載」法, 合杖六十之類. 若從軍征討, 亦依前各加二等. 其有他人寄物, 各計一斤以上爲罪, 皆同私馱·載法. 主當車馬及寄物之人得罪各等, 亦無首從. 監當官司知情, 準上解. 若隨身衣仗應將行者,

各在私物斤數之外，不在計限.

[율문4] 만약 여러 사람이 함께 (물품을) 실은 경우, 각각 그 실을 수 있는 한도에 따라 처벌한다.

[율문5] 감독하는 주사가 (이를) 알면서도 허용한 경우에는, 알고 있는 것을 합계하여 사적으로 (물건을) 실은 것과 같은 법으로 처벌한다.

[율문4의 소] 의하여 말한다: "만약 여러 사람이 함께 (물품을) 실은 경우"란 관의 축산이나 수레를 탄 경우를 말한다. 사적으로 실을 수 있는 물품의 한도 외란, 축산이면 (1인마다) 10근, 수레이면 30근을 초과했음을 말한다. 가령 10인이 관의 축산에 함께 탄 경우, 사적으로 실을 수 있는 물품은 각각 10근인데, 그 중 5인이 규정된 수량 이외에 각각 1근을 초과했다면 율문에 따라 각각 태10에 처한다. 3인이 각각 11근을 초과했다면 각각 태20에 처한다. 2인이 각각 8냥을 초과했다면, 율에 "1근을 초과하면 태10에 처한다."고 했는데, 지금의 수는 1근에 차지 않았으므로 율(명56.3)에 따라 각각 죄가 없다. 또 10인이 수레를 함께 탄 경우 실을 수 있는 사인 물품은 각각 30근인데, 그 중 5인이 규정된 수량 이외에 각각 5근을 초과했다면 율에 따라 각각 태10에 처한다. 3인이 각각 25근을 초과했으면 각각 태20에 처한다. 2인이 각각 2근 8냥을 초과했다면 율에 따라 규정한 수량에 차지 않으므로 모두 죄가 없다.

[율문5의 소] 감독을 맡은 주사가 이를 안 경우에는 앞서 예로 들었던 축산에 (실은 것을) 총계하여 모두 39근을 초과했다면 사적으로 실은 것과 같은 법으로 죄를 주어 태40에 해당하고, 수레일 경우 총 105근을 초과했다면 사적으로 실은 것과 같은 법에 의거하여 장60에 처해야 하는 것 따위이다. 만약 정토에 종군하는 경우라면 또

한 앞의 조문에 따라 각각 2등을 더한다. 단 타인이 맡긴 물건이 있다면, 각각 계산하여 1근 이상이면 죄를 주며 모두 사적으로 실은 것과 같은 법으로 (처벌한다). 수레와 말을 주관하는 관사나 물건을 맡긴 자는 죄를 받는 것이 모두 같고, 역시 수범·종범의 구분이 없다. 감독을 맡은 관사가 정을 안 경우에는 위 해석에 따른다. 만약 의복·무기 등 가져가야 할 물품이라면 각각 사적인 물건의 중량 외로 하고, 규정된 중량의 한도 안에 포함시키지 않는다(직39.1).

제200조 구고 5. 대사의 희생을 법대로 사육하지 않은 죄(養飼大祀犧牲不如法)

[律文] 諸供大祀犧牲養飼不如法, 致有瘦損者, 一杖六十, 一加一等, 罪止杖一百; 以故致死者, 加一等.

[律文의 疏] 議曰: 供大祀犧牲用犢, 人帝配之卽加羊豕. 其養牲, 大祀在滌九旬, 中祀三旬, 小祀一旬, 養飼令肥, 不得捶撲, 違者是「不如法」. 致有瘦損者, 一杖六十, 一加一等, 五不如法罪止杖一百. 以故致死者, 加罪一等: 一死杖七十, 五死徒一年. 其羊豕雖供人帝, 爲配大祀, 故得罪與牛皆同. 職制律:「中、小祀遞減二等, 餘條中、小祀準此.」 卽中祀養牲不如法各減大祀二等, 小祀不如法又減中祀二等.

[율문] 무릇 대사에 바칠 희생의 사육을 법대로 하지 않음으로써 수척하게 하거나 손상한 자는 1두이면 장60에 처하고, 1두마다 1등을 더하되, 죄는 장100에 그친다. 이 때문에 죽은 경우에는 1등을 더한다.

[율문의 소] 의하여 말한다: 대사[17]에 바치는 희생은 송아지를 사용하며, 선대의 황제[人帝][18]가 배향된 경우에는 양과 돼지를 더한다.[19] 단 희생을 사육할 경우, 대사(용)은 척궁에서 90일, 중사(용)은 30일, 소사(용)은 10일 동안 살찌도록 사육하되 매질해서는 안 된다.[20] (이를) 위반한 것이 "법대로 하지 않은 것"이다. (그 때문에) 마르거나 손상된 경우에는 1두이면 장60에 처하고, 1두마다 1등을 더하되, 5두를 법대로 하지 않았으면 최고형인 장100에 처한다. 이 때문에 죽은 때에는 죄 1등을 더하여, 1두가 죽었다면 장70에 처하고, 5두가 죽었다면 도1년에 처한다. 양과 돼지는 비록 선대의 황제에게 바치는 것이라 하더라도 대사에 배향되는 것이므로 죄를 받는 것은 소와 모두 같다. 직제율(직8.4)에 "중사·소사는 차례로 2등씩 감한다. 다른 조항에서 중사·소사는 이에 준한다."고 했으니, 곧 중사에 사용할 희생의 사육을 법대로 하지 않았다면 각

---

17) 大祀는 호천상제·오방제·황지기·신주·종묘에 지내는 제사이다. 이 외에 일·월·성·신·사직·선대제왕·악·진·해·독·제사·선잠·공선부·제태공·제태자묘에 지내는 제사인 中祀와 사중·사명·풍사·우사·중성·산림·천택·오룡사 등에 지내는 제사인 小祀가 있다(『당육전』권4, 120쪽 및 『역주당육전』상, 431쪽; 『당령습유』, 159쪽).

18) '人帝'는 전설상의 제왕인 태호·염제·황제·소호·전욱과 대제사에 배향된 당의 선대 황제를 가리킨다. 고조 무덕 연간에는 景皇帝(李虎)와 元皇帝(李昞)를 배향했다가 고종 영휘 연간에 처음으로 고조와 태종을 배향했으며, 이후 고종도 배향되었으나 개원 연간에 고조·태종·예종을 배향하도록 했다. 개원 당시의 규정에 따르면 동지와 정월에 호천상제에게 지내는 제사에 고조를 배향하고, 맹하의 달에 호천상제에게 지내는 제사에 태종을 배향하고, 계추의 달에 호천상제에게 지내는 제사에 예종을 배향하며, 하지에 황지기에 지내는 제사에 고조를 배향하고, 입동에 신주에 지내는 제사에 태종을 배향했다(『구당서』권21, 820~834쪽).

19) 『당육전』권14, 414쪽 및 『역주당육전』중, 420~421쪽.

20) 이는 태상시 늠희령의 직장이다(『당육전』권14, 414쪽 및 『역주당육전』중, 420~421쪽). 滌은 고대의 희생을 사육하던 장소이다(『춘추공양전주소』권15, 377쪽).

각 대사에서 2등을 감하고, 소사의 (희생의 사육을) 법대로 하지
않았다면 다시 중사에서 2등을 감한다.

제201조 구고 6. 관의 축산을 상해하거나 수척하게 한 죄(乘駕官畜脊破領穿)

[律文1] 諸乘駕官畜産而脊破領穿, 瘡三寸, 笞二十; 五寸以上, 笞五十.
謂圍繞爲寸者.

[律文1의 疏] 議曰:「乘駕官畜産」, 謂牛·馬·駝·騾·驢. 乘騎者脊破, 駕用者
領穿, 瘡三寸, 笞二十; 五寸以上, 笞五十. 稱「以上」者, 瘡雖更大, 罪亦不
加. 若是別傷, 非乘駕所損, 自從「傷官畜産」之罪, 不當此坐. 注云「謂圍繞
爲寸者」, 便是瘡圍三寸, 徑一寸; 圍五寸一分, 徑一寸七分. 雖或方圓準此爲
法, 但廉隅不定, 皆以圍繞爲寸.

[율문1] 무릇 관의 축산을 타거나 부리다가 등·목에 상처를 냈는
데, 상처의 크기가 3촌이면 태20에 처하고, 5촌 이상이면 태50
에 처한다. 상처의 둘레를 촌으로 계산한다는 것을 말한다.

[율문1의 소] 의하여 말한다: "관의 축산을 타거나 부린다."는 것은,
소·말·낙타·노새·나귀를 (타거나 부리는 것을) 말한다. 타는 자가
등에 상처를 내거나, 수레를 끄는 자가 목에 상처를 낸 경우, 상처
의 크기가 3촌이면 태20에 처하고 5촌 이상이면 태50에 처한다.
"이상"이라 했으니 상처가 더 크더라도 죄를 더하지는 않는다. 만
약 타거나 수레를 끌다가 입힌 상해가 아니라 별도로 상해한 경우
에는 당연히 "관의 축산을 상해한 경우"(구8.1a)의 죄에 따르며, 이

조항으로 처벌해서는 안 된다. 주에서 "상처의 둘레를 촌으로 계산한다는 것을 말한다."라고 했으니, 곧 상처의 둘레가 3촌이면 지름이 1촌에 해당하고 둘레가 5촌 1분이면 지름이 1촌 7분이다. 비록 (상처가) 네모지거나 둥글더라도 이에 준하여 규정으로 삼으니, 상처의 가장자리가 일정치 않더라도 모두 상처의 둘레를 촌으로 (측정)한다.

[律文2a] 若放飼瘦者, 計十分爲坐; 一分笞二十, 一分加一等;

[律文2b] 卽不滿十者, 一笞三十, 一加一等.

[律文2c] 各罪止杖一百.

[律文2a의 疏] 議曰: 若將官畜放飼, 謂牧監之官及牧子以上令瘦者, 計十分爲坐. 假令一羣百疋馬, 十疋瘦爲一分, 合笞二十; 一分加一等, 九分竝瘦, 或百疋皆瘦, 合杖一百.

[律文2b의 疏] 「卽不滿十者, 一笞三十, 一加一等」, 謂止放八疋, 一瘦笞三十; 八疋竝瘦, 更加七等, 合杖一百.

[律文2c의 疏] 故云「各罪止杖一百」. 監及牧尉, 皆以所管通計爲罪. 餘雜畜準數得罪皆準此, 羊準例減三等.

[율문2a] 만약 (축산을) 방목하여 사육하다가 수척하게 한 자는 10분으로 계산하여 처벌하는데, 1/10이면 태20에 처하고, 1/10마다 1등을 더한다.

[율문2b] 만약 (축산의 수가) 10두에 차지 않은 경우, 1두를 (수척하게 했다면) 태30에 처하고, 1두마다 1등을 더한다.

[율문2c] 각각 죄는 장100에 그친다.

[율문2a의 소] 의하여 말한다: 만약 관의 축산을 방목하여 사육하는데, 목감의 관 및 목자 이상21)이 (축산을) 수척하게 한 경우 10분

으로 계산해서 처벌함을 말한다. 가령 1무리 100두의 말이 있는데, 그 가운데 10두가 수척해졌으면 1분이 되고 태20에 해당한다. 1/10마다 1등을 더하여, 9/10가 모두 수척해졌거나 혹은 100두가 모두 수척해졌으면 장100에 해당한다.

[율문2b의 소] "만약 (축산의 수가) 10두에 차지 않은 경우, 1두를 (수척하게 했다면) 태30에 처하고, 1두마다 1등을 더한다."는 것은 다만 8두를 방목한 경우, 1두가 수척해졌으면 태30에 처하고, 8두가 모두 수척해졌으면 다시 7등을 더해 장100에 해당한다는 것을 말한다.

[율문2c의 소] 그러므로 "각각 죄는 장100에 그친다."라고 한 것이다. 목감 및 목위는 모두 관할하는 축산을 연동해서 계산하여(호 3.1b) 죄를 준다. 다른 잡다한 축산도 수에 따라 죄를 받는 것은 모두 이에 준하되, 양은 예(구1.2)에 준하여 3등을 감한다.

제202조 구고 7. 타고 부릴 관마를 조련하지 않은 죄(官馬不調習)

[律文] 諸官馬乘用不調習者, 一疋笞二十, 五疋加一等, 罪止杖一百.

[律文의 疏] 議曰: 依太僕式: 「在牧馬二歲卽令調習. 每一尉配調習馬人十人, 分爲五番上下, 每年三月一日上, 四月三十日下.」 又令云: 「殿中省尙乘每配習馭調馬, 東宮配翼馭調馬. 其檢行牧馬之官聽乘官馬, 卽令調習.」 故 「官馬乘用不調習者, 一疋笞二十, 五疋加一等」, 卽是四十一疋, 罪止杖一

---

21) 목감의 관이란 유내관인 목감·부감·승·주부를, 목자 이상이란 목위·목장·목자를 가리킨다(『당육전』권17, 486쪽 및 『역주당육전』중, 537~540쪽).

百. 上臺,東宮供御馬不調習, 得罪重於此條, 卽從職制律「車馬不調習」本條科罪.

[율문] 무릇 관마를 타거나 부려야 하는데 조련되지 않은 경우 1
필이면 태20에 처하고, 5필마다 1등을 더하되, 죄는 장100에 그
친다.

[율문의 소] 의하여 말한다: 태복식22)에 의거하면, "목의 말은 생후
2년이 되면 조련한다. 목위 1인마다 조련하는 사람 10인을 배치하
고, 5번으로 나누어 근무하게 하는데, 매년 3월 1일에 상번하고 4
월 30일에 하번한다." 또 영(구목령, 습유708쪽)에 이르기를 "전중성
상승국에는 매년 습어를 배치하여 말을 조련하고,23) 동궁에는 익
어를 두어 말을 조련한다.24) 단 목의 말을 검열하는 관사가 관마
를 타는 것을 허락하면 비로소 조련한다."고 하였다. 그러므로 "관
마를 타거나 부려야 하는데 조련되지 않은 경우 1필이면 태20에
처하고, 5필마다 1등을 더하며," 만약 41필이면 최고형인 장100이
다. 황제와 동궁에 바치는 어마가 조련되지 않아서 죄를 받는 것
은 이 조항보다 무거워야 하니, 곧 직제율의 "수레와 말을 조련하
지 않은 경우"의 본조(직15.3)에 따라 죄를 준다.25)

---

22) 당대에는 33편의 식이 있었다. 태복식의 구체적인 내용은 전하지 않으나 황
제가 사용하는 御馬나 雜畜 관리 등에 대한 시행세칙일 것으로 보인다.

23) 전중성 상승국의 편제는 대략 다음과 같다. 봉어(종5품상) 2인, 직장(정7품하)
10인, 봉승(정9품하) 18인, 습어 500인, 장한 5,000인, 진마(정7품하) 6인, 사고
(정9품하) 1인, 사름(정9품하) 2인, 전사 5인, 수의 70인(『당육전』권11, 330쪽
및 『역주당육전』중, 219~222쪽).

24) 익어는 태자관부인 구목서 소속이다. 구목서의 편제는 역시 사료에 따라 차
이가 있으나 대략 다음과 같다. 영(종8품하) 1인, 승(종9품하) 2인, 부 3인,
사 6인, 익어 10인, 가사 15인, 장한 600인, 수의 10인, 주락 30인(『신당서』
권49상, 1299쪽).

25) 어마를 조련하지 않은 자는 도2년에 처하고(105, 직15.3), 동궁의 어마를

제203조 구고 8. 고의로 관이나 사인의 말·소를 도살한 죄(故殺官私馬牛)

[律文1a] **諸故殺官私馬牛者, 徒一年半;**

[律文1b] **贓重及殺餘畜産若傷者, 計減價準盜論.**

[律文1c] **各償所減價,**

[律文1d] **價不減者笞三十.** 見血跛跌卽爲傷. 若傷重五日內致死者, 從殺罪.

  [律文1a의 疏] 議曰: 官私馬牛, 爲用處重: 牛爲耕稼之本, 馬卽致遠供軍, 故殺者徒一年半.

  [律文1b의 疏]「贓重」, 謂計贓得罪, 重於一年半徒. 假有殺馬, 直十五疋絹, 準盜合徒二年, 此名「贓重」.「及殺餘畜産」, 除馬牛之外竝爲餘畜.「若傷」, 謂雖不死而有損傷. 自馬牛及餘畜, 各計所減價準盜論.

  [律文1c의 疏]「減價」, 謂畜産直絹十疋, 殺訖唯直絹兩疋, 卽減八疋價; 或傷止直九疋, 是減一疋價. 殺減八疋償八疋, 傷減一疋償一疋之類, 其罪各準盜八疋及一疋而斷.

  [律文1d의 疏]「價不減者」, 謂元直絹十疋, 雖有殺傷, 評價不減, 仍直十疋, 止得笞三十罪, 無所陪償. 注云「見血跛跌卽爲傷」, 見血, 不限傷處多少, 但見血卽坐; 跛跌, 謂雖不見血, 骨節差跌亦卽爲傷.「若傷重」, 謂所傷處重, 五日內致死者, 亦從殺罪及償減價.

[율문1a] 무릇 고의로 관이나 사인의 말·소를 도살한 자는 도1년 반에 처한다.

[율문1b] 장죄가 무겁거나 다른 축산을 도살하거나 또는 상해한 경우에는 감손된 가치를 계산해서 절도에 준하여 논하고,

    조련하지 않은 자는 1등을 감하여(명51.3) 도1년반에 처한다.

[율문1c] 각각 감손된 가치를 배상하게 하며,

[율문1d] 가치가 감손되지 않은 경우에는 태30에 처한다. 피가 보이거나 절름거리면 상해한 것으로 간주한다. 만약 상해가 무거워 5일 안에 죽은 경우에는 도살한 죄에 따른다.

[율문1a의 소] 의하여 말한다: 관이나 사인의 말·소는 그 쓰임이 중하다. 소는 농사의 기본이 되고 말은 먼 길을 가고 군사에 공급되므로, 고의로 도살한 자는 도1년반에 처한다.

[율문1b의 소] "장죄가 무겁다."는 것은, (말·소를 도살하여 감손된 가치를 절도의) 장물로 계산하여 받는 죄가 도1년반보다 무거운 경우를 말한다. 가령 말을 도살하였는데 그 가치가 견 15필이었다면, 절도에 준하여[準盜] (논하면) 도2년에 해당하므로(적35.2) 이것이 (정)명하여 "장죄가 무겁다."는 것이다. "다른 축산을 도살하였다."는 것은 말과 소를 제외하고는 모두 다른 축산이 된다. "상해하였다."는 것은 비록 죽지는 않았으나 손상된 바가 있음을 말하며, 말·소 및 다른 축산은 각각 감손된 가치를 계산해서 절도에 준하여 논한다.

[율문1c의 소] "감손된 가치"라 함은 축산의 가치가 견 10필이었는데 도살한 뒤의 가치가 견 2필뿐이라면 곧 8필의 가치가 감손된 것이고, 혹 상해해서 그 가치가 견 9필이 되었다면 이것은 1필의 가치가 감손된 것임을 말한다. 축산을 도살하여 8필의 가치가 감손되었다면 8필을 배상케 하고, 상해해서 1필이 감손되었다면 1필을 배상케 하는 따위의 죄는 각각 8필 및 1필의 절도에 준하여 단죄한다.

[율문1d의 소] "가치가 감손되지 않은 경우"라 함은 원래 가치가 견 10필이었는데 비록 살상했더라도 가치가 감손되지 않고 그대로 10필인 경우를 말하며, 이러한 경우에는 태30의 죄만 얻고 배상하지

않는다. 주에서 "피가 보이거나 절름거리면 상해한 것으로 간주한다."고 했는데, 피가 보인다는 것은 상처의 크기에 관계없이 피가 보이면 처벌한다는 것이고, 절름거린다는 것은 피는 보이지 않아도 뼈마디가 어긋났다면 또한 상해한 것으로 간주한다는 것을 말한다. "상해가 무겁다."라 함은 상해한 것이 심함을 말하며, 5일 안에 죽으면 역시 도살한 죄를 적용하고 감손된 가치를 배상하게 한다.

[律文2] 其誤殺傷者不坐, 但償其減價.

[律文3] 主自殺馬牛者, 徒一年.

[律文2의 疏] 議曰:「誤殺傷者」, 謂目所不見, 心所不意, 或非繫放畜産之所而誤傷殺, 或欲殺猛獸而殺傷畜産者, 不坐, 但償其減價.「減價」同上解.

[律文3의 疏] 主自殺馬牛徒一年, 誤殺者不坐.

[율문2] 단 착오로 살상한 때에는 처벌하지 않고, 다만 그 감손된 가치만을 배상하게 한다.

[율문3] 주인이 자신의 말이나 소를 도살한 때에는 도1년에 처한다.

[율문2의 소] 의하여 말한다: "착오로 살상한 경우"라 함은, 눈으로 미처 보지 못했거나 마음으로 미처 의식하지 못해서 축산을 매어 두거나 방목하는 장소가 아닌 곳에서 착오로 살상한 경우나 혹은 맹수를 죽이려다 축산을 살상한 경우를 말하며, (이러한 경우에는) 처벌하지 않고 다만 그 감손된 가치를 배상하게 한다. "감손된 가치"란 위의 해석과 같다.

[율문3의 소] 주인이 자신의 말이나 소를 도살하였다면 도1년에 처하고 착오로 죽였다면 처벌하지 않는다.

제204조 구고 9. 관·사의 축산이 관·사의 물건을 훼손하거나 먹기 때문에 도살한 죄(官私畜毀食官私物)

[律文1a] 諸官私畜産毀食官私之物, 登時殺傷者, 各減故殺傷三等, 償所減價;

[律文1b] 畜主備所毀. 臨時專制亦爲主. 餘條準此.

[律文1의 疏] 議曰: 畜産不限官私. 或毀食官私之物者, 毀謂有所唐突, 或觝踦之類. 因其毀食, 物主登時卽殺傷者, 各減前條「故殺傷」罪三等: 若殺馬牛, 杖九十; 其傷馬牛及殺傷餘畜産, 各計所減價, 計贓準盜論減三等. 如所殺馬牛準所減價當絹十五疋者, 徒二年上減三等, 合杖一百, 如此計贓得罪重卽從重論. 仍各償所減價, 畜主備所毀. 假有一牛直上絹五疋, 毀食人物平直上絹兩疋, 其物主登時殺傷此牛, 出賣直絹三疋, 計減二疋, 牛主償所損食絹二疋, 物主酬所減牛價絹亦二疋之類. 注云「臨時專制亦爲主」, 假如甲有馬牛, 借乙乘用, 有所毀食, 卽乙合當罪, 仍令備償. 「餘條準此」, 謂下條「犬殺傷他人畜産」及「畜産觝蹹人而應標幟羈絆」之類, 雖非正主, 皆罪在專制之人.

[율문1a] 무릇 관·사의 축산이 관·사의 물품을 훼손하거나 먹기 때문에 그 즉시[登時] 축산을 살상한 자는 각각 고의로 살상한 (죄)에서 3등을 감하고, 감손된 가치를 배상하게 하며,

[율문1b] 축산의 주인은 훼손한 바를 배상하게 한다. 임시로 도맡아 부린 자도 주인으로 간주한다. 다른 조항도 이에 준한다.

[율문1의 소] 의하여 말한다: 축산은 관이나 사인의 (소유를) 구분하지 않는다. 관·사의 물품을 훼손하거나 먹었다는 것에서 훼손이란 들이받거나 차고 밟는 따위를 말한다. 축산이 물품을 훼손하거나 먹었기 때문에 물품의 주인이 그 즉시 살상했다면, 각각 앞 조항의

"고의로 살상한" 죄(구8.1a)에서 3등을 감한다. (따라서) 만약 그 말이나 소를 도살했다면 장90에 처하고, 말이나 소를 상해하거나 그 외의 축산을 도살했다면 각각 감손된 가치를 계산하며, 장물을 계산하여 절도에 준하여 논하되 3등을 감한다. 만약 도살한 말이나 소의 감손된 가치가 견 15필에 상당하면 도2년에서 3등을 감하여 장100에 해당한다. 이와 같이 (감손된 가치를 절도의) 장물로 계산하여 받는 죄가 (살상한 죄보다) 무거우면 곧 무거운 바에 따라 논하고 그대로 각각 감손된 가치를 계산하여 배상하게 하며, 축산의 주인은 훼손시킨 가치를 배상하게 한다. 가령 (도살한) 소 1 필의 가치가 상견 5필이고, (그 소가) 다른 사람의 물품을 먹거나 훼손시킨 것을 평가하면 상견 2필인데, 물품 주인이 그 즉시 소를 살상하고, 그 소를 팔아서 견 3필의 값을 받았다면 2필이 감손된 것이다. 이 경우 소 주인은 축산이 훼손하거나 먹어버린 물품의 값 견 2필을 배상해야 하고, 물품의 주인은 감손시킨 소의 가치 견 2필을 갚아야 하는 것 따위이다. 주에서 "임시로 도맡아 부린 자도 주인으로 간주한다."고 했는데, 가령 갑이 말이나 소를 가지고 있다가 을에게 타도록 빌려주었는데, (그 말이나 소가) 남의 물품을 훼손하거나 먹은 일이 있다면 곧 (을이) 마땅히 그 죄를 받아야 하므로 (을로) 하여금 배상하게 한다. "다른 조항도 이에 준한다."는 것은, 아래 조항의 "개가 타인의 축산을 살상한 경우"(구11.1a), 또는 "축산이 사람을 (뿔로) 들이받거나 물었다면 표시해 두고 매어 두어야 하는 경우"(구12.1) 등에서 비록 원주인은 아니라 해도 모두 죄는 그 당시 (축산을) 도맡아서 부리고 있던 사람에게 있음을 말한다.

[律文2] **其畜産欲觝齧人而殺傷者，不坐、不償.** 亦謂登時殺傷者. 卽絕時，皆爲故殺傷.

[律文2의 疏] 議曰: 其畜産有觝齧人者, 若其欲來觝齧人當卽殺傷, 不坐,不償. 故注云「亦謂登時殺傷者」. 其事絶之後然始殺傷者, 皆依故殺傷之法, 仍償減價. 畜主亦依法得罪.

[율문2] 단 축산이 사람을 들이받거나 물려고 하기 때문에 살상한 자는 처벌하지 않으며 배상하지도 않는다. 역시 그 즉시 살상한 경우를 말한다. 만약 (상황이) 끝난 뒤라면 모두 고의로 살상한 것으로 간주한다.

[율문2의 소] 의하여 말한다: 단 축산이 사람을 들이받았거나 문 적이 있는데, 만약 그 축산이 다가와서 사람을 들이받거나 물려고 하여 즉시 살상한 경우는 처벌하지 않으며 배상하지도 않는다. 그러므로 주에서 "역시 그 즉시 살상한 경우를 말한다."고 한 것이다. 그러나 일이 끝난 뒤에 살상한 경우에는 모두 고의로 살상한 법에 따르므로 그대로 그 감손된 가치를 배상하여야 한다. 축산의 주인도 또한 법에 따라 죄를 받는다.

제205조 구고 10. 시마 이상 친속의 말이나 소를 도살한 죄(殺親屬馬牛)

[律文1] 諸殺緦麻以上親馬牛者, 與主自殺同.

[律文2] 殺餘畜者坐贓論, 罪止杖一百.

[律文3] 各償其減價.

[律文1의 疏] 議曰:「緦麻以上」, 謂內外有服者. 相殺馬牛, 得罪「與主自殺同」, 合徒一年.

[律文2의 疏] 殺餘畜者, 準減價坐贓論, 罪止杖一百.

[律文3의 疏] 準此律文, 緦麻以上傷畜産者不合得罪, 若因傷重五日內致死, 依上條亦同殺法. 並償所減價.

[율문1] 무릇 시마 이상 친속의 말이나 소를 도살한 것은 주인이 스스로 도살한 것과 같다.

[율문2] 다른 축산을 도살한 경우는 좌장으로 논하되 죄는 장100에 그친다.

[율문3] 각각 그 감손된 가치를 배상하게 한다.

[율문1의 소] 의하여 말한다: "시마 이상"이란 내외의 친속 중에 복이 있는 자를 말한다. (친속이) 서로의 말이나 소를 도살하면 죄를 얻는 것이 "주인이 스스로 도살한 것과 같으니" 도1년에 해당한다(구8.3).

[율문2의 소] 다른 축산을 도살한 경우에는 감손된 가치에 준해서 좌장(잡1.1)으로 논하되, 죄는 장100에 그친다.

[율문3의 소] 이 율문에 준하면 시마 이상 친속의 축산을 상해했다면 죄를 받지 않으며,[26] 만약 상해가 무거워 5일 안에 죽었다면 위의 조항(구8.1a)에 따라 역시 도살한 것과 같은 법에 의거하고,[27] 아울러 감손된 가치를 배상하게 한다.

[律文3의 問] 曰: 誤殺及故傷緦麻以上親畜産, 律無罪名, 未知合償減價以否?

---

26) 이 율문이란 율문1을 가리킨다. 율문1에는 축산을 죽인 경우만 명시하고 상해는 언급하지 않았다. 그러므로 죄가 없다는 뜻이다. 이는 아래 문답에 상세히 설명되어 있다.

27) 다른 사람을 구타하거나 상해를 입혔을 때 각각 일정 기한을 정하여 그 기한 내에 나타난 결과를 기반으로 살인죄 또는 상해죄를 결정하는데 이를 보고保辜라고 한다. 예컨대, 손발로 사람을 구타한 것은 상해했든지 상해하지 않았든지 기한은 10일이며, 만약 타물로 구타하여 상해한 것은 기한을 20일로 두는 것 등이다(307, 투6.1).

[律文3의 答] 曰: 律云:「殺緦麻以上親馬牛者, 與主自殺同」. 主傷馬牛及以誤殺, 律條無罪; 諸親與主同, 明各不坐. 不坐, 卽無備償, 準例可知. 況律條無文, 卽非償限. 牛馬猶故不償, 餘畜不償可知.

[율문3의 문] 묻습니다: 시마 이상 친속의 축산을 착오로 도살하거나 고의로 상해한 것은 율에 죄명이 없는데, 감손된 가치를 배상해야 합니까?

[율문3의 답] 답한다: 율에서는 "시마 이상 친속의 말이나 소를 도살한 것은 주인이 스스로 도살한 것과 같다."고 했으나, 주인이 말이나 소를 상해하거나 착오로 죽인 것에 대해서는 율에 죄명이 없고 모든 친속은 주인과 같으므로 각각 처벌하지 않는다는 것이 분명하다. 처벌하지 않으면 곧 배상하지 않는다는 것은 예에 준하여 알 수 있고, 더욱이 율에 조문이 없으니 곧 배상하는 범위에 포함되지 않는다. 소나 말이라도 오히려 배상하지 않으니, 이로 보면 다른 축산의 경우 배상하지 않는다는 것을 당연히 알 수 있다.

제206조 구고 11. 개나 다른 가축을 풀어놓아 타인의 축산을 살상한 죄(犬殺傷畜産)

[律文1a] 諸犬自殺傷他人畜産者, 犬主償其減價;
[律文1b] 餘畜自相殺傷者, 償減價之半.
[律文2] 卽故放令殺傷他人畜産者, 各以故殺傷論.
　[律文1a의 疏] 議曰: 犬性噬齧, 或自殺傷他人畜産. 「犬主償其減價」, 以犬能噬齧, 主須制之, 爲主不制, 故令償減價.

[律文1b의 疏]「餘畜」, 除犬之外, 皆是.「自相殺傷者」, 謂牛相觝殺, 馬相蹋死之類. 假有甲家牛, 觝殺乙家馬, 馬本直絹十疋, 爲觝殺, 估皮肉直絹兩疋, 卽是減八疋絹, 甲償乙絹四疋, 是名「償減價之牛」.

[律文2의 疏]「卽故放令殺傷他人畜産者」, 或犬性好噬猪羊, 其牛馬能相觝蹋, 而故放者, 責其故放, 各與故殺傷罪同, 謂同上條: 故殺官私馬牛者, 徒一年牛. 計贓應重若傷及殺餘畜産者, 計減價準盜論, 各償所減價: 價不減者, 笞三十. 兩主放畜産而鬪有殺傷者, 從「不應爲重」, 杖八十, 各償所減價.

[율문1a] 무릇 개가 스스로 타인의 축산을 살상한 경우 개 주인은 그 감손된 가치를 배상하게 하고,

[율문1b] 그 밖의 축산이 서로 살상한 경우에는 감손된 가치의 반을 배상하게 한다.

[율문2] 만약 고의로 (축산을) 풀어서 다른 사람의 축산을 살상한 경우는 각각 고의로 살상한 (죄로) 논한다.

[율문1a의 소] 의하여 말한다: 개는 무는 성질이 있어, 혹 스스로 타인의 축산을 죽이거나 상해할 수 있다. "개 주인은 그 감손된 가치를 배상하게 한다."는 것은, 개는 잘 물기 때문에 주인이 마땅히 그것을 막아야 하는데 주인이 막지 않기 때문에 감손된 가치를 배상하게 하는 것이다.

[율문1b의 소] "그 밖의 축산"이란 개를 제외하고 모두 그렇다는 것이다. "서로 살상한 경우"라 함은, 소가 들이받아서 도살하거나 말이 발로 차서 도살한 것 따위를 말한다. 가령 갑가의 소가 을가의 말을 들이받아 죽였는데, 그 말의 본래 가치는 견 10필이지만, 받혀서 죽은 뒤 그 가죽과 고기의 가치가 견 2필이라면 곧 견 8필의 가치가 감손되었으므로, 갑은 을에게 견 4필을 배상해야 한다. 이를 (정)명하여 "감손된 가치의 반을 배상하게 한다."고 한 것이다.

[율문2의 소] "만약 고의로 (축산을) 풀어서 다른 사람의 축산을 살상한 경우"라는 것은, 개는 본성이 돼지나 양을 잘 물고 소나 말은 잘 들이받거나 차기 때문에 고의로 풀어놓았을 경우 그 고의로 풀어놓은 책임을 물어 각각 고의로 살상한 죄와 같으므로, 고의로 관이나 사인의 말·소를 도살한 경우 도1년반에 처한다는 위의 조항 (구8.1a)과 같음을 말한다. (감손된 가치를 절도의) 장물로 계산한 (죄가 도1년반보다) 무겁거나 또는 그 밖의 축산을 다치게 하거나 죽인 경우는 그 감손된 가치를 계산하여 절도에 준하여 논하고, 각각 감손된 가치를 배상하도록 한다. 가치가 감소하지 않았을 경우에는 태30에 처한다. 쌍방의 주인이 축산을 풀어서 (축산끼리) 서로 싸우다가 살상한 경우에는 "해서는 안 되는데 행한 경우의 무거운 쪽"(잡62.2)에 따라 장80에 처하고, 각각 감손된 가치를 배상하게 한다.

제207조 구고 12. 축산 및 개의 관리에 관한 죄(畜産觚蹢齧人)

[律文1] 諸畜産及齧犬有觚蹢齧人而標幟羈絆不如法, 若狂犬不殺者, 笞四十;

[律文2] 以故殺傷人者, 以過失論.

[律文3] 若故放令殺傷人者, 減鬪殺傷一等.

[律文1의 疏] 議曰: 依雜令:「畜産觚人者截兩角, 蹢人者絆足, 齧人者截兩耳.」此爲標幟羈絆之法. 若不如法, 幷狂犬本主不殺之者, 各笞四十.

[律文2의 疏] 以不施標幟羈絆及狂犬不殺之故, 致殺傷人者, 以過失論. 過失者, 各依其罪從贖法. 律無異文, 總依凡法, 不限尊貴, 其贖一也. 若本應

輕者, 聽從本.

[律文3의 疏] 其「故放令殺傷人者」, 謂知犬及雜畜性能觝蹋及噬齧而故放者, 減鬪殺傷一等. 其犯貴賤、尊卑、長幼、親屬等, 各依本犯應加減爲罪. 其畜産 殺傷人, 仍作他物傷人保辜二十日, 辜內死者減鬪殺一等, 辜外及他故死者自 依以他物傷人法. 假令故放雜畜産, 觝蹋及齧殺子孫, 於徒一年半上減一等合 徒一年; 餘親卑幼, 各依本服於鬪殺傷上減一等.

[율문1] 무릇 축산 및 무는 개가 사람을 뿔로 받고 발로 차며 물 었는데도 표시하거나 매어두는 것을 법대로 하지 않거나, 또는 미친개를 죽이지 않은 자는 태40에 처하고,

[율문2] 이로 인해 사람을 살상한 때에는 과실로 논한다.

[율문3] 만약 고의로 (축산 및 무는 개를) 풀어 사람을 살상한 때 에는 투살상(죄)에서 1등을 감한다.

[율문1의 소] 의하여 말한다: 잡령(습유846쪽)에 의거하면, "축산이 사 람을 뿔로 받았으면 두 뿔을 자르고, 사람을 발로 찼으면 다리를 묶어놓으며, 사람을 물었다면 두 귀를 자른다." 이것이 표시하거나 매어두는 법이다. 만약 (이를) 법대로 하지 않거나 본 주인이 미친 개를 죽이지 않았다면 각각 태40에 처한다.

[율문2의 소] 표시하지 않고 매어두지 않거나 미친개를 죽이지 않았 기 때문에 사람을 살상한 경우는 과실로 논한다. 과실은 각각 그 죄에 의거하여 속법에 따른다(투38). 율에 다른 조문이 없으므로 모두 일반법에 의거하며, 존귀를 불문하고 그 속법은 하나이다. (단) 만약 본래 가볍게 처벌해야 할 경우는 본래대로 따를 것을 허 용한다(명49.3b).

[율문3의 소] "고의로 (축산 및 무는 개를) 풀어 사람을 살상한 때" 라 함은, 개나 여러 축산의 성질이 받고 차며 물기를 잘하는 것임

을 알면서도 고의로 풀어놓은 경우를 말하며, 투살상(죄)에서 1등을 감한다. 그 범함이 귀천·존비·장유·친속 등에 (대한 것이면) 각각 투송률 본조의 죄를 가감하는 규정에 의거하여 죄를 정한다 (투11~33). 단 축산이 사람을 살상한 것은 타물로 사람을 상해한 것 (투1.2)으로 간주하여 보고 기간을 20일로 하고, 보고 기간 안에 사망했다면 투살(죄)에서 1등을 감한다. 보고 기간이 지나 사망하거나 다른 원인으로 사망한 경우에는 당연히 다른 물건으로 사람을 상해한 법에 따른다(투6.2). 가령 고의로 잡축을 풀어놓아 자·손을 뿔로 받거나 발로 차거나 물어서 죽게 했다면 도1년반에서 1등을 감하여 도1년에 해당한다. 나머지 친속 비유는 각각 본복에 따른 투살상(죄)에서 1등을 감한다.

[律文4] 卽被雇療畜産被倩者, 同過失法. **及無故觸之而被殺傷者, 畜主不坐.**

[律文4의 疏] 議曰: 有人被雇療畜産及無故觸人畜産而被殺傷者, 畜主不坐. 被雇本是規財, 無故謂故自犯觸, 如此被殺傷者, 畜主不坐. 若被倩療畜産被殺傷, 依贖法.

[율문4] 만약 고용되어 축산을 치료하거나 부탁받은 경우에는 과실법과 같다. **까닭 없이 축산을 건드리다가 살상된 경우, 축산의 주인은 처벌하지 않는다.**

[율문4의 소] 의하여 말한다: 어떤 사람이 고용되어 축산을 치료하다가 혹은 까닭 없이 남의 축산을 건드리다가 (축산에 의해) 살상된 경우, 축산의 주인은 처벌하지 않는다. 고용된 것은 본래 재물을 바란 것이고, 까닭이 없다고 함은 고의로 자신이 범하고 건드리는 것을 말하는데, 이와 같이 하여 살상된 경우 축산의 주인은 처벌하지 않는다. 만약 부탁을 받고 축산을 치료하다가 살상된 경우에는 속법에 따른다.

제208조 구고 13. 감림·주수가 관의 축산·노비를 사사로이 차용한 죄(監主私借官奴畜産)

[律文1a] **諸監臨主守以官奴婢及畜産私自借, 若借人及借之者, 笞五十;**

[律文1b] **計庸重者, 以受所監臨財物論.**

[律文2] **驛驢, 加一等.**

   [律文1a의 疏] 議曰: 監臨主守之官以所監主官奴婢及畜産,「私自借」, 謂身自借用, 若轉借他人及借之者, 或一人·一畜, 但借卽笞五十.

   [律文1b의 疏] 或借數少而日多, 或借數多而日少, 計庸重於借罪者, 以受所監臨財物論, 累贓爲坐.

   [律文2의 疏] 「驛驢, 加一等」, 謂借卽得杖六十; 計庸重, 以受所監臨財物論加一等. 其車船·碾磑·邸店之類, 有私自借若借人及借之者, 亦計庸賃, 各與借奴婢·畜産同. 律雖無文, 所犯相類. 職制律, 監臨之官借所監臨及牛馬駝騾驢·車船·邸店·碾磑, 各計庸賃以受所監臨財物論. 計借車船·碾磑之類, 理與借畜産不殊, 故附此條, 準例爲坐.

[율문1a] 무릇 감림·주수가 관의 노비 및 축산을 사사로이 차용하거나, 또는 타인에게 빌려주거나 그것을 빌린 자는 태50에 처하고,

[율문1b] 그 노임을 계산한 (죄가) 무겁다면 수소감림재물로 논한다.

[율문2] 역려는 1등을 더한다.

   [율문1a의 소] 의하여 말한다: 감림·주수인 관이 감독하고 주관하는 관의 노비나 축산을 사사로이 스스로 빌리거나 -자신이 직접 빌려 쓴 것을 말한다.-, 또는 다른 사람에게 빌려준 경우 및 빌린 자는, 혹 (노비) 1인이나 (축산) 1두라도 단지 빌렸으면 태50에 처한다.

[율문1b의 소] 혹 빌린 수는 적지만 사용 일수가 많거나 혹은 빌린 수는 많지만 사용 일수가 적은데, 노임을 (수소감림재물죄의 장물로) 계산한 (죄가) 빌린 죄보다 무겁다면, 수소감림재물(직50)로 논하고 그 장물을 누계해서 처벌한다.

[율문2의 소] "역려는 1등을 더한다."는 것은, (나귀를) 빌려준 경우에는 장60에 처하고, 그 노임을 (수소감림재물죄의 장물로) 계산한 죄가 (장60보다) 무겁다면 수소감림재물로 논하되 1등을 더한다는 것을 말한다. 단 (관의) 수레·배·물레방아·저점 따위를 사사로이 자신이 빌리거나 타인에게 빌려주거나 그것을 빌린 자는 노임이나 임대가를 계산하여 각각 노비나 축산을 빌린 것과 같이 처벌하는데, (이는) 율에 비록 율문이 없더라도 범한 바가 서로 유사하기 때문이다. 직제율(직53.1)에 감림관이 감림하는 바의 소·말·낙타·노새·나귀·수레·배·저점·물레방아 등을 빌렸다면 각각 노임이나 임대가를 계산하여 수소감림재물로 논한다고 했으니, 수레·배·물레방아 따위를 빌린 것을 계산하는 것은 이치상 축산을 빌린 것과 다르지 않기 때문에 이 조항에 유추하여 예에 준해서 처벌하는 것이다.

[律文3a] 卽借驛馬及借之者杖一百, 五日徒一年,

[律文3b] 計庸重者從上法.

[律文4] 卽驛長私借人馬驢者, 各減一等, 罪止杖一百.

[律文3a의 疏] 議曰: 卽私借驛馬及官司借之者各杖一百, 五日徒一年.

[律文3b의 疏] 「計庸重者從上法」, 謂計驛馬之庸, 當上絹八疋, 合加一等徒一年半.

[律文4의 疏] 「卽驛長私借人馬驢者, 減一等」, 準令:「驛馬驢一給以後, 死卽驛長陪塡.」 是故驛長借人驢馬, 得罪稍輕. 「各減一等」, 謂上文「借驛馬

驢, 加受所監臨財物一等」, 今驛長借人驢馬各減一等, 與「受所監臨財物」罪
同, 罪止杖一百.

[율문3a] 만약 역마를 빌려주거나 그것을 빌린 자는 장100에 처
하고, 5일이면 도1년에 처하되,

[율문3b] 노임을 (수소감림재물죄의 장물로) 계산한 (죄가 장100
보다) 무겁다면 앞의 (처벌)법에 따른다.

[율문4] 만약 역장이 사사로이 타인에게 말이나 나귀를 빌려 준
경우 각각 1등을 감하되, 죄는 장100에 그친다.

　[율문3a의 소] 의하여 말한다: 만약 사사로이 역마를 빌려 주거나
　관사가 그것을 빌린 경우에는 각각 장100에 처하고, (사용 일수가)
　5일이면 도1년에 처한다.

　[율문3b의 소] "노임을 (수소감림재물죄의 장물로) 계산한 (죄가 장
　100보다) 무겁다면 앞의 (처벌)법에 따른다."는 것은, 역마의 노임
　을 계산한 것이 상품의 견 8필이고 (수소감림재물죄로 도1년이므
　로(직50.1a)) 1등을 더하여 도1년반에 처해야 한다는 것을 말한다.

　[율문4의 소] "만약 역장이 사사로이 타인에게 말이나 나귀를 빌려
　준 경우 1등을 감한다."고 했는데, 영(구목령, 습유707쪽)에 준하면
　"역마·역려는 일단 지급한 이후에 죽으면 역장이 배상한다." 이 때
　문에 역장이 말이나 나귀를 타인에게 빌려 주면 죄를 받는 것이
　조금 가볍다. "각각 1등을 감한다."는 것은, 앞의 율문에서 "역마·
　역려를 빌려주면 수소감림재물(죄)에 1등을 더한다."고 했는데, 지
　금 역장이 타인에게 역마를 빌려주면 각각 1등을 감하니 "수소감
　림재물"죄와 같게 됨을 말하며, 죄는 장100에 그친다.

제209조 구고 14. 관·사의 축산을 풀어 놓아 관·사의 물건을 손상한 죄(放畜損食官私物)

[律文1a] 諸放官私畜産損食官私物者笞三十,

[律文1b] 贓重者坐贓論.

[律文2] 失者, 減二等.

[律文3a] 各償所損.

[律文3b] 若官畜損食官物者, 坐而不償.

[律文1a의 疏] 議曰: 謂放官私畜産, 損食官私之物, 損食雖少, 即笞三十.

[律文1b의 疏] 若準贓得二疋一尺, 合笞四十, 是名「計贓重者坐贓論」.

[律文2의 疏] 「失者, 減二等」, 謂非故放, 因亡逸而損食者, 減罪二等.

[律文3a의 疏] 「各償所損」, 旣云「損食官私之物」, 或損或食, 各令畜主備償.

[律文3b의 疏] 若官畜損食官物, 坐而不償. 公廨畜産損食當司公廨, 旣不同私物, 亦坐而不償; 若損食餘司公廨, 竝得罪仍備, 一準上文.

[율문1a] 무릇 관·사의 축산을 풀어 놓아 관·사의 물품을 손상하거나 먹게 한 자는 태30에 처하고,

[율문1b] 장죄가 무거운 경우에는 좌장으로 논한다.

[율문2] 과실인 경우에는 2등을 감한다.

[율문3a] 각각 손상한 것을 배상하게 한다.

[율문3b] 만약 관의 축산이 관의 물품을 손상하거나 먹게 했다면 처벌하되 배상하게 하지는 않는다.

[율문1a의 소] 의하여 말한다: 관·사의 축산을 풀어놓아 관·사의 물품을 손상하거나 먹게 한 경우, 손상하거나 먹은 것이 비록 적더라도 태30에 처한다는 것을 말한다.

[율문1b의 소] 만약 (손상하거나 먹은 것을 좌장의) 장물로 계산하여 2필 1척이면 태40에 해당하는데(잡1.1) 이것이 (정)명하여 "장물을 계산하여 (죄가) 무거운 경우에는 좌장으로 논한다."는 것이다.

[율문2의 소] "과실인 경우에는 2등을 감한다."는 것은, 고의로 풀어놓은 것이 아니라 도망이나 달아난 것으로 인하여 관이나 사인의 물품을 손상하거나 먹었다면 죄 2등을 감함을 말한다.

[율문3a의 소] "각각 손상한 것을 배상하게 한다."고 했는데, 원래 "관·사의 물품을 손상하거나 먹게 했다면"이라고 했으므로, 손상했든 먹었든 각각 축산의 주인이 배상하게 한다.

[율문3b의 소] 만약 관의 축산이 관의 물품을 손상하거나 먹었다면 처벌하되 배상하게 하지는 않는다. 공해의 축산이 해당 관사의 공해 물품을 손상하거나 먹었다면 원래 사인의 물품이 아니기 때문에 또한 처벌하되 배상하게 하지는 않는다. 만약 다른 관사의 공해 물품을 손상하거나 먹었다면 죄를 얻고 또 배상시키는데, 모두 위의 조문(구9.1)에 준한다.

제210조 구고 15. 창·고 방위에 관한 죄(庫藏失盜)

[律文1a] 諸有人從庫藏出, 防衛主司應搜檢而不搜檢笞二十,

[律文1b] 以故致盜不覺者減盜者罪二等,

[律文1c] 若夜持時不覺盜減三等.

　[律文1a의 疏] 議曰: 從庫藏出, 依式:「五品以上皆不合搜檢.」 其應搜檢而不搜檢者, 防衛主司笞二十.

　[律文1b의 疏] 以不搜檢故而致盜物將出, 計所盜之贓, 主司減盜者罪二等.

[律文1c의 疏]「若夜持時」, 謂庫藏之所持更之人, 不覺人盜物者, 減盜者罪
三等. 持時, 謂當時專持更者. 假有不覺盜五疋絹, 減三等, 得杖八十之類.

[율문1a] 무릇 사람이 창고에서 나오면 지키는 주사는 수색하고
검사해야 하며, 수색하고 검사하지 않았다면 태20에 처한다.
[율문1b] 이 때문에 절도를 적발하지 못하게 된 때에는 절도한
자의 죄에서 2등을 감하며,
[율문1c] 만약 야간 경비 담당자가 절도를 적발하지 못했다면 3
등을 감한다.

[율문1a의 소] 의하여 말한다: 창고28)에서 나오는 -식29)에 의거하면

---

28) 倉은 곡식 등을 저장하는 곳, 庫는 무기나 기물·면·명주 등을 저장하는 곳이다
(214, 구19.1의 소). 창고 관련 정령을 관장하는 기관은 상서호부의 금부사와
창부사로, 금부랑중은 창고 출납의 절차와 금은재화의 용도, 도량형의 제도를
관장했고, 창부랑중은 국가의 곡물창고에 조세를 수납하고 녹미를 내주는 일을
관장했다(『당육전』권3, 81~83쪽 및 『역주당육전』상, 350~359쪽). 실제로 창고
를 관리하고 출납 업무를 시행한 기관은 사농시 소속의 태창서와 제창 및 태부
시 소속의 좌·우장서로, 태창서는 양곡의 저장·출납을 담당했고(『당육전』권19,
526~527쪽 및 『역주당육전』중, 613~615쪽) 좌우장서는 錢貨의 저장·출납을 담
당했다(『당육전』권20, 544~546쪽 및 『역주당육전』중, 657~665쪽). 한편 병장기
의 경우는 상서병부의 고부사에서 정령을 관장하고(『당육전』권5, 164쪽 및 『역
주당육전』상, 540~542쪽) 위위시의 무고와 무기서에서 실제 출납 업무를 담당
했다(『당육전』권16, 464쪽 및 『역주당육전』중, 460~463쪽 및 481~482쪽).
29) 이는 太府式일 것이다. 이와 관련하여, 창고에서 물품 출납의 절차는 다음과
같다. 우선 창고에 출입하는 관인은 궁문을 출입할 때 필요한 증명서인 門籍과
물품의 품명과 수량을 기록한 문서인 牒旁을 소지해야 한다. 창고에 물품을
들일 때에는 左監門衛를 거치며 물품을 낼 때에는 右監門衛를 거치는데, 각
감문위의 門司는 문적과 첩방을 검사하여 본인임을 확인한 뒤에 출입을 허가한
다. 창고에서는 木契를 대조하여 맞추어 본 다음 물품의 명칭과 수량 및 신청자
의 성명을 기록하고 지급하며, 문적과 첩방 위에 좌·우장서의 인장을 날인하여
右監門을 나가는 증빙으로 삼는다(『당육전』권20, 545쪽 및 『역주당육전』중,
660~661쪽; 『당육전』권25, 640쪽 및 『역주당육전』하, 223~224쪽).

5품 이상의 (관은) 모두 수색·검사하지 않는다.- 자가 수색·검사를 받아야 할 (사람인데) 수색하고 검사하지 않았다면 지키는 주사는 태20에 처한다.

[율문1b의 소] 수색·검사하지 않았기 때문에 도둑맞아 (창고의) 물품이 반출되었다면 주사는 도둑맞은 장물을 계산하여 (정한) 절도죄에서 2등을 감한다.

[율문1c의 소] "야간경비 담당자"라 함은 창고에서 경계의 순번을 전담하는 사람을 말하며, (그가) 다른 사람이 물품을 절도하는 것을 적발하지 못한 경우에는 도둑의 죄에서 3등을 감한다. 야간경비 담당자[持時]는 해당 시간에 경계의 순번을 전담하는 것을 말한다. 가령 견 5필을 훔치는 것을 적발하지 못했다면 3등을 감하여 장80의 (죄를) 얻는 따위이다.

[律文2] **主守不覺盜者, 五疋笞二十, 十疋加一等, 過杖一百, 二十疋加一等, 罪止徒二年.**

[律文3] **若守掌不如法以故致盜者, 各加一等.**

[律文4a] **故縱者各與同罪;**

[律文2의 疏] 議曰：「主守」, 不限有品、無品, 謂親主當庫藏者. 不覺有人盜物, 準絹「五疋笞二十」, 不滿五疋, 未合得罪. 「十疋加一等」, 八十五疋杖一百. 「過杖一百, 二十疋加一等」, 一百四十五疋, 罪止徒二年.

[律文3의 疏] 「若守掌不如法」, 謂防守、持更、鑲閉、封印乖違不如法而致盜者, 「各加一等」, 謂防衛不如法, 有人從庫藏出又不搜檢致盜, 不覺上加一等, 謂止減盜者一等; 夜持時不如法不覺盜, 亦加一等, 止減盜者二; 主守之司不如法不覺盜, 亦加一等, 五疋笞三十, 罪止徒二年半. 此是「各加一等」.

[律文4a의 疏] 「故縱者, 各與同罪」, 謂防衛主司, 竝夜持時之人及主守之司, 故縱盜者, 竝各與盜者同罪. 稱「同罪」者, 不在除、免、倍贓、監主加罪之例.

[율문2] 주수가 절도를 적발하지 못한 경우, (견) 5필이면 태20에 처하고 10필마다 1등을 더하며, 장100을 넘으면 20필마다 1등을 더하되, 죄는 도2년에 그친다.

[율문3] 만약 지키는 일을 법대로 하지 않아 그 때문에 절도를 당하게 되었다면 각각 1등을 더한다.

[율문4a] 고의로 방임한 경우에는 각각 (절도한 자와) 같은 죄를 준다.

[율문2의 소] 의하여 말한다: "주수"란 관품의 유무에 관계없이 창고를 직접 주관하여 담당하는 자를 말한다.[30] 다른 사람이 물품을 절도하는 것을 적발하지 못했다면 견(가)에 준하여 "5필이면 태20에 처한다."고 했으므로, 5필이 차지 않으면 죄를 받지 않는다. "10필마다 1등을 더한다."고 했으므로 85필이면 장100에 처한다. "장100을 넘으면 20필마다 1등을 더한다."고 했으므로 145필이면 최고형인 도2년에 처한다.

[율문3의 소] "만약 지키는 일을 법대로 하지 않았다."는 것은 경비·경계·자물쇠 채움·봉인을 법대로 하지 않아서 도둑맞은 것을 말하며, "각각 1등을 더한다."는 것은 지키는 것을 법대로 하지 않고 사람이 창고에서 나오는데 또 수색·검사하지 않아서 도둑맞게 되었다면 (절도를) 적발하지 못한 죄에 1등을 더하여 절도한 자의 죄에서 1등만 감하고, 밤에 시간을 담당하는 것을 법대로 하지 않아 절도를 적발하지 못했다면 역시 1등을 더하여 절도한 자의 (죄에서) 2등을 감하는데 그치며, 주수하는 관사가 법대로 하지 않아 절도를 적발하지 못했다면 역시 1등을 더하여 5필이면 태30에 처하되 죄는 도2년반에서 그친다는 것을 말한다. 바로 이것이 "각각 1등을

---

30) 主守는 그 일을 전담하여 처리하는 典吏를 말한다(명54.2). 이 조항의 주수는 창고의 출납책임자로서 防衛主司의 上司일 것으로 생각된다.

더한다."는 것이다.

[율문4a의 소] "고의로 방임한 경우에는 각각 (절도한 자와) 같은 죄를 준다."는 것은, 지키는 주사나 야간경비 담당자 및 주수하는 관사가 절도를 고의로 방임했다면 모두 각각 절도한 자와 같은 죄를 준다는 것을 말한다. (율에서) "같은 죄를 준다[與同罪]."라고 한 경우에는 제명·면관·배장·감림주수의 죄를 더하는 예를 적용하지 않는다(명53.3).

[律文4b] 卽故縱贓滿五十疋加役流, 一百疋絞.

[律文5] 若被强盜者, 各勿論.

[律文4b의 疏] 議曰: 國家庫藏, 本委主司, 若主司知情容盜, 得罪重於盜者. 名例律, 與同罪者不在加役流之例, 故於庫藏條中特生此例: 故縱贓四十九疋以下, 與盜者罪同, 不合除·免; 滿五十疋, 加役流, 除名,配流如法; 一百疋, 絞. 此謂故縱一人之罪. 若故縱頻盜及衆人盜者, 各依累倍之法.

[律文5의 疏] 「若被强盜者, 各勿論」, 謂被威力盜之, 非能拒得者, 勿論.

[율문4b] 만약 고의로 방임하여 (절도당한) 장물이 만 50필이면 가역류에 처하고, 100필이면 교형에 처한다.

[율문5] 만약 강도를 당한 때에는 각각 논하지 않는다.

[율문4b의 소] 의하여 말한다: 국가의 창고는 본래 주사에게 맡기는데, 만약 주사가 정을 알면서도 절도를 용인했다면 죄를 받는 것이 절도한 자보다 무겁다. (그런데) 명례율(명53.3)에 같은 죄를 주는 경우[與同罪]에는 가역류의 예를 적용하지 않는다고 했기 때문에 창고의 조항 안에 특별히 이 예를 만든 것이다.[31] (즉) 고의로 방

---

31) 적도율에서는 견 50필에 해당하는 재물을 절도한 자는 가역류에 처한다고 되어 있지만(282, 적35.2) 명례율의 같은 죄를 주는 경우[與同罪]의 규정에 의거

임했는데 그 장물이 49필 이하라면 절도한 자와 같은 죄를 주고, 제명·면관해서는 안 된다. (장물이) 만 50필이 되었다면 가역류에 처하고 제명이나 유배는 법대로 하며, 100필이면 교형에 처한다. 이는 고의로 1인을 방임한 죄에 대해서 말한 것이며 만약 (1인의) 여러 번의 절도나 여러 사람의 절도를 고의로 방임한 경우에는 각각 누계하여 반으로 나누는 법(명45.2a)에 따른다.

[율문5의 소] "만약 강도를 당한 때에는 각각 논하지 않는다."는 것은, 위협이나 폭력을 사용하여 훔침으로써 막을 수 없는 경우는 논하지 않는다는 것을 말한다.

제211조 구고 16. 관의 물품을 빌려갔다가 반환하지 않은 죄(假借官物不還)

[律文1] 諸假請官物, 事訖過十日不還者笞三十, 十日加一等, 罪止杖一百;

[律文2] 私服用者, 加一等.

[律文1의 疏] 議曰:「假請官物」, 謂有吉凶, 應給威儀鹵簿, 或借帳幕, 氈褥之類事訖, 十日內皆合還官, 若過十日不還者笞三十.「十日加一等」, 停留總過八十日, 罪止杖一百.

[律文2의 疏] 因而私服用者, 謂吉凶事過以後, 別私服用者, 每加一等, 過八十日徒一年.

[율문1] 무릇 관의 물품을 빌렸다가 일이 끝난 뒤 10일이 지나도

하면 가역류의 예를 적용하지 않는다(명53.1). 그러나 국가 창고를 담당하는 관리의 일은 그 책임이 중요하므로 명례율을 따르지 않고 적도율의 규정에 따라 가역류에 처하는 것이다.

록 반환하지 않은 자는 태30에 처하고, 10일마다 1등을 더하되, 죄는 장100에 그친다.

[율문2] (반환하지 않고) 사사로이 사용한 때에는 1등을 더한다.

[율문1의 소] 의하여 말한다: "관의 물품을 빌렸다."는 것은, 길사나 흉사가 있어 의장[威儀]·노부를 공급받거나[32] 또는 장막·담요 따위를 빌린 경우를 말한다. 일이 끝나면 10일 안에 모두 관에 반환해야 하는데, 만약 10일이 지나도록 반환하지 않은 자는 태30에 처한다. "10일마다 1등을 더하여", 지체된 (일수가) 총 80일을 넘으면 최고형인 장100에 처한다.

[율문2의 소] 이로 인하여 사사로이 사용한 때라 함은 길사나 흉사가 지난 뒤에 별도로 사사로이 사용한 것을 말하며, 매 (10일마다) 1등을 더하고, 80일이 넘으면 도1년에 처한다.

[律文3a] 若亡失所假者, 自言所司, 備償如法;
[律文3b] 不自言者, 以亡失論.

[律文3a의 疏] 議曰: 假請官物有亡失者, 若於請物所司自言失者, 免罪, 備償如法;

[律文3b의 疏] 不自言失, 被人擧者, 以亡失論. 依雜律, 亡失官物者, 準盜論減三等. 又條, 亡失官私器物各備償. 故得亡失之罪, 又備償之.

[율문3a] 만약 빌린 것을 잃어버린 경우 담당 관사에게 직접 보고하였다면 배상은 규정대로 하게하며,

---

32) 길사는 婚禮, 흉사는 喪禮를 가리킨다. 당대에는 관인 본인 혹은 자식의 혼례 그리고 본인이나 부모·조부모의 장례 시에 관품과 작위에 따라 지급되는 의장과 물품이 규정되어 있었다(『당육전』권18, 507~508쪽 및 『역주당육전』중, 583~588쪽; 『통전』권107, 2788~2789쪽).

[율문3b] 직접 보고하지 않은 자는 잃어버린 것으로 논한다.

[율문3a의 소] 의하여 말한다: 관의 물품을 청하여 빌려갔다가 잃어버린 자가, 만약 빌린 물건을 관장하는 관사에 잃어버렸음을 직접 보고했다면 죄를 면하되 배상은 법대로 하게한다.

[율문3b의 소] 잃어버린 것을 직접 보고하지 않았다가 다른 사람에 의해 고발되었다면 잃어버린 죄로 논한다. 잡률에 의거하면, 관의 물품을 잃어버린 자는 절도에 준하여 논하되 3등을 감한다(잡54.2). 또 (다른) 조항에서는 관이나 사인의 기물을 잃어버리면 각각 배상하게 한다(잡57.1a). 그러므로 잃어버린 죄를 받고, 또 그것을 배상하게 한다.

제212조 구고 17. 감림·주수가 관물 및 공해물을 유용한 죄(監主貸官物)

[律文1a] 諸監臨主守以官物私自貸若貸人及貸之者，無文記以盜論，有文記準盜論，文記，謂取抄署之類.

[律文1b] 立判案減二等.

　　[律文1a의 疏] 議曰:「監臨主守」，謂所在之處官物有官司執當者，以此官物私自貸若將貸人及貸之者，此三事，無文記以盜論，有文記準盜論.「文記，謂取抄署之類」，謂雖無文案，或有名簿，或取抄及署領之類，皆同. 無文記以盜論者與眞盜同，若監臨主守自貸亦加凡盜二等. 有文記者準盜論，竝五疋徒一年，五疋加一等.

　　[律文1b의 疏]「立判案，減二等」，謂五疋杖九十之類.

[율문1a] 무릇 감림·주수가 관의 물품을 사사로이 빌리거나, 또는 타인에게 빌려주거나, 그것을 빌린 자는 기록한 문서로 남기지 않았다면 절도로 논하고, 기록한 문서가 있다면 절도에 준하여 논한다. 기록한 문서란 초록이나 서명을 갖춘 문서 따위를 말한다.

[율문1b] 판안을 작성했다면 2등을 감한다.

[율문1a의 소] 의하여 말한다: "감림·주수"는 관물이 있는 모든 곳의 관장·담당하는 관사를 말한다. (그가) 이 관물을 사사로이 빌린 경우, 또는 타인에게 빌려준 경우 및 그것을 빌린 자, 이 세 가지 사안은 기록한 문서로 남기지 않았다면 절도로 논하고, 기록한 문서가 있다면 절도에 준하여 논한다. "기록한 문서란 초록이나 서명을 갖춘 문서 따위를 말한다."는 것은, 비록 문안이 없더라도 명부 혹은 초록 및 서명을 갖춘 영수증 따위가 있다면 모두 같다는 것을 말한다. 기록한 문서가 없어 절도로 논하는 경우는 진도와 같으니 (명53.4), 만약 감림·주수가 스스로 빌렸다면 역시 일반 도죄에 2등을 더한다(적36). 기록한 문서가 있는 경우에는 절도에 준하여 논하여 모두 5필이면 도1년하고 5필마다 1등을 더한다.

[율문1b의 소] "판안을 작성했다33)면 2등을 감한다."는 것은 5필이면 장90에 처하는 따위를 말한다.

[律文2] 卽充公廨及用公廨物若出付市易而私用者, 各減一等坐之. 雖貸亦同. 餘條公廨準此. 卽主守私貸, 無文記者依盜法.

[律文2의 疏] 議曰: 「卽充公廨」, 謂以官物廻充公廨, 及私用公廨之物, 無文

---

33) 아래 율문3과 소의 "(관물을) 빌린 사람이 배상할 수 없다면 판하고 서명한 관에게서 추징한다.", "문서를 판한 자는 판관이고 문서에 서명한 자는 주전이나 감사 따위이다."등의 문장으로 추론해 볼 때, 관의 물품을 사사로이 빌리면 안 되고, 반드시 신청하여 판관의 허가를 받아 관련 서류에 서명을 받아야 함을 알 수 있으며, 이것이 "판안을 작성한" 것임을 알 수 있다.

記,有文記,立判案, 若官物從庫藏積聚之中出付人將市易, 其市易人私用者, 各準前官物應坐之罪, 皆減一等坐之. 稱「私用」者, 雖貸亦同. 「餘條公廨準此」, 謂一部律內, 但稱公廨私用及貸, 皆準此減盜罪坐之. 「卽主守私貸, 無文記者依盜法」, 卽與眞盜同, 加常盜二等, 徵倍贓, 有官者除名. 故云「依盜法」.

[율문2] **만약 (관물을) 공해에 충당하거나 공해의 물품을 (사사로이) 사용하거나 또는 시장에 내다파는데 (파는 사람이) 사사로이 사용한 때에는 각각 1등을 감하여 처벌한다.** 비록 (공해의 물품을) 빌렸더라도 역시 같다. 다른 조항의 공해도 이에 준한다. 만약 주수가 사사로이 빌렸는데 기록한 문서가 없다면 도(죄)의 (처벌)법에 따른다.

　　[율문2의 소] 의하여 말한다: 만약 (관물을) 공해에 충당하거나 -관물을 돌려 공해에 충당한 경우를 말한다.- 공해의 물품을 사사로이 사용했다면 기록한 문서가 있는 경우와 없는 경우 그리고 판안을 작성한 경우, 또는 창고나 쌓아둔 관물 중에서 내서 타인에게 맡겨 팔려고 했는데 그 파는 사람이 사사로이 사용한 때에는 각각 앞 조항의 관의 물품에 대해 처벌하는 죄에 준하되 모두 1등을 감해서 처벌한다. "사사로이 사용했다."고 칭한 경우는 비록 빌렸더라도 역시 같다. "다른 조항의 공해도 이에 준한다."는 것은, 전체 율 내에서 단지 공해의 (물품을) 사사로이 사용하거나 빌렸다고 하면 모두 이 조항에 준하여 도죄에서 감하여 처벌함을 말한다. "만약 주수가 사사로이 빌렸는데 기록한 문서가 없다면 도(죄)의 (처벌)법에 따른다."고 했으니, 진도와 같게 해서 일반 도죄에 2등을 더하고(적36) 배장을 추징하며(명33.1a), 관직이 있는 자는 제명한다(명18.1b). 그러므로 "도(죄)의 (처벌)법에 따른다."고 한 것이다.

[律文3] **所貸之人不能備償者，徵判署之官.** 下條私借亦準此.

 [律文3의 疏] 議曰: 監臨主守以官物貸人，「所貸之人不能備償」，謂無物可徵者，徵判署之官. 判案者爲判官，署案者爲主典及監事之類. 注云「下條私借亦準此」，謂下條「監臨主守之官以官物借人」，若所借人不能備償，亦徵判署之官，故云「準此」.

[율문3] **(관물을) 빌린 사람이 배상할 수 없다면 판하고 서명한 관에게서 추징한다.** 아래 조항의 사사로이 빌린 경우도 이에 준한다.

 [율문3의 소] 의하여 말한다: 감림·주수가 관물을 다른 사람에게 빌려 주었는데, "빌린 사람이 배상할 수 없다."는 것은 추징할 만한 물건이 없다는 것을 말하며, (이 경우) 판하고 서명한 관리에게서 추징한다. 문서를 판한 자는 판관이고 문서에 서명한 자는 주전이나 감사[34] 따위이다. 주에서 "아래 조항의 사사로이 빌린 경우도 이에 준한다."는 것은, 아래 조항(구18)의 "감림·주수의 관이 관물을 다른 사람에게 빌려주었다."는 것을 말하며, 만약 빌린 사람이 배상할 수 없다면 또한 판하고 서명한 관에게서 추징한다. 그러므로 "이에 준한다."고 한 것이다.

---

34) 監事는 관명으로, 위위시 양경무고에 1인(정9품상), 광록시 양온서에 2인(이하 모두 종9품하), 위위시 무기서에 1인, 수궁서에 2인, 태복시 전목서에 8인, 사농시 상림서·태창서·구순서·도관서에 각 10인, 태부시 평준서에 6인, 좌장서에 8인, 우장서에 4인, 상평서에 5인을 두었다. 이들의 정확한 직장은 알 수 없으나, '署案者'라는 소의 내용으로 보아 문안 작성 등을 담당한 것으로 생각된다.

제213조 구고 18. 감림·주수가 관의 물품을 사사로이 차용한 죄(監主借官物)

[律文] 諸監臨主守之官, 以官物私自借若借人及借之者笞五十, 過十日坐贓論減二等.

    [律文의 疏] 議曰: 監臨主守之官以所監臨主守之物, 謂衣服、氈褥、帷帳、器玩之類, 但是官物, 私自借若將借人及借之者各笞五十. 過十日, 計所借之物, 準坐贓論減二等, 罪止徒二年.

[율문] 무릇 감림·주수의 관이 관물을 사사로이 스스로 빌리거나 또는 다른 사람에게 빌려주거나 그것을 빌린 자는 태50에 처하고, 10일이 지나면 좌장으로 논하되 2등을 감한다.

    [율문의 소] 의하여 말한다: 감림·주수의 관이 감림·주수하는 바의 물품을 -의복·담요·장막·기완 따위가 단지 관물인 것만을 말한다.- 사사로이 스스로 빌리거나 다른 사람에게 빌려주거나 혹은 그것을 빌린 자는 각각 태50에 처한다. 10일이 지나면 빌린 물건을 계산하여 좌장(잡1.1)에 준하여 논하되 2등을 감하며, 죄는 도2년에서 그친다.

제214조 구고 19. 창·고 및 적취한 재물을 적법하게 보관하지 않아 손상한 죄(損敗倉庫積聚物)

[律文1] 諸倉庫及積聚財物, 安置不如法, 若暴凉不以時, 致有損敗者, 計

所損敗坐贓論.

[律文2a] 州、縣以長官爲首,

[律文2b] 監、署等亦準此.

　[律文1의 疏] 議曰: 倉謂貯粟、麥之屬. 庫謂貯器仗、綿絹之類, 積聚謂貯柴
草、雜物之所, 皆須高燥之處安置, 其應暴凉之物又須暴凉以時. 若安置不如
法, 暴凉不以時, 而致損敗者, 計所損敗多少坐贓論.

　[律文2a의 疏] 州、縣以長官爲首, 以下節級爲從.

　[律文2b의 疏] 監、署等有所損壞, 亦長官爲首, 以次爲從, 故云「亦準此」.

[율문1] 무릇 창·고 및 적취의 재물을 규정대로 보관하지 않거나,
또는 햇볕에 말리는 것과 통풍하는 것을 때맞추어 하지 않아 훼
손되거나 부패되었다면 훼손되고 부패된 것을 계산하여 좌장으
로 논한다.

[율문2a] 주·현은 장관을 수범으로 하고,

[율문2b] 감·서 등도 역시 이에 준한다.

　[율문1의 소] 의하여 말한다: 창은 속·맥 등속을 저장하는 곳을 말
한다. 고는 기물·병장기·면·견 따위를 저장하는 곳을 말한다. 적
취란 땔감·건초·잡물을 저장하는 곳을 말한다. 모두 반드시 (지대
가) 높고 건조한 곳에 안치해야 하며, 단 햇볕에 말리거나 통풍해
야 할 물품은 또한 반드시 때맞추어 햇볕에 말리거나 통풍시켜야
한다. 만약 규정대로 보관하지 않거나, 햇볕에 말리는 것과 통풍하
는 것을 때맞추어 하지 않아 훼손되거나 부패되었다면 훼손되거나
부패된 것의 다소를 계산해서 좌장(잡1.1)으로 논한다.

　[율문2a의 소] 주·현은 장관을 수범으로 하고, 이하는 등급에 따라
종범으로 한다(명40.1a).

　[율문2b의 소] 감·서 등에 훼손된 재물이 있다면 역시 장관을 수범

으로 하고 차례대로 종범으로 하므로 "또한 이에 준한다."고 한 것이다.

제215조 구고 20. 재물의 귀속을 잘못한 죄(財物應入官私)

[律文] 諸財物應入官私而不入, 不應入官私而入者, 坐贓論.
　[律文의 疏] 議曰: 凡是公私論競, 割斷俱物, 應入官乃入私, 應入私乃入官, 應入甲而入乙, 應入私而入公廨, 各計所不應入而入坐贓論.

[율문] 무릇 재물을 관이나 사인에게 들여야 하는데 들이지 않거나, 관이나 사인에게 들여서는 안 되는데 들인 자는 좌장으로 논한다.
　[율문의 소] 의하여 말한다: 무릇 관과 사인이 쟁송하여 재물을 분할하도록 처단했는데, 관에 들여야 할 것을 사인에게 들이거나, 사인에게 들여야 할 것을 관에 들이거나, 갑에게 들여야 할 것을 을에게 들이거나, 사인에게 들여야 할 것을 공해에 들였다면, 각각 들여서는 안 되는데 들인 것을 계산하여 좌장(잡1.1)으로 논한다.

제216조 구고 21. 관물을 낭비한 죄(放散官物)

[律文1] 諸放散官物者, 坐贓論. 謂出用官物, 有所市作及供祠祀,宴會, 剩多之類.
[律文2] 物在還官, 已散用者勿徵. 謂營造剩多爲物在, 祀畢食訖爲散用.

[律文1의 疏] 議曰:「放散官物」, 謂出用官物, 有所市作, 竝謂官物還充官用者. 假有營造屋宅及供祠祀․宴會, 料度剩多, 各計所剩坐贓論.

[律文2의 疏] 若物在未用, 各準所剩還官. 若祠祀禮畢, 宴會食盡及營造事訖, 皆勿徵.

[율문1] 무릇 관물을 낭비한 자는 좌장으로 논한다. 관의 물품을 내어 구입하거나 만드는 것 및 제사나 연회에 공급하는 것이 과다한 것 따위를 말한다.

[율문2] 물품이 남아 있으면 관에 환수하며, 이미 소비된 것은 추징하지 않는다. 영조하는데 (예산이) 과다하여 물품이 남아 있고, 제사를 마치고 다 먹어서 소비된 것을 말한다.

[율문1의 소] 의하여 말한다: "관물을 낭비하다."라는 것은 관의 물품을 내서 구입하거나 만드는데 (낭비한 것을) 가리키는데, 모두 관물을 되돌려 관용에 충당한 경우를 말한다. 가령 집을 짓거나 제사·연회에 공급하는데 헤아림이 과다했다면 각각 남는 수량을 계산해서 좌장(잡1.1)으로 논한다.

[율문2의 소] 만약 물품이 남아 있는데 사용하지 않을 것이면 각각 남은 바에 준해서 관에 환수한다. 만약 제사의 예식이 끝났거나, 연회에서 식사가 끝났거나, 영조하는 일에 다 썼다면 모두 추징하지 않는다.

제217조 구고 22. 과세 및 관에 수납할 물품을 포탈·기망한 죄(輸官物詐匿巧僞)

[律文1] 諸應輸課稅及入官之物, 而廻避詐匿不輸或巧僞濕惡者, 計所闕準盜論.

[律文2] 主司知情與同罪, 不知情減四等.

　[律文1의 疏] 議曰:「應輸課稅」, 謂租、調、地稅之類及應入官之物, 而廻避詐匿, 假作逗留, 遂致廢闕及巧僞濕惡, 欺妄官司, 皆總計所闕入官物數, 準盜科罪, 依法陪塡.

　[律文2의 疏] 主司知其廻避詐匿、巧僞濕惡之情而許行者, 各與同罪; 不知情者, 減罪四等. 縣官應連坐者亦節級科之, 州官不覺各遞減縣官罪一等. 州縣綱、典不覺, 各同本司下從科罪. 若州縣發遣依法, 而綱、典在路, 或至輸納之所事有欺妄者, 州縣無罪.

[율문1] 무릇 수납해야 할 과세 및 관에 들여야 할 물품을 회피하거나 속이거나 숨기고 수납하지 않거나, 또는 교묘하게 속여서 젖거나 조악한 것으로 (수납했다면), 결손된 바를 계산해서 절도에 준하여 논한다.

[율문2] 주사가 정을 알았다면 같은 죄를 주고, 정을 몰랐다면 4등을 감한다.

　[율문1의 소] 의하여 말한다: "무릇 수납해야 할 과세"-조·조·지세 따위를 말한다.- 및 관에 들여야 하는 물품을 회피하거나 속이거나 숨겨서 거짓으로 지체시켜 마침내 결손되기에 이른 경우 및 교묘하게 속여서 젖거나 조악한 것으로 관사를 속인 경우에는 모두 들여야 할 관물 수에서 결손된 바를 계산해서 절도에 준하여 죄를

주고, 법에 따라 배상하게 한다(명33.1).

[율문2의 소] 회피하거나 속이거나 숨기고 교묘하게 속여서 젖거나 조악한 것으로 (수납한) 정을 주사가 알면서도 행하는 것을 허용했다면 각각 같은 죄를 주고, 정을 알지 못했다면 4등을 감한다. 연좌해야 할 현의 관은 역시 등급에 따라 죄를 주고(명40.2), 주의 관이 적발하지 못했다면 각각 현의 관의 죄에서 차례로 1등씩 감한다. 주·현의 강·전35)이 이를 적발하지 못했다면 각각 본사의 최하등 종범과 같은 죄를 준다. 만약 주·현에서 법에 따라 발송했는데 강·전이 도중에서 혹은 수납하는 곳에서 속임이 있는 경우 주·현(의 관은)은 죄가 없다.

제218조 구고 23. 감림·주수가 세물을 추운한 죄(僦運租稅課物)

[律文1] 諸監臨主守之官皆不得於所部僦運租稅課物, 違者計所利坐贓論.

[律文2] 其在官非監臨, 減一等.

[律文3] 主司知情, 各減一等.

[律文1의 疏] 議曰: 凡是課稅之物, 監臨主守皆不得於所部內僦勾客運. 其有違者, 計所利坐贓論. 除人畜糧外, 竝爲利物.

---

35) '綱'은 관물 및 죄수·축산 따위를 수송하는 조직의 책임자이고, '典'은 그 부책임자이다. '綱'은 본래 당대 관물 등의 대량 운송조직을 가리키는데(『신당서』 권53, 1368쪽), 이러한 운송조직을 통해 조·용·조 혹은 양세를 경사로 보내거나 다른 주로 배송할 때에는 주·현의 관리나 주의 판사를 '강'으로 충임하여 운송조직을 통솔하게 했고, 현승 이하의 관인을 차출하여 부책임자로 삼았다 (『신당서』권53, 1371쪽; 『천성령역주』, 140~141쪽).

[律文2의 疏]「在官非監臨, 減一等」, 謂從坐贓減一等.

[律文3의 疏]「主司知情者, 各減一等」, 謂知監臨傭運, 坐贓上減一等; 若非監臨傭運, 坐贓上減二等. 所利之錢, 一非彼此俱罪, 二非乞索之贓, 既用功程而得, 不合沒官, 還主.

[율문1] 무릇 감림·주수의 관은 모두 관할하는 바에서 조세나 과물을 사람을 고용하여 운송할 수 없으며, 위반한 자는 이익 본 바를 계산해서 좌장으로 논한다.

[율문2] 단 관직이 있지만 감림이 아니라면 1등을 감한다.

[율문3] 주사가 정을 알았다면 각각 1등을 감한다.

[율문1의 소] 의하여 말한다: 무릇 조세로 부과해 (징수하는) 물품이면 감림·주수는 모두 관할하는 바에서 다른 사람을 고용하여 대신 운송하게 해서는 안 된다.[36] 이를 위반한 자가 있으면 이익 본 바를 계산해서 좌장(잡1.1)으로 논한다. 사람·축산의 양식 외에는 모두 이익을 본 물건이 된다.

[율문2의 소] "관직이 있지만 감림이 아니라면 1등을 감한다."는 것은, (감림이 아닌 자가 범한 경우에는) 좌장죄에서 1등을 감한다는 것을 말한다.

[율문3의 소] "주사가 정을 알았다면 각각 1등을 감한다."는 것은, 감림관이 사람을 고용하여 운송한 사실을 (주사가) 알았다면 좌장에서 1등을 감하고, 만약 감림관이 아닌 관인이 사람을 고용하여 운송한 사실을 알았다면 좌장에서 2등을 감한다는 것이다. 이익 본 돈은 첫째 쌍방 모두 죄가 되는 것이 아니고, 둘째 강요하여 취

---

36) 이와 같은 것을 傭勾客運이라 칭하는데 이는 다른 사람을 고용하여 대신 운송한다는 의미이다. 즉 과세물을 수납해야 할 사람으로부터 운송비용을 징수한 뒤 제3자를 고용하여 노임을 주고 대신 운송시킴으로써 그 차액을 남기는 행위를 말한다(『영집해』권13, 부역령3조의 '不得傭勾隨便糴輸'에 대한 집해).

한 장물이 아니라 원래 공정을 써서 취득한 것이므로 관에 몰수하거나 주인에게 돌려주는 것에 해당하지 않는다.

제219조 구고 24. 관물을 출납하는 관이 지체시키고 출납하지 않은 죄(給受留難)

[律文1a] 諸有所輸及出給而受給之官無故留難, 不受不給者, 一日笞五十, 三日加一等, 罪止徒一年.

[律文1b] 門司留難者亦準此.

[律文2] 若請輸後至, 主司不依次第先給先受者, 笞四十.

　[律文1a의 疏] 議曰: 有應輸官之物及官物應出給與人, 而受物出給之官無故留難, 不受不給者, 一日笞五十, 三日加一等, 罪止徒一年.

　[律文1b의 疏] 而受給門司留難者, 亦準受給官司之法, 故云「亦準此」.

　[律文2의 疏] 若請輸後至, 官司不依次第先受給及請輸前至後給受者, 笞四十.

[율문1a] 무릇 수납하거나 지급하는 것이 있는데, 받고 지급하는 관이 까닭 없이 지체시키며 받지 않거나 지급하지 않은 경우, 1일이면 태50에 처하고, 3일마다 1등을 더하되, 죄는 도1년에 그친다.

[율문1b] 문사가 지체시켰다면 역시 이에 준한다.

[율문2] 만약 (지급의) 신청이나 수납이 뒤에 이르렀는데 주사가 순서에 따르지 않고 먼저 지급하거나 받은 때에는 태40에 처한다.

　[율문1a의 소] 의하여 말한다: 관에 수납할 물품이 있거나 관의 물품을 사람에게 지급해야 하는데, 지급하고 수납하는 관이 까닭 없

이 지체시키며 받지 않거나 지급하지 않은 경우에는 1일이면 태50에 처하고 3일마다 1등을 더하되, 죄는 도1년에 그친다.

[율문1b의 소] 그리고 받거나 지급하는 문사가 지체시킨 경우에는 역시 받고 지급하는 관을 처벌하는 법에 준해서 처벌한다. 그러므로 "역시 이에 준한다."고 한 것이다.

[율문2의 소] 만약 (지급의) 신청이나 수납이 뒤에 이르렀는데도 관사가 순서에 따르지 않고 먼저 받거나 지급한 경우 및 (지급의) 신청이나 수납이 먼저 이르렀는데도 뒤에 지급하고 받은 경우에는 태40에 처한다.

제220조 구고 25. 관물의 봉인을 함부로 개봉한 죄(官物有印封擅開)

[律文] 諸官物有印封, 不請所由官司而主典擅開者, 杖六十.

[律文의 疏] 議曰: 但是官物, 有封閉印記, 欲開者皆請所由官司. 其主典不請官司而擅開者, 杖六十.

[율문] 무릇 관의 물품에 봉인이 있는데 담당 관사에게 신청하지 않고 주전이 마음대로 개봉한 때에는 장60에 처한다.

[율문의 소] 의하여 말한다: 관의 물품이라면 포장해서 봉한 뒤에 날인하고 주기한다. 개봉하려면 모두 담당 관사에게 신청해야 한다. 만약 주전이 담당 관사에 신청하지 않고 함부로 개봉했다면 장60에 처한다.

제221조 구고 26. 과세물을 매입해서 수납한 죄(糴輸課物)

[律文1] 諸應輸課物, 而輒齎財貨詣所輸處市糴充者杖一百,
[律文2] 將領主司知情與同罪.

　[律文1의 疏] 議曰: 應輸送課物者, 皆須從出課物之所運送輸納之處, 若輒齎財貨詣所輸處市糴充者杖一百.

　[律文2의 疏] 將領主司若知齎物於送納之所市糴情與輸人同罪, 縱一人糴輸亦得此罪.

[율문1] 무릇 과세물을 수납해야 하는데 함부로 재화를 가지고 가서 수납할 곳에 이르러 시장에서 사서 충당한 자는 장100에 처하고,

[율문2] 인솔하는 주사가 정을 알았다면 같은 죄를 준다.

　[율문1의 소] 의하여 말한다: 과세물을 운송해야 하는 자는 모두 반드시 과세물을 내는 곳에서 수납처까지 운송해야 한다. 만약 함부로 재화를 가지고 가서 수납할 곳에 이르러 시장에서 사서 충당한 자는 장100에 처한다.

　[율문2의 소] 만약 인솔하는 주사가 재물을 가지고 수납할 곳의 시장에 가서 사들인 정을 알았다면 수납한 사람과 같은 죄를 준다. 설령 1인이라도 물품을 사서 수납했다면 또한 이 죄를 받는다.

제222조 구고 27. 관물의 출납을 위법하게 한 죄(出納官物有違)

[律文1a] 諸出納官物, 給受有違者, 計所欠剩坐贓論. 違, 謂重受輕出及當出
陳而出新, 應受上物而受下物之類.

    [律文1a의 疏] 議曰: 監主官物, 或受或給而有違法者, 謂稱量之物, 出納須
    平, 若重受輕出, 卽有餘剩; 及當出陳而出新, 應受上物而受下物, 此卽爲欠.
    須計欠·剩之價, 準坐贓科罪. 其有輕受重出及應出新而出陳, 應受上物而受
    中物, 得罪與上文竝同, 故云「之類」.

[율문1a] 무릇 관물을 출납하면서 지급하고 받는 것을 위(법)하게
한 경우에는 부족하거나 더한 것을 계산해서 좌장으로 논한다.
위(법)이란 많이 받고 적게 내주거나, 묵은 것을 내주어야 하는데 새 것
을 내주거나, 상등품을 받아야 하는데 하등품을 받는 것 따위를 말한다.

    [율문1a의 소] 의하여 말한다: 관물을 감림·주수하면서 받고 지급하
    는데 위법하게 한 경우, -저울질하거나 헤아리는 물품은 출납을 공
    평하게 해야 하는데, 만약 많이 받고 적게 내주면 곧 더함이 있게
    된다. 또 묵은 것을 내주어야 하는데 새 것을 내주거나, 상등품을
    받아야 하는데 하등품을 받았다면 이것이 곧 부족한 것이다.- 반드
    시 부족한 것과 더한 것을 계산해서 좌장(잡1.1)에 준해서 죄준다.
    만약 적게 받고 많이 내주거나, 새 것을 내주어야 하는데 묵은 것
    을 내주거나 상등품을 받아야 하는데 중등품을 받은 경우 죄를 받
    는 것이 모두 위 율문과 같기 때문에 "따위"라고 말한 것이다.

[律文1b] 其物未應出給而出給者, 罪亦如之.
[律文2] 官物還充官用而違者, 笞四十.

[律文3] 其主司知有欠剩不言者, 坐贓論減二等.

　[律文1b의 疏] 議曰: 其物未應出給者, 依令, 應給祿者春秋二時分給. 未至給時而給者, 亦依前坐贓科罪.

　[律文2의 疏] 若給官物還充官用有違者, 笞四十.

　[律文3의 疏] 其主司知有欠剩而不擧言者, 計所欠剩, 坐贓論減二等.

[율문1b] 그 물품이 출급해서는 안 되는 것인데 출급한 경우에도 죄는 역시 이와 같다.

[율문2] 관물을 되돌려 관용으로 충당하는데 위(법)하게 한 경우에는 태40에 처한다.

[율문3] 단 주사가 부족하거나 더한 것을 알면서도 (이를) 보고하지 않은 경우는 좌장으로 논하되 2등을 감한다.

　[율문1b의 소] 의하여 말한다: 단 물품이 아직 출급해서는 안 되는 경우는, -영(녹령, 습유324쪽)에 의거하면, 녹을 주어야 할 경우 춘추로 나누어 출급한다.- 아직 출급할 때에 이르지 않았는데 출급한 것이며, 역시 앞의 규정에 의거하여 좌장으로 죄를 준다.

　[율문2의 소] 만약 출급한 관물을 되돌려 관용으로 충당하는데 위(법)하게 한 경우에는 태40에 처한다.

　[율문3의 소] 단 주사가 부족하거나 더한 것을 알면서도 (이를) 적발하여 보고하지 않는 경우에는 부족하거나 더한 것을 계산해서 좌장으로 논하되 2등을 감한다.

제223조 구고 28. 관물의 범주(官物之例)

[律文] 諸官物當應入私, 已出庫藏而未付給; 若私物當供官用, 已送在官及應供官人之物; 雖不供官用, 而守掌在官者: 皆爲官物之例.

  [律文의 疏] 議曰: 謂官物應將給賜及借貸官人及百姓, 已出庫藏, 仍貯在官而未付給之間; 若私物借充官用及應徵課稅之類, 已送在官貯掌; 或公廨物及官人月俸, 應供官人之物; 雖不供官用而守掌在官, 竝檢驗贓賄或兩競財物, 如此之類, 但守掌在官者: 皆爲官物之例.

[율문] 무릇 사인에게 들여야 할 관물로 이미 관의 창고에서 내었지만 아직 지급하지 않은 것, 또는 관용으로 공급할 사물이 이미 운송되어 관에 있는 것 및 관인에게 제공할 물품, 비록 관용으로 공급되는 것이 아니더라도 관에서 지키고 관장하는 것은 모두 관물에 관한 예를 적용한다.

  [율문의 소] 의하여 말한다: 장차 관인이나 백성에게 지급하거나 사여하거나 빌려주려고 창고에서 이미 내었지만 그대로 관아에 있고 아직 당사자에게 지급되지 않은 동안의 관물, 또는 빌려서 관용으로 충당할 사물이나 징수할 과세물 따위로 이미 관아에 옮겨져 저장된 것, 혹은 공해의 물품이나 관인의 월봉으로 관인에게 지급할 물품, 비록 관용으로 공급된 것은 아니지만 관에서 지키고 관장하는 (물품), 아울러 조사 중인 장물이나 뇌물 혹은 쌍방이 소유권을 다투는 재물, 이와 같은 따위는 단지 관에서 지키고 관장하고 있다면 모두 관물에 관한 예를 적용한다.

당률소의역주 II

초판 인쇄 | 2021년 11월 29일
초판 발행 | 2021년 12월 10일

지 은 이 김택민 이완석 이준형 임정운 정재균
발 행 인 한정희
발 행 처 경인문화사
편   집 박지현 김지선 유지혜 한주연 이다빈 김윤진
마 케 팅 전병관 하재일 유인순
출판번호 406-1973-000003호
주   소 경기도 파주시 회동길 445-1 경인빌딩 B동 4층
전   화 031-955-9300   팩   스   031-955-9310
홈페이지 www.kyunginp.co.kr
이 메 일 kyungin@kyunginp.co.kr

ISBN 978-89-499-6605-2 94360
ISBN 978-89-499-6603-8 (세트)

값 33,000원